# Kurshefte Geschichte

## Die „Völkerwanderung“

Erarbeitet von

Joachim Biermann,
Daniela Brüsse-Haustein,
Marian Picker,
Markus Rassiller,
Robert Rauh,
Dr. Beate Sommersberg und
Ursula Vogel

ONLINE-Angebot Die Webcodes zum Lehrwerk geben Sie auf **www.cornelsen.de/webcodes** ein.

Cornelsen

**Kurshefte Geschichte –**
**Die „Völkerwanderung"**

Das Lehrwerk wurde erarbeitet von Marian Picker (Hannover), Markus Rassiller (Hannover), Robert Rauh (Berlin), Dr. Beate Sommersberg (Oldenburg) und Ursula Vogel (Kreuzau)

Die Probeklausur und deren Lösungshinweise wurden konzipiert von
Joachim Biermann, Bersenbrück
Daniela Brüsse-Haustein, Haren

Redaktion: Britta Köppen
Karten: Carlos Borrell, Berlin
Bildassistenz: Anne Dombrowsky
Umschlaggestaltung: Ungermeyer, grafische Angelegenheiten, Berlin
Umschlagbild: Merowingische Fibel in der Form eines Greifen/akg-images/François Guénet
Layout und technische Umsetzung: tiff.any GmbH, Berlin/Uwe Rogal

**www.cornelsen.de**



1. Auflage, 1. Druck 2019

Alle Drucke dieser Auflage sind inhaltlich unverändert
und können im Unterricht nebeneinander verwendet werden.



Dieses Werk berücksichtigt die Regeln der reformierten Rechtschreibung und Zeichensetzung. Ausnahmen bilden Originaltexte, bei denen lizenzrechtliche Gründe einer Änderung entgegenstehen.

Das Lehrwerk enthält Fremdtexte, die aus didaktischen Gründen gekürzt wurden; sie sind in den Literaturangaben mit * gekennzeichnet.



Druck: Firmengruppe APPL, aprinta Druck, Wemding

ISBN: 978-3-06-065639-4 (Schülerbuch)
ISBN: 978-3-06-065640-0 (E-Book)

PEFC/04-32-0928

**PEFC zertifiziert**
Dieses Produkt stammt aus nachhaltig bewirtschafteten Wäldern und kontrollierten Quellen.

www.pefc.de

# Inhaltsverzeichnis

# Zur Arbeit mit diesem Kursheft

## Vorwissen aus SEK I oder Alltagswissen aktivieren

Die **Schauplatz**-Seiten aktivieren Ihr Vorwissen mithilfe spielerischer, quizähnlicher Aufgaben.

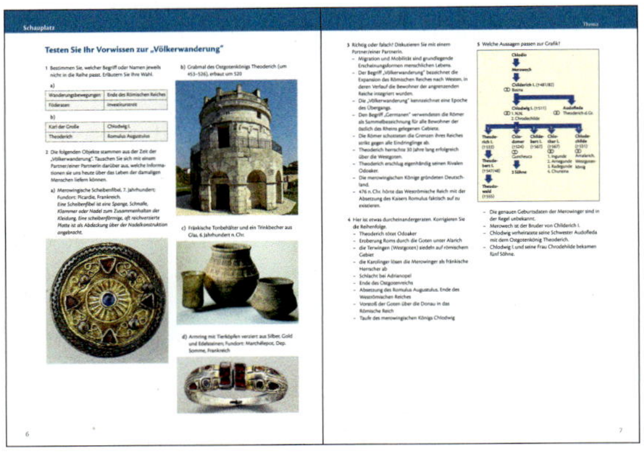

## Sich orientieren und eigene Fragen und Hypothesen formulieren

Jedes Kapitel beginnt mit der **Auftaktseite**. Interessante Bilder bieten erste Gesprächsanlässe. Ein kurzer Text führt in das Kapitelthema ein. Arbeitsaufträge regen Sie zur Formulierung von Fragen und Hypothesen an. Ein Zeitstrahl ermöglicht die zeitliche Orientierung.

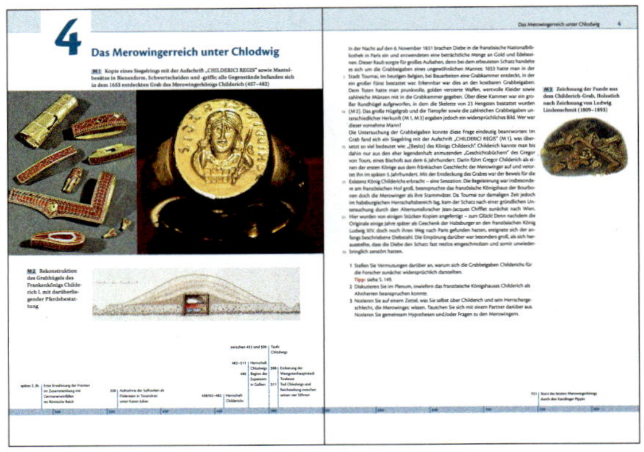

## Ein Thema untersuchen

Am Anfang der **Themeneinheit** orientiert Sie ein Hinweiskasten über die zentralen Inhalte des Kapitels. Der **Darstellungstext** erläutert das Thema. In der Randspalte finden Sie Porträtbilder mit biografischen Informationen, Begriffserläuterungen, Verweise auf die Materialien sowie Webcodes.

Der anschließende **Materialteil** bietet Quellen, Darstellungen, Abbildungen, Karten und statistische Materialien zur eigenständigen Bearbeitung. Ein einführender Kasten gibt Ihnen „Hinweise zur Arbeit mit den Materialien". Die Arbeitsaufträge regen immer wieder zu Partner- oder Gruppenarbeit, Präsentationen und kreativen Lernarrangements an. Tipps geben Ihnen Hilfestellung. Bei Wahlaufgaben können Sie unter verschiedenen Zugängen und/oder Materialien zum Thema auswählen. Vertiefungsangebote ermöglichen Ihnen eine weitergehende Beschäftigung mit dem Thema.

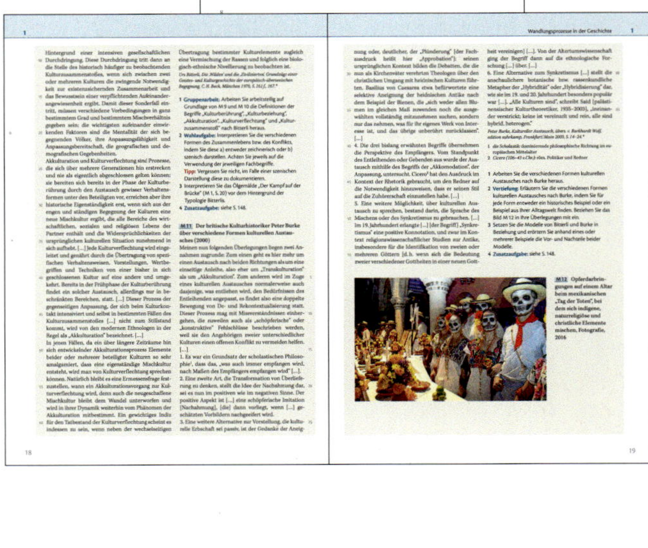

## Methodisch arbeiten

Die **Methodenseiten** sind exemplarisch ins Kapitel integriert und trainieren Ihre Kompetenzen im Umgang mit Quellen, Darstellungen und anderen Materialien. Arbeitsschritte bieten Ihnen eine Anleitung für die Bearbeitung eines Übungsbeispiels. Mithilfe der Lösungshilfen im Anhang können Sie sich selbst überprüfen.

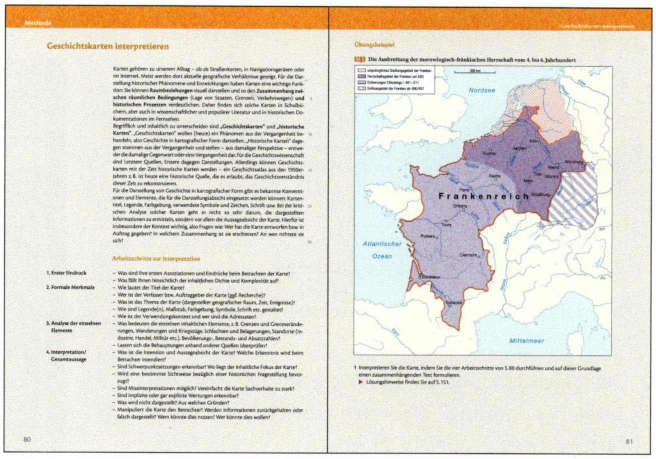

## Mehr Sicherheit

Jedes Kapitel schließt mit der **„Anwenden und wiederholen“**-Seite. Ein **Anwendungsbeispiel** trainiert Ihre Kompetenz in der schriftlichen Klausur bzw. Abiturprüfung. Arbeitsaufträge mit Wahl- und Vertiefungsmöglichkeiten, Formulierungshilfen sowie zentrale Begriffe ermöglichen Ihnen das **Wiederholen** zentraler Kapitelinhalte.

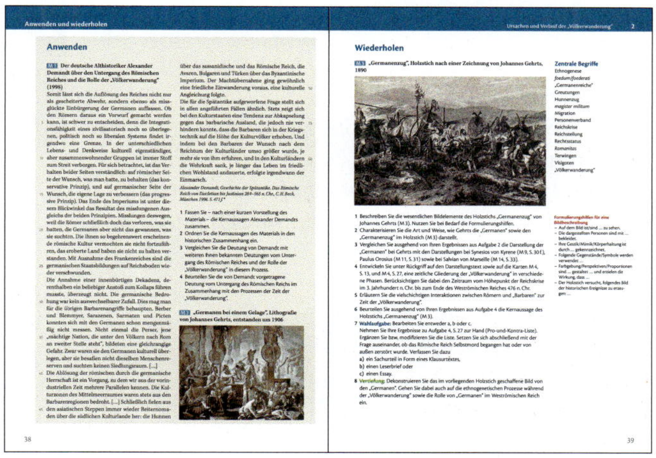

## Kernmodul und Wahlmodule

Ein eigenes Kapitel zum **Kernmodul** bietet theoretische Texte und verknüpft sie durch Arbeitsaufträge und Verweise mit den anderen Kapiteln.
Zwei **Vertiefungskapitel** bereiten weitere Wahlmodulthemen als Themeneinheit auf. Die Arbeitsaufträge fordern immer wieder zum Vergleich mit den anderen Wahlmodulthemen auf.

## Hilfen im Anhang

Der Anhang unterstützt Sie bei der Arbeit mit dem Buch. Hier finden Sie:

- Hinweise zu den Operatoren,
- Formulierungshilfen für die Arbeit mit Quellen und Darstellungen,
- Zusatzaufgaben und inhaltliche Tipps,
- eine Probeklausur mit Lösungshinweisen,
- Lösungshilfen zu den Methodenseiten,
- eine Übersicht der eingeführten Unterrichts- und Fachmethoden,
- Lexika und Register.

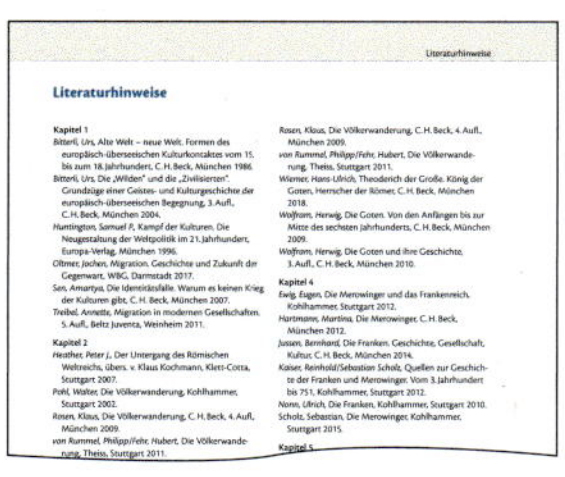

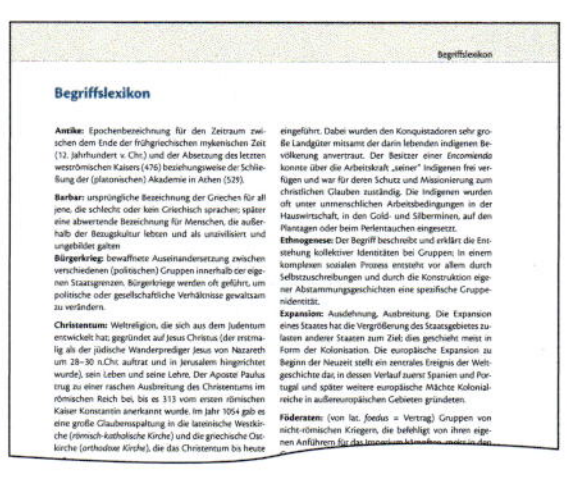

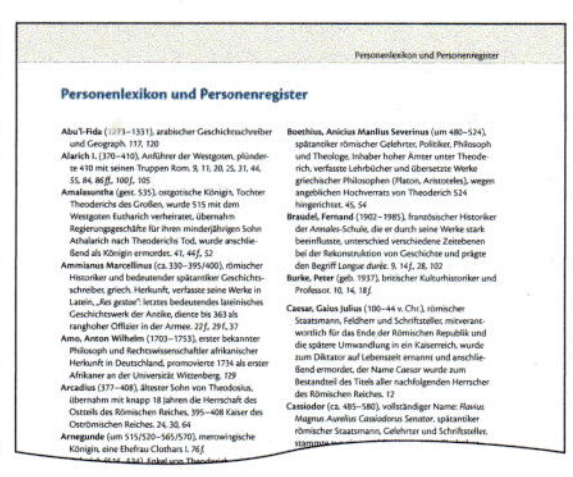

# Testen Sie Ihr Vorwissen zur „Völkerwanderung“

**1** Bestimmen Sie, welcher Begriff oder Namen jeweils nicht in die Reihe passt. Erläutern Sie Ihre Wahl.

**a)**

| | |
|---|---|
| Wanderungsbewegungen | Ende des Römischen Reiches |
| Föderaten | Investiturstreit |

**b)**

| | |
|---|---|
| Karl der Große | Chlodwig I. |
| Theoderich | Romulus Augustulus |

**2** Die folgenden Objekte stammen aus der Zeit der „Völkerwanderung“. Tauschen Sie sich mit einem Partner/einer Partnerin darüber aus, welche Informationen sie uns heute über das Leben der damaligen Menschen liefern können.

**a)** Merowingische Scheibenfibel, 7. Jahrhundert; Fundort: Picardie, Frankreich.
*Eine Scheibenfibel ist eine Spange, Schnalle, Klammer oder Nadel zum Zusammenhalten der Kleidung. Eine scheibenförmige, oft reichverzierte Platte ist als Abdeckung über der Nadelkonstruktion angebracht.*

**b)** Grabmal des Ostgotenkönigs Theoderich (um 453–526), erbaut um 520

**c)** Fränkische Tonbehälter und ein Trinkbecher aus Glas, 6. Jahrhundert n. Chr.

**d)** Armring mit Tierköpfen verziert aus Silber, Gold und Edelsteinen; Fundort: Marchélepot, Dep. Somme, Frankreich

**3** Richtig oder falsch? Diskutieren Sie mit einem Partner/einer Partnerin.

- Migration und Mobilität sind grundlegende Erscheinungsformen menschlichen Lebens.
- Der Begriff „Völkerwanderung" bezeichnet die Expansion des Römischen Reiches nach Westen, in deren Verlauf die Bewohner der angrenzenden Reiche integriert wurden.
- Die „Völkerwanderung" kennzeichnet eine Epoche des Übergangs.
- Den Begriff „Germanen" verwendeten die Römer als Sammelbezeichnung für alle Bewohner der östlich des Rheins gelegenen Gebiete.
- Die Römer schotteten die Grenzen ihres Reiches strikt gegen alle Eindringlinge ab.
- Theoderich herrschte 30 Jahre lang erfolgreich über die Westgoten.
- Theoderich erschlug eigenhändig seinen Rivalen Odoaker.
- Die merowingischen Könige gründeten Deutschland.
- 476 n. Chr. hörte das Weströmische Reich mit der Absetzung des Kaisers Romulus faktisch auf zu existieren.

**4** Hier ist etwas durcheinandergeraten. Korrigieren Sie die Reihenfolge.

- Theoderich tötet Odoaker
- Eroberung Roms durch die Goten unter Alarich
- die Terwingen (Westgoten) siedeln auf römischem Gebiet
- die Karolinger lösen die Merowinger als fränkische Herrscher ab
- Schlacht bei Adrianopel
- Ende des Ostgotenreichs
- Absetzung des Romulus Augustulus, Ende des Weströmischen Reiches
- Vorstoß der Goten über die Donau in das Römische Reich
- Taufe des merowingischen Königs Chlodwig

**5** Welche Aussagen passen zur Grafik?

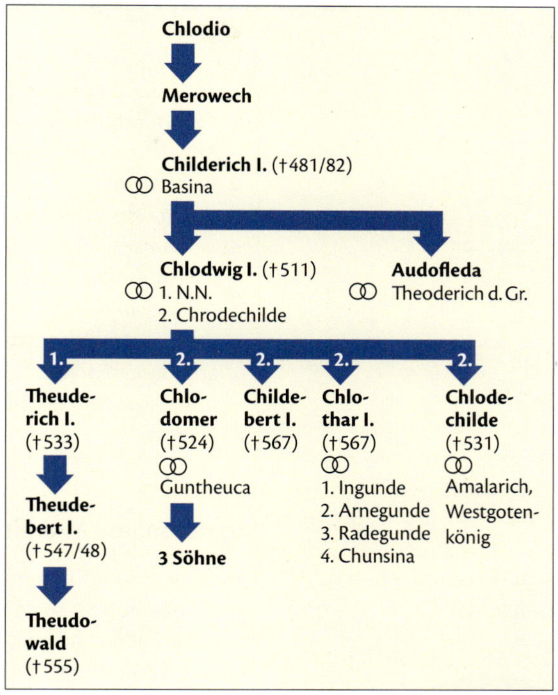


- Die genauen Geburtsdaten der Merowinger sind in der Regel unbekannt.
- Merowech ist der Bruder von Childerich I.
- Chlodwig verheiratete seine Schwester Audofleda mit dem Ostgotenkönig Theoderich.
- Chlodwig I. und seine Frau Chrodehilde bekamen fünf Söhne.

# 1 Wandlungsprozesse in der Geschichte

***In diesem Kapitel geht es um***
- *Migration und Mobilität als grundlegende Erfahrung von Menschen in der Geschichte,*
- *die „Völkerwanderung" als historischen Transformationsprozess,*
- *die Dimensionen und Formen von unterschiedlichen Kulturbegegnungen,*
- *die Notwendigkeit der Dekonstruktion von Begriffen von „Volk", „Stamm" und „Völkerwanderung",*
- *den Konstruktcharakter von „Völkern" und „Stämmen" vor dem Hintergrund der Ethnogenese sowie*
- *historische Beispiele im Spannungsfeld von Migration, Kulturkontakt und Kulturkonflikt.*

## Migration und Mobilität in der Geschichte

**M1 Porträt des römischen Philosophen Seneca**

Um das Jahr 41 n. Chr. verfasste der römische Philosoph Seneca (ca. 1 v. Chr. – 65 n. Chr.) eine Trostschrift an seine Mutter Helvia, in der er seine politische Verbannung als Beispiel einer menschlichen Grunderfahrung deutet: „Von den Himmlischen, wohlan, wende dich zur Welt der Menschen: sehen wirst du, dass Stämme und Völker insgesamt gewechselt haben den Wohnsitz. Was haben mitten in der Barbaren Länder griechische Städte zu bedeuten? Was unter Indern und Persern die makedonische Sprache? [...] Attischer [aus Athen stammend] Herkunft ist in Asien eine Menge von Menschen; Milet hat die Bevölkerung von fünfundsiebzig Städten in alle Welt verströmt; die gesamte Küste Italiens, soweit sie vom unteren Meer bespült wird, hieß Großgriechenland. [...] Durch unwegsames, durch unerkundetes Gelände hat sich bewegt menschliche Leichtfertigkeit. Kinder und Frauen und die vom Alter schwerfälligen Eltern haben sie mit sich geschleppt. Die einen, von langer Irrfahrt umgetrieben, haben nicht nach ihrem Wunsch ausgewählt den Ort, sondern aus Müdigkeit den nächstbesten in Besitz genommen; die anderen haben mit den Waffen sich Recht auf fremder Erde geschaffen. Manche Völker [...] verschlang das Meer, manche haben sich dort niedergelassen, wo sie aller Hilfsmittel Mangel zum Bleiben gezwungen hat."*

Menschen verließen zu allen Zeiten und unter unterschiedlichen Bedingungen ihre Siedlungsgebiete oder Wohnorte, um Zuflucht oder eine neue Heimat zu finden. Die historische Migrationsforschung hat in den letzten Jahrzehnten herausgearbeitet, dass es sich bei dem Phänomen der Migration um eine ***Conditio humana*** (Klaus J. Bade) handelt: Migration und Mobilität sind Grundbedingungen und grundlegende Erscheinungsformen menschlichen Lebens. Anlässe, Motive, konkrete Verläufe und die Folgen von Migrationsbewegungen sind dabei jeweils äußerst unterschiedlich und komplex.

**Migration und Mobilität** sind nicht nur Kennzeichen der neueren Geschichte oder gar exklusive Merkmale des gegenwärtigen Globalisierungsprozesses. Bereits in der Antike lassen sich alle wesentlichen Typen der Migration „als Grundmomente individueller historischer Erfahrung und großer historischer Konstituierungs- und Veränderungsprozesse" (Uwe Walter) nachweisen. Migrationsbewegungen führen dabei zum einen fremde „Völker" in ein neues, unbewohntes oder bereits bewohntes Gebiet. Beispiele hierfür sind die „Völkerwanderung" aus der Zeit der Spätantike sowie die Erschließung unentdeckten und vermeintlich unbewohnten Landes durch Kolonialisten vor allem in der Neuzeit, wie die „Entdeckung" Amerikas durch Kolumbus. Zum anderen sind auch **Binnenwanderungen** Teil von Mobilitätserfahrungen und Ausdruck des menschlichen Mobilitätsbedürfnisses. Bereits in der Antike lassen sich Urbanisierungsprozesse als Bei-

* *Zit. nach:* L. Annaeus Seneca, Trostschrift an die Mutter Helvia, VII. 1–3, in: ders., Philosophische Schriften, Bd. 2, hg. v. Manfred Rosenbach, WGB, Darmstadt 1999, S. 311 f.

▶ M 6: Klaus J. Bade

▶ M 7: Soziologisches Modell der Migration

spiele für Binnenmigrationsprozesse nachweisen. Die Kreuzzüge des Mittelalters stellen eine weitere, sehr spezifische Form von Migrationsbewegung dar. In allen Fällen liegen der Migration unterschiedliche Anlässe, Ursachen, Motive und Folgen zugrunde, vermischen sich politische, wirtschaftliche und religiöse Dimensionen menschlichen Handelns.

▶ Kap. 7: Die Kreuzzüge (S. 112 ff.)

## Die Bedeutung der „Völkerwanderung" als historischer Gegenstand

Auch wenn Migration eine menschliche Grunderfahrung ist, stellt sich die Frage nach der spezifischen Relevanz eines historischen Gegenstandes wie der „Völkerwanderung". Warum sollten sich gerade die sozialen, politischen und militärischen Prozesse zwischen den Jahren 376 und 568 n. Chr. dazu eignen, das Phänomen der Migration und dessen Auswirkungen auf menschliches Denken und Handeln exemplarisch zu verdeutlichen? Drei Antworten lassen sich hierauf formulieren:

*Erstens:* Immer dann, wenn historische Ereignisse, Prozesse oder auch ganze Epochen im Rückblick mit gesellschaftlich und politisch weitreichenden Deutungen ‚aufgeladen' werden, lohnt sich ein genauer Blick sowohl auf den historischen Gegenstand als auch auf die **Rezeption dieses Gegenstandes**. Gerade am Beispiel der „Völkerwanderung" lässt sich erkennen, dass deren Rezeption immer auch von zeitgenössischen Zielen instrumentalisiert und entsprechend gedeutet wird. Hier ist zunächst eine genaue Rekonstruktion der möglichen Vergangenheit – in diesem Falle also die Vorgänge in der Völkerwanderungszeit – wichtig. Anschließend gilt es zu untersuchen und damit zu dekonstruieren, wie von dieser Vergangenheit als Geschichte erzählt wird. In der Auseinandersetzung mit solchen Fragen bildet sich ein kritisches Geschichtsbewusstsein heraus. Ein Beispiel hierfür ist z. B. die Auseinandersetzung über den 12. Oktober: Dieser Tag wird in vielen Staaten Amerikas als Feiertag zur „Entdeckung Amerikas" durch Christoph Kolumbus begangen, wogegen sich jedoch zunehmend Proteste richten. Mit diesen Protesten wird zugleich eine andere Rezeption von Geschichte eingefordert.

▶ M 15 und M 16, S. 33 ff. sowie Kap. 5: Die Rezeption der „Völkerwanderung" (S. 84 ff.)

*Zweitens:* Immer dann, wenn die Zeitgenossen selbst ihre Lebensumstände als Zeit der Veränderung oder gar als krisenhaft wahrnehmen, kann eine historische Relevanz aus heutiger Perspektive angenommen werden. Zur Zeit der „Völkerwanderung" kann die Plünderung Roms durch die Westgoten unter der Führung Alarichs im Jahr 410 n. Chr. als Beispiel gelten, das schon von Zeitgenossen wie dem spätantiken Philosophen und Kirchenlehrer Augustinus von Hippo (354–430 n. Chr.) als **Signum des Wandels, der Krise und auch des drohenden Untergangs** gedeutet wurde. Zu diesen krisenhaften Erfahrungen gehören auch Momente der Begegnung verschiedener Kulturen, die ein weites Spektrum menschlichen Zusammenlebens abdecken können: von einer produktiven Kulturbeziehung bis hin zum gewaltsam ausgetragenen Kulturkonflikt.

▶ M 15 und M 16, S. 33 ff. sowie Kap. 1: Wandlungsprozesse in der Geschichte (S. 8 ff.)

*Drittens:* Die „Völkerwanderung" hat in der Perspektive der *longue durée** (Fernand Braudel) einen langfristigen historischen **Transformationsprozess** eingeleitet bzw. begleitet. Die militärische und politische Krise vor allem des Weströmischen Reiches im 3. Jahrhundert n. Chr., die faktische Teilung des Römischen Reiches in West- und Ostrom im Jahr 395 n. Chr., das Ende des Weströmischen Reiches im Jahr 476 n. Chr. (spätestens 493 n. Chr.) sowie die Gründung relativ autonomer „germanischer" Reiche auf weströmischem Boden ab dem 4. Jahrhundert n. Chr., die zur Grundlage der späteren politischen Gliederung des mittelalterlichen Europas wurden, markieren den Übergang von der Antike zum Mittelalter. Die „Völkerwanderung" stellt daher ein **konstitutives Merkmal einer Epoche des Übergangs** dar: der Spätantike. In welchem Ausmaß die „Völkerwanderung" diesen Transformationsprozess auslöste bzw. begleitete, wird in der Geschichtswissenschaft allerdings kontrovers diskutiert. Sowohl bei der „Völkerwanderung" als auch beim Spanischen Kolonialismus zeigt sich die Transformation am deutlichsten in der Entstehung neuer politischer Ordnungen bzw. Staaten und den damit bis in die Gegenwart hineinreichenden Folgen, z. B. der Dekolonialisierung*. Die spätantiken,

**longue durée**
(„lange Dauer"), zentraler Begriff der Annales-Schule zur Bezeichnung einer der drei Zeit-Ebenen der Geschichte; damit gemeint sind gesellschaftliche, politische und wirtschaftliche Strukturen oder geografische Gegebenheiten, die sich im Gegensatz zur (politischen) Ereignisgeschichte nur sehr langsam ändern.

▶ M 5: Fernand Braudel

▶ Kap. 8: Spanischer Kolonialismus (S. 126 ff.)

**Dekolonalisierung (auch: Dekolonisation oder Entkolonialisierung)**
Einvernehmliche oder gewaltsam erlangte Aufhebung der Kolonialherrschaft; die Länder Lateinamerikas erlangten in der Regel Anfang des 19. Jh. ihre Unabhängigkeit.

▶ Kap. 3: Das Ostgotenreich (S. 40 ff.) und Kap. 4: Das Merowingerreich (S. 62 ff.)

„germanischen" Reichsgründungen konnten dabei von vorübergehender Dauer sein, wie das Reich der Ostgoten in Italien, oder langfristigen Einfluss auf die geopolitische Entwicklung haben, wie das Frankenreich, das ebenfalls auf dem Gebiet des Imperium Romanum entstand und zur Grundlage der politischen Ordnung des frühen europäischen Mittelalters wurde.

## Kulturkontakte und Kulturkonflikte

▶ Kap. 7: Die Kreuzzüge (S. 112 ff.)

▶ M 9 + M 10: Urs Bitterli

▶ M 11: Peter Burke

Historische Migrationsprozesse gehen häufig mit der **Begegnung unterschiedlicher Kulturen** einher. In den letzten Jahren wurden verschiedene Modelle diskutiert, die die Begegnungen von Kulturen und deren Auswirkungen jeweils unterschiedlich beschreiben und erklären. Der Schweizer Historiker Urs Bitterli (*1935) hat am Beispiel seiner Analysen des Spanischen Kolonialismus die **Begriffe „Kulturberührung", „Kulturbeziehung", „Kulturzusammenstoß" sowie „Akkulturation" und „Kulturverflechtung"** entwickelt. Obgleich Bitterli mit seinem Modell einen umfangreichen Zugriff auf die „Überseegeschichte" (sie ersetzt begrifflich und konzeptionell die als überholt geltende Kolonialgeschichte) ermöglicht, ist kritisch zu prüfen, ob die den Begriffen zugrundeliegenden Konzepte auch auf andere Begegnungen unterschiedlicher Kulturkreise angewendet werden können – etwa auf die „Völkerwanderung" oder die Kreuzzüge.
Der britische Kulturhistoriker Peter Burke (*1937) beleuchtet mit dem Begriff der **„Transkulturation"** Prozesse kulturellen Austausches zwischen verschiedenen Kulturen. Der Begriff verdeutlicht, wie sich in Kulturbegegnungen die Elemente aller beteiligten Kulturen mischen und miteinander interagieren. Kultureller Austausch kann sich dabei auf religiöser Ebene vollziehen, wenn sich etwa bei den durch die Spanier „eroberten" Südamerikanern heimische Kulte mit dem Katholizismus vermischten. Kultureller Austausch kann aber auch die Übernahme und Vermischung rechtlicher und bürokratischer Elemente umfassen. So stellten sich die „Germanenreiche", die ab dem 4. Jahrhundert n. Chr. auf römischem Boden entstanden (und meist auch wieder verschwanden), ganz bewusst in die Tradition römischen Rechts oder auch römischer Verwaltungsabläufe, übernahmen hierbei beispielsweise römische Strukturen und passten diese auf ihre Bedürfnisse an, sodass die neu entstehenden Strukturen selbst für viele Römer attraktiver wurden. So berichtet etwa der christliche Kirchenvater Salvian von Marseille (ca. 400–475 n. Chr.) davon, dass viele Römer, obgleich sie von deren Sitten abgestoßen waren, lieber unter der Herrschaft der Goten lebten, weil sie das ungerechte römische Steuerwesen und die hohe Belastung dadurch nicht mehr dulden wollten.
Kulturbegegnungen und Kulturkontakte rufen mitunter auch **Konflikte** hervor. Dies kann in einen offen ausgetragenen Konflikt – Bitterli nennt dies „Kulturzusammenstoß" – münden; die Kreuzzüge sind hierfür ein Beispiel. Es können auch nicht-militärische Konflikte entstehen, die längerfristige Aushandlungs- und Integrationsprozesse erforderlich machen. Da die römischen Kaiser und die römische Aristokratie den Westgoten über Jahrzehnte die Integration ins Römische Reich ver-

**M 2** **„Kreuzfahrer zur Zeit des ersten Kreuzzuges bewundern den Reichtum des Orients", Holzstich nach Gustave Doré, 1877, spätere Kolorierung**

weigerten (was über ein *foedum** auf römischem Boden möglich gewesen wäre), führte dies zu weitreichenden Wanderungs- und Plünderungszügen der Westgoten auf römischem Territorium und mündete schließlich in den Überfall auf Rom durch die Westgoten. Andererseits konnte auch eine erfolgreiche Integration gelingen. So war der römische Heermeister Stilicho, zunächst Gegenspieler des Alarich, „germanischer“ Herkunft. Stilicho steht damit stellvertretend für all jene „Germanen“ im Dienste des römischen Heeres, auf die das Römische Reich seit dem 3. Jahrhundert immer öfter und umfangreicher zur Grenzsicherung zurückgreifen musste. Dies führte unter anderem zu einem Wissenstransfer über Taktiken, Strategien, Waffen und Waffennutzung, von dem die „Germanen“ über Jahrzehnte profitierten.

***foedum***
vertragliche Regelung zwischen Römern und Barbaren mit gegenseitigen Rechten und Pflichten, z. B. bei der Heeresfolge

**M3 Detail des „Portonaccio-Sarkophag“, der in Portonaccio, einem Stadtviertel Roms, gefunden wurde, 2. Jh. n. Chr.**
*Der prächtige Sarkophag zeigt ein komplexes Schlachtgeschehen zwischen Römern und Barbaren (Germanen). Möglicherweise könnte der Sarkophag für die Beisetzung eines Generals bestimmt gewesen sein, der an den Feldzügen von Mark Aurel (161–180 n. Chr.) teilgenommen hatte. Das Gesicht des im Zentrum reitenden Offiziers ist nicht ausgearbeitet; er sollte erst nach dem Tod des Auftraggebers sein Antlitz erhalten.*

## Ethnogenese und kollektive Identität

Wer waren die „Germanen“*, welche „Stämme“ und „Völker“ machten sich aus der „Barbaren Länder“ auf den Weg ins Imperium Romanum, das damalige kulturelle und politische Zentrum der Welt? Die in der Übersetzung von Senecas Dialog (S. 8) verwendeten Begriffe „Volk“ und „Stamm“ verweisen auf die aus dem 18. und 19. Jahrhundert stammende Idee des Volkes, das als kulturell und ethnisch homogen gedacht und durch klar bestimmbare Eigenschaften als Stamm, d. h. Abstammungsgemeinschaft, definiert wurde. Mithilfe archäologischer Funde konnte jedoch gezeigt werden, dass es sich bei den spätantiken Gruppen nicht um ethnisch homogene oder geschlossene „Völker“ bzw. „Stämme“ handelt. Vielmehr verbergen sich hinter den schriftlich überlieferten Gruppenbezeichnungen wie „Goten“ oder „Franken“ **heterogen zusammengesetzte Personengruppen bzw. -verbände**, die aus den unterschiedlichsten Motiven Wanderbewegungen durchführten und vor allem durch gemeinsame Ziele zusammengehalten wurden. Die biologische bzw. ethnische Abstammung der Gruppenmitglieder

**Germanen**
Der Begriff war ursprünglich eine römische Sammelbezeichnung für alle Bewohner der Gebiete östlich des Rheins. Er belegt dabei aber nicht die Existenz einer Völkergruppe dieses Namens, die trotz ihrer räumlichen Zersplitterung in verschiedene Stämme eine gemeinsame Sprache, Religion und Kultur besaß. Diese Ansicht ist eine neuzeitliche Erfindung.

Eine Einführung der Bundeszentrale zur „Völkerwanderung"
cornelsen.de/Webcodes
Code: piqafu

spielte eine eher untergeordnete Rolle für diese Interessengemeinschaften. Entscheidend waren gesellschaftsbildende und kulturelle Aspekte wie die Übernahme von Sitten und Gebräuchen, von Riten und religiösen Praktiken, das Erlernen der Sprache, das Tragen von Kleidung und die Akzeptanz eines Anführers oder einer Gruppe von Anführern. Dies galt nicht nur für Nicht-Römer, die „Barbaren", sondern auch für die Römer selbst und war Teil des römischen Selbstverständnisses: Römer war derjenige, der sich die römische Kultur als Orientierungspunkt wählte, der die Sprache der Römer lernte, sich wie ein Römer kleidete und allgemein nach den Sitten und den Gesetzen der Römer lebte; vor allem aber auch derjenige, der innerhalb des römischen Staates eine offiziell anerkannte Position erlangen konnte. Die Zugehörigkeit zu einem Personenverband war das Ergebnis von Selbstzuschreibungen, von Fremdzuschreibungen und der Ausbildung von kollektiver Identität. Diese Offenheit und der Konstruktcharakter kollektiver Identität galten auch für die „germanischen" Verbünde. Als die Westgoten, die im Jahr 376 n. Chr. in Thrakien Zuflucht gefunden hatten, aus verschiedenen Gründen in den Jahren 376 bis 378 n. Chr. gegen die römische Verwaltung rebellierten und Landstriche in der römischen Provinz Thrakien plünderten, schlossen sich diesen Westgoten auch Römer und andere „Germanen" an, die mit ihrer rechtlichen Situation bzw. ihren Lebensbedingungen unzufrieden waren. Diese Personengruppen blieben bei ihrem neuen „Volk" und wurden oftmals Teil der Zielkultur. Dies verdeutlicht, dass „Volk" und „Stamm" keine festen, homogenen Größen sind. Daher hat die Forschung in den letzten Jahren verstärkt die sogenannte **Ethnogenese** der „germanischen" Stammesgruppen in den Blick genommen. Der Begriff beschreibt und erklärt die **Entstehung kollektiver Identitäten bei Gruppen**: In einem komplexen sozialen Prozess entsteht vor allem durch Selbstzuschreibungen und durch die Konstruktion eigener Abstammungsgeschichten eine spezifische Gruppenidentität. Ein Beispiel für solch konstruierte Abstammungsgeschichten sind die *origines gentium (Sg.: origo gentis)*, die antiken Herkunftsgeschichten von „Stämmen" oder „Völkern". Bei Griechen, Römern, aber auch den Goten dienten diese konstruierten historischen Narrative dazu, den eigenen Ursprung in die ferne Vergangenheit zu legen sowie eine ethnisch-homogene Abstammungsgemeinschaft zu behaupten und zu legitimieren. Wanderungsbewegungen stellen hier ein wesentliches Merkmal zur Konstruktion der kollektiven Identität einer ebenso konstruierten ethnischen Einheit dar.

## Was war die „Völkerwanderung"?

▶ M 4: Karte der Wanderungsbewegungen

▶ Darstellungstext Seite 23 f.

Der Vorgang kollektiver Identitätsbildung und -stiftung ist einem kontinuierlichen Wandel unterworfen. Die Westgoten, die vor der Vertreibung durch die Hunnen zwischen den Karpaten und dem Schwarzen Meer siedelten, waren andere Westgoten als jene, die sich nach jahrelangen Wanderungen schließlich im 5. Jahrhundert n. Chr. im heutigen Spanien und Portugal niederließen. In diesem Sinne hat es *„die* Goten", *„die* Hunnen", aber auch *„die* Römer" nicht gegeben. *„Die* Germanen" und ihre kollektive Identität sind geradezu eine römische Erfindung: Gaius Julius Caesar verfolgte mit der Behauptung eines mächtigen und geschlossenen „germanischen" Kriegsvolkes, das jenseits des Rheins lebte, politische und propagandistische Ziele. In dieser Zeit entstand derjenige Germanenmythos, der später durch den römischen Historiker Tacitus aufgegriffen und verbreitet wurde und der sich bis in das 19. Jahrhundert halten sollte.
Auch der Begriff „Wanderung" ist kritisch zu betrachten. Folgt man den Pfeilen auf Geschichtskarten zur „Völkerwanderung", so ist man schnell verleitet, Züge von homogenen „Stammesverbänden" als kontinuierliche Bewegung von einem Ursprungsort zu einem Zielort zu rekonstruieren. Doch diese Vorstellung führt in die Irre: Kamen die Wanderbewegungen der Angeln und Sachsen relativ schnell zu einem Ende, so zeigt sich bei den Wanderbewegungen beispielsweise der Westgoten ein anderes Bild: Auf der Suche nach Anerkennung in Form eines *foedums* durchstreiften sie knapp 150 Jahre

lang das Territorium des Römischen Reiches, bis sie schließlich auf der Iberischen Halbinsel die Sueben besiegten und ein Reich gründeten. Während dieser Zeit der Wanderung schlossen sich viele Menschen dem Personenverband an, der dadurch kulturell und ethnisch transformiert wurde. Zusammenfassend lässt sich konstatieren: „Die Völkerwanderung" als homogenen „Sturm der starken nördlichen Völker" auf das dekadente Rom – wie es die Geschichtsschreibung des 19. Jahrhunderts vermitteln wollte – hat es nicht gegeben. Auch sind Analogien zu heutigen Fluchtbewegungen und Migrationsphänomenen problematisch: Komplexe historische Sachverhalte und ebenso komplexe Phänomene der Gegenwart werden hierbei grob vereinfacht.

**Formulierungshilfen zu M 4**
- Mit unterschiedlichen Farben gekennzeichnet sind …
- Die unterschiedlichen Dicken der Pfeile bedeuten …
- Im zeitlichen Verlauf lässt sich eine Bewegung von … nach … ablesen.
- Die Ausdehnung des Römischen Reiches verändert sich von … bis.... insofern, dass …
- Mit dem Symbol der gekreuzten Schwerter sind … eingetragen.

## M 4 Wanderungsbewegungen im 4. und 5. Jahrhundert n. Chr.

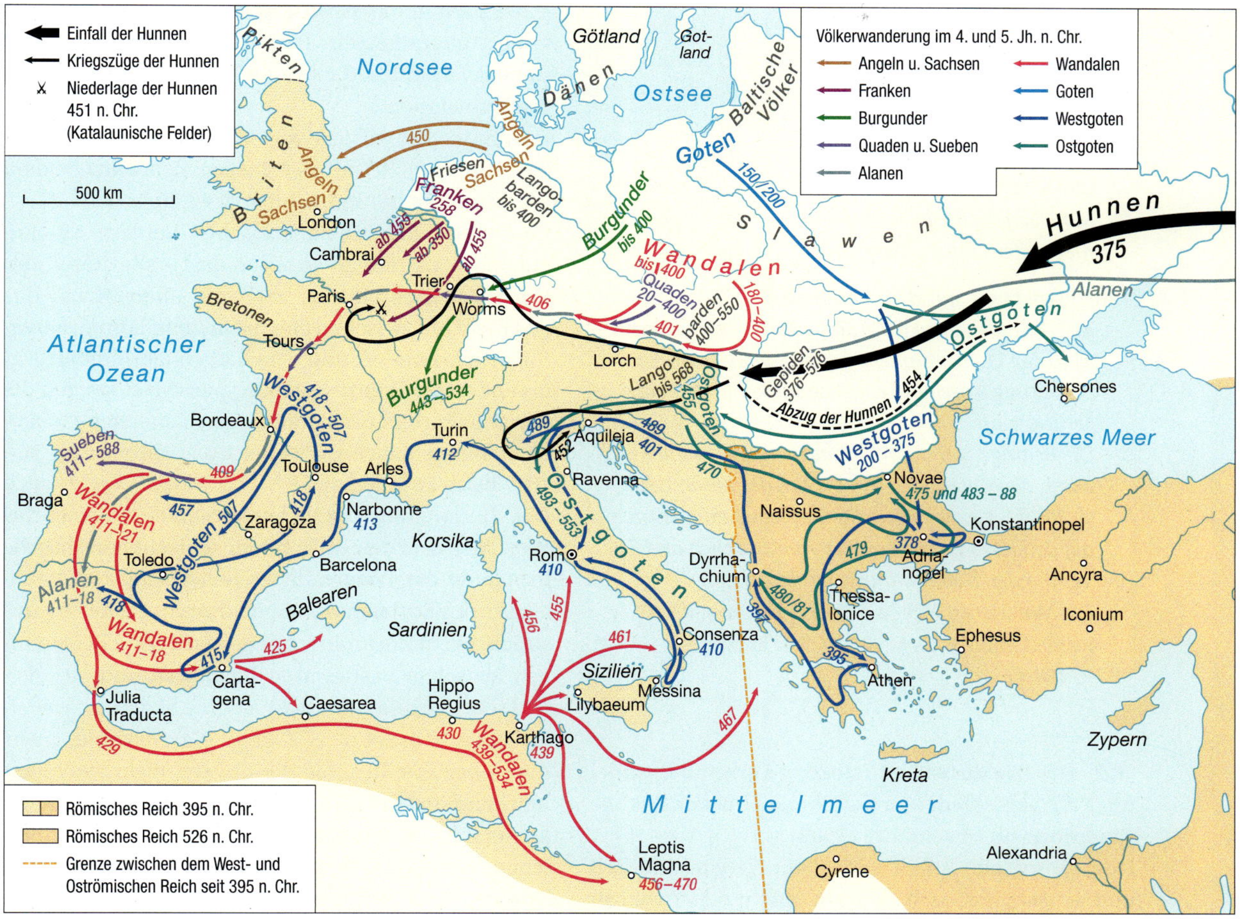


**1** Charakterisieren Sie auf Grundlage des Darstellungstextes sowie der Karte M 4 die Migrationsbewegungen zur Zeit der Spätantike und deren Einfluss auf das Römische Reich.

**2** **Partnerarbeit/Mindmap:** Erstellen Sie eine Mindmap zur Frage, warum sich die Beschäftigung mit der „Völkerwanderung" eignet, um sich exemplarisch mit Migrationsprozessen und deren Auswirkungen auseinanderzusetzen.

**3** **Pro-und-Kontra-Diskussion:** Der Darstellungstext problematisiert den Einsatz von Karten beim Thema „Völkerwanderung". Sammeln Sie Pro- und Kontra-Argumente für den Einsatz solcher Karten, wie sie hier mit M 4 abgebildet ist.

***Hinweise zur Arbeit mit den Materialien***

- *Dass sich die Zeit der „Völkerwanderung" und die von ihr initiierten Transformationsprozesse der spätantiken Welt über mehrere hundert Jahre erstrecken, kann anhand des Modells von Fernand Braudel (M 5), das historischen Wandel auf der Grundlage langfristiger, prozesshafter Veränderungen konturiert, verdeutlicht werden. Die Texte von Klaus Bade, Ingrid Oswald und Dirk Hoerder (M 6 bis M 8) stellen das Phänomen der Migration aus je unterschiedlichen Perspektiven dar: Migration als Grundbedingung des Menschseins (M 6), Motive, Modelle und Typen von Migration (M 7) sowie die Folgen von Migration im Hinblick auf das Zusammentreffen unterschiedlicher Kulturen (M 8).*
- *Die Materialien M 9 und M 10 (Bitterli) sowie M 11 (Burke) präzisieren in jeweils unterschiedlichen Modellen die Bedingungen und Folgen des Zusammentreffens unterschiedlicher Kulturen.*

***Zur Vernetzung mit dem Kernmodul***

- *M 5 (Braudels Strukturierungsversuch) wird durch M 10, S. 111 aus Kapitel 6 ergänzt, wobei hier die Bedeutung einzelner Ereignisse stärker in den Blick gerückt wird.*
- *Die Beiträge M 6 bis M 8 können ergänzt werden durch die Materialien M 1 bis M 5 des Kernmoduls (S. 102 ff.), die die allgemein-theoretischen Ansätze auf den historischen Kontext von Ursachen und Verlauf der „Völkerwanderung" beziehen.*
- *Die Materialien M 9 bis M 11 können kombiniert werden mit M 6 bis M 10 aus dem Kapitel 6 (S. 108 ff).*

**M 5 Der französische Historiker Fernand Braudel über die verschiedenen Zeitebenen bei der Rekonstruktion von Geschichte (1969)**

Jede historische Arbeit zerlegt die vergangene Zeit und entscheidet sich je nach mehr oder weniger bewussten Vorlieben und mehr oder weniger exklusiven Standpunkten für die eine oder andere der chronologischen Realitäten. Die traditionelle Geschichtsschreibung hat sich auf die kurze Zeit, auf das Individuum spezialisiert, und so sind wir seit langem an einen überstürzten, dramatischen, kurzatmigen Bericht gewöhnt. Der neuen Wirtschafts- und Sozialgeschichte dagegen geht es bei ihren Untersuchungen in erster Linie um die zyklischen Schwankungen und deren Dauer; sie hält sich an die Luftspiegelung der Preiskurven bzw. an die Wirklichkeit ihres zyklischen Aufstiegs und Falls, und so gesellt sich heute zum Bericht (oder traditionellen „Rezitativ") das Rezitativ der Konjunktur, das die Vergangenheit in großen Zeiträumen von 10, 20, 50 Jahren betrachtet.

Dieses zweite Rezitativ wiederum wird überlagert von einer Geschichte mit einem noch viel längeren, über Jahrhunderte hinweg reichenden Atem: von der Geschichte der langen, der sehr langen Dauer. [...] Sie bezeichnet das Gegenstück zu François Simiands Ereignisgeschichte, wie er die kurzatmige Geschichte als einer der Ersten [...] taufte. [...] Für mich ist das Ereignis etwas Explosives, eine „klingende Neuigkeit" [...]. Es erfüllt das Bewusstsein der Zeitgenossen mit seiner übermäßigen Rauchentwicklung, ist aber schnell verpufft, sodass kaum Zeit bleibt, die Flamme wahrzunehmen. [...]

Darum wollen wir uns anstelle von Ereignis für den eindeutigeren Begriff der kurzen Zeit entscheiden, die kurze Zeit der Individuen, des Alltags [...].

Eine neue Mode des historischen Berichts tauchte auf, das – wenn man so sagen darf – „Rezitativ" der Konjunktur, des Zyklus bzw. des „Interzyklus", das uns die Wahl zwischen einem Dutzend Jahren, einem Vierteljahrhundert und dem halben Jahrhundert [...] als äußerster Grenze lässt. Beispielsweise steigen die Preise in Europa von kurzen, oberflächlichen Einbrüchen abgesehen von 1791 bis 1817, während sie von 1817 bis 1852 fallen. [...]

Den [...] weitaus nützlicheren Schlüssel liefert das Wort Struktur, das, ob gut oder schlecht gewählt, die Probleme der langen Dauer beherrscht. Die Beobachter des Sozialen verstehen darunter eine Organisation, einen Zusammenhang, relativ feste Beziehungen zwischen bestimmten Realitäten und sozialen Massen. Für uns Historiker ist eine Struktur zweifellos etwas Zusammengefügtes, ein Gebäude, mehr noch aber eine Realität, der die Zeit nicht viel anhaben kann und die sie deshalb sehr lange mitschleppt. Ja, manche Strukturen werden aufgrund ihrer Langlebigkeit für zahllose Generationen zu einem festen Bestand und behindern dadurch die Geschichte, hemmen sie, indem sie ihren Ablauf beherrschen. Andere Strukturen wiederum zerfallen schneller. Alle aber sind gleichzeitig Stütze und Hindernis. Hindernis, insofern sie Grenzen bezeichnen [...], die der Mensch und seine Erfahrung kaum zu überschreiten vermögen. Man denke nur, wie schwer sich in manchen Fällen ein bestimmter geografischer Rahmen, bestimmte biologische Realitäten, bestimmte Produktionsgrenzen bzw. die einen oder anderen geistigen Zwänge sprengen lassen: denn auch die geistigen Rahmen sind Langzeitgefängnisse. Das einleuchtendste Beispiel scheint noch immer der von der Geografie ausgeübte Zwang zu sein. [...] Man nehme nur einmal [...] die Dauerhaftigkeit bestimmter Lebensbereiche der Küstenregionen oder die Standorttreue der Städte und der Straßen und damit auch des Verkehrs, kurzum, die erstaunliche Festigkeit des geografischen Rahmens der Kulturen.

*Fernand Braudel, Geschichte und Sozialwissenschaften. Die lange Dauer, in: ders.: Schriften zur Geschichte 1. Gesellschaften und Zeitstrukturen, übers. v. Gerda Kurz und Siglinde Summerer, Klett-Cotta, Stuttgart 1992, S. 52–62.**

1 Gliedern Sie die verschiedenen Zeitebenen, die Braudel vorschlägt, mithilfe einer grafischen Darstellung.
 **Tipp:** Visualisieren Sie z. B. mit einem Zeitstrahl.
 **Inhaltliche Tipps:** siehe S. 148.
2 Erklären Sie einen Ihnen bekannten historischen Transformationsprozess (z. B. Industrialisierung) auf der Grundlage der Thesen Braudels.
3 Diskutieren Sie, auf welchen von Braudel vorgeschlagenen Zeitebenen Migrationsprozesse rekonstruiert werden können. Beziehen Sie sich auf Ihnen bekannte historische oder eigene Migrationserfahrungen.

### M6 Der Historiker Klaus J. Bade über die Bedeutung von Migration für den Menschen (2002)

Den „*Homo migrans*“ gibt es, seit es den „*Homo sapiens*“ gibt; denn Wanderungen gehören zur *Conditio humana* [was den Menschen grundsätzlich ausmacht] wie Geburt, Fortpflanzung, Krankheit und Tod. Migrationen als Sozialprozesse sind, von Flucht und Zwangswanderungen abgesehen, Antworten auf mehr oder minder komplexe ökonomische und ökologische, soziale und kulturelle Existenz- und Rahmenbedingungen. Die Geschichte der Wanderungen ist deshalb immer auch Teil der allgemeinen Geschichte und nur vor ihrem Hintergrund zu verstehen. Das gilt auch für die europäische Migrationsgeschichte. Vorstellungen von Europa und seinen Grenzen aber wandelten sich im Epochenverlauf. Die daraus resultierende Frage, wie europäische Geschichte zu verstehen und zu schreiben sei, hat eine lange Forschungsgeschichte und ist [...] auch von aktueller Bedeutung. Raumbezogen kann man, trotz vieler Überschneidungen, z. B. Aus-, Ein- und Binnenwanderungen unterscheiden. Orientierungshilfe bietet auch die Frage nach Anlässen, Motiven und Zwecken. Dabei kann man z. B. wirtschaftlich und beruflich-sozial motivierte Migrationen eingrenzen und innerhalb dieses Feldes wiederum Erwerbsmigrationen als Existenznotwendigkeit (*subsistence migration*) oder als Verbesserungschance (*betterment migration*) unterscheiden. Durch Verlust bzw. Zerstörung der wirtschaftlichen Existenzgrundlagen, mithin letztlich ebenfalls wirtschaftlich bedingt, sind aber z. B. auch jene Überlebenswanderungen, für die das späte 20. Jahrhundert den Sammelbegriff „Umweltflucht“ geprägt hat. Von so motivierten Migrationen kann man wiederum religiös-weltanschaulich, politisch, ethno-nationalistisch oder rassistisch bedingte Flucht bzw. Zwangswanderungen abgrenzen. Dazu zählen auch die Vertreibungen und Zwangsumsiedlungen des 20. Jahrhunderts, bei denen die Bewegung von Menschen über Grenzen häufig die Folge der Bewegung von Grenzen über Menschen war.

*Klaus J. Bade, Europa in Bewegung. Migration vom späten 18. Jahrhundert bis zur Gegenwart, C. H. Beck, München 2002, S. 12 f.**

1 **Partnerarbeit:** Benennen Sie Beispiele für die von Bade genannten Formen von Migration.

### M7 Die Soziologin Ingrid Oswald über ein soziologisches Modell von Migration (2007)

In der Fachliteratur gibt es keine einheitliche Definition der Begriffe „Migration“ bzw. „Wanderung“. Angesichts der zu beobachtenden Begriffsvielfalt eignet sich für soziologische Zwecke eine relativ komplexe Begriffsumschreibung, mit der wichtige Aspekte der Theoriebildung in den Blick genommen werden. Konstitutiv sind die drei (Forschungs-)Dimensionen:

- Ortswechsel
- Veränderung des sozialen Beziehungsgeflechts
- Grenzerfahrungen.

Migration wird daher [...] verstanden als ein Prozess der räumlichen Versetzung des Lebensmittelpunkts, also einiger bis aller relevanten Lebensbereiche, an einen anderen Ort, der mit der Erfahrung sozialer, politischer und/oder kultureller Grenzziehung einhergeht. [...]

**Versetzung des Lebensmittelpunktes von A nach B**

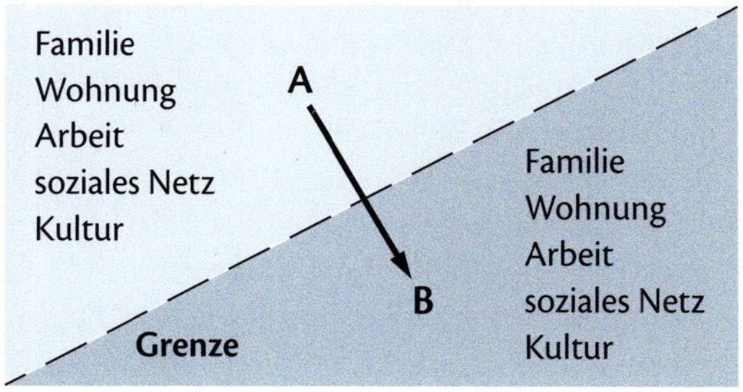


Die „Grenze“ (in der Abbildung die diagonale gestrichelte Linie) kann dabei eine Nationalstaatsgrenze sein, ein Fluss, der zwei Regionen voneinander trennt, aber auch nicht-räumliche Grenzen, wie es

die zwischen Sprach- und Wissensräumen oder religiöse bzw. kulturell-ethnische Abgrenzungen sind. Ob diese Grenzen im Migrationsprozess überwunden werden (können) oder ob sie in seinem Verlauf erst entstehen, weil soziale und kulturelle Unterschiede wahrgenommen und als solche artikuliert und gelebt werden, spielt dabei keine Rolle. Die Offenheit des Konzepts betont die empirische Vielfalt sowie den Prozesscharakter von Wanderungen, die sich mitunter über Generationen hinziehen. Ebenso offen bleiben zeitlicher und personeller Umfang, Distanzen, Ursachen und Motive, da diese nicht prinzipiell die Notwendigkeit der Neuordnung von Lebensmittelpunkten infrage stellen, wohl aber die Begleitumstände bestimmen, wie diese Neuordnung gelingt bzw. gelingen kann. [...]
Das Lebensmittelpunkt-Modell soll verdeutlichen, welche Lebensbereiche von Migration betroffen sind bzw. sein können und wie komplex und langwierig ein Migrationsprozess ist. Je nachdem, welche Fragestellung interessiert, kann dieser oder jener Bereich als solcher und in seiner Funktion für andere Bereiche thematisiert werden. [...] Migrationsverläufe betreffen ebenso Nicht-Migranten aller sozialen Gruppierungen sowie Ziel-, Transit- und Herkunftsgesellschaften bzw. Segmente derselben.
Da in den Zielregionen von Migration in der Regel komplexe Sozialorganisationen existieren, die durch Zuwanderung verändert werden und sich ändern müssen, können natürlich Konflikte zwischen den Eingesessenen und den Zuwanderern bzw. zwischen den Akteuren einzelner Migrationsphasen entstehen. Die sozialen Einschnitte, die sowohl Individuen wie Familien oder Gruppen, die aufnehmende und die abgebende Gesellschaft verarbeiten müssen, können dabei sehr gravierend sein und sind es meist auch.
Das Modell ermöglicht bei Fragen nach der Integration von Zuwanderern die analytische Trennung der relevanten Bereiche und macht verständlich, warum „unvollständige" Migrationsformen wie beispielsweise Pendelmigrationen die Integration einzelner Lebensbereiche in die Zielgesellschaft erschweren bzw. nicht benötigen [...]. Bei Fragen nach lebensweltlichen Relevanzen und Prioritäten lässt sich ein breites Spektrum von Motivationen untersuchen, ohne auf simple Erklärungen, wie beispielsweise die generell starke Anziehungskraft höherer Löhne, zurückgreifen zu müssen [...]. Vice versa ermöglichen derartige Fragen auch Erklärungsansätze nicht nur dafür, warum Menschen wandern, sondern warum sie an einem bestimmten Ort bleiben, auch wenn es an vielen Orten der Welt vielleicht „besser" wäre. Und schließlich lässt sich beschreiben, wie sich mit Grenz- und Abgrenzungserfahrungen kulturelle und ethnische Identitäten formen [...]. [...]
Migration ist also wesentlich mehr als eine Ortsveränderung oder der Wechsel eines Wohnsitzes, sie ist aber auch nicht immer ein Wechsel der Gruppenzugehörigkeit, denn Zuwanderer können mitunter völlig isoliert oder im Kreise ihnen bekannter Zuwanderer oder der Familie leben bzw. als Pendler an der Aufnahme sozialer Beziehungen am Zielort gar nicht interessiert sein.

*Ingrid Oswald, Migrationssoziologie, UVK Verlagsgesellschaft, Konstanz 2007, S. 13–18.**

1 Erarbeiten Sie aus M 6 und M 7 die zentralen Merkmale der Beschreibung und Erklärung von Migration.
2 Stellen Sie die Ansätze von Bade und Oswald hinsichtlich der Aspekte Anlässe, Motive, Formen sowie kollektive wie individuelle Folgen gegenüber. **Tipp:** Fertigen Sie eine Tabelle mit den Aspekten als Überschriften an und notieren Sie Ihre Ergebnisse darin stichpunktartig.
3 Erörtern Sie die Vor- und Nachteile der beiden Modelle hinsichtlich einer Beschreibung und Erklärung historischer Sachverhalten.

### M 8 Der Historiker Dirk Hoerder über die Folgen von Migration (2010)

Migranten geben am Ziel ihre alltägliche Lebensweise, ihre materielle Kultur nicht auf. Sie assimilieren sich nicht bedingungslos, sondern beginnen einen schrittweisen Prozess der Akkulturation, einer Annäherung an die neue Gesellschaft. Sie ändern Gewohnheiten und Praktiken, erlernen die neue Sprache oder zumindest die für sie relevanten Sprachregister in einem Prozess des Aushandelns von notwendigen oder geforderten Veränderungen. Sie sind bereit zu einer (teilweisen) Eingliederung (*accommodation, adjustment*), wobei die Empfängergesellschaft die Möglichkeiten zur Integration oder Inkorporation bieten muss. Ohne diese beidseitige Bereitschaft erfolgt eine Selbstsegregation oder Ausgrenzung. Die volle Teilhabe an der neuen Gesellschaft wird prozesshaft über meist drei Generationen erreicht. Die Rhetorik des „Kulturverlustes" belastet den Prozess, das Einbringen von Eigenheiten und Arbeitskraft, die die neue Gesellschaft ihrerseits verändern, erleichtert ihn. Je nach staatlich gesetztem Rahmen können Neuankömmlinge und Alteingesessene eine Gemeinschaft bilden oder in Nation und ethnische Enklaven zerfallen.

*Dirk Hoerder, Geschichte der deutschen Migration. Vom Mittelalter bis heute, C. H. Beck, München 2010, S. 12 f.*

1 Arbeiten Sie heraus, welche Gründe des Scheiterns und welche Bedingungen des Gelingens von Migration Hoerder nennt. Nennen Sie ggf. weitere.
2 **Visualisierung:** Erklären Sie die Komplexität der von Hoerder beschriebenen Zusammenhänge, indem Sie diese in einem Schaubild verdeutlichen.

**M9 Der Historiker Urs Bitterli über Kulturberührung, Kulturzusammenstoß und Kulturbeziehung als Formen des Kulturkontakts (1986)**

*Urs Bitterli hat die von ihm vorgeschlagenen Formen des Kulturkontakts vor dem Hintergrund des Aufeinandertreffens von Europäern mit den Kulturen Lateinamerikas entwickelt. Dies ist bei der Übertragung auf andere historische Beispiele zu berücksichtigen.*

Unter Kulturberührung verstehen wir das in seiner Dauer begrenzte, erstmalige oder mit großen Unterbrechungen erfolgende Zusammentreffen einer Gruppe von Europäern mit Vertretern einer geschlossenen archaischen Bevölkerungsgruppe. [...] Neben ihrer Zufälligkeit und ihrer kurzen Dauer sind solche Kulturberührungen gekennzeichnet durch die rudimentären Formen der Kommunikation zwischen den aufeinandertreffenden Kulturvertretern. Man verständigte sich zwar, aber nicht in der umfassenden Form des Gesprächs, sondern durch Zeichensprache und Mimik; man tauschte zwar Geschenke aus, aber lediglich, um die Annäherung zu erleichtern, nicht um eine Partnerschaft, wie die Handelsbeziehung sie erfordert, herzustellen. [...] Fast immer standen diese Kulturberührungen im Zeichen freundlicher gegenseitiger Annäherung. Zwar ist ein reiches Spektrum von Varianten zu beobachten von der extremen Scheu [...] bis zur geradezu überströmenden Sympathiekundgebung [...].

Es lag in der Natur dieser Art des Kulturkontakts, dass er meist nur wenige Jahre währte. Dann pflegte sich entweder – im glücklichste Falle – ein *Modus vivendi*[1] friedfertigen gegenseitigen Austauschs einzuspielen, der zu neuen Abhängigkeiten und beidseitigen Anpassungen führte: die Kulturbeziehung war entstanden. Oder es ereignete sich – leider der häufigere Fall –, dass die Kulturberührung in einen Kulturzusammenstoß umschlug, der die kulturelle Existenz des militärisch und machtpolitisch schwächeren Partners bedrohte und seine physische Existenz gefährdete oder gar auslöschte. [...] Neben der hauptsächlichen Konfliktursache der Besitzaneignung gab es eine große Zahl weiterer Konfliktherde [...]. Häufig mischten sich die Europäer in die internen Auseinandersetzungen der Eingeborenen ein, und es gelang ihnen, etwa durch Waffenlieferungen, die Machtkonstellation in ihrem Sinne zu verändern oder das bisher bestehende Gleichgewicht zu zerstören. [...] Nicht selten versuchte man auch auf die innertribalen Machtverhältnisse Einfluss zu nehmen, zuweilen absichtslos, indem man mit unzuständigen Partnern verhandelte, zuweilen absichtsvoll, indem man genehme Stammesführer stützte, immer aber in unzureichender Kenntnis von Stammesstruktur und Herrschaftsfolge. [...] Oft entstanden Konflikte auch im Zusammenhang mit dem Warenhandel, den dadurch geweckten neuen Bedürfnissen und der Erschöpfung der Ressourcen [...].

Unter bestimmten Umständen jedoch konnte es geschehen, dass die Kulturberührung in eine Kulturbeziehung überging oder dass sich, weit seltener zwar, der Kulturzusammenstoß zur Kulturbeziehung wandelte. Unter der Kulturbeziehung [...] verstehen wir ein dauerndes Verhältnis wechselseitiger Kontakte auf der Basis eines machtpolitischen Gleichgewichts oder einer Patt-Situation. Bedingung einer Kulturbeziehung war das Spiel von Angebot und Nachfrage [...]. Unentbehrlich für den reibungslosen Verlauf der sich auf den Handel stützenden Kulturbeziehung war eine Mittlerschicht [...]. Diese Mittlerschicht, die zwischen den Kulturen stand und sich einer Mischsprache bediente, konnte zuweilen eine solche Bedeutung gewinnen, dass die Interessen der weißen Faktoreibeamten, aber auch jene der einheimischen Lokalregierung, gefährdet wurden. [...] Zweierlei darf freilich nicht vergessen werden, wenn von der Friedlichkeit solcher kommerzieller Kulturbeziehungen die Rede ist: zuerst, dass diese Friedlichkeit meist nur so lange anhielt, als die Waren geliefert werden konnten und gefragt blieben, und ferner, dass dieselbe Kulturbeziehung, die in einer bestimmten Region pazifizierend wirkte, bereits in deren unmittelbarer Nachbarschaft Kulturzusammenstöße schlimmster Art auslösen konnte. [...]

*Urs Bitterli, Alte Welt – neue Welt. Formen des europäisch-überseeischen Kulturkontaktes vom 15. bis zum 18. Jahrhundert, C. H. Beck, München 1986, S. 17–48.**

1 *Modus vivendi:* Übereinkunft, Verständigung

**M10 Der Historiker Urs Bitterli über Akkulturation und Kulturverflechtung als Formen des Kulturkontakts (1976)**

Akkulturation und vor allem Kulturverflechtung [setzen] ein länger dauerndes Zusammenleben und Zusammenwirken von Bevölkerungsgruppen verschiedener Kultur im selben geografischen Raum voraus. Während bei der Beziehung, die wir als Kulturkontakt bezeichnet haben, Aspekte des Handels oder der Mission in der Regel im Vordergrund stehen [...], vollzieht sich besonders die Kulturverflechtung vor dem

Hintergrund einer intensiven gesellschaftlichen Durchdringung. Diese Durchdringung tritt dann an die Stelle des historisch häufiger zu beobachtenden Kulturzusammenstoßes, wenn sich zwischen zwei oder mehreren Kulturen die zwingende Notwendigkeit zur existenzsichernden Zusammenarbeit und das Bewusstsein einer verpflichtenden Aufeinanderangewiesenheit ergibt. Damit dieser Sonderfall eintritt, müssen verschiedene Vorbedingungen in ganz bestimmtem Grad und bestimmtem Mischverhältnis gegeben sein; die wichtigsten aufeinander einwirkenden Faktoren sind die Mentalität der sich begegnenden Völker, ihre Anpassungsfähigkeit und Anpassungsbereitschaft, die geografischen und demografischen Gegebenheiten.

Akkulturation und Kulturverflechtung sind Prozesse, die sich über mehrere Generationen hin erstrecken und nie als eigentlich abgeschlossen gelten können; sie bereiten sich bereits in der Phase der Kulturberührung durch den Austausch gewisser Verhaltensformen unter den Beteiligten vor, erreichen aber ihre historische Eigenständigkeit erst, wenn sich aus der engen und ständigen Begegnung der Kulturen eine neue Mischkultur ergibt, die alle Bereiche des wirtschaftlichen, sozialen und religiösen Lebens der Partner enthält und die Widersprüchlichkeiten der ursprünglichen kulturellen Situation zunehmend in sich aufhebt. [...] Jede Kulturverflechtung wird eingeleitet und genährt durch die Übertragung von spezifischen Verhaltensweisen, Vorstellungen, Wertbegriffen und Techniken von einer bisher in sich geschlossenen Kultur auf eine andere und umgekehrt. Bereits in der Frühphase der Kulturberührung findet ein solcher Austausch, allerdings nur in beschränkten Bereichen, statt. [...] Dieser Prozess der gegenseitigen Anpassung, der sich beim Kulturkontakt intensiviert und selbst in bestimmten Fällen des Kulturzusammenstoßes [...] nicht zum Stillstand kommt, wird von den modernen Ethnologen in der Regel als „Akkulturation" bezeichnet. [...]

In jenen Fällen, da ein über längere Zeiträume hin sich entwickelnder Akkulturationsprozess Elemente beider oder mehrerer beteiligter Kulturen so sehr amalgamiert, dass eine eigenständige Mischkultur entsteht, wird man von Kulturverflechtung sprechen können. Natürlich bleibt es eine Ermessensfrage festzustellen, wann ein Akkulturationsvorgang zur Kulturverflechtung wird, denn auch die neugeschaffene Mischkultur bleibt dem Wandel unterworfen und wird in ihrer Dynamik weiterhin vom Phänomen der Akkulturation mitbestimmt. Ein gewichtiges Indiz für den Tatbestand der Kulturverflechtung scheint es indessen zu sein, wenn neben der wechselseitigen Übertragung bestimmter Kulturelemente zugleich eine Vermischung der Rassen und folglich eine biologisch-ethnische Nivellierung zu beobachten ist.

*Urs Bitterli, Die ‚Wilden' und die ‚Zivilisierten'. Grundzüge einer Geistes- und Kulturgeschichte der europäisch-überseeischen Begegnung, C. H. Beck, München 1976, S. 161 f., 167.**

1 **Gruppenarbeit:** Arbeiten Sie arbeitsteilig auf Grundlage von M 9 und M 10 die Definitionen der Begriffe „Kulturberührung", „Kulturbeziehung", „Akkulturation", „Kulturverflechtung" und „Kulturzusammenstoß" nach Bitterli heraus.
2 **Wahlaufgabe:** Interpretieren Sie die verschiedenen Formen des Zusammenlebens bzw. des Konflikts, indem Sie diese a) entweder zeichnerisch oder b) szenisch darstellen. Achten Sie jeweils auf die Verwendung der jeweiligen Fachbegriffe.
**Tipp:** Vergessen Sie nicht, im Falle einer szenischen Darstellung diese zu dokumentieren.
3 Interpretieren Sie das Ölgemälde „Der Kampf auf der Brücke" (M 1, S. 20) vor dem Hintergrund der Typologie Bitterlis.
4 **Zusatzaufgabe:** siehe S. 148.

**M 11 Der britische Kulturhistoriker Peter Burke über verschiedene Formen kulturellen Austausches (2000)**

Meinen nun folgenden Überlegungen liegen zwei Annahmen zugrunde: Zum einen geht es hier mehr um einen Austausch nach beiden Richtungen als um eine einseitige Anleihe, also eher um „Transkulturation" als um „Akkulturation". Zum anderen wird im Zuge eines kulturellen Austausches normalerweise auch dasjenige, was entliehen wird, den Bedürfnissen des Entleihenden angepasst, es findet also eine doppelte Bewegung von De- und Rekontextualisierung statt. Dieser Prozess mag mit Missverständnissen einhergehen, die zuweilen auch als „schöpferische" oder „konstruktive" Fehlschlüsse beschrieben werden, weil sie den Angehörigen zweier unterschiedlicher Kulturen einen offenen Konflikt zu vermeiden helfen. [...]

1. Es war ein Grundsatz der scholastischen Philosophie[1], dass das, „was auch immer empfangen wird, nach Maßen des Empfängers empfangen wird" [...].
2. Eine zweite Art, die Transformation von Überlieferung zu denken, stellt die Idee der Nachahmung dar, sei es nun im positiven wie im negativen Sinne. Der positive Aspekt ist [...] eine schöpferische Imitation [Nachahmung], [die] dann vorliegt, wenn [...] geschätzten Vorbildern nachgeeifert wird.
3. Eine weitere Alternative zur Vorstellung, die kulturelle Erbschaft sei passiv, ist der Gedanke der Aneig-

nung oder, deutlicher, der „Plünderung“ [der Fachausdruck heißt hier „Approbation“]; seinen ursprünglichen Kontext bilden die Debatten, die die nun als Kirchenväter verehrten Theologen über den christlichen Umgang mit heidnischen Kulturen führten. Basilius von Caesarea etwa befürwortete eine selektive Aneignung der heidnischen Antike nach dem Beispiel der Bienen, die „sich weder allen Blumen im gleichen Maß zuwenden noch die ausgewählten vollständig mitzunehmen suchen, sondern nur das nehmen, was für ihr eigenes Werk von Interesse ist, und das übrige unberührt zurücklassen“. [...]

4. Die drei bislang erwähnten Begriffe übernehmen die Perspektive des Empfängers. Vom Standpunkt des Entleihenden oder Gebenden aus wurde der Austausch mithilfe des Begriffs der „Akkomodation“, der Anpassung, untersucht. Cicero[2] hat den Ausdruck im Kontext der Rhetorik gebraucht, um den Redner auf die Notwendigkeit hinzuweisen, dass er seinen Stil auf die Zuhörerschaft einzustellen habe. [...]

5. Eine weitere Möglichkeit, über kulturellen Austausch zu sprechen, bestand darin, die Sprache des Mischens oder des Synkretismus zu gebrauchen. [...] Im 19. Jahrhundert erlangte [...] [der Begriff] „Synkretismus“ eine positive Konnotation, und zwar im Kontext religionswissenschaftlicher Studien zur Antike, insbesondere für die Identifikation von zweien oder mehreren Göttern [d.h. wenn sich die Bedeutung zweier verschiedener Gottheiten in einer neuen Gottheit vereinigen] [...]. Von der Altertumswissenschaft ging der Begriff dann auf die ethnologische Forschung [...] über. [...]

6. Eine Alternative zum Synkretismus [...] stellt die anschaulichere botanische bzw. rassenkundliche Metapher der „Hybridität“ oder „Hybridisierung“ dar, wie sie im 19. und 20. Jahrhundert besonders populär war [...]. „Alle Kulturen sind“, schreibt Said [palästinensischer Kulturtheoretiker, 1935–2003], „ineinander verstrickt; keine ist vereinzelt und rein, alle sind hybrid, heterogen.“

*Peter Burke, Kultureller Austausch, übers. v. Burkhardt Wolf, edition suhrkamp, Frankfurt/Main 2000, S. 14–24.**

1 *die Scholastik:* dominierende philosophische Richtung im europäischen Mittelalter
2 *Cicero (106–43 v.Chr.):* röm. Politiker und Redner

1 Arbeiten Sie die verschiedenen Formen kulturellen Austausches nach Burke heraus.
2 **Vertiefung:** Erläutern Sie die verschiedenen Formen kulturellen Austausches nach Burke, indem Sie für jede Form entweder ein historisches Beispiel oder ein Beispiel aus Ihrer Alltagswelt finden. Beziehen Sie das Bild M 12 in Ihre Überlegungen mit ein.
3 Setzen Sie die Modelle von Bitterli und Burke in Beziehung und erörtern Sie anhand eines oder mehrerer Beispiele die Vor- und Nachteile beider Modelle.
4 **Zusatzaufgabe:** siehe S. 148.

**M 12 Opferdarbringungen auf einem Altar beim mexikanischen „Tag der Toten“, bei dem sich indigene, naturreligiöse und christliche Elemente mischen, Fotografie, 2016**

# 2 Ursachen und Verlauf der „Völkerwanderung“

**M1** **„Kampf auf der Brücke“, Ölgemälde von Arnold Böcklin, 1892.**
*Das Gemälde zeigt den Kampf zwischen Römern und „Germanen“. Böcklin hat das Aufeinandertreffen dieser gegensätzlichen Kulturen in verschiedenen Varianten gemalt.*

**330** Gründung Konstantinopels (später Byzanz) durch Kaiser Konstantin

**375** Die Hunnen unterwerfen die Greutungen (Ostgoten) und drängen die Terwingen (Westgoten) nach Westen; Kaiser Valens erlaubt den Terwingen die Ansiedlung auf römischem Gebiet

**378** Rebellion der Terwingen

**379** Ansiedelung der Greutungen in Pannonien und Föderatenvertrag

**382** Friedensschluss und Föderatenvertrag mit den Terwingen

**395** Teilung des Römischen Reiches in eine West- und eine Osthälfte

**402** Ravenna wird Sitz des weströmischen Kaiserhofes

**406/07** Zusammenbruch der römischen Rheingrenzen; Vandalen, Sueben und Alanen plündern Gallien; Beginn jahrzehntelanger Bürgerkriege im Weströmischen Reich

**410** Plünderung Roms durch die Westgote unter Alarich

330 | 340 | 350 | 360 | 370 | 380 | 390 | 400 | 410

Die Geschichte des Menschen ist auch eine Geschichte von Wanderungsbewegungen. Angefangen bei der Entwicklung des modernen Menschen, des *Homo sapiens*, der sich nach aktueller Forschungsmeinung von Afrika aus über die ganze Welt verbreitete, über die Kolonisation der Griechen im Mittelmeerraum und um das Schwarze Meer herum sowie die Kreuzzüge des Mittelalters, die Kolonialisierungsprozesse der Neuzeit, die Beschleunigung der Mobilität im Zuge der Globalisierung oder bis zu den jüngsten Flüchtlingsströmen: Migration ist eine anthropologische Konstante, der Mensch ist ein *Homo migrans*. So unterschiedlich Ursachen, Bedingungen und Verläufe einzelner Migrationsbewegungen in der Geschichte waren, so vielfältig waren auch die Chancen und mögliche Probleme dieser Migrationsbewegungen, die zum Kulturkontakt, aber auch zum Kulturkonflikt führen konnten. Die Geschichte der „Völkerwanderung" ist in diesem Kontext deshalb von besonderem Interesse, weil damit drei wesentliche Transformationsprozesse der Spätantike einhergingen:

- erstens die sukzessive Auflösung der römischen Antike,
- zweitens der Untergang des (West-)Römischen Reiches sowie
- drittens die Entstehung einer neuen politischen Ordnung, die das Mittelalter in Europa entscheidend prägen sollte.

Die Rolle der „Völkerwanderung" in diesem Transformationsprozess zu verorten, stellt bis heute eine spannende und noch nicht gänzlich abgeschlossene Aufgabe dar.

**1** **Begriffscluster:** Reaktivieren Sie Ihr Vorwissen, indem Sie im Kurs ein Begriffscluster zum Thema „Völkerwanderung" erstellen. Berücksichtigen Sie dabei alle Begriffe und Assoziationen, die Ihnen hierfür relevant erscheinen.

**2** Analysieren Sie das Ölgemälde „Kampf auf der Brücke" (M 1) hinsichtlich seiner wesentlichen Bildelemente und seiner Kernaussage.
**Tipps:** siehe S. 148.

**3** Arnold Böcklin setzt den „Kampf" zwischen Römern und „Germanen" auf einer Brücke in Szene. Interpretieren Sie diese Umsetzung. Berücksichtigen Sie dabei die Überlegungen zu Kulturkonflikt und Kulturkontakt aus Kapitel 1, S. 10 ff.

**8** Ansiedlung der Westgoten in Aquitanien; Errichtung des Tolosanischen Reiches; in den folgenden Jahrzehnten entstehen weitere „germanische" Reiche auf weströmischem Gebiet

**451** Der Hunnenanführer Attila greift Rom an; Belagerung von Städten in Gallien; Schlacht auf den Katalaunischen Feldern zwischen Hunnen und Römern; Niederlage der Hunnen

**476** Der „Germane" Odoaker wird zum König von Italien ausgerufen; faktisches Ende des Weströmischen Kaisertums

**493** Der Ostgote Theoderich tötet Odoaker

**497** Theoderichs Herrschaft wird offiziell von Ostrom anerkannt

20 | 430 | 440 | 450 | 460 | 470 | 480 | 490 | 500

# 2 Ursachen und Verlauf der „Völkerwanderung"

***In diesem Kapitel geht es um***
- *die Krise des Römischen Reiches im 3. Jahrhundert n. Chr.,*
- *die Ursachen der Migrationsbewegungen „germanischer" Personenverbände außerhalb des Römischen Reiches,*
- *das Verhältnis vom Römern und „Germanen", insbesondere der Goten, im Inneren des Reiches,*
- *den politischen Auflösungsprozess des Römischen Reiches im 4. Jahrhundert n. Chr. und*
- *die damit einhergehende Gründung von „Germanenreichen" auf dem Gebiet des Imperium Romanum.*

## Die Zerstörung des Ostgotenreiches durch die Hunnen

**„Gotenstämme"**
Die „Goten" waren kein einheitlicher Stamm bzw. kein einheitliches Volk. Das gilt auch für die „Westgoten" und die „Ostgoten", weshalb hier die Bezeichnung Greutungen (Ostgoten), Terwingen (frühe Westgoten) und Visigoten (Westgoten auf römischem Gebiet) verwendet werden. Siehe auch den Abschnitt zur Ethnogenese, S. 11 f.

In seinen *Res gestae* (ca. 391–394 n. Chr.) berichtet der spätantike Geschichtsschreiber Ammianus Marcellinus über Ereignisse um das Jahr 375 n. Chr.: „[Es] verbreitete sich das Gerücht bei den übrigen Gotenstämmen*, dass dieses vorher noch nie gesehene Menschengeschlecht, das sich wie ein Sturmwind von hohen Bergen aus einem abgelegenen Winkel aufgemacht hatte, jeden Widerstand zerbricht und in Trümmer legt. Darum suchte der größte Teil des Volks [...] nach Wohnsitzen, die den Barbaren völlig unbekannt waren. [...] Als ob sie gemeinsam überlegt hätten, fassten auch die übrigen denselben Plan." Um welches „Menschengeschlecht" handelte es sich? Und warum gerieten die „Barbaren" an den Außengrenzen Roms offenbar in Panik?
Etwa im Jahr 375 n. Chr. erschien der **nomadische Reiterverband der Hunnen** am Kaspischen Meer und zog weiter in westliche Richtung. Auf dem Gebiet der heutigen Ukraine trafen die laut antiker Quellen extrem kriegerischen Hunnen zunächst auf die Alanen, die sie rasch militärisch unterwarfen und deren Gebiet sie umfassend plünderten. Danach zogen sie weiter nach Westen, besiegten zunächst die Greutungen unter deren Führer Ermanarich und schließlich die Terwingen. Auf der Flucht vor den Hunnen führte Fritigern, Anführer der Terwingen, die Überlebenden an die Grenze der römischen Provinz Thrakien. Durch die Kriegszüge der Hunnen mussten auch andere gotische Personenverbände ihre Siedlungsgebiete verlassen und suchten im Osten des Römischen Reich eine neue Lebensgrundlage. Der oströmische Kaiser Valens gewährte

▶ **M 5: Sextus Aurelius Victor über die Reichskrise**

**M 1 Die Schlacht von Adrianopel 378 n. Chr., Detail auf der Vorderseite eines römischen Sarkophags, Marmor**

den Terwingen schließlich eine **Ansiedlung in Thrakien, erstmals innerhalb der Reichsgrenzen**. Schon bald ergaben sich Probleme mit den angesiedelten „Barbaren"*: Die Römer hatten, laut Ammianus, die Zahl der Immigranten unterschätzt und die fremden Krieger nicht entwaffnet. Die Goten litten unter schlechter Versorgung, korrupten römischen Beamten und fühlten sich weiterhin von den Hunnen bedroht. Im Jahr 377 n.Chr. lehnten sich die Terwingen gegen die Römer auf, welche am 9. August 378 n.Chr. in der **Schlacht bei Adrianopel** besiegt wurden – Kaiser Valens fiel. Die Gruppe um die Terwingen hatte inzwischen auch Greutungen, Alanen, geflüchtete Hunnen und auch unzufriedene Römer aufgenommen, sodass man aufgrund dieser veränderten Zusammensetzung in den Folgejahren von den Visigoten spricht.
Diese Visigoten wurden schließlich 382 n.Chr. als *foederati* durch den oströmischen Kaiser Theodosius I., den Nachfolger Valens', in Thrakien angesiedelt. Als *foederati* erhielten sie **einen legitimen Rechtsstatus** und neben Land auch Jahreszahlungen sowie eine Steuerbefreiung. Im Gegenzug mussten sie als Soldaten dem Römischen Reich dienen. Die Visigoten erkannten den Kaiser zwar an, behielten aber ihre Anführer und ihr eigenes Recht. So entstand, obwohl das Land offiziell römisches Staatsgebiet blieb, ein relativ **autonomes Herrschaftsgebiet** innerhalb der Grenzen des Imperium Romanum. Durch den Vertrag (*foedum*) änderten sich die Möglichkeiten der Kulturbeziehung und des Kulturtransfers – früher allenfalls im Rahmen von Handelsbeziehungen oder Beutezügen gegeben – grundlegend: Gab es schon vorher „germanische" Söldner im römischen Heer, die dort z.B. als Konsul Karriere machen konnten, griffen die römischen Kaiser nun immer öfter auf die militärische Hilfe der Streitkräfte der foederati zurück. Manche Zeitgenossen sahen darin eine gefährliche Entwicklung, da es bisher dem römischen Selbstverständnis entsprach, gegenüber den Barbaren das Heft des politischen und militärischen Handelns sicher in den eigenen Händen zu halten.

**Barbar**
ursprüngliche Bezeichnung der Griechen für all jene, die schlecht oder kein Griechisch sprachen; später eine abwertende Bezeichnung für Menschen, die außerhalb der Bezugskultur lebten und als unzivilisiert und ungebildet galten

▶ **M 6: Sextus Aurelius Victor über das Verhältnis Senat und Armee**

## Die Krise des Römischen Reiches im 3. Jahrhundert n. Chr.

Das Römische Reich erlebte im 3. Jahrhundert einen **grundlegenden Transformationsprozess*** in politischen, wirtschaftlichen und sozialen Bereichen. Dies wirkte sich langfristig auf die Durchsetzungsfähigkeit der Zentralgewalt aus. Obwohl die Monarchie selbst nicht infrage gestellt wurde, reduzierte sich die Legitimation des Kaisers auf die Akklamation durch das Heer – die dynastische Erbfolge sowie die Zustimmung der Aristokratie in Gestalt des Senats fielen weg. Zwischen 235 und 284/5 gab es insgesamt 49 Kaiser, Gegenkaiser oder Usurpatoren*, die von ihrem Heer ausgerufen wurden: die „Soldatenkaiser". Das Militär wurde dadurch zu einem bedeutenden Machtfaktor. Gleichzeitig verlor es schrittweise seine Verankerung in der Gesamtgesellschaft: Die vormals freien Bauern gerieten durch immer höhere Abgaben- und Steuerbelastung in unfreie Pachtverhältnisse und konnten bzw. mussten als quasi Angestellte (*Kolonen*) eines Großgrundbesitzers keinen Militärdienst mehr leisten. Aristokraten, die die Militärlaufbahn bisher als wichtige Stufen der Karriereleiter nutzten, wurden zunehmend durch Berufsoffiziere ersetzt. Auch mussten immer mehr Nichtrömer, in der Regel „Germanen", in das Heer integriert werden, um dessen Schlagkraft aufrechtzuerhalten – zumal das Reich im Osten durch das persische Sassanidenreich und im Norden durch zahlreiche Angriffe und Plünderungszüge verschiedener „Germanenstämme" unter Druck gesetzt wurde. Im Jahr 284 konnte sich **Diokletian**, ebenfalls ein Soldatenkaiser, gegen mehrere Gegenkaiser durchsetzen und das Reich nach innen und außen mittels umfangreicher Reformen stabilisieren. Die von ihm eingeführte **Vierkaiserherrschaft** (*Tetrarchie*) teilte das Reich in vier Herrschaftsbereiche auf (ein Kaiser, ein Mitkaiser sowie jeweils ein caesar als Unterkaiser), konnte sich aber nicht durchsetzen. Um das Reich besser regieren zu können, wurden zudem die ca. 50 Provinzen in über 100 Provinzen aufgeteilt und dabei verkleinert. Die Statthalter der Provinzen verloren das Oberkommando über das Militär und waren nur noch für die Verwaltung (v.a. Steuer-

**Transformationsprozess**
grundlegender Wechsel oder Austausch eines politischen Systems und gegebenenfalls auch der gesellschaftlichen und wirtschaftlichen Ordnung

**Usurpator**
jemand, der widerrechtlich die Staatsgewalt an sich reißt

**M2 Spätrömischer vergoldeter Silberhelm aus einem Grab bei Deurne (heute Niederlande), 4. Jahrhundert n. Chr.**

*Die Inschrift des Helmes weist den Träger als römischen Soldaten aus. Weitere aufgefundene Gegenstände in dem Grab lassen vermuten, dass der Helm einem Germanen in römischen Diensten gehörte.*

erhebung und Rechtsprechung) zuständig. Durch diese Trennung von Zivil- und Militärgewalt erhoffte sich der Kaiser mehr Effektivität und Effizienz für beide Bereiche, sie sorgte jedoch auch dafür, dass das Militär sich weiter verselbstständigte. Die Truppenstärke wurde deutlich angehoben und zwei voneinander unabhängige Armeetypen geschaffen: Die fest stationierten Grenztruppen (*limitanei*) sicherten die Grenzen und waren vergleichsweise schlecht ausgestattet. Die Heere der Feldarmee (*comitatenses*) waren mobil und begleiteten den jeweiligen Kaiser bzw. den Caesaren. Diokletians Nachfolger Konstantin setzte die Reformen zum Teil fort. Mit ihm erhielt auch das **Christentum** eine immer stärker staatstragende Rolle. Mit Konstantin gab es dann zwei – später auch mehrere – Oberbefehlshaber der Armee, die **Heermeister** (*magister militum*), wobei ab dem Ende des 4. Jahrhunderts zunehmend „germanische“ Anführer diesen Posten bekleideten.

Ab Mitte des 3. Jahrhunderts geriet das von Rom geschickt eingesetzte außenpolitische Gleichgewicht ins Wanken. Verfolgten die Römer an den Außengrenzen bis dahin eine weitgehend erfolgreiche, proaktive Politik, die eine Mischung aus Präventivschlägen, Grenzsicherung und Handelsbeziehungen darstellte, so führten die Konflikte mit dem Sassanidenreich wie auch mit den „Germanenstämmen“ im Norden zu Problemen: Sachsen, Franken, Markomannen, Quaden und Goten unternahmen mal kürzere, mal längere Beutezüge auf das Reichsterritorium. So hatten beispielsweise seit 213 n. Chr. die Alamannen immer wieder Feldzüge gegen die Römer geführt. Im Jahr 260 n. Chr. musste Rom Teile des Limes gegen die vorrückenden Alamannen aufgeben. Diese drangen bis nach Rom vor und errichteten kurzfristig ein eigenes Reich auf gallischem Boden. Der Finanzbedarf des Reiches nahm dabei stetig zu: Die vergrößerten Truppen mussten finanziert werden, die Feldherren, Usurpatoren und Kaiser sicherten sich durch höheren Sold sowie Versorgungszusagen die Treue ihrer Armee, die unterschiedlichen „Germanenstämme“ ließen sich oft nur durch Tributzahlungen davon abbringen, ins Reich einzufallen. Fanden doch Plünderungszüge statt, konnten in deren Folge viele Bürger in den Grenzgebieten den ständig erhöhten Steuerforderungen nicht mehr nachkommen und Sonderabgaben nicht bezahlen. Die Kaiser ließen dennoch immer mehr Münzen prägen, was zu einer hohen Inflation führte. Der einst so florierende Handel reduzierte sich stellenweise auf Naturalwirtschaft. Die Inflation konnte zwar unter Diokletian und Konstantin eingehegt werden. Allerdings verloren viele selbstständige Kleinbauern ihre Güter, wohingegen die Großgrundbesitzer ihren Besitz deutlich ausweiten konnten. Die Reformen unter Diokletian und Konstantin führten zwar zu einer vorübergehenden Stabilisierung des Reiches, leiteten aber strukturell bedeutsame Transformationsprozesse ein, die grundlegend für die spätantike Zeit der „Völkerwanderung“ sein sollten.

## Das Ende des Weströmischen Reiches

Seit dem 2. Jahrhundert n. Chr. gewann der Ostteil des Reiches immer mehr an Bedeutung, sowohl militärisch als auch wirtschaftlich. Mit der **Gründung Konstantinopels** durch Kaiser Konstantin im Jahre 330 n. Chr. wurde die Grundlage für ein **zweites Machtzentrum neben Rom** gelegt: Die Stadt verfügte über einen Kaiserpalast, ein Forum, öffentliche Stätten (z. B. Bäderanlagen) und einen eigenen Senat, der die gleichen Rechte wie der Senat in Rom erhielt. Beide Reichsteile verfügten über eigene Heeresteile. Dass Konstantinopel von Beginn an christlich geprägt war, trug ebenfalls dazu bei, dass sich die beiden Teile des Reiches immer weiter auseinanderentwickelten. Nach der Herrschaft des letzten gesamtrömischen Kaisers Theodosius (379–395 n. Chr.) kam es im Jahr 395 n. Chr. zu einer faktischen **Trennung in ein weströmisches und ein oströmisches Reich** – obgleich es eine formale Trennung nie gegeben hat. Theodosius' Sohn Honorius regierte im Westen, sein anderer Sohn Arcadius regierte den Ostteil. Indessen schritt die Transformation des Westreiches rasch voran. Die Situation der ehemals freien Kleinbauern (*Kolonen*) verschärfte sich zunehmend. Sie waren nun an die Scholle gebunden, durften also das von einem Großgrundbesitzer gepachtete Land nicht mehr frei verlassen. Im Gegenzug wurden die Großgrundbesitzer immer mehr zum Schutzherrn der Kolonen, was dazu führte, dass der Einfluss der Zentralgewalt zurückging. Auch die Anzahl „germanischer" Söldner in der Armee nahm weiterhin stetig zu. Nachdem im Jahre 395 n. Chr. die Hunnen über die Donau in das Gebiet der von Theodosius angesiedelten Visigoten eindrangen, verließen diese unter ihrem Anführer Alarich I. ihr Siedlungsgebiet und zogen plündernd durch das Römische Reich, schließlich auch 401 n. Chr. nach Italien und bis vor die Tore Roms. Da Kaiser Honorius die Versorgung und Entlohnung der Visigoten ablehnte – diese hatten im Jahre 394 n. Chr. Kaiser Theodosius im Kampf gegen den Usurpator Eugenius erfolgreich unterstützt und ihre Bündnistreue bewiesen –, wurde Rom 410 n. Chr. in einer für die Visigoten ausweglosen Lage geplündert; eine effektive Verteidigung konnte nicht (mehr) arrangiert werden. Den Visigoten ging es dabei nicht in erster Linie darum, Rom zu brandschatzen und zu plündern – sie erstrebten eine Integration in das Reich.

Die Auseinandersetzungen mit den Goten in Italien führten dazu, dass Stilicho (M 3), ein weströmischer Heerführer „germanischer" Herkunft, Truppen aus dem Norden abziehen musste, wodurch die Angeln, Sachsen und Jüten in die Provinz Britannien, die Vandalen, Sueben und Burgunder in Gallien eindringen konnten. Durch die eigenständigen „germanischen" Herrschaftsgebiete auf weströmischen Boden verlor das weströmische Kaisertum immer mehr an Handlungsspielraum, Durchsetzungsvermögen und damit an Bedeutung. Nachdem die Vandalen ein Reich in Nordafrika – Roms Kornkammer – und die Hunnen unter Attila Rom mehrere Jahre lang bis zu Attilas Tod im Jahre 453 n. Chr. militärisch stark unter Druck setzten, wurde im Jahre 476 n. Chr. der letzte weströmische Kaiser Romulus von Odoaker, einem meuternden Offizier innerhalb der „germanischen" Truppen, abgesetzt. Odoaker setzte keinen neuen Kaiser ein, sondern ließ sich von seinen Truppen zum König (*rex*) Italiens ausrufen. Damit hörte das Weströmische Reich faktisch auf zu existieren – auch wenn einige seiner Institutionen, z. B. der Senat, noch weiterbestanden.

▶ M 7: Ammianus Marcellinus

▶ M 4, S. 13: Karte zu den Wanderungsbewegungen im 4. und 5. Jh.

▶ Kap. 3: Das Ostgotenreich in Italien (S. 40 ff.)

## Die Entstehung weiterer Germanenreiche auf römischem Boden

Odoaker wurde ab 489 n. Chr. vom terwingischen Heermeister **Theoderich** im Auftrag des oströmischen Kaisers Zeno bekämpft und schließlich 493 n. Chr. von Theoderich getötet. Da Theoderich als *princeps Romanus* – quasi als Stellvertreter des Kaisers – über Westrom herrschte und weil die wesentlichen politischen Strukturen erhalten blieben, sehen einige Historiker das **Reich der Terwingen (Ostgotenreich)** auf römischem Boden als Nachfolgereich Westroms. Nach internen Machtkämpfen um die Nachfolge des Theoderich und nachdem der oströmische Kaiser Justinian in diese Auseinandersetzungen eingegriffen hatte, endete das Reich der Terwingen 552 bzw. 554 n. Chr.

Die Visigoten hingegen konnten sich nach der Einnahme Roms Jahr 410 n. Chr. nicht in Italien festsetzen. Sie zogen unter ihrem Anführer Athaulf zunächst nach Gallien und erhielten dann im Jahr 418 n. Chr. von Constantius III. einen Föderatenvertrag, der eine Ansiedlung in Aquitanien (im Südwesten des heutigen Frankreichs) vorsah. Nach der Schlacht auf den Katalaunischen Feldern im Jahr 451 n. Chr., bei der die Visigoten auf der Seite Roms u. a. gegen die Hunnen und die Ostgoten kämpften, konnte sich die Herrschaft der Visigoten unter Theoderich II. stabilisieren: Man spricht vom **Tolosanischen** Reich mit dem heutigen Toulouse als Hauptsitz. Unter dem König Eurich expandierte das Tolosanische Reich deutlich und wurde im Jahr 476 n. Chr. mit dem Ende des Weströmischen Reiches eigenständig. Die gallisch-römische Oberschicht passte sich den neuen Herrschern an und arbeitete mit diesen zusammen, wodurch römische Verwaltungsstrukturen erhalten blieben. Nach ihrer Expansion in die Provinz Hispania verloren die Visigoten unter Alarich II. ihre gallischen Gebiete an den Merowinger Chlod-

**M 3 Elfenbein-Tafel mit dem Bildnis eines hochrangigen römischen Soldaten, möglicherweise Stilicho**

*Stilicho (365–408) war der Sohn einer Römerin und eines römischen Offiziers vandalischer Herkunft. Als Heermeister machte er unter den Kaisern Theodosius I. und Honorius Karriere und stieg zum mächtigsten Mann im römischen Westreich auf.*

wig I. und gerieten für kurze Zeit unter ostgotische Herrschaft. Seit 526 n. Chr. erlebte das Reich der Visigoten eine Blütezeit, in der es fast ganz Spanien beherrschte. Neue Residenzstadt wurde Toledo. Das **Toledanische Reich** der Visigoten war durch die Übernahme und Bewahrung römischer Aspekte gekennzeichnet (z. B. Übernahme der spätlateinischen Sprache oder auch der römischen Rechtstradition). Es endete schließlich im Zuge der muslimischen Expansion im Jahr 711 n. Chr.

▶ Kap. 4: Das Merowingerreich unter Chlodwig (S. 62 ff.)

▶ M 4: Karte zum Ende des Weströmischen Reiches 476

Neben den Terwingen und den Visigoten gelang es auch den Burgundern, den Sueben, den Langobarden und den Franken, eigenständige Reiche auf römischem Boden zu gründen, die jedoch – mit Ausnahme des **Frankenreiches** – nicht über die Spätantike hinaus Bestand hatten. Das **Burgunderreich** wurde später zu einem der Kerngebiete des Frankenreiches. Das **Langobardenreich** konnte sich im Norden des heutigen Italiens ab dem zweiten Drittel des 6. Jahrhunderts herausbilden, fiel aber im Jahr 774 n. Chr. ebenfalls an das Frankenreich unter Karl dem Großen. Es wird von seiner Organisationsstruktur bereits den frühmittelalterlichen Königreichen zugeordnet. Auch die **Alamannen** konnten ein relativ autonomes Herrschaftsgebiet ausbilden. Von ihrem Siedlungsgebiet nördlich des Bodensees gelang ihnen vom 3. bis zum 6. Jahrhundert eine stetige Expansion. Bündnisse und militärische Auseinandersetzungen mit dem Römischen Reich wechselten dabei häufig – je nach Interessenlage der beteiligten Parteien. Auch das Alamannenreich ging ab dem 6. Jahrhundert Schritt für Schritt im Ostfränkischen Reich auf. Der Gründung dieser „Germanenreiche" ging meist der Versuch Westroms voraus, die jeweiligen Anführer zu einer Kooperation und Integration zu bewegen oder auch die jeweiligen Anführer gegeneinander auszuspielen. Die „germanischen" Verbände, die sich auf den Etappen ihrer „Wanderschaft" und der politischen Stabilisierung auf römischem Gebiet stark veränderten und auch Römer in ihren Personenverband aufnahmen, konnten nach einiger Zeit aufgrund der Schwäche der römischen Zentralgewalt ein relativ autonomes Herrschaftsgebiet errichten. Dabei arbeiteten sie in der Regel mit der römischen Oberschicht zusammen und übernahmen römische Institutionen und römisches Recht. Oft boten die neuen Reiche für die Bevölkerung sogar günstigere Lebensbedingungen und stellten eine Möglichkeit dar, sich der römischen Zentralgewalt zu entziehen.

▶ Zur Ethnogenese siehe Kap. 1, S. 11 f.

▶ M 14: Salvian von Marseille über soziale Probleme

## Das Ende des Weströmischen Reiches aus heutiger Sicht

Das Ende des Weströmischen Reiches beschäftigt Historiker bis heute. Die moderne Geschichtswissenschaft beschreibt und erklärt den Übergang von der griechisch-römischen Antike zum frühen Mittelalter – und damit zu einer neuen politischen Ordnung des europäischen Gebiets – als Ergebnis eines komplexen Zusammenspiels verschiedener Faktoren. Die „Völkerwanderung" wird im Rahmen einer **strukturellen Interdependenz*** gedeutet, in der Faktoren wie die außenpolitische und militärische, die innenpolitische und wirtschaftliche Lage sowie die Migrationsbewegungen außerhalb aber auch innerhalb des Reiches in den Blick genommen werden. Je nachdem, welche Faktoren am stärksten gewichtet werden, spricht man von

1. der Dekadenztheorie (innere Schwäche: politisch, wirtschaftlich, gesellschaftlich),
2. der Katastrophentheorie (Einfälle der „Germanen"),
3. der sozioökonomischen Theorie (wirtschaftliche Verelendung, große Unterschiede zwischen Arm und Reich) oder
4. der Kontinuitätstheorie (kein Bruch, sondern ein allmählicher Wandel).

**strukturelle Interdependenz**
Wechselspiel verschiedener Faktoren, die aufeinander einwirken und voneinander abhängig sind

Seit Beginn der 2000er-Jahre haben sich zwei Forschungsrichtungen etabliert, die eine Kombination der oben genannten Theorien darstellen. Historiker wie Peter Heather oder Bryan Ward-Perkins gehen davon aus, dass die Wanderungsbewegungen „germanischer" Personenverbände, die damit verbundenen militärischen Auseinandersetzungen zwischen Römern und „Germanen" sowie die Veränderungen der römischen Politik und Gesellschaft (*Romanitas**) den Untergang des Römisches Reiches maßgeblich ver-

▶ M 16: Peter Heather

***Romanitas***
Begriff für die Gesamtheit des politischen und kulturellen Selbstverständnisses der Römer

ursacht hätten. In dieser Deutung erscheint das Ende des Weströmischen Reiches als ein **Zusammenbruch**, der im Wesentlichen durch Gewaltakte von außen und durch die Vereinnahmung römischer Strukturen durch die „Germanen“ verursacht wurde. Dem steht ein Deutungsmuster entgegen, das in der „Völkerwanderung“ eine Ursache und ein Anzeichen eines grundsätzlichen Wandels der antiken Welt sieht und als **Transformations-Ansatz** bezeichnet wird. Vertreter dieses Ansatzes wie Walter Pohl weisen auf Kontinuitäten bei den politischen Strukturen und der Lebenswelt der Menschen hin.

Eine interaktive Karte zur „Völkerwanderung“

cornelsen.de/Webcodes
Code: rehuno

▶ **M 15: Walter Pohl**

**M 4** **Das Ende des Weströmischen Reiches 476**

**1** Gliedern Sie auf der Grundlage der beiden Karten M 4, S. 13, und M 4 die „Völkerwanderung“ in verschiedene Phasen.

**2** Erläutern Sie auf der Grundlage des Darstellungstextes und der beiden Karten den Verlauf der „Völkerwanderung“. Verfassen Sie dazu einen Lexikonartikel.
**Tipp:** Nutzen Sie Ihre Ergebnisse aus Aufgabe 1. Bearbeiten Sie zudem den Darstellungstext, indem Sie Schlüsselbegriffe und -namen auf einem Blatt notieren und diesen Zeiträume zuordnen.

**3** **Lernprojekt:** Arbeiten Sie auf der Grundlage der Darstellung den Zusammenhang der verschiedenen Ursachen und Folgen der „Völkerwanderung“ heraus. Stellen Sie Ihre Ergebnisse grafisch dar, etwa in Form einer Concept-Map. Ergänzen Sie Ihr Lernprodukt schrittweise, nachdem Sie die weiteren Materialien dieses Kapitels ausgewertet haben.

**4** **Vertiefung „Pro-und-Kontra-Liste“:** Der Untergang des Imperium Romanum – Selbstmord oder Zerstörung von außen? Erstellen Sie eine Liste mit Argumenten für und gegen diese These.

***Hinweise zur Arbeit mit den Materialien***
*Die Materialien M 5 und M 6 thematisieren die Krise der römischen Zentralgewalt sowie der „Romanitas" und deren außen- und sicherheitspolitische Konsequenzen. Die Sequenz zu den Anfängen der „Völkerwanderung" richtet den Blick zunächst auf die Ansiedelung der „Westgoten" auf römischem Territorium (M 7, M 10), um dann die zeitgenössische Rezeption und Deutung dieser Vorgänge zu spiegeln (M 8 und M 9). Die folgende Sequenz nimmt den römisch-„germanischen" Kulturkontakt einerseits (M 11) sowie den Zerfall der weströmischen Herrschaft andererseits (M 14) in den Blick. Dabei bezieht M 13 die problematischen Lebensbedingungen der römischen Bürger exemplarisch als Krisensymptom mit ein. M 15 und M 16 bieten abschließend zwei kontroverse Deutungen über das Ende des Römischen Reiches, wobei hier der Einfluss der „Völkerwanderung" im Mittelpunkt der Erarbeitung und Reflexion steht.*

***Zur Vernetzung mit dem Kernmodul***
*Bei der Bearbeitung der Materialien M 5 und M 6 bietet sich ein Bezug zu Fernand Braudel und dessen Überlegungen zu historischen Transformationsprozessen an (M 5, S. 14). Die Arbeitsaufträge zu M 7 bis M 10 stellen eine Verbindung sowohl zu den Motiven von Migrationsbewegungen (M 6, S. 15) als auch zu den Theorien von Kulturkontakt und Kulturkonflikt (M 9–M 11, S. 17 f.) her.*

## Die Krise des Römischen Reiches im 3. Jahrhundert

**M 5 Der römische Geschichtsschreiber Sextus Aurelius Victor (ca. 320–390 n. Chr.) über die Reichskrise im 3. Jahrhundert n. Chr.**

*Aurelius Victor verfasste 360/361 eine römische Kaisergeschichte, die anhand einer Charakterisierung der Kaiser von Augustus bis Constantius II. wichtige Auskünfte über die Geschichte des Reichs gibt. Aurelius Victor hatte mehrfach wichtige Positionen wie die des Statthalters inne. Die Regierungszeit des Publius Licinius Egnatius Gallienus (218–268 n. Chr.) fällt in die Kernzeit der Krise des Römischen Reiches im 3. Jahrhundert n. Chr.*

Um dieselbe Zeit[1] zog Licinius Gallienus, nachdem er die Germanen tatkräftig von Gallien ferngehalten hatte, eilends nach Illyrien hinab. Dort brachte er Ingebus[2], dem Befehlshaber Pannoniens, den, als er von der Niederlage Valerians[3] vernommen, der Ehrgeiz zu herrschen gepackt hatte, bei Mursia eine schwere Schlappe bei, und bald darauf auch dem Regalianus[4], der nach Übernahme der von der Katastrophe bei Mursia verschonten Soldaten den Krieg erneuert hatte. Als dies erfolgreich und über alle Erwartung gut verlaufen war, gab er, nach Menschenart vom Glück enthemmt, mitsamt seinem Sohne Saloninus, dem er die Würde eines Caesar übertragen hatte, die römische Sache derart sozusagen einem Schiffbruch preis, dass die Goten, Thrakien ungehindert durchquerend, Makedonien, Achaia und die Kleinasien benachbarten Gebiete, die Parther[5] hingegen Mesopotamien[6] heimsuchten, [...] dass die Streitmacht der Alamannen damals in gleicher Weise Italien und die Stämme der Franken, nachdem sie Gallien verheert hatten, Spanien in Besitz nahmen, wo sie Tarraco verwüsteten und nahezu ausplünderten, ja dass ein Teil von ihnen, der sich beizeiten der Schiffe bemächtigt hatte, bis nach Afrika vordrang – und außerdem ging jenseits der Donau verloren, was Trajan[7] hinzuerworben hatte.
So wurde, als ob von überallher Stürme wüteten, im ganzen Erdkreis Kleines mit dem Größten, das Unterste mit dem Obersten zusammengeworfen. Und zugleich drang nach Rom eine Pestseuche vor, wie sie sich oft bei allzu drückenden Sorgen und seelischer Niedergeschlagenheit einstellt. Unterdessen besuchte Gallienus die Kneipen und Lasterhöhlen und klebte an Freundschaften mit Kupplern und Weinhändlern, während er seiner Gattin Salonina sowie einer schändlichen Liebe zur Tochter des Germanenkönigs Attalus, namens Pipa, verfallen war[8]; daher kam es auch noch zu weit schlimmeren bürgerlichen Wirren.

*Sextus Aurelius Victor, Die römischen Kaiser (Liber de Caesaribus), 33,1–33,7, hg., übers. u. erl. v. Kirsten Groß-Albenhausen und Manfred Fuhrmann, Artemis & Winkler, Zürich 1997, S. 89–93.**

1 Berichtet wird vom Zeitraum 258 bis 260 n. Chr.
2 *Ingebus, auch Ingenuus:* röm. Statthalter und Usurpator gegen Gallienus
3 *Valerian:* Vater des Licinius Gallienus und von 253 bis 260 röm. Kaiser.
4 *Regalianus:* röm. Senator, Statthalter und Usurpator gegen Gallienus
5 *Partherreich:* dominierende Macht des ersten vorchristlichen sowie des ersten und zweiten nachchristlichen Jahrhunderts auf dem Gebiet des heutigen Iran
6 *Mesopotamien:* Zweistromland, das sich vom heutigen Aleppo in Syrien bis zum Persischen Golf erstreckt
7 *Trajan (53–117 n. Chr.):* röm. Kaiser von 98 bis 117, unter ihm erreichte das Römische Reich seine größte Ausdehnung: das Dakerreich (heute Rumänien/Bulgarien), Armenien und Mesopotamien wurden erobert
8 Der Markomannenkönig überließ seine Tochter dem Gallienus im Tausch gegen einen Teil der Provinz *Pannonia Superior*, in der Mitte des heutigen Ungarn gelegen.

1 Fassen Sie die Ausführungen des Aurelius Victor zusammen und ordnen Sie die Quelle in die Reichskrise des 3. Jahrhunderts ein.
2 Analysieren Sie das geschilderte Verhältnis von innen- und außenpolitischen Entwicklungen.
3 Beurteilen Sie das Verhalten der Römer, wie es von Aurelius Victor geschildert wird.
4 **Vertiefung:** Interpretieren Sie die Passagen über das Verhältnis des Gallienus zu Pipa vor dem Hintergrund der Theorien von Kulturkontakt und Kulturkonflikt (M 9–M 11, S. 17 ff.).

**M6 Der römische Geschichtsschreiber Sextus Aurelius Victor über das Verhältnis von Senat und Armee im 3. Jahrhundert n. Chr.**

*Die Schilderung bezieht sich auf die Regierungszeit des Marcus Aurelius Probus (276–282 n. Chr.).*

Von nun an erstarkte die Macht der Truppen und dem Senat blieb die Regierung sowie das Recht der Kaiserwahl bis auf unsere Zeit entzogen, wobei ungewiss ist, ob er es selbst aus Schlaffheit so wünschte oder aus Furcht oder Abscheu vor Streitigkeiten. Zwar hätte er das Recht zum Kriegsdienst, das ihm der Erlass des Gallienus entzogen hatte, wieder wahrnehmen können, dank des Zugeständnisses, das die Legionen unter der maßvollen Herrschaft des Tacitus machten; auch hätte sich nicht Florianus[1] blindlings erhoben noch würde aufgrund des Urteils der gemeinen Soldaten irgendwem, und sei er tüchtig, die Herrschaft anvertraut, wenn der erlauchteste, so bedeutende Stand sich nicht vom Lager fernhielte. Doch während sich die Senatoren ihrer Muße erfreuten und zugleich um ihren Reichtum bangten, dessen Genuss und Überfluss sie für wichtiger halten als die Ewigkeit, bahnten sie den Soldaten, die fast noch Barbaren waren[2], den Weg, über sie selbst und ihre Nachfahren zu herrschen.

*Sextus Aurelius Victor, Die römischen Kaiser (Liber de Caesaribus), 37,5-37,7, hg., übers. und erläutert von Kirsten Groß-Albenhausen und Manfred Fuhrmann, Artemis & Winkler, Zürich 1997, S. 109–111.*

1 *Florianus:* Marcus Annius Florianus, röm. Kaiser, der vom Usurpator Marcus Aurelius Probus besiegt und 276 n. Chr. vermutlich von Überläufern aus dem eigenen Heer ermordet wurde
2 Gemeint sind „Germanen", die über die Armee innerhalb der römischen Gesellschaft aufsteigen – sie werden z. B. Offiziere oder Konsuln – und das römische Bürgerrecht erhalten.

1 Charakterisieren Sie die veränderte Rolle des Senats in der römischen Politik vor dem Hintergrund der *Romanitas*, d. h. dem Selbstverständnis der Römer. **Tipp:** Lesen Sie auf S. 26 f. noch einmal zur *Romanitas*.
2 Erklären Sie Aurelius' Kritik an dieser Entwicklung.

## Die Anfänge der „Völkerwanderung"

**M7 Der römische Geschichtsschreiber Ammianus Marcellinus (ca. 330–395/400 n. Chr.) über die Auswirkungen des Hunnenzuges und den Übergang der terwingischen Goten an der Donau**

*Ammianus war griechischer Herkunft, verfasste seine „Res gestae" aber auf Latein. Er diente bis 363 n. Chr. als ranghoher Offizier in der Armee.*

[Es] verbreitete sich das Gerücht bei den übrigen Gotenstämmen, dass dieses vorher noch nie gesehene Menschengeschlecht[1], das sich wie ein Sturmwind von hohen Bergen aus einem abgelegenen Winkel aufgemacht hatte, jeden Widerstand zerbricht und in Trümmer legt. Darum suchte der größte Teil des Volks, der Athanarich im Stich gelassen hatte und infolge des Mangels an Lebensmitteln bereits stark vermindert war, nach Wohnsitzen, die den Barbaren völlig unbekannt waren. Lange beriet man, welche Sitze man auswählen sollte, und dachte dann an Thrakien als Schlupfwinkel, das aus doppeltem Grund geeignet war: Erstens hat es sehr fruchtbaren Boden, und zweitens wird es durch die Weite der Donauströmung von den Gebieten getrennt, die für die Schrecken eines ausländischen Kriegsgottes offen daliegen. Als ob sie gemeinsam überlegt hätten, fassten auch die übrigen denselben Plan.

Unter Alavivs[2] Führung besetzten sie daher die Donauufer, schickten Unterhändler zu Valens und ersuchten mit demütiger Bitte um Aufnahme. Sie versprachen, ein friedfertiges Leben zu führen und Hilfstruppen zu stellen, wenn es die Umstände erforderten. Während dies in fernen Gegenden vor sich ging, verbreiteten schreckliche Gerüchte die Nachricht, die Völker des Nordens verursachten neue und ungewöhnlich große Bewegungen: Über das ganze Gebiet von den Markomannen und Quaden bis zum Schwarzen Meer sei eine Menge von unbekannten Barbarenvölkern mit unvorhergesehener Gewalt aus ihren Wohnsitzen verdrängt worden und ziehe im Donaugebiet in einzelnen Banden mit ihren Familien umher. Ganz zu Anfang wurde diese Nachricht von den Unsrigen kaum beachtet, und zwar aus dem Grund, weil man es in diesen Gebieten schon gewohnt ist, nichts anderes als Nachrichten über Kriege zu hören, die bei weit entfernten Völkern geführt oder beigelegt worden sind. Allmählich gingen jedoch zuverlässige Nachrichten über diese Vorgänge ein und wurden durch die Ankunft von Gesandten der Barbaren bestätigt. Sie baten unter Flehen und Beschwörungen darum, ihr landflüchtiges Volk diesseits des Stroms aufzunehmen. Diese Angelegenheit gab mehr zu Freude Veranlassung als zur Furcht. [...]

Denn aus den entferntesten Ländern bringe es so viele Rekruten und biete sie ihm wider Erwarten an, dass er seine eigenen mit den fremdstämmigen Streitkräften vereinigen und sich ein unbesiegbares Heer schaffen könne. Anstelle des Mannschaftsersatzes, dessen Kosten jährlich nach Provinzen bezahlt würden, käme jetzt eine große Menge Goldes ein. In dieser Erwartung wurden mehrere Beamte ausgesandt, die die wilde Menge mit ihren Fahrzeugen herüberbringen sollten. [...] So erhielten die Goten mit Genehmigung des Kaisers die Möglichkeit, die Donau zu überschreiten und Teile von Thrakien zu besiedeln, und setzten Tag und Nacht scharenweise auf Schiffen, Flößen und ausgehöhlten Baumstämmen über. [...]

So wurde mit stürmischem Bemühen das Verderben der römischen Welt herbeigeführt. Es ist jedenfalls keineswegs dunkel oder ungewiss, dass die unheilbringenden Beamten, die die Überfahrt der Barbarenmenge leiteten, zwar oft versuchten, deren Anzahl rechnerisch zu erfassen, doch es schließlich als vergeblich aufgaben [...]. Mögen die alten Erinnerungen wieder aufleben, die persische Heere nach Griechenland führten. [...] All dies hat man nach einstimmiger Meinung der Nachwelt wie eine fabelhafte Erzählung gelesen. Nachdem sich nun aber unzählige Völkermassen über unsere Provinzen ergossen hatten, wobei sie sich nicht nur über die weiten Ebenen ausbreiteten, sondern überhaupt alle Gebiete und alle Höhen der Gebirge besetzten, wurde die Glaubwürdigkeit des Altertums durch ein neues Beispiel bestätigt. Als Erste fanden Alaviv und Fritigern Aufnahme. Ihnen sollten durch kaiserliche Entscheidung für den Augenblick Lebensmittel und Äcker zur Bearbeitung zu gewiesen werden.

*Ammianus Marcellinus, Römische Geschichte, Lateinisch und Deutsch und mit einem Kommentar versehen von Wolfgang Seyfarth, Akademie-Verlag, Berlin 1971, S. 253f.**

1 Gemeint sind die Hunnen.
2 *Alaviv:* Anführer der terwingischen Goten

1 Geben Sie die Kernaussagen des Ammianus wieder.
2 Arbeiten Sie die Auswirkungen des Hunnenzuges auf die „germanischen" Personenverbände und das Römische Reich heraus. Greifen Sie dabei auf Theorien zu Migration zurück.
▶ M6–M8, S. 15 ff.
3 **Vertiefung:** Charakterisieren Sie die Position des Ammianus im Hinblick auf die geschilderten Vorgänge.
4 Beurteilen Sie die Entscheidung des Kaisers, die Goten auf Römischen Reich siedeln zu lassen.

**M8 Der römische Geschichtsschreiber Ammianus Marcellinus (ca. 330–395/400 n. Chr.) über den Umgang der Römer mit den Goten**

In dieser Zeit waren die Riegel unserer Grenzverteidigung geöffnet. Während das Barbarenland Schwärme von Kriegern wie Asche vom Ätna überall hinausstieß, hätten wir in unserer schwierigen Lage Heerführer gebraucht, die durch berühmte Taten einen Ruf gewonnen hatten. Doch es war, als ob eine unheilvolle Gottheit sie auswählte, und so wurden Schufte zusammengesucht und waren Leiter des Heerwesens, unter ihnen vor allem Lupicinus und Maximus, [...] beide von gleicher Unbesonnenheit. Ihre lauernde Habgier war die Quelle aller Übel. Anderes will ich übergehen von dem, was die Genannten selbst oder gewiss mit ihrer Duldung andere aus übelsten Beweggründen an den bisher noch harmlosen zugewanderten Fremden verbrochen haben; doch folgendes widerliche und unerhörte Ereignis wird nicht vergessen werden, von dem sie kein Richter, auch wenn sie es in ihrem Fall selbst wären, gnädig freisprechen könnte: Als die über den Strom gekommenen Barbaren von Mangel an Lebensmitteln heimgesucht wurden, erdachten jene allgemein verhassten Heerführer ein niederträchtiges Geschäft. Sie brachten so viele Hunde auf, wie es ihre Unersättlichkeit vermochte, und gaben je einen für einen Sklaven, und unter diesen wurden sogar Verwandte von Häuptlingen fortgeführt.

*Ammianus Marcellinus, Römische Geschichte, Lateinisch und Deutsch und mit einem Kommentar versehen von Wolfgang Seyfarth, Bd. 4, Akademie-Verlag, Berlin 1971, S. 255f.**

1 **Wahlaufgabe**: Bearbeiten Sie entweder a) oder b).
  a) Beschreiben Sie, wie sich das Verhältnis von Römern und Goten laut Ammianus gestaltete.
  b) Arbeiten Sie heraus, wie Ammianus das Verhalten der Römer im Umgang mit den Fremden charakterisiert. Berücksichtigen Sie dabei auch M 7.
2 Nehmen Sie vor dem Hintergrund der Theorien von Kulturkonflikt und Kulturkontakt Stellung zu den von Ammianus geschilderten Vorgängen.
▶ M9–M11, S. 17 ff.

**M9 Synesios von Kyrene (griechischer Philosoph und Bischof, ca. 370–412) an den oströmischen Kaiser Arcadius über die Goten und ihre Rolle im römischen Reich**

Statt dass man die Skythen [= Goten] Waffen tragen lässt, sollte man aus dem Kreise der Leute, die an ihrer Scholle hängen, Männer anfordern, ihren Boden zu verteidigen, und die Aushebungen so weit ausdehnen, bis wir auch den Philosophen aus seiner Studierstube, den Handwerker aus der Werkstatt holen und den Händler aus seinem Laden und den Pöbel, der vor lauter Müßiggang in den Theatern sein Leben zubringt, einmal dazu bringen, ernst zu machen, ehe er vom Lachen zum Weinen gebracht wird. [...] Ist es nicht eine Schande, dass das an Männern so gesegnete Reich Fremden den Kriegsruhm überlässt? [...] Bevor es also dahin kommt, wohin es bereits treibt, müssen wir den Römergeist wiedererwecken und uns daran gewöhnen, unsere Siege wieder mit eigener Hand zu erringen. [...] Demnach verdränge man sie [die Goten] zuerst von den öffentlichen Ämtern und schließe sie aus von den Würden eines Senators, sie, die das als Schande ansehen, was einst den Römern das Heiligste schien und war. Will mir doch scheinen, dass sich jetzt auch die Rat gebende Themis[1] selbst und der Gott der Heere das Gesicht verhüllen, wenn der Mann im Pelzrock Leute im römischen Kriegsmantel anführt und wenn einer den Pelz, den er umhatte, auszieht, die Toga anlegt und mit römischen Beamten über die vorliegenden Aufgaben berät und dabei den ersten Platz behauptet [...], wobei Leute, denen er von Rechts wegen zukäme, hinten zu sitzen haben. Doch kaum, dass sie aus dem Senate gekommen sind, sind sie schon wieder in ihren Pelzkleidern und spotten dann, wenn sie unter ihren Leuten sind, über die Toga, in der sich das Schwert so schwer ziehen lasse.

*Wilhelm Capelle, Die Germanen der Völkerwanderung, Kröner, Stuttgart 1940, zit. nach: Geschichte in Quellen: Altertum, bearb. von Walter Arend, 3. Aufl., bsv, München 1978, S. 789.**

1 *Themis:* griechische Göttin der Gerechtigkeit, Ordnung und der Philosophie

1 Fassen Sie die Kernaussagen des Synesios zusammen.
2 Beurteilen Sie die Position des Synesios vor dem Hintergrund der politischen Entwicklung im Römischen Reich. Gehen Sie dabei insbesondere auf die Rolle von „Germanen" im römischen Gemeinwesen ein.
3 **Zusatzaufgabe:** siehe S. 148.

### M 10 Paulus Orosius berichtet über die Migrationsbewegungen der „Germanen" um das Jahr 415 n. Chr.

Die Germanen, die die Alpen, Rätien und ganz Italien durchzogen haben, kommen schon bis Ravenna[1]. Die Alamannen durchstreifen Gallien und kommen sogar nach Italien herüber. Griechenland, Makedonien, der Pontus[2] und Kleinasien werden durch die Überschwemmung der Goten vernichtet, denn Dakien jenseits der (Donau)grenze ist für immer verloren. Quaden und Sarmaten verheeren Pannonien. Die Germanen jenseits des Meeres nehmen das ausgesogene Spanien in Besitz. Die Parther[3] rauben Mesopotamien und reißen Syrien an sich.

*Zit. nach: Geschichte in Quellen: Altertum, bearb. von Walter Arend, bsv, München 1965, S. 790.*

1 Ravenna war seit 402 n. Chr. Kaiserresidenz.
2 *Pontus:* Region an der Südküste des Schwarzen Meeres, im Nordosten der heutigen Türkei
3 *Parther:* siehe Fußnote 5 zu M 5, S. 28

1 Ordnen Sie die in der Quelle geschilderten Vorgänge mithilfe des Darstellungstextes und der Karte M 4, S. 13 historisch ein.
2 Vergleichen Sie die in M 10 geschilderte Lage des Römischen Reiches mit der Situation des Reiches im 3. Jahrhundert.

## Römer und „Germanen" im Kulturkontakt

### M 11 Der spätantike Geschichtsschreiber und Theologe Paulus Orosius (ca. 385–418 n. Chr.) über das Verhältnis von Römern und Goten nach der „Plünderung" Roms im Jahr 410 n. Chr.

*Die „Geschichte gegen die Heiden", aus der der vorliegende Auszug stammt, verteidigt das Christentum gegen das Argument, der Niedergang der römischen Welt sei durch die Abkehr von den alten, römischen Göttern herbeigeführt worden. Galla Placidia war die Tochter des Kaisers Theodosius (347–395 n. Chr.). Sie war ein Teil der „Beute" Alarichs, als dieser Rom plünderte. Nach dem Tode Alarichs heiratete sie dessen Nachfolger Athaulf. Auch nach dem Tode Athaulfs nahm sie wesentlichen Einfluss auf die römische Politik.*

Die gotischen Völker führte damals der König Athaulf. Er hatte, wie ich schon sagte, nach dem Einbruch in die Stadt [Rom] und dem Tode Alarichs Placidia, die Schwester des Kaisers, geehelicht und war Alarich im Königtum nachgefolgt. [...] Dieser an Geist, Kräften und Begabung überragende Mann pflegte zu erzählen: er habe brennend danach gestrebt, den römischen Namen auszulöschen und das ganze Römische Reich zu einem einzigen Reich der Goten zu machen, auf dass [...] Gotia sei und heiße, was Romania gewesen, und Athaulf werde, was einst Kaiser Augustus war; aber nachdem er durch mancherlei Erfahrung zu der Erkenntnis gekommen sei, dass einerseits die Goten wegen ihrer zügellosen Wildheit in keiner Weise Gesetzen gehorchen könnten, man andererseits aber dem Staat die Gesetze, ohne die ein Staat kein Staat ist, nicht nehmen dürfe, da habe er sich anders entschlossen; nun wolle er danach trachten, sich durch die völlige Wiederherstellung und die Erhöhung des römischen Namens mittels der Macht der Goten Ruhm zu erwerben; er wolle bei den Nachkommen als Begründer der römischen Erneuerung gelten, da er nicht ihr Veränderer sein könne. Darum bemühte er sich, Krieg zu vermeiden und eine friedliche Ordnung zu schaffen; zu allen guten Taten lenkte ihn in erster Linie der Rat und die Rede seiner Gattin Placidia [...]. Als er aber gerade besonders eifrig um Friedensverhandlungen bemüht war, wurde er bei Barcelona in Spanien, wie es heißt, durch die Tücke der Seinen, erschlagen.

*Paulus Orosius, Historiarum adversum paganos libri septem (Die sieben Bücher der Geschichten gegen die Heiden) VII, 43; zit. nach: Pedro Barcelo, Altertum. Grundkurs Geschichte, Beltz, 2. Aufl., Weinheim 1994, S. 389.**

1 Fassen Sie die Kernaussagen der Quelle M 11 sowie die politischen Ziele des Athaulfs zusammen.
2 Arbeiten Sie heraus, wie der Gote Athaulf durch Paulus Orosius dargestellt wird.
Tipp: Beachten Sie den biografischen Hintergrund und den dargestellten Einfluss der Galla Placidia.
3 Setzen Sie sich vor dem Hintergrund der Situation des Römischen Reiches mit der Plausibilität der Kernaussagen der Quelle auseinander.
4 Erörtern Sie das Verhältnis von Römern und „Germanen“ exemplarisch anhand der Rolle der Galla Placidia und vor dem Hintergrund der Frage nach Kulturkontakt und Kulturkonflikt.

**M 12 Frauenporträt aus der Zeit des Theodosius (möglicherweise Galla Placidia), 375–425 n. Chr.**

**M 13 Johannes von Antiochia (Johannes Chrysostomos, 349–407 n. Chr., Erzbischof von Konstantinopel) über die Lage der Kolonen**

*Chrysostomos kritisierte als Prediger vehement den Missbrauch kirchlicher und weltlicher Macht. Der vorliegende Kommentar zum Evangelium des Matthäus bezieht sich auf Mt. 18,21–35). Den Text finden Sie hier:*

cornelsen.de/Webcodes
Code: sesudu

Aber wir wollen auch von ihnen[1] absehen und auf andere zu sprechen kommen, die gerechter zu sein scheinen. Wer mag das wohl sein? Die Besitzer von Grund und Boden, welche von der Erde ihren Reichtum ziehen? Könnte es aber noch ungerechtere Menschen geben als sie? Wenn man nämlich untersucht, wie sie mit den armen und elenden Landleuten verfahren, kommt man zu der Überzeugung, dass sie unmenschlicher sind als Barbaren. Den Leuten, die ihr Leben lang hungern und sich quälen müssen, legen sie fortwährend unerschwingliche Abgaben auf, bürden auf ihre Schultern mühsame Dienstleistungen und gebrauchen sie wie Esel und Maulesel, [...] gestatten ihnen auch nicht die mindeste Erholung, und gleichviel, ob die Erde Erträgnis abwirft oder nicht, man saugt sie aus und kennt keine Nachsicht ihnen gegenüber. Gibt es etwas Erbarmenswerteres als diese Leute, wenn sie sich den ganzen Winter über abgeplagt haben, von Kälte, Regenwetter und Nachtwachen aufgerieben sind und nun mit leeren Händen dastehen, ja obendrein noch in Schulden stecken, wenn sie dann, mehr als vor Hunger und Misserfolg, vor den Quälereien der Verwalter zittern und beben, vor den Vorladungen, dem Einsperren, der Rechenschaft, dem Eintreiben des Pachtes, vor den unerbittlichen Forderungen? [...] Von ihren Arbeiten, von ihrem Schweiße füllt man Speicher und Keller, ohne sie auch nur ein Weniges mit heim nehmen zu lassen, man heimst vielmehr die ganze Ernte in die eigenen Truhen und wirft jenen ein Spottgeld als Lohn dafür hin. Ja man ersinnt sogar neue Arten von Zinsen, wie sie nicht einmal die heidnischen Gesetze kennen, und schreibt Schuldbriefe, die von Fluchwürdigkeit strotzen.

*Johannes von Antiochia, Kommentar zum Evangelium des hl. Matthäus; zit. nach der Bibliothek der Kirchenväter: http://www.unifr.ch/bkv/kapitel470-2.htm (Download vom 27. Juli 2018).**

1 Gemeint sind die Geschäfte machenden Arbeiter und Handwerker.

1 **Wahlaufgabe:** Bearbeiten Sie entweder a) oder b).
a) Beschreiben Sie die Lebensumstände der Kolonen.
b) Setzen Sie die Kernaussagen von M 13 in Beziehung zu den Ausführungen in M 14.

2 Erläutern Sie, inwiefern die geschilderten Verhältnisse zur Desintegration des Römischen Reiches bzw. zur Auflösung der *Romanitas* geführt haben könnten.

**M 14 Der gallorömische Kirchenvater Salvian von Marseille (um 400 bis ca. 475 n. Chr.) beschreibt in seinem Werk *„De gubernatione Dei"* um 450 n. Chr. die sozialen Probleme seiner Zeit**

Fast alle Barbaren, wenn sie nur ein Volk unter einem König sind, lieben einander; fast alle Römer verfolgen einander. [...] [J]a, es ist so weit gekommen, dass viele von ihnen, und zwar solche aus nicht niedrigem Geschlecht und mit guter Bildung, zu den Feinden fliehen, um nicht unter dem Druck der staatlichen Verfolgung zu sterben. Sie suchen bei den Barbaren die Menschlichkeit der Römer, weil sie bei den Römern die barbarische Unmenschlichkeit nicht ertragen können. Und obwohl sie von denen, zu denen sie flüchten, in Gebräuchen und Sprache abweichen, ja sogar schon, wenn ich so sagen darf, durch den üblen Geruch der Leiber und Barbarenkleider sich abgestoßen fühlen, wollen sie doch lieber bei den Barbaren unter der ungewohnten Lebenshaltung leiden als bei den Römern unter wütender Ungerechtigkeit. [...] Denn lieber leben sie unter dem Schein der Gefangenschaft frei als unter dem Schein der Freiheit als Gefangene. [...] Und ich für meinen Teil kann mich nur wundern, dass nicht überhaupt alle dürftigen und armen Steuerzahler es so machen. Es gibt dafür nur einen Hinderungsgrund, nämlich den, dass sie ihre geringe Habe und ihre Hütten und ihre Familien nicht hinüberbringen können. [...] Das Volk der Goten ist treulos, aber züchtig; die Alanen sind unzüchtig, aber weniger treulos; die Franken sind lügnerisch, aber gastfreundlich, die Sachsen sind wild und grausam, aber von bewundernswerter Keuschheit; alle Völker haben, kurz gesagt, zwar ihre besonderen Fehler, aber auch einige gute Eigenschaften. [...] Was für eine Hoffnung, frage ich, kann der römische Staat noch haben, wenn die Barbaren keuscher und reiner sind als die Römer? [...] Unsere lasterhaften Sitten allein haben uns besiegt.

*Salvianus von Massilia, Von der Weltregierung Gottes. Vier Bücher an die Kirche. Briefe, übers. u. mit Einl. versehen von Anton Mayer, Kösel & Pustet, München 1935, S. 12 ff.**

1 Erläutern Sie, warum viele Römer nach Ansicht Salvians bereit waren, sich der Herrschaft der Germanen unterzuordnen.

2 Diskutieren Sie die Konsequenzen für den römischen Staat bzw. die *Romanitas*, die sich aus dieser Binnenmigration ergeben könnten.

## Geschichte kontrovers: Die „Völkerwanderung" und der Untergang des Römischen Reiches

**M 15 Der Historiker Walter Pohl über das Ende Roms und die Rolle der „Völkerwanderung" (2002)**

Starb Rom oder wurde es umgebracht? Eigentlich ist die Forschung inzwischen von derartigen zugespitzten, monokausalen Erklärungen abgekommen und sieht die „Umwandlung der römischen Welt" als komplexen Prozess, in dem auch die Barbaren ihren Platz hatten. [...] Nach der Liste der Einheiten in der *Notitia Dignitatum*[1] aus dem frühen 5. Jahrhundert ergibt sich für das Westreich eine Sollstärke von 113 000 Mann für die mobile Feldarmee (*comitatenses*), die entlang der Grenzen stationierten *limitanei* sollten etwa 135 000 umfassen. [...] Die tatsächlich einsetzbare Armee des 4. und 5. Jahrhunderts hat freilich kaum diese Stärke erreicht. Römische Heere konnten aber bei Bedarf durch zusätzliche Rekrutierung rasch verstärkt werden [...]. Das setzte freilich Mittel für die Versorgung und Besoldung der Soldaten voraus, für die ein Großteil der Steuereinnahmen [...] aufgewendet wurde. [...] Am Ende der Regierungszeit Justinians, 565, war nach der [...] Schätzung Agathias[2] die Gesamtstärke der Armee auf etwa 150 000 zurückgegangen. Die Größe barbarischer Armeen ist schwieriger zu schätzen, da viele Autoren ihre Anzahl und damit ihre Gefährlichkeit weit übertreiben. Nach der fundierten Schätzung von Herwig Wolfram brachten die Könige der Völkerwanderungszeit kaum je mehr als 30 000 Kämpfer ins Feld. Zudem waren die gut ausgebildeten und ausgerüsteten, disziplinierten römischen Armeen, wenn sie professionell geführt waren, ihren barbarischen Gegnern meist weit überlegen. Wie war es dennoch möglich, dass im Westen des Imperiums im Laufe des 5. Jahrhunderts Barbarenkönige die Macht übernahmen?

Eine Beobachtung drängt sich gleich auf, gerade weil sie einer langen Tradition der Geschichtsschreibung über den „Fall Roms" widerspricht: Wer die Herrschaft über die Provinzen des Westens übernahm, darüber entschieden nur selten große Schlachten zwischen römischen und barbarischen Heeren. [...] Verfolgt man in den zeitgenössischen Geschichtswerken die Ereignisse am Ende des 4. und am Beginn des 5. Jahrhunderts, so sieht man sich mit einer ermüdenden Folge von Usurpationen, Hofintrigen, politischen Morden und Thronkämpfen konfrontiert. Jedes Mal, wenn zwischen den Rivalen um die Kaiserwürde die Waffen sprachen, wurden barbarische

Truppenteile und Verbündete aufgeboten; in Bedrängnis geratene Imperatoren waren zu fast allen Zugeständnissen bereit, um ihre Unterstützung zu finden. [...] Fast alle Machtgruppen, die in den folgenden Jahrzehnten um die Kontrolle des Imperiums rangen, waren rivalisierende Allianzen von Römern und Barbaren. Die Kaiser, die einander im 5. Jahrhundert teils in rascher Folge abwechselten, waren Römer; doch die militärische Macht geriet zunehmend in die Hand barbarischer Heermeister, *magistri militum*. [...] Die Usurpationen des späten 4. und frühen 5. Jahrhunderts entblößten große Teile des Westreiches von den dort stationierten Truppen. [...] Innerhalb des römischen politischen Systems war im Westen offenbar keine Stabilität mehr möglich. Gerade jene Balance der Macht, die selbst unter der autoritären Kaiserherrschaft des Dominats [Kaisertum der Spätantike] für einen Interessenausgleich sorgen sollte, hatte nun dazu geführt, dass die Gewalten einander blockierten. Mächtige und reiche Senatoren, unter deren Kontrolle die Administration stand, lebten in scharfer Rivalität zueinander; zudem versuchten sie den Einfluss der Armee, deren halbbarbarische Offiziere sie verachteten, zurückzudrängen, und stützten sich dabei auf ihre Privatarmeen aus barbarischen Söldnern. [...]

Die Rolle der Barbaren in diesem Prozess gesellschaftlichen Wandels [...] ist widersprüchlich. Von „den Germanen“, die ein dekadentes Römerreich hinwegfegten, bleibt in diesem Bild wenig. Überhaupt ist die „Völkerwanderung“ als „große Erzählung“ der traditionellen europäischen Geschichtsschreibung in all ihrer Dramatik schwer aufrechtzuerhalten; sie zerfällt in viele einzelne Erzählstränge. Sicherlich gaben Barbareneinfälle seit dem 3. Jahrhundert den Anlass zu einer Erhöhung der Truppenstärke und insgesamt zur verstärkten Militarisierung des Imperiums. Doch standen Barbaren im „Kampf um Rom“ immer auf beiden Seiten, und ohne seine barbarischen Kontingente wäre das Imperium vielleicht schon früher gefallen. Andererseits waren es zum Großteil gerade diese Barbaren im Dienste Roms, die schließlich in den verschiedenen Teilen des Reiches die Macht übernahmen. Davor lag ein jahrhundertelanger Lernprozess, in dem Barbaren Erfahrungen im und mit dem Römischen Reich sammelten. [...] Alle bedeutenden Reichsgründungen setzten zumindest eine Generation Aufenthalt in den römischen Provinzen voraus: die Westgoten waren um 375 über die Donau gegangen und errichteten 418 ihr tolosanisches Reich [...]. Die Integration der Zuwanderer und ein gewisser Ausgleich mit der einheimischen Bevölkerungsmehrheit waren [...] eine Voraussetzung aller barbarischen Reichsgründungen auf römischem Boden.

*Walter Pohl, Die Völkerwanderung. Eroberung und Integration, Kohlhammer, Stuttgart 2002, S. 31–38.**

1 *Notitia Dignitatum:* röm. Staatshandbuch, vermutlich zwischen 425 und 433 entstanden
2 *Agathias (ca. 536–582):* oström. Historiker

### M 16 Der britische Historiker Peter Heather über die Zerstörung der zentralen *Romanitas* als Ursache für den Untergang des Römischen Reiches (2007)

*Unter „Romanitas“ versteht Heather die Gesamtheit kultureller Verhaltensmuster, die das Römische Reich prägten.*

Was 476 an sein Ende gelangte, waren jegliche Bemühungen, das Weströmische Reich als überwölbendes, überregionales politisches Gebilde zu erhalten. [...] Am einfachsten ausgedrückt bestand der römische Staat aus einem Entscheidungszentrum – Kaiser, Hof und Verwaltung –, Instrumenten der Steuererhebung und einem Berufsheer, dessen Macht sein Herrschaftsgebiet bestimmte und verteidigte. Genauso wichtig waren die zentral geschaffenen Rechtsstrukturen, die römischen Grundbesitzern in den Provinzen ihre Stellung verliehen und sie schützten. In den gesellschaftlichen Kreisen dieser Grundbesitzer galten die meisten der kulturellen Normen, die das Phänomen der *Romanitas* ausmachten. Ihre Mitarbeit auf den höheren Ebenen der Bürokratie, des Hofs und bis zu einem gewissen Maße auch der Armee hielten das Zentrum des Reichs und seine vielen örtlichen Gemeinden zusammen. Nach 476 war es mit all dem vorbei. [D]ie entscheidenden zentralisierenden Strukturen des Imperiums [waren] verschwunden. Es gab keinen einzelnen Gesetzgeber, dessen Autorität als maßgeblich anerkannt wurde. Kein zentral kontrolliertes Steuersystem garantierte eine zentral kontrollierte Berufsarmee [...]. Es gab also doch einen historisch bedeutsamen Prozess, der in der Absetzung des letzten römischen Kaisers im Westen im September 476 seinen Höhepunkt fand. Mehr noch, die zentrale These dieses Buches lautet: Es gibt im Prozess der Desintegration des Reiches im Westen einen logischen Zusammenhang zwischen dem endgültigen Zusammenbruch und früheren Gebietsverlusten. Dieser Zusammenhang ergibt sich aus der Überschneidung von drei Argumentationssträngen. Erstens waren die Angriffe von 376 und 405 bis 408 keine Zufallsereignisse, sondern zwei Krisenmomente, die aus ein und derselben strategischen Revolution hervorgingen: dem Aufstieg der Hunnenmacht in Zentral- und Osteuropa. Es ist vollkommen unstrit-

tig, dass das Auftauchen der Terwingen und Greutungen an den Ufern der Donau im Sommer 376 von den Hunnen ausgelöst wurde. Dass diese auch für eine zweite Welle von Invasionen verantwortlich waren, zu der es eine Generation später kam – Radagaisus' Angriff auf Italien 405/06, die Rheinüberquerung der Vandalen, Alanen und Sueben Ende 406 und wenig später der Vorstoß der Burgunder nach Westen –, ist manchmal behauptet worden, aber nie auf einhellige Zustimmung gestoßen. [...] 376 drangen die Hunnen nicht, wie oft angenommen, in großer Zahl weit nach Westen bis zur Donaugrenze vor. Im nächsten Jahrzehnt waren es Goten – und nicht Hunnen –, die immer noch die größten Widersacher Roms waren; und selbst im Jahr 395 befanden sich die meisten Hunnen immer noch viel näher am Kaukasus. Spätestens jedoch um 420 [...] hatten sie sich in großer Zahl im Herzen Mitteleuropas niedergelassen, im Großen Ungarischen Tiefland. Keine schriftliche Quelle spricht explizit aus, dass die Hunnen diesen Schritt in den Jahren 405 bis 408 taten und damit die zweite Invasionswelle auslösten [und dies] die „Schuld“ für die Krise von 405 bis 408 darstellt. [...]
Zweitens trennen zwar etwa 65 Jahre die Entthronung des Romulus Augustulus von der letzten dieser Invasionen, beide Phänomene hängen jedoch ursächlich miteinander zusammen. Die verschiedenen Krisen, mit denen sich das Westreich in den Jahren dazwischen konfrontiert sah, waren nichts anderes als die langsame Herausarbeitung der politischen Konsequenzen der vorangegangenen Invasionen. Die Schäden, die die weströmischen Provinzen durch lange sich hinziehende Kriegführung mit den Invasoren erlitten, führten gemeinsam mit den ständigen Gebietsverlusten zu massiven Rückgängen der Steuereinnahmen für den Zentralstaat. Die Westgoten richteten zum Beispiel in der Gegend um Rom in den Jahren 408 und 410 so schwere Schäden an, dass diese Provinzen noch zehn Jahre später nur noch ein Siebtel ihrer normalen Steuern an die Staatskasse ablieferten. Nach 406 zogen auch die Vandalen, Alanen und Sueben fünf Jahre lang eine Schneise der Zerstörung durch Gallien, bevor sie den größten Teil Hispaniens der Herrschaft des Zentrums für fast zwei weitere Jahrzehnte entrissen. Es kam noch schlimmer: Die Vandalen und Alanen verlagerten den Schwerpunkt ihrer Operationen nach Nordafrika. 439 bemächtigten sie sich der reichsten Provinzen Westroms. [...] Während der römische Staat an Macht verlor, was nicht unbemerkt blieb, sahen sich die Grundbesitzereliten in den römischen Provinzen zu verschiedenen Zeiten und an verschiedenen Orten einer unangenehmen neuen Realität gegenüber. [...] Da sie sich durch den Boden definierten, auf dem sie standen, mussten selbst die Begriffsstutzigsten oder die Treuesten schließlich erkennen, dass ihren Interessen am besten durch Anpassung an die neuen herrschenden Mächte vor Ort gedient war. [...]
Der dritte Argumentationsstrang betrifft die paradoxe Rolle, die die Hunnen bei diesen revolutionären Ereignissen nach 440 spielten [...]. Von weit größerer Bedeutung war der indirekte Einfluss der Hunnen auf das Römische Reich in den vorangegangenen Generationen, als die von ihnen ausgelöste Unsicherheit in Mittel- und Osteuropa verschiedene Barbarenvölker über die römische Grenze zwang. Während Attila den Heeren des Reichs gewaltige Einzelniederlagen beibrachte, drohte er nie einen großen Teil von Steuerzahlern dem westlichen Reich zu entfremden. Doch genau das bewirkten die Gruppen, die bei den Krisen von 376 bis 378 und 405 bis 408 über die Grenze geflohen waren. [...] Bei all dem spielten bewaffnete Außenstehende, die auf römischem Territorium Krieg führten, die Hauptrolle. [...] Einigen der ersten Goten von 376 wurde der Donauübergang durch eine Vereinbarung mit Kaiser Valens gestattet, dies jedoch nur, weil sein Heer bereits in Kämpfe an der persischen Grenze verwickelt war. Ansonsten verlief kein Schritt dieses Prozesses ohne Gewalt, selbst wenn dann irgendeine Art von diplomatischer Vereinbarung folgte. Aber diese Vereinbarungen waren nicht mehr als eine Anerkennung der letzten durch Krieg gemachten Gewinne [...].

*Peter Heather, Der Untergang des römischen Weltreichs, aus dem Englischen von Klaus Kochmann, Klett-Cotta, Stuttgart 2007, S. 495–499.**

**Kooperative Partnerarbeit:** Bearbeiten Sie die beiden Materialien M 15 und M 16 zunächst jeder für sich und stellen Sie sich anschließend Ihre Ergebnisse vor. Ergänzen Sie gegebenfalls. Bearbeiten Sie die Materialien unter folgenden Fragestellungen:

1 Fassen Sie die jeweiligen Kernaussagen zusammen. **Tipp:** Fertigen Sie eine Tabelle an, in der Sie Stichpunkte zu beiden Positionen eintragen können.
2 Arbeiten Sie die von Pohl bzw. Heather behaupteten Faktoren für das Ende der Römischen Reiches heraus.
3 Charakterisieren Sie auf Grundlage von Aufgabe 2 die Rollen, die den Prozessen der „Völkerwanderung“ zugeschrieben werden.
4 Vergleichen Sie die Beurteilung Heathers mit derjenigen von Pohl.
5 **Vertiefung:** Entwickeln Sie eine eigene Beurteilung. Verfassen Sie dazu einen Leserbrief oder einen historischen Essay.

# Schriftliche Quellen interpretieren

**M1 Große Adlerfibel aus dem Schatzfund von Pietroasa (heute Pietroasele/Rumänien) aus Gold, Almandin und Bergkristall**

*Die wertvollen Materialien, die Adlerform und die Pendilien (= Anhänger) stellen die Fibel in römischen Kontext. Hergestellt – und vielleicht sogar getragen – wurde sie jedoch von Barbaren außerhalb des Römischen Reiches.*

Quellen bilden die Grundlage unserer historischen Kenntnisse. Erst ihre systematische Analyse und Interpretation ermöglicht uns die Rekonstruktion und Deutung von Geschichte. Quellen können konkrete Sachzeugnisse wie Bauwerke, Münzen, Schmuck, Malereien, Skulpturen oder Gebrauchsgegenstände und abstrakte wie Sprache oder historische Landschaften sein. Schriftliche Zeugnisse werden von der Geschichtswissenschaft seit dem 19. Jahrhundert unterteilt in **erzählende Quellen**, die zum Zweck der Überlieferung verfasst wurden, zum Beispiel Chroniken, Geschichtsepen, Mono- und Biografien, sowie in **dokumentarische Quellen**, zum Beispiel Urkunden, Akten, Gesetzestexte und Zeitungen, die gesellschaftliche und private Ereignisse und Prozesse unmittelbar und meist unkommentiert wiedergeben. Zudem können Quellen in Tradition und Überrest unterschieden werden: Einer **Tradition** haftet bereits eine bestimmte Deutung von Geschichte an – sie ist im Rahmen dieser Wirkungsabsicht entstanden, z. B. Biografien. Ein **Überrest** ist ohne diese Wirkungsabsicht aus der Vergangenheit erhalten, z. B. eine antike Vase.

Bei der Untersuchung schriftlicher Quellen kommt es darauf an, zusätzlich zur Analyse der formalen und inhaltlichen Merkmale deren präzise Einordnung in den historischen Kontext vorzunehmen und ihren Aussagegehalt kritisch zu überprüfen. Denn Quellen vermitteln nie objektives Wissen über die Vergangenheit, sondern spiegeln bestimmte Wahrnehmungen wider, die sich je nach der Perspektive der Beteiligten erheblich unterscheiden können. Diese Standortgebundenheit der historischen Akteure, zum Beispiel die Zugehörigkeit zu einer sozialen Schicht, muss daher bei der Interpretation der Quelle berücksichtigt werden.

## Arbeitsschritte zur Interpretation

**1. Leitfrage**

- Welche Fragestellung bestimmt die Untersuchung der Quelle?

**2. Analyse**

*Formale Analyse*

- Um welche Quellengattung (z. B. Brief, Rede, Vertrag) und welchen Quellentyp (erzählende oder dokumentarische Quelle, Tradition oder Überrest) handelt es sich?
- Wann, wo und in welchem Zusammenhang ist der Text entstanden bzw. veröffentlicht worden?
- Welche Informationen über den Autor liegen vor (z. B. Amt, Stellung, Funktion, soziale Schicht)?
- Was ist das Thema des Textes?
- Wer ist der Adressatenkreis (z. B. Öffentlichkeit, Institution, Privatperson)?

*Inhaltliche Analyse*

- Welches sind die Kernaussagen des Textes (z. B. gedanklicher Aufbau, Argumentationsschritte)?
- Welche Begriffe sind von zentraler Bedeutung (Schlüsselbegriffe, Teilbegriffe)?
- Welche Sprache wird im Text verwendet (z. B. sachlich/emotional, informativ/argumentativ, neutral/wertend, appellative/manipulierende Wirkungsabsicht)?
- Welche Position vertritt der Verfasser (z. B. hinsichtlich Überzeugungen, Interessen, Ideologien)?
- Welche Intention verfolgt der Verfasser des Textes, d. h. welche Ansicht über ein historisches Ereignis oder einen historischen Prozess möchte er kommunizieren (z. B. Ablehnung, Befürwortung, kritischer Kommentar)?
- Welche Wirkung soll der Text bei den Adressaten erzielen?

**3. Historischer Kontext**

- Auf welches konkrete Ereignis oder welche konkreten Vorgänge, Konflikte, Lebensumstände nimmt der Text Bezug? Welcher Epoche oder epochalen Entwicklung ist der Text zuzuordnen?

**4. Urteilsbildung**

*Beurteilung nach sachlichen Aspekten und im Hinblick auf die Zeit (Sachurteil)*

- Misst der Text den historischen Inhalten, Themen, Fragen oder Problemen eine dem historischen Kontext angemessene Bedeutung bzw. einen angemessenen Stellenwert zu?
- Wird im Text ein (einseitiger) politisch-ideologischer Standpunkt deutlich? Ist dieser Standpunkt in Bezug auf den historischen Gegenstand angemessen/verzerrend/lückenhaft etc.?
- Inwieweit trägt der Text zum Verstehen des historischen Kontextes bei?
- Welche weiterführende Problematisierung ergibt sich aus dem Verhältnis der Textaussagen und dem historischen Kontext?

*Stellungnahme auf Grundlage heutiger Wertmaßstäbe (Werturteil)*

- Wie sind die Kernaussagen, die Position oder die Intention des Textes vor dem Hintergrund heute akzeptierter moralischer Vorstellungen, Normen, ethischer Reflexionen, politischer oder ökologischer Wertmaßstäbe zu beurteilen?

## Übungsaufgabe

**M2 Der spätantike Geschichtsschreiber Ammianus Marcellinus (ca. 330–395/400 n. Chr.) über die Beziehungen der Römer zu den Greutungen vor deren Ansiedelung auf römischem Gebiet**

Nach dem Sieg über Prokop[1] in Phrygien und der Beendigung des Bürgerkrieges wurde der Befehlshaber der Reiterei Victor zu den Goten gesandt, um in Erfahrung zu bringen, aus welchem Grund dieses Volk, das mit den Römern befreundet und ihnen durch ein langes Friedensbündnis verpflichtet war, dem Usurpator geholfen hatte, als er mit den rechtmäßigen Kaisern Krieg begann. Um ihr Vorgehen nachdrücklich zu verteidigen, brachten sie einen Brief Prokops vor, der darin behauptete, die ihm als einem Verwandten der Familie Constantins zukommende Kaiserherrschaft übernommen zu haben. Sie beharrten darauf, dass es ein verzeihlicher Irrtum gewesen sei.

Als Valens den Bericht Victors zur Kenntnis nahm, zeigte er sich unzufrieden mit dieser oberflächlichen Entschuldigung und zog daher gegen die Goten zu Felde. [...] Mit Beginn des Frühjahrs versammelte er sein Heer und [...] überschritt er die Donau, ohne auf Widerstand zu stoßen. Schon stieg sein Selbstvertrauen, [...] [d]enn alle Goten waren aus Furcht vor dem anrückenden Heer und seinem großen Aufwand in die Berge der Serrer gezogen [...] Mit gleicher Beharrlichkeit fiel er auch im dritten Jahr [...] in das Barbarenland ein. Nach anstrengenden Märschen griff er das kriegerische Volk der Greutungen an, die sich damals in weiter Ferne aufhielten. Nach einigen leichten Gefechten wagte es Athanarich, der zu jener Zeit ein sehr mächtiger Herrscher war, mit einem Heer Widerstand zu leisten, das ihm nach seiner Meinung hierfür vollkommen ausreichte. Doch zwang der Kaiser ihn, sich aus Furcht vor einer Niederlage zurückzuziehen. [...]

Nach den verschiedenen Ereignissen dieser drei Jahre war es aus mehreren Gründen an der Zeit, den Krieg zu beenden: erstens, weil die Furcht der Feinde infolge der lang andauernden Anwesenheit des Kaisers zunahm, zweitens, weil die Barbaren infolge der Unmöglichkeit des Handelsverkehrs so sehr äußersten Mangel am Notwendigsten litten, dass sie immer wieder Bittgesandtschaften schickten und Verzeihung und Frieden verlangten.

*Ammianus Marcellinus, Römische Geschichte, 27,5, 1-8, Lateinisch und Deutsch und mit einem Kommentar versehen von Wolfgang Seyfarth, Bd. IV, Buch 26-32, Akademie-Verlag, Berlin 1971, S. 65–69.**

1 *Prokop:* ein Usurpator

1 Interpretieren Sie M 2 mithilfe der Arbeitsschritte.
▶ Lösungshinweise finden Sie auf S. 150 f.

# Anwenden

**M1 Der deutsche Althistoriker Alexander Demandt über den Untergang des Römischen Reiches und die Rolle der „Völkerwanderung" (1998)**

Somit lässt sich die Auflösung des Reiches nicht nur als gescheiterte Abwehr, sondern ebenso als missglückte Einbürgerung der Germanen auffassen. Ob den Römern daraus ein Vorwurf gemacht werden kann, ist schwer zu entscheiden, denn die Integrationsfähigkeit eines zivilisatorisch noch so überlegenen, politisch noch so liberalen Systems findet irgendwo eine Grenze. In der unterschiedlichen Lebens- und Denkweise kulturell eigenständiger, aber zusammenwohnender Gruppen ist immer Stoff zum Streit verborgen. Für sich betrachtet, ist das Verhalten beider Seiten verständlich: auf römischer Seite der Wunsch, was man hatte, zu behalten (das konservative Prinzip), und auf germanischer Seite der Wunsch, die eigene Lage zu verbessern (das progressive Prinzip). Das Ende des Imperiums ist unter diesem Blickwinkel das Resultat des misslungenen Ausgleichs der beiden Prinzipien. Misslungen deswegen, weil die Römer schließlich doch das verloren, was sie hatten, die Germanen aber nicht das gewannen, was sie suchten. Die ihnen so begehrenswert erscheinende römische Kultur vermochten sie nicht fortzuführen, das eroberte Land haben sie nicht zu halten verstanden. Mit Ausnahme des Frankenreiches sind die germanischen Staatsbildungen auf Reichsboden wieder verschwunden.

Die Annahme einer innenbürtigen Dekadenz, derenthalben ein beliebiger Anstoß zum Kollaps führen musste, überzeugt nicht. Die germanische Bedrohung war kein auswechselbarer Zufall. Dies mag man für die übrigen Barbarenangriffe behaupten. Berber und Blemmyer, Sarazenen, Sarmaten und Picten konnten sich mit den Germanen schon mengenmäßig nicht messen. Nicht einmal die Perser, jene „mächtige Nation, die unter den Völkern nach Rom an zweiter Stelle steht", bildeten eine gleichrangige Gefahr. Zwar waren sie den Germanen kulturell überlegen, aber sie besaßen nicht dieselben Menschenreserven und suchten keinen Siedlungsraum. [...]

Die Ablösung der römischen durch die germanische Herrschaft ist ein Vorgang, zu dem wir aus der vorindustriellen Zeit mehrere Parallelen kennen. Die Kulturzonen des Mittelmeerraumes waren stets aus den Barbarenregionen bedroht. [...] Schließlich fielen aus den asiatischen Steppen immer wieder Reiternomaden über die südlichen Kulturlande her: die Hunnen über das sassanidische und das Römische Reich, die Avaren, Bulgaren und Türken über das Byzantinische Imperium. Der Machtübernahme ging gewöhnlich eine friedliche Einwanderung voraus, eine kulturelle Angleichung folgte.

Die für die Spätantike aufgeworfene Frage stellt sich in allen angeführten Fällen ähnlich. Stets zeigt sich bei den Kulturstaaten eine Tendenz zur Abkapselung gegen das barbarische Ausland, die jedoch nie verhindern konnte, dass die Barbaren sich in der Kriegstechnik auf die Höhe der Kulturvölker erhoben. Und indem bei den Barbaren der Wunsch nach dem Reichtum der Kulturländer umso größer wurde, je mehr sie von ihm erfuhren, und in den Kulturländern die Wehrkraft sank, je länger das Leben im friedlichen Wohlstand andauerte, erfolgte irgendwann der Einmarsch.

*Alexander Demandt, Geschichte der Spätantike. Das Römische Reich von Diocletian bis Justinian 284–565 n. Chr., C. H. Beck, München 1998. S. 471 f.**

1. Fassen Sie – nach einer kurzen Vorstellung des Materials – die Kernaussagen Alexander Demandts zusammen.
2. Ordnen Sie die Kernaussagen des Materials in den historischen Zusammenhang ein.
3. Vergleichen Sie die Deutung von Demandt mit weiteren Ihnen bekannten Deutungen vom Untergang des Römischen Reiches und der Rolle der „Völkerwanderung" in diesem Prozess.
4. Beurteilen Sie die von Demandt vorgetragene Deutung vom Untergang des Römischen Reichs im Zusammenhang mit den Prozessen der Zeit der „Völkerwanderung".

**M2 „Germanen bei einem Gelage", Lithografie von Johannes Gehrts, entstanden um 1906**

# Wiederholen

**M 3 „Germanenzug", Holzstich nach einer Zeichnung von Johannes Gehrts, 1890**

## Zentrale Begriffe

Ethnogenese
*foedum/foederati*
„Germanenreiche"
Greutungen
Hunnenzug
*magister militum*
Migration
Personenverband
Reichskrise
Reichsteilung
Rechtsstatus
*Romanitas*
Terwingen
Visigoten
„Völkerwanderung"

1 Beschreiben Sie die wesentlichen Bildelemente des Holzstichs „Germanenzug" von Johannes Gehrts (M 3). Nutzen Sie bei Bedarf die Formulierungshilfen.
2 Charakterisieren Sie die Art und Weise, wie Gehrts die „Germanen" sowie den „Germanenzug" im Holzstich (M 3) darstellt.
3 Vergleichen Sie ausgehend von Ihren Ergebnissen aus Aufgabe 2 die Darstellung der „Germanen" bei Gehrts mit den Darstellungen bei Synesios von Kyrene (M 9, S. 30 f.), Paulus Orosius (M 11, S. 31) sowie bei Salvian von Marseille (M 14, S. 33).
4 Entwickeln Sie unter Rückgriff auf den Darstellungstext sowie auf die Karten M 4, S. 13, und M 4, S. 27, eine zeitliche Gliederung der „Völkerwanderung" in verschiedene Phasen. Berücksichtigen Sie dabei den Zeitraum vom Höhepunkt der Reichskrise im 3. Jahrhundert n. Chr. bis zum Ende des Weströmischen Reiches 476 n. Chr.
5 Erläutern Sie die vielschichtigen Interaktionen zwischen Römern und „Barbaren" zur Zeit der „Völkerwanderung".
6 Beurteilen Sie ausgehend von Ihren Ergebnissen aus Aufgabe 4 die Kernaussage des Holzstichs „Germanenzug" (M 3).
7 **Wahlaufgabe:** Bearbeiten Sie entweder a, b oder c.
Nehmen Sie Ihre Ergebnisse zu Aufgabe 4, S. 27 zur Hand (Pro-und-Kontra-Liste). Ergänzen Sie bzw. modifizieren Sie die Liste. Setzen Sie sich abschließend mit der Frage auseinander, ob das Römische Reich Selbstmord begangen hat oder von außen zerstört wurde. Verfassen Sie dazu
**a)** ein Sachurteil in Form eines Klausurtextes,
**b)** einen Leserbrief oder
**c)** einen Essay.
8 **Vertiefung:** Dekonstruieren Sie das im vorliegenden Holzstich geschaffene Bild von den „Germanen". Gehen Sie dabei auch auf die ethnogenetischen Prozesse während der „Völkerwanderung" sowie die Rolle von „Germanen" im Weströmischen Reich ein.

**Formulierungshilfen für eine Bildbeschreibung**
- Auf dem Bild ist/sind … zu sehen.
- Die dargestellten Personen sind mit … bekleidet.
- Ihre Gestik/Mimik/Körperhaltung ist durch … gekennzeichnet.
- Folgende Gegenstände/Symbole werden verwendet …
- Farbgebung/Perspektiven/Proportionen sind … gestaltet … und erzielen die Wirkung, dass …
- Der Holzstich versucht, folgendes Bild der historischen Ereignisse zu erzeugen: …

# 3 Das Ostgotenreich in Italien

**M1 Innenraum der Walhalla, Fotografie von 2017.**
*Der bayerische König Ludwig I. (1786–1868) ließ die „Walhalla", benannt nach dem Kriegerparadies der germanischen Mythologie, ab 1830 bei Donaustauf (bei Regensburg) an der Donau als Gedächtnisort erbauen, um bedeutende Persönlichkeiten „teutscher Zunge" zu ehren. Im Inneren des als Tempel konzipierten Gebäudes befindet sich eine überlebensgroße Figur König Ludwigs I. Entlang der Wände sind die Büsten und Gedenktafeln der von Ludwig I. und seinen Beratern ausgewählten „Walhallagenossen" aufgereiht, eine Zusammenstellung der im 19. Jahrhundert als vorbildlich erachteten Herrscher, Feldherren, Wissenschaftler und Künstler. Im Bildausschnitt links oben sieht man die Gedenktafel für den Ostgotenkönig Theoderich.*

**375** Die Ostgoten geraten in den Einflussbereich der Hunnen

**447** Angriff der Hunnen unter Attila auf das Oströmische Reich

**452** Zug Attilas gegen das Weströmische Reich

**453** Tod Attilas

370 | 380 | 390 | 400 | 410 | 420 | 430 | 440 | 450 | 46

Die Welt der Spätantike scheint uns heute fremd. Die Menschen in den Berichten aus jener Zeit tragen Namen, die an Science-Fiction erinnern: Zeno, der oströmische Kaiser aus dem Stamm der Isaurier, liegt im Streit mit Vandalen aus Nordafrika; der weströmische Kaiser Olybrius hält sich 472 n. Chr. nur wenige Monate an der Macht, um anschließend im Dunkel der Geschichte zu verschwinden. Dazu kommen unbekannte Gebietsnamen und sich verändernde Reichsgrenzen. Rugier und Skiren tauchen auf, Sueben und Alamannen und als Leser ist man geradezu dankbar für das Erscheinen der aus „Asterix" bekannten Goten oder für die Hunnen, die es Hägar, dem Wikinger, so oft schwermachen. Im 19. Jahrhundert dagegen war die Faszination für die Spätantike groß: Der Ostgote Theoderich galt als Vorbild „deutschen Kampfesmuts", „deutscher Manneskraft" und vorbildhaftem Integrationswillens, dem es gelang, ein orientierungsloses Reich zu übernehmen und die darin lebenden Bevölkerungsgruppen zu einer friedlichen Koexistenz zu führen.

Welche Fragen die heutige Beschäftigung mit dem ostgotischen Reich beantworten kann, untersucht das folgende Kapitel.

**M2** **Außenaufnahme der Walhalla oberhalb der Donau, Fotografie von 2017**

**1** Beschreiben Sie das Bild M 1.
**Tipp:** siehe S. 148.

**2** Erläutern Sie, welche Verbindung zwischen dem Bayernkönig Ludwig I. und Theoderich durch die Aufnahme Theoderichs in die Walhalla dargestellt wird. Diskutieren Sie diese Verbindung.

**3** Formulieren Sie Fragestellungen zu Theoderich und dem Ostgotenreich aus Ihrer Sicht.

**4** Stellen Sie Hypothesen zur Bedeutung der Ostgoten für die deutsche Geschichte auf.

| | |
|---|---|
| **474** | Theoderich wird König der Ostgoten |
| **476** | Odoaker verdrängt den letzten weströmischen Kaiser Romulus Augustulus |
| **seit 481** | Theoderich steht als Heermeister mit seinen Truppen in oströmischen Diensten |
| **489** | Kaiser Zeno schickt Theoderich nach Italien, um Odoaker zu vertreiben |
| **493** | Theoderich erschlägt Odoaker |
| **um 500** | Taufe des fränkischen Königs Chlodwig |
| **508** | Theoderich erobert die von den Franken besetzten Gebiete zurück |
| **511** | Theoderich übernimmt das Westgotische Reich |
| **526** | Tod Theoderichs |
| **534** | Tod des Thronfolgers Athalarich; Regentschaftsübernahme Amalasunthas |
| **535** | Ermordung Amalasunthas |
| **535–540** | Kaiser Justinians Feldherr Belisar zieht gen Italien |
| **552** | Ende des Ostgotenreichs |

470 | 480 | 490 | 500 | 510 | 520 | 530 | 540 | 550

# 3 Das Ostgotenreich in Italien

***In diesem Kapitel geht es um***
- *die Ethnogenese der Ostgoten,*
- *Theoderich als römischen Heermeister,*
- *die Eroberung und Errichtung des Ostgotenreichs sowie*
- *die sozialen und rechtlichen Beziehungen zwischen Goten und Römern.*

## Von Attila zu Theoderich

▶ **Kap. 2: Ursachen und Verlauf der „Völkerwanderung" (S. 20 ff.)**

Seit Mitte des 5. Jahrhunderts waren die römischen Kaiser stark geschwächt und herrschten de facto nur noch über ein Rumpfgebiet, zu dem neben Italien Dalmatien und die Gebiete des heutigen Österreich gehörten. In den anderen Teilen des Imperiums hatten inzwischen Westgoten, Vandalen, Franken und Burgunder die Macht übernommen. 447 n. Chr. fiel der Hunnenkönig Attila an der Spitze eines multiethnischen Heeres in das Oströmische Reich ein, besiegte auf dem Gebiet des heutigen Bulgariens die dort stationierten römischen Truppen und zog anschließend mit seinen Kriegern plündernd über die gesamte Balkanhalbinsel bis nach Mittelgriechenland. Der römisch-gotische Geschichtsschreiber Jordanes berichtet, dass in Attilas Heer neben Hunnen auch Gepiden und Goten kämpften, da sich die niedergeworfenen Verbände der Gegner häufig – meist nicht ganz freiwillig – Attilas Männern anschlossen.
Das Oströmische Reich wurde zu dieser Zeit an vielen Grenzen zugleich bedroht, sodass Kaiser Theodosius II. (408–450) keine andere Möglichkeit sah, als alle Forderungen Attilas zu erfüllen: Hunnische Überläufer wurden ausgeliefert, hohe Tribute und Jahrgelder gezahlt. 452 zog Attila mit seinen Kriegern gegen das Westreich und eroberte einige norditalienische Städte. Nach kurzer Zeit – vermutlich aufgrund einer Intervention Papst Leos I. – zog er sich aber wieder nach Osten zurück und starb bereits ein Jahr später. Nach seinem Tod zerfiel Attilas Machtbasis rasch und seinen Söhnen gelang es nicht, die unterworfenen Völker weiter an der Seite der Hunnen zu halten. Es kam zu massiven Abspaltungs- und Auflösungserscheinungen, in deren Folge sich auch die Ostgoten unter der Führung der drei Brüder Valamir, Thiudimir und Vidimir aus dem Geschlecht der Amaler* von den hunnischen Herrschern befreiten.

**Amaler**
gotisches Herrschergeschlecht

**M 1 Vermutliches Bildnis von Theoderich in der Kirche Sant'Apollinare Nuovo in Ravenna, 5. oder 6. Jh.**

*Die Kirche St. Apollinare Nuovo wurde Ende des 5. Jahrhunderts im Auftrag Theoderichs errichtet. Forscher vermuten, dass das Porträt zu Lebzeiten Theoderichs angefertigt wurde und ihn zeigt, später aber in eine Darstellung des oströmischen Kaisers Justinian umgearbeitet wurde, der 552 den letzten Ostgotenkönig besiegte. Die Inschrift „IUSTINIAN" stammt aus dem 19. Jahrhundert.*

## Theoderich der Große

Der mittlere der drei Ostgotenführer, Thiudimir, besaß einen Sohn, **Flavius Theoderich**, der aus der Masse an Namen und Orten heraus als eine der bekanntesten Figuren der Spätantike ragt. **474 zum König der Ostgoten** aufgestiegen und durch Heirat, Adoption oder andere familiäre Bande mit vielen Großen der damaligen Welt verbunden, gelang es ihm, seine Machtbasis zu sichern, das Ostgotenreich auszuweiten und für die Dauer seiner Herrschaft auf bemerkenswerte Art zu konsolidieren.
Mindestens zehn Jahre seiner Kindheit verbrachte Theoderich als **Geisel des byzantinischen Kaisers Leo I. in Konstantinopel**. Der Junge diente als Faustpfand und sollte die Einhaltung eines Vertrages sichern, der zwischen Theoderichs Onkel Valamir und dem oströmischen Kaiser Leo I. (Regierungszeit 457–474) geschlossen worden war und in dessen Zuge der Onkel 300 Pfund Gold jährlich erhielt. Wahrscheinlich lernte Theoderich am Hofe Leos die Grundlagen der römischen Verwaltung und Heeresführung. Geiseln wie er waren wertvoll und man behandelte sie gut. 469 kehrte Theoderich schließlich in seine Heimatregion Pannonien, eine Gegend im heutigen Ungarn, zurück.

## Der Niedergang des Weströmischen Reiches

Seit Ende des 4. Jahrhunderts wurden die weströmischen Kaiser zunehmend durch die Oberkommandierenden ihrer Streitkräfte, die **Heermeister** (*magistri militum*), als eigentliche Machthaber abgelöst. Zum einen begünstigten dynastische Zufälle den Machtzuwachs der Heermeister. Einige Kaiser gelangten als Kinder auf den Thron, Heermeister als Berater führten daher zunächst die Regentschaft für sie. Zum anderen war das Römische Reich während seines gesamten Bestehens immer wieder mit Angriffen und Einfällen „barbarischer", d. h. nicht-römischer Truppen konfrontiert. Die zur Sicherheit an den Außengrenzen eingesetzten römischen Heerführer gewannen daher immer größere Bedeutung. Barbarische Heertruppen wurden zur Grenzsicherung immer wieder dem römischen Heer eingegliedert. Und schließlich war das Römische Reich im Laufe der Jahre so expandiert, dass die Herrschaft über alle Herrschaftsgebiete den Kaisern entglitt, zumal sie mit vielen innenpolitischen Problemen – häufige militärische Auseinandersetzungen innerhalb des Reiches bis hin zu Bürgerkriegen – konfrontiert waren. Als 476 der Offizier **Odoaker*** den letzten weströmischen Kaiser Romulus Augustulus, ein Kind noch, vom Thron drängte, erlosch das weströmische Kaisertum. Odoaker schickte die weströmischen Reichsinsignien* an den Kaiser in Ostrom und setzte sich selbst als Regent ein. Die seit Jahrzehnten benötigte Zustimmung Ostroms zur Regentschaft im Westen war nicht mehr erforderlich.

▶ **Kap. 2: Ursachen und Verlauf der „Völkerwanderung" (S. 20 ff.)**

**Odoaker (433–493)**
Heerführer vermutlich thüringisch-skirischer Abstammung; setzte den letzten weströmischen Kaiser ab und wurde anschließend von Ostrom faktisch als Regent Westroms anerkannt

**Reichsinsignien**
Die römischen Kaiser trugen als Zeichen ihrer Macht einen purpurfarbigen Mantel und ein reich verziertes Diadem.

## Theoderich als römischer Heermeister

Nach seiner Rückkehr vom kaiserlichen Hof in Konstantinopel nach Pannonien diente Theoderich seit 481 als römischer Heermeister mit seinen Truppen im Dienste des oströmischen Kaisers Zeno. Als es ihm gelang, weitere ostgotische Verbände unter seine Führung zu bringen und sein Verband mit ca. 20 000 Kriegern eine der größten Streitmächte der gesamten germanischen Welt darstellte, wurde er für Zeno zu einer unkontrollierbaren Gefahr. Zeno schickte Theoderich daher 489 nach Italien, um dort Odoaker zu besiegen. Er hoffte wahrscheinlich, sich auf diese Weise gleich beider „Barbaren" entledigen zu können, die das römische Kaisertum in seinen Augen bedrohten: Odoaker hatte den letzten weströmischen König abgesetzt, Theoderich suchte im heutigen Ungarn Streit und fette Beute. Ob Theoderich in der Lage sein würde, Italien dem weströmischen Reich zurückzuerobern oder nicht, erschien dabei zweitrangig. Nach verlustreichen Kämpfen verschanzte sich Odoaker, der bislang stets siegreich gewesen war, in Ravenna, um das die zweijährige Rabenschlacht* entbrannte. Da sich keiner der beiden Kontrahenten letztlich durchsetzen konnte, schmiedeten die beiden Heerführer 493 zunächst ein Bündnis. Dieses wurde jedoch nur drei Wochen später von Theoderich gebrochen, der Odoaker eigenhändig ermordete.

▶ **M 9: Herrschaftslegitimation Theoderichs**

**M 2 Der Kampf Theoderichs mit Odoaker, Federzeichnung aus der „*Chronica Theodericiana*", aus dem Kloster Mons Olivetus in Verona, 1181**

## Das Ostgotenreich in Italien

Theoderich gab von nun an vor, „an Stelle des Kaisers" Italien zu regieren. Nach einem jahrelangen Hin und Her war Ostrom unter dem neuen Kaiser Anastasius schließlich bereit, Theoderich als **rechtmäßigen Herrscher Italiens** zu akzeptieren, und sandte ihm sogar die Reichsinsignien zurück. Theoderich war nun nicht nur als *rex* bzw. König der Ostgoten der Anführer seiner gotischen Krieger, sondern zugleich auch das Haupt der weströmischen Regierung. Seine offizielle Selbstbezeichnung war *Flavius Theodericus rex*. Die Reichsinsignien trug er nie, sondern unterstellte sich offiziell immer dem amtierenden Kaiser im Osten. Er ließ daher auch keine Münzen mit seinem Antlitz prägen und verfügte nur Verordnungen, keine Gesetze. Mit dieser Strategie der „selbstbewussten Unterwerfung" trat er dem oströmischen Kaiser nicht anmaßend gegenüber und vermied, erneute Probleme aufgrund einer Machtkonkurrenz heraufzubeschwören.

**Ravenna/Raben**
Raben ist der deutsche Name für die italienische Stadt Ravenna, in der Theoderich, nachdem er Odoaker getötet hatte, seine Machtbasis ausbaute.

▶ **M 10: Errichtung des Ostgotenreichs**

Auch innenpolitisch gestaltete Theoderich in den folgenden Jahren eine geschickte **Konsolidierungspolitik**, um seine Macht zu sichern. Die **Ansiedlung** seiner ca. 20 000 Ostgoten gelang, indem die Neuankömmlinge mit Ländereien versorgt wurden, die sie selbst verwalten oder bewirtschaften konnten, oder indem sie feste Anteile an den staatlichen Steuereinnahmen bekamen. Das vergebene Land entstammte zum großen Teil staatlichem Besitz oder dem Erbe Odoakers und seiner Gefolgsleute, die im Kampf gefallen waren. So wurden die Eroberer mit Land versorgt, während die römischen Eliten keine schmerzhaften Einbußen erlitten.

▶ **M 14: Theoderichs Herrschaftskonzept**

Bei der **Verwaltung** des Ostgotenreiches beließ Theoderich römische Experten an den Spitzen der Provinzen und Städte sowie in vielen Ämtern. In Gegenden, in denen besonders viele Ostgoten siedelten, setzte er gotische Verwalter neben die römischen ein. Der Senat in Rom behielt weitreichende Machtbefugnisse. Sich selbst umgab Theoderich mit einem „Rat der Ostgoten", beließ aber viele alte höfische Ämter und besetzte sie mit Römern. Mit dieser „Strategie der Umarmung" erreichte er, dass Römer wie Ostgoten weitgehend zufrieden mit ihren Lebensumständen und mit seiner Herrschaft waren und sich loyal ihm gegenüber zeigten. Viele Ostgoten lernten Latein; bald gab es Eheschließungen zwischen Goten und Römern.

▶ **M 15: Rechtliches Verhältnis zwischen Goten und Römern**

▶ **Kernmodul: M 8, S. 109 f.: Verzahnung der ostgotischen und römischen Herrschaft**

Auch in **religiösen Fragen** zeigte sich Theoderich tolerant: Er selbst war arianischer Christ, während im römischen Katholizismus der Arianismus* inzwischen als Irrlehre galt. Theoderich zwang aber niemanden zum Übertritt und pflegte gute Beziehungen zu den römisch-katholischen Bischöfen.

**Arianismus**
Lehre des Arius (4. Jahrhundert), wonach Christus mit Gott nicht wesensgleich, auch nicht Gottes Sohn, sondern Gottes vornehmstes Geschöpf sei

**Außenpolitisch** setzte Theoderich vor allem auf eine gezielte **Heiratspolitik**: Er selbst heiratete kurz nach seiner Machtübernahme die Schwester des Frankenkönigs Chlodwig, dessen Machtbereich sich über den Norden Frankreichs sowie Teile Belgiens, der Niederlande und Deutschlands erstreckte. Seine Tochter Ostrogotha verheiratete er mit dem Sohn des Burgunderkönigs. Die andere Tochter, Theodegotha, gab er um 495 dem Westgotenkönig Alarich zur Frau. Amalasuntha schließlich, die jüngste seiner drei Töchter, verheiratete er mit einem weiteren Westgoten, in der Hoffnung, die Verbindung der beiden Reiche zu sichern.

▶ **Kap. 4: Das Merowingerreich unter Chlodwig (S. 62 ff.)**

**M 3 Das Ostgotenreich 493–552**

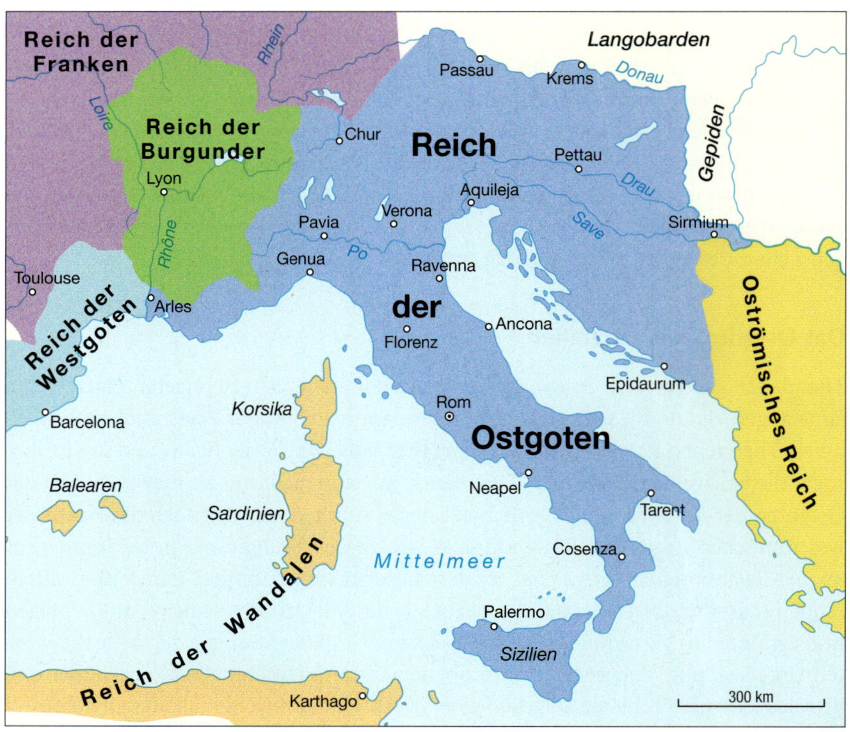

**Militärisch** agierte Theoderich, als um 500 der Frankenkönig Chlodwig die Alemannen im heutigen Baden-Württemberg und dann 508 Teile des Westgotischen Reiches eroberte und damit die Gefahr drohte, die Franken könnten nach Italien vordringen. Theoderich eroberte 508 die usurpierten Gebiete zurück und übernahm 511 schließlich das gesamte Westgotische Reich auf dem Gebiet des heutigen Spaniens.
Theoderichs Herrschaftsjahre gelten in den Quellen der Zeit und der folgenden Jahrhunderte als ungewöhnlich friedlich und erfolgreich. Seine letzten Jahre allerdings wurden überschattet von Entscheidungen, die die Stabilität des Reiches erschütterten. Den **römischen Philosophen Boethius** und dessen Schwiegervater Symmachus ließ Theoderich wegen Hochverrats hinrichten, vermutlich zu Unrecht, vor allem aber zum Missfallen des Senats. In Sorge um seine Nachfolge bestimmte er schließlich seinen Enkel **Athalarich** als Nachfolger, einen zu diesem Zeitpunkt minderjährigen Jungen.

Ein virtueller Rundgang durch die Kirche Sant'Apollinare Nuovo

cornelsen.de/Webcodes
Code: fayaqi

**M4** **Mosaik aus der Kirche Sant'Apollinare Nuovo in Ravenna, das Theoderichs Palast darstellt, um 500, Fotografie von 2010**

## Die Nachfolge Theoderichs

Theoderich starb 526, Athalarich war zu diesem Zeitpunkt zehn Jahre alt war. Dessen Mutter **Amalasuntha** übernahm daher die Regierungsgeschäfte an seiner Stelle. Als Athalarich 534, erst achtzehnjährig, an den Folgen übermäßigen Alkoholkonsums starb, stand Amalasuntha vor einem Problem: Frauen waren nach gotischem Verständnis nicht als Herrscherinnen vorgesehen. Zunächst hatten sich die gotischen Adligen mit Amalasunthas Regentschaft arrangiert, wenn auch offenbar sehr widerstrebend. Nach Athalarichs Tod wuchs jedoch dieser Widerstand enorm. Ihr Cousin und Mitregent Theodahad ermordete sie nach kurzer Zeit.
Nachdem Theodahad die Goten im Kampf gegen den von Kaiser Justinian entsandten oströmischen Feldherrn Belisar nicht überzeugend hatte führen können, setzten seine Soldaten ihn ab und ernannten Witiges, der Amalasunthas Tochter Matasuntha geheiratet hatte, zum neuen König. Witiges ließ Theodahad töten und kämpfte zunächst erfolgreich gegen Belisar. 540 wurde er jedoch gefangen genommen und nach Konstantinopel geschickt. Zum neuen König ernannte das gotische Heer 541 Totila, der wiederum erfolgreich um die Rückeroberung Italiens kämpfte, bis er in der Schlacht fiel. Mit dem letzten Ostgotenkönig Teja, der ebenfalls in der Schlacht fiel, **endete 552 schließlich das ostgotische Reich**. Die Mehrheit der besiegten ostgotischen Krieger reihte sich in das römische Heer ein.

**M5** **König Theoderich (ca. 451 n. Chr. bis 526 n. Chr.) in einer mittelalterlichen Handschrift des 12. Jahrhunderts**

**1** Skizzieren Sie die Entstehung des Ostgotenreiches unter Theoderich mithilfe der Karte M 3 und des Darstellungstextes.

**2** **Lernplakat:** Arbeiten Sie die Beziehungen zwischen den Goten und Römern sowie weiteren Gruppen wie Franken, Vandalen und Hunnen aus dem Darstellungstext heraus. Stellen Sie Ihre Ergebnisse in Form eines Lernplakates grafisch dar.

***Hinweise zur Arbeit mit den Materialien***
*Das Kapitel liefert Material und Arbeitsanregungen zu folgenden Aspekten:*
*M 6 und M 7 beschäftigen sich anhand zweier Historikerdarstellungen mit der* ***Ethnogenese der Ostgoten****. M 9 fragt nach* ***Theoderichs Position als römischer Heermeister*** *und der Legitimierung seiner Herrschaft über das Ostgotenreich.*
*M 10, eine Historikerdarstellung zur* ***Errichtung des Ostgotenreiches****, beleuchtet die Ansiedlungspolitik Theoderichs genauer. Die Quellen M 11 und M 12 thematisieren* ***Theoderichs Herrschaftsverständnis****.*
*M 14 und M 15 beleuchten die* ***sozialen und rechtlichen Beziehungen zwischen Goten und Römern****.*
*Die Materialien M 16 bis M 22 beschäftigen sich mit der* ***Bedeutung archäologischer Funde*** *und können entweder in Form eines Stationenlernens oder eines Gruppenpuzzles bearbeitet werden.*

***Zur Vernetzung mit dem Kernmodul***
*M 10 lässt sich verknüpfen mit M 8 aus dem Kernmodulkapitel 6, S. 109 f. Beide Texte beschäftigen sich mit der Ansiedlungspolitik Theoderichs. Der Kernmodultext fragt dabei nach der* ***Integrationsleistung dieser Ansiedlungspolitik*** *im Kontext von Kulturkonflikt und Kulturbeziehungen.*

## Die Ethnogenese der Goten

### M 6 Der Historiker Herwig Wolfram über die Entstehung und das Selbstverständnis der Ostgoten (2013)

Um ein Volk, ein Ethnos, zu definieren, gibt es mehrere wohlüberlegte Kriterien, die das Wir-Bewusstsein der Gruppe betonen. Dazu gehört, dass jedes Volk sich und seine Umwelt ethnisiert: Spätestens seit dem 1. vorchristlichen Jahrhundert sind für die Germanen die Südwestvölker die Welschen und die Völker im Osten die Wenden. Im Norden leben die zauberkundigen Finnen, eine Bezeichnung, die sicher nichts Gutes meint [...].

Die ethnozentrische Betrachtungsweise sieht das Eigene positiv und wertet das Fremde [...] ab. Dazu zählt die Tendenz, selbst allgemeine menschliche Eigenschaften und Fähigkeiten, ja das Menschsein schlechthin [...] dem anderen abzusprechen oder seine Fähigkeiten zu entstellen. [...]

Die heutige Suche nach den ethnischen Ursprüngen wäre bald zu Ende, wäre die Überlieferung nicht irgendwann verschriftlicht worden. Erst wenn sich die Identität einen dauerhaften Text schafft, schafft der Text eine dauerhafte Identität, sofern diese nicht von außen gestört oder gar zerstört wird. Ein scheinbarer Zirkel und dennoch die Wirklichkeit. Stammbäume bildeten die Grundlage für die Entstehung größerer politischer Einheiten und damit für das Zusammengehörigkeitsgefühl der Eliten [...].

Ohne den Kitt[1] der römischen, die christliche Heilsgeschichte einschließenden Historie, ohne die im Auftrag der Könige oder Königinnen geschaffenen ethnografischen Identitäten hätten die „originalen" Überlieferungen nicht einmal in Bruchstücken überdauert, hätten nicht den Stoff geliefert, der die „Umgestaltung der römischen Welt" und damit die Entstehung Europas bewirkte. [...]

Die niedergeschriebenen Herkunftsgeschichten verhelfen bestenfalls zum Einstieg in die Suche nach den Ursprüngen, sie dokumentieren diese ebenso wenig wie Moses die Erschaffung der Welt. Wie kann jedoch die im Namen manifestierte Identität eines Volkes erhalten bleiben, bevor ihr ein Text Dauerhaftigkeit verlieh, oder gar dort, wo ein Text seine Bedeutung verloren hat? Eine Antwort auf diese Frage wurde im Wirken eines „Traditionskerns" gesucht. [Der Historiker] Reinhard Wenskus hat 1961 diesen Begriff gebraucht und damit ein Erklärungsmodell für die Tatsache angeboten, dass Völkernamen weite Räume und lange Zeiten überdauern können. [...]

Die damit verbundenen ethnischen Identitäten sind ständigen Veränderungen unterworfen, sodass eine ununterbrochene genetische Kontinuität in jedem Fall auszuschließen ist. Der Fortschritt von Wenskus lag eben darin, dass er die biologistischen Modelle aufgab und nach funktionalen Gruppen suchte, die an der Namenskontinuität – aus welchem Grund auch immer – festhielten. Waren es Dichter und Sänger, Priester und Könige, deren Wissen um die Ursprünge einen Wert besaß, weil die Erhaltung der Tradition zu ihrer Funktion als Repräsentanten des Volkes gehörte? [...]

In jüngster Zeit führt man die „Gotischkeit der gotischen (Edlen) Freien" gegen den Begriff „Traditionskern" ins Treffen. Ein solches Vorgehen ist sicher politisch sehr korrekt, republikanisch und anti-royal, aber doch nichts anderes als ein Rückfall in den Romantizismus des 19. Jahrhunderts, in die etwa schon durch Otto von Bismarck bekämpfte Vorstellung vom „deutschen Volksgeist". Wenn aber das Wort „Traditionskern" stört, geben wir den Kern feierlich auf und sprechen ab sofort von Traditionsträgern. Dass Könige und ihre Familien solche Träger von Traditionen waren, kann freilich vielfach belegt werden. Das Gleiche gilt von nichtköniglichen Anführern und ihren Sippen, die den „Königen an Würde und Glück

nicht nachstanden". Wie die Namensgebung in seiner Familie beweist, berief sich Theoderich der Große auf die amalische Tradition, bereits lange bevor der um 490 geborene Cassiodor[2] daraus das ebenso großartige wie konstruierte System der *genealogie Ostrogotharum*[3] machen konnte. Was immer jedoch Cassiodor aus der Familientradition seines Herrn konstruierte, die durch entsprechende Gründerväter bestimmte Abfolge von gautisch-amalisch-ostrogothischen Ethnogenesen gibt Sinn, kann eigentlich nicht von einem Römer erfunden worden sein [...].
Folgt der Schluss: Die ethnischen Traditionen wurden innerhalb der Grenzen des ehemaligen Römerreiches von Königen garantiert. [...] Die Verschriftlichung der Herkunftsgeschichten geschah für gewöhnlich im Auftrag von Königen und Königinnen.

*Herwig Wolfram, Gotische Studien. Volk und Herrschaft im Frühen Mittelalter, C. H. Beck, München 2005, S. 225 ff.**

1 *der Kitt:* Klebstoff
2 *Cassiodor (ca. 485–580):* stammte aus einer wohlhabenden römischen Familie, deren Mitglieder schon seit Generationen hohe Staatsämter bekleideten; diente im Ostgotenreich als hoher Beamter und verfasste als Gelehrter Schriften zum Thema Bildung und Geschichte der Goten
3 Die Goten beriefen sich auf einen von Cassiodor verfassten Stammbaum, der Theoderichs Familie 17 Generationen zurückverfolgte, bis hin zu einem fabulösen Urahnen namens Gapt.

**M7 Der Historiker Hans-Ulrich Wiemer über die Entstehung der Goten (2018)**

Was keine Spuren hinterlässt, ist unwiederbringlich verloren. Zur Quelle historischer Erkenntnis werden die Überreste der Vergangenheit erst dadurch, dass wir Fragen an sie stellen. Welche Fragen das sind, hängt davon ab, was jeweils als bedeutsam empfunden wird. [...] Historische Forschung ist daher von kulturellen Bedingungen abhängig, die dem zeitlichen Wandel unterliegen. [...] Geschichtsschreibung ist nicht möglich, ohne dem Geschehen Sinn zuzuschreiben; sie bietet daher Handlungsorientierungen an und bewertet politische Herrschaft und soziale Ungleichheit. [...]
Im Falle Theoderichs und der Goten müssen diese Binsenwahrheiten auch deshalb in Erinnerung gerufen werden, weil das Thema lange Zeit eine große Rolle im nationalen Selbstverständnis der Deutschen spielte und zeitweise in hohem Maße politisiert war. Der König wurde hierzulande bis weit ins 20. Jahrhundert hinein als eine Gestalt der deutschen Geschichte betrachtet. Der gotische Herrscher galt als germanischer „Volkskönig", der in Italien ein kurzlebiges, aber glanzvolles Reich begründet habe. Außerhalb der Wissenschaft ist diese Vorstellung nach wie vor anzutreffen. Gote, Germane, Deutscher – diese drei Begriffe werden dabei als Synonyme behandelt. Dahinter steht der Syllogismus[1]: Die Goten waren Germanen. Wenn daher die ersten Deutschen Germanen waren, so müssen auch die Goten Deutsche gewesen sein. [...] Außerhalb der historischen Wissenschaften, in den Medien und im populären Geschichtsbild, hält sich die Gleichsetzung von Deutschen und Germanen bis heute.
Dieser Identifikation lag im 19. Jahrhundert, als sich die moderne Geschichtswissenschaft herausbildete, die Vorstellung zugrunde, dass das deutsche Volk einen uralten und unzerstörbaren Wesenskern besitze, der sich in grauer Vorzeit herausgebildet und allem späteren Wandel zum Trotz bis in die Gegenwart erhalten habe. Man sprach von „Volksseele" oder „Volkscharakter" und glaubte, dessen Merkmale dort am reinsten fassen zu können, wo man den Ursprüngen am nächsten komme. Die Ursprünge des deutschen Volkes suchte man daher im „germanischen Altertum", denn die Germanen waren ja das Volk der Frühzeit, von dem die Deutschen der Gegenwart abstammten. Die Germanen waren die Vorfahren der Deutschen. [...]
Der Mediävist[2] Reinhard Wenskus (1916–2002) hatte bereits 1961 ein neues, dynamisches Verständnis der Entstehung ethnischer Gruppen entwickelt, das der Kontinuitätsthese [= die Vorstellung, dass die deutsche Geschichte germanische Wurzeln habe] die Grundlage entzog. Wenskus legte dar, dass gemeinsame Abstammung, also tatsächliche biologische Verwandtschaft, für die Herausbildung ethnischer Identität in der Vormoderne in der Regel keineswegs gegeben, aber auch gar nicht erforderlich war, obwohl die Angehörigen ethnischer Gruppen genau das glaubten oder zumindest behaupteten. Die Abstammungsgemeinschaft ist nach Wenskus [...] kein brauchbares Modell, wenn man verstehen will, wie sie tatsächlich entstanden und weshalb sie häufig auch bald wieder verschwanden. Die *gentes*[3] der Völkerwanderungszeit waren heterogene und instabile [...] Gebilde, die durch den Zusammenschluss verschiedener Gruppen unter gemeinsamen Anführern entstanden und in der Regel auch schnell wieder zerfielen. Die Zahl derjenigen ethnischen Gruppen, die über Jahrhunderte hinweg Bestand hatten, ist verhältnismäßig gering. Die Stabilisierung und Konsolidierung[4] einer Gruppe gelang nach Wenskus dann, wenn sich der Glaube an gemeinsame Abstammung in ihr allgemein durchsetzte; Wenskus verwendete für diesen Prozess den Begriff Stammesbildung. Das Wort Stammesbildung wurde freilich schon bald als

altmodisch empfunden und durch den Neologismus[5] Ethnogenese ersetzt. […]
Inzwischen hat sich die Einsicht, dass ethnische Identität ein soziales Konstrukt ist, in den historischen Wissenschaften allgemein durchgesetzt. Die Vorstellung, die Germanen seien eine Abstammungsgemeinschaft mit unveränderlichen Wesensmerkmalen gewesen, die sich in eine Vielfalt von Stämmen aufgespalten habe, ist aufgegeben, die These von der germanischen Kontinuität überholt. […] Freilich ist dieser Konsens primär negativ bestimmt: Man glaubt heute zu wissen, was ein Volk nicht ist. Umstritten ist dagegen noch immer, wie der Glaube an gemeinsame Abstammung entsteht und worauf er sich gründet. Wenskus selbst hielt Merkmale wie gemeinsame Sprache, Sitten und Bräuche für sekundär; seiner Ansicht nach kam es auf die Existenz von Personengruppen an, die Überlieferungen vermitteln konnten, die geeignet waren, den Glauben an gemeinsame Herkunft zu stiften. Wenskus sprach von Traditionskernen und dachte dabei an Adelsfamilien, aus denen Könige hervorgingen. Dieses Verständnis von Ethnogenese liegt auch der Deutung zugrunde, welche die Geschichte der Goten seit den 70er-Jahren durch den Mediävisten Herwig Wolfram (*1934) erfahren hat. Goten waren demnach diejenigen, die sich einer Adelsfamilie anschlossen, die sich selbst als gotisch bezeichnete, gleichgültig, welcher Herkunft ihre Anhänger selbst waren. Wer so argumentiert, identifiziert als Träger gotischer Identität die königlichen Familien der Amaler und Balthen.
Dieser Interpretation steht in der Forschung eine andere gegenüber, der zufolge gotische Identität auf einem Ensemble von Merkmalen beruhte, […] auf geteilten Erfahrungen, einer gemeinsamen Sprache, gemeinsamen Sitten und Bräuchen und seit der Bekehrung zum Christentum auch auf dem gemeinsamen Bekenntnis zu einer Form des Christentums, die im Römischen Reich seit Kaiser Theodosius I. (379 bis 395) Arianismus genannt und als Irrglaube verfolgt wurde.

*Hans-Ulrich Wiemer, Theoderich der Große, König der Goten, Herrscher der Römer, C. H. Beck, München 2018, S. 61 ff. und 67 ff.**

1 *der Syllogismus:* logischer Schluss, der auf zwei Voraussetzungen beruht
2 *der Mediävist:* Historiker mit Forschungsschwerpunkt Mittelalter
3 *gens,* Plural: *gentes* (lat.): Stamm, Ethnie
4 *die Konsolidierung:* Verfestigung
5 *der Neologismus:* Wortneuschöpfung

1 **Partnerarbeit:** Untersuchen Sie zu zweit die Texte M 6 und M 7.
   a) Arbeiten Sie heraus, wie Wolfram und Wiemer die Ethnogenese der Goten erklären.
   **Tipp:** Lesen Sie noch einmal in Kapitel 1 zum Begriff „Ethnogenese" nach (siehe S. 11 f.).
   b) Untersuchen Sie, inwiefern die Autoren aufeinander Bezug nehmen.
2 Diskutieren Sie anschließend im Plenum, welche Position Ihnen am überzeugendsten erscheint.

**M 8 Ostgotische Adlerfibel aus Gold und den Schmucksteinen Almandin und Lapislazuli, um 500, gefunden in Italien**

## Theoderich als römischer Heermeister

**M9 Der Historiker Helmut Last über die Herrschaftslegitimation Theoderichs (2013)**

In Italien, dem Zentrum des Westreichs, hatte ein germanischer Söldnerführer die Macht erlangt, der, zum König ausgerufen, eine von Ostrom unabhängige Politik betrieb. Das Gleiche traf für das Vandalenreich unter Geiserich in Nordafrika, für das Westgotenreich unter Eurich in Gallien und Spanien und letztlich auch für die Reichsgründungen der Franken und Burgunder in Gallien zu. Alle diese Volksstämme waren unter der Führung von Heerkönigen [...] in das Römische Reich eingedrungen und hatten zunächst als Föderaten[1] Aufnahme gefunden, bevor sie infolge der Schwäche des Weströmischen Reiches und schließlich seiner Auflösung danach strebten, selbstständige Staaten zu bilden. [...]

Die entscheidende Frage wird sein, wie das Ostgotenreich Theoderichs in diesem Umfeld einzuordnen ist. War Theoderich ein germanischer Heerkönig oder ein vom oströmischen Kaiser Zeno beauftragter Heermeister[2] und Stellvertreter, der nur für den Kaiser Italien regieren sollte? War er staatsrechtlich, mit der Folge politischer Abhängigkeit von Ostrom, fest in das Reich eingebunden, oder betrieben Theoderich und auch die anderen germanischen *regna*[3] eine selbstständige Politik gegenüber Konstantinopel mit der Konsequenz, dass ihre Außenpolitik auch nach völkerrechtlichen Kriterien zu bemessen ist?

[...] Der Umfang der Herrschaftsbefugnisse Theoderichs ist den Quellen nicht eindeutig zu entnehmen. Nach Anonymus Valesianus[4] sollte Theoderich gemäß der Abmachung mit Zeno[5] bis zu dessen persönlicher Ankunft in Italien an seiner Stelle regieren. Unklar bleibt, ob Theoderich diese Aufgabe als magister militum[2] und patricius[6], also nur als kaiserlicher Beamter, wahrnehmen sollte oder ob das „praeregnare"[7] gegenüber den reinen Beamtenfunktionen größere Herrschaftsbefugnisse beinhaltete. Selbst wenn Zeno dies zugestanden hätte – dafür könnten die Ausführungen von Jordanes[8] sprechen, nach denen Zeno Theoderich den Senat und das römische Volk anvertraut hatte – wäre die Fortdauer einer solchen Zusage nach seinem Tod fragwürdig geworden. [...] Eine sichere Rechtsgrundlage für die Ausübung seiner Herrschaft auch über die Römer fehlte von diesem Zeitpunkt [Zenos Tod] an. Die Königserhebung Theoderichs im Jahr 493 war eine „Demonstration der Autonomie" [...], die die selbstständige Herrschaft Theoderichs über Italien und seine Bewohner aufgrund seiner Eroberung zum Ausdruck bringen sollte. Das Heer bildete, wie auch in den übrigen Germanenreichen, die reale Grundlage für die neu gewonnene Herrschaft. Diese verschaffte ihm einen eigenen Handlungsspielraum in Italien, griff aber gleichzeitig in die Rechte des Kaisers ein. [...] [Der Historiker] Wolfram spricht von einer „übermagistratlichen"[9] Gewalt Theoderichs, mit der offensichtlich eine erweiterte Machtfunktion gegenüber den Ämtern eines magister militum und des patricius gemeint ist. Aus dieser Sicht lässt sich auch das Zögern [Kaiser] Anastasius' erklären, der mit einer neuen Situation konfrontiert, erst nach fünf erfolgreichen Regierungsjahren Theoderichs entschied, sich mit diesem Novum aufgrund der tatsächlichen Machtverhältnisse abzufinden und die von Theoderich im Voraus in Anspruch genommene faktische Herrschaft über Italien und die Römer zu sanktionieren. Von diesem Zeitpunkt an konnte Theoderich behaupten, über Italien mit kaiserähnlicher Machtfülle zu regieren.

*Helmut Last, Die Außenpolitik Theoderichs des Großen, BOD, Norderstedt 2013, S. 24ff. und 93f.**

1 *der Föderat:* nichtrömischer Vertragspartner
2 *der Heermeister:* lat. *magister militum*, in der spätantiken römischen Armee der Oberbefehlshaber eines Heeres
3 *regnum (lat.):* Herrschaft; Mehrzahl: *regna*
4 *Anonymus Valesianus:* Name eines lateinischen Textes, der im 17. Jh. vom französischen Gelehrten Henricus Valesius veröffentlicht wurde. Der Text enthält unter anderem Beschreibungen der Ostgotenherrschaft in Italien.
5 *Zeno:* oströmischer Kaiser, Regierungszeit 474–491
6 *patricius (lat.):* hoher Ehrentitel im spätrömischen Reich
7 *praeregnare (lat.):* das im römischen Recht beschriebene *praeregnare* sieht vor, dass jemand während der Abwesenheit des Kaisers dessen Regentschaft ausübt
8 *Jordanes:* römisch-gotischer Geschichtsschreiber des 6. Jh.
9 *die Magistratur:* Bezeichnung für die höchsten Ämter im Römischen Reich

1. Arbeiten Sie heraus, wie Last Theoderichs Position gegenüber Rom darstellt. Untersuchen Sie hierzu, welche Argumente und Belege Last anführt, um seine Behauptungen zu belegen und zu begründen.
2. Erläutern Sie, welchen Einfluss die Heermeister im spätantiken Rom hatten.
   **Tipp:** Lesen Sie hierzu noch einmal im Darstellungstext, S. 43 nach.
3. Geben Sie die Kernaussagen des Textes zur Bedeutung des Heermeisters im späten Römischen Reich wieder.
4. Arbeiten Sie heraus, welche Unterscheidung Last zwischen den Regenten des Frankenreiches und dem Ostgoten Theoderich vornimmt.
5. **Vertiefung:** Der Historiker Guido M. Berndt spricht von einer Gewaltgemeinschaft, wenn er von Theoderichs Goten spricht. Erläutern Sie – ausgehend von M9 – diesen Begriff.
6. Beurteilen Sie, ob diese Bezeichnung berechtigt ist.

## Die Errichtung des Ostgotenreichs in Italien

**M 10 Der britische Althistoriker Peter Heather über Theoderichs Landnahme (2013)**

Der neue Herrscher Italiens war in einer Hinsicht eindeutig nichtrömisch: Er hatte seine Armee aus dem Balkan mitgebracht. Einige seiner Soldaten, vor allem aus den Reihen der früheren thrakischen Goten[1], standen schon seit langem auf der Soldliste der Römer. [...] Zu diesem Zeitpunkt, im Jahr 493, kämpfte ein Teil dieser Truppen bereits seit 20 Jahren für ihn. In dieser Zeit waren die Krieger Tausende Kilometer marschiert, hatten unzählige Scharmützel ausgefochten und dazu einige größere Kämpfe überstanden, sowohl vor als auch nach dem Einzug in Italien. [...] Nachdem sie ihrem Anführer durch ihre Waffen und ihre Ausdauer dazu verholfen hatten, sich die Herrschaft über das ungeheuer reiche Italien zu sichern, erhofften sich seine Gefolgsleute eine reichliche und gebührende Belohnung.

[...] Bei der Belohnung durfte sich Theoderich nicht knauserig zeigen. Frühmittelalterliche Herrscher, die ihre Anhänger nicht in dem Maße belohnten, wie diese es erwarteten, hatten vielfach nur ein kurzes Leben. Und Reichtum wurde in der Antike und im Mittelalter in erster Linie durch Grundbesitz verkörpert und durch die Einnahmen, die man daraus erzielen konnte. Hierin lag die Schwierigkeit. Auch vieles andere würde sich wunderbar entwickeln, wenn die italo-römische Grundbesitzerelite, die weltliche wie die kirchliche, nicht ins Abseits gedrängt wurde, aber woher sollte sich Theoderich die nötigen Mittel beschaffen, wenn nicht aus den Gütern der etablierten Schichten Italiens? [...] Wie Theoderichs Regime dieses Problem bewältigte, wird in den *Variae*[2] kaum erwähnt, [...] aber die Grundlinien der gefundenen Regelung lassen sich rekonstruieren. Die beiden Informationen, die Cassiodor[3] liefert, sind gleichermaßen wichtig. Zum einen holte sich Theoderich einen römischen Frontmann, der ihm helfen sollte, eine Lösung zu finden: Petrus Marcellinus Felix Liberius [...]. Er hatte seine Ämterlaufbahn unter Odoaker begonnen und Pluspunkte gesammelt, weil er bis zum Schluss zu seinem Herrn hielt und erst dann zu Theoderich überlief, als der frühere Herrscher als ein Klumpen (oder als ein zweigeteilter Klumpen, wenn man unserer Quelle Glauben schenken darf) auf dem Boden des besagten Speisesaals in Ravenna lag. Zu diesem Zeitpunkt stellte sich Liberius in Theoderichs Dienste und wurde nun zum Lohn für seine Mühen zum Prätorianerpräfekten[4] ernannt und mit der Aufgabe betraut, die Soldaten der Armee in ländlichen Gebieten anzusiedeln. Zum anderen teilt uns Cassiodor mit, dass die Gotenarmee durch die gefundene Lösung angemessen belohnt wurde, während die Römer „fast überhaupt keinen Verlust spürten“. Dieselbe Formulierung taucht in einem Brief des Geistlichen Ennodius – der sich an Theoderichs Hof aufhielt in der Hoffnung, einen der zahlreichen Posten zu ergattern – an Liberius auf; dies war also offenkundig die offizielle Linie der Regierung.

In totalitären Regimes – auch im Altertum und Mittelalter – hat die offizielle Linie nicht unbedingt viel mit der Wirklichkeit zu tun. Was wissen wir also genau über Liberius' Vorgehen? Seine Aufgabe wurde bestimmt und zum Teil auch kompliziert durch strategische Erfordernisse, denn Theoderich konnte es sich nicht leisten, seine bewaffneten Anhänger, die Grundlage seiner militärischen Stärke, in kleinen Gruppen über ganz Italien zu verstreuen. Als oströmische Truppen Ende der 530er-Jahre in Italien einmarschierten, stießen sie auf konzentrierte Ansammlungen von Goten im Nordosten und Nordwesten, im Umkreis Ravennas und in der Küstenregion südlich davon, zu beiden Seiten der Hauptstraßen durch den Apennin von Ravenna nach Rom. Diese Verteilung erscheint sehr sinnvoll, denn dadurch waren alle infrage kommenden Einfallsstraßen für einen Angriff von Norden abgedeckt [...].

Am einfachsten waren die Gebiete außerhalb dieser Siedlungskomplexe zu handhaben. Ein Drittel der normalen Steuereinnahmen aus diesen unangetasteten Gebieten (wofür die lateinischsprachigen Bürokraten gewohnt einfallsreich die Bezeichnung *tertiae* – „Dritte“ – gefunden hatten) war für den Unterhalt der Armee reserviert [...].

Einige Truppenteile Odoakers[5] wurden von Theoderich übernommen, andere dagegen nicht; die Besitztümer der Letzteren waren eine Vermögensmasse, die ohne Kostenaufwand von der Politik neu verteilt werden konnte. Hinzu kam weiteres preisgünstiges Land in Form der Grundstücke, die sich im Besitz der Städte oder Körperschaften unterschiedlicher Art (Badehäuser, Gilden[6] etc.) befanden. [...] Die römischen Grundeigentümer blieben gesund und munter, und dem Regime wurde später nie ungerechte Ansiedlungspolitik vorgeworfen, auch als die Oströmer es in den 530er-Jahren in Misskredit zu bringen versuchten [...]. Auch Theoderichs Armee war anscheinend zufrieden. Hin und wieder musste der König einen der alten Würdenträger hinrichten lassen, aber es gibt keine Anzeichen für größere Aufstände, die ja stattgefunden hätten, wenn die Erwartungen der Truppe im Allgemeinen nicht erfüllt worden wären. In den *Variae* wird auch so wenig über die Armee berichtet, dass in der jüngeren Forschung argumentiert wurde, Theoderichs ursprüngliche Gefolgsleute seien so zufrieden mit ihren Zuteilungen gewesen, dass die ursprüngliche Armee in den 490er-Jahren in der Landwirtschaft aufging und die Veteranen sich damit begnügten, Oliven anzubauen und Trauben zu pressen. Aber wenn man nicht davon ausgeht, dass Theoderichs Armee in kultureller Hinsicht weitgehend gotisch geprägt war, erscheint diese Vorstellung sehr zweifelhaft.

*Peter Heather, Die Wiedergeburt Roms, übers. v. Hans Freundl und Heike Schlatterer, Klett-Cotta, München 2014, S. 88–93.**

1 *thrakische Goten:* Goten, die (im Gegensatz zu den mindestens zwei anderen Gotengruppen) aus Thrakien stammen, also aus einem Gebiet, das heute zu Bulgarien, Griechenland und zur Türkei gehört
2 *Variae:* Briefsammlung, die der römische Beamte Cassiodor im Auftrag von Theoderich und einigen seiner Nachfolger verfasste und gegen Ende des ostgotischen Reiches in 12 Büchern veröffentlichte
3 *Cassiodor (ca. 485–580):* römischer Staatsmann, Gelehrter und Schriftsteller, Theoderichs Kanzleichef, Verfasser der *Variae* (siehe Fußnote 2)
4 *der Prätorianerpräfekt:* Titel des höchsten zivilen Verwaltungsbeamten
5 Der Heerführer Odoaker hatte vor Theoderich in Italien geherrscht und war von diesem nach dreijähriger Schlacht besiegt und ermordet worden.
6 *die Gilde:* Vereinigung von Kaufleuten
7 *der Präfekt:* Amtstitel

1 Nennen Sie Maßnahmen, die Theoderich ergreift, um die Kriegstüchtigkeit der Goten zu bewahren.
2 **Vertiefung:** Heather behauptet, das Gotenreich sei ein „totalitäres Regime“ (Z. 58) gewesen. Setzen Sie sich in Form eines Essays mit seiner Argumentation auseinander.
3 Skizzieren Sie, inwiefern Theoderich bei der Ansiedlung seiner Goten ein Ausgleich zwischen diesen und der römischen Bevölkerung gelang.
**Kernmodul:** ▶ Berücksichtigen Sie auch M 8, S. 109 f.

## Theoderichs Herrschaftsverständnis

### M 11 Aus dem Theoderich-Panegyricus des Ennodius (um 500)

*Bischof Ennodius von Pavia verfasste – vermutlich anlässlich Theoderichs erster Reise nach Rom im Jahr 500 – einen Panegyricus, eine Lobrede, auf den König:*

So sei endlich gegrüßt, du Bedeutendster der Könige, an dessen Herrschaft die Kraft des Adels ihr gemäße Züge wiedererkannte. Sei gegrüßt, Sicherheit des Staates: Denn es wäre unrecht, gesondert darüber zu erzählen, was von dir zugleich geschaffen wurde, und die Errungenschaften ein und derselben Zeit mit Worten zu trennen. Wenn ich die Kriege meines Königs zähle, komme ich auf ebenso viele wie Triumphe. Kein Feind begegnete dir im Kampf, ohne zu deiner Verherrlichung beizutragen: Wer sich deinem Willen widersetzte, kämpfte ja doch nur, um dir Siegeszeichen zu verschaffen. Denn immer schuf er dir Ruhm, entweder, indem er sich dir unterwarf, deiner Menschlichkeit, oder, indem er die Waffen anmaßend ergriff, deiner Tapferkeit. Wer die in der Schlacht erblickte, wurde besiegt, wer dir in Frieden begegnete, musste nichts fürchten [...].

*[Ennodius beschreibt im Folgenden ein Gespräch zwischen dem kampfbereiten König und seiner Familie vor der entscheidenden Schlacht zwischen Odoaker und Theoderich.]*

Sobald die Morgenröte in ihrem goldenen Zweigespann den Aufgang der Sonne anzeigte und sich aus dem Wasser des Ozeans der Flammenball der Sonne erhob, ertönte bereits dumpf das Signalhorn; das Heer wartete schon auf dich, ohne an sich selbst zu denken. Während du nun deine Brust mit schützendem Stahl umgabst, dich mit Beinschienen wappnetest und das Schwert, den Beschützer der Freiheit, um deine Seite gürtetest, da bestärktest du deine tugendhafte Mutter und deine ehrwürdige Schwester, die zu dir gekommen waren, um nach dir zu sehen. Während sie in ihrer weiblichen Sorge zwischen Hoffnung und Angst schwankten und sich in Angst über den Ausgang der Schlacht am Glanz deines Antlitzes ergötzten, sprachst du zu ihnen folgende Worte: „Du weißt, Mutter, dass du durch den Ruhm deines Kindes bei allen Völkern bekannt bist, dass du am Tage meiner Geburt glücklich einen Mann zur Welt brachtest: Der Tag ist da, an dem das Schlachtfeld das Geschlecht deines Kindes verkünden soll. Mit Waffen muss ich mich darum bemühen, dass der Glanz meiner Ahnen nicht durch mich verloren geht. Zu Unrecht berufen wir uns auf die Auszeichnungen der Väter, wenn wir nicht auch durch eigene Taten Unterstützung erhalten.“

*Ennodius von Pavia, Der Theoderich-Panegyricus des Ennodius, übers. und hg. v. Christian Rohr, Monumenta Germaniae Historica, München 1995, S. 199 ff. und 227.**

### M 12 König Theoderich an alle Goten (um 508)

*Bei Cassiodor (siehe Fußnote 3 zu M 10) findet sich ein Waffenruf für den Zug gegen die Gallier, vermutlich im Jahr 508 verfasst:*

Die Goten braucht man es eher nur wissen lassen, wo es bewaffnete Konflikte gibt, als sie dazu überreden zu müssen; denn es freut einen kriegerischen Stamm, sich zu erproben! Anstrengung scheut gewiss der nicht, der den Ruhm der Tapferkeit begehrt. Daher haben wir also mit der Hilfe Gottes, durch den alles

zum Erfolg führt, wenn er es bewirkt, zum Allgemeinwohl ein Heer nach Gallien abzusenden beschlossen, damit einerseits auch Ihr zu Eurem Vorteil einen Anlass haben könnt, andererseits wir [das], was wir schon gegeben haben, sichtbarlich Verdienten übertragen haben. In der Ruhe bleibt nämlich die löbliche Stärke verborgen, und wenn es keinen Raum hat, sich zu erproben, ist das ganze Strahlen der Verdienste verdunkelt.
Und daher haben wir durch unseren Gefolgsmann Nandus dafür gesorgt, Euch zu ermahnen, dass Ihr zum Kriegszug in Gottes Namen in der gewohnten Weise mit Waffen, Pferden und allem Notwendigen reichlich versorgt, am zunächst kommenden 8. Tage der Kalenden[1] des Juli [24. 5. 508] Euch mit allen Mitteln und mit Gottes Hilfe in Bewegung setzt, auf dass Ihr sowohl zeigt, wie die Tapferkeit Eurer Väter auch in Euch wohnt, als auch, wie Ihr mit Erfolg unserem Befehl nachkommt.
Führt Eure Jungschar in das Kriegshandwerk ein, unter Eurer Führung mögen sie sehen, was den Nachkommen zu erzählen sie begierig werden sollen! Denn was man in der Jugend nicht lernt, kann man in reiferem Alter nicht. Die Falkenweibchen, die stets von Beute leben, scheuchen ihre ob ihrer Jugend noch schwache Brut aus den Horsten, damit sie sich nicht an schlaffes Nichtstun gewöhnen; mit den Flügeln schlagen sie die Säumigen, zwingen die Zarten zum Flug, damit sie sich so entwickeln, wie es ihre Mutterliebe erwartet. Ihr aber, die sowohl die Natur erhöht, als auch die Begierde nach Hochschätzung kühn gemacht hat, müht Euch, solche Söhne zu hinterlassen, wie sie ohne Zweifel Eure Väter an Euch gehabt haben!

*Cassiodor, Variae, I, 24: zit. nach: Ludwig Janus (Hg.), Briefe des Ostgotenkönigs Theoderich des Großen und seiner Nachfolger. Aus den „Variae" des Cassiodor, übers. v. Peter Dinzelbacher, Mattes, Heidelberg 2010, S. 46f.*

1 *die Kalenden:* erster Tag im Monat

1 **Plenum:** Erarbeiten Sie im Plenum, welche Vorstellungen von Herrschaftslegitimation Sie kennen. Beantworten Sie dazu folgende Fragen: Wie wird Herrschaft legitimiert? Wer darf in einem Staat die Macht ausüben?

2 **Partner-/Gruppenarbeit:** Untersuchen Sie arbeitsteilig eine der beiden Quellen M 11 und M 12 zum Herrschaftsverständnis Theoderichs. Welche Formen oder Symbole der Machtlegitimation im Verhältnis zwischen Herrscher und Beherrschten werden deutlich?
**Tipp:** Nutzen Sie die Methodenseite „Schriftliche Quellen interpretieren", S. 36 f.

**M 13 Cassiodor (vollständiger Name: Flavius Magnus Aurelius Cassiodorus Senator), römischer Staatsmann und Gelehrter (ca. 485–580), Zeichnung in einer mittelalterlichen Handschrift des 12. Jahrhunderts.**
*Die Zeichnung entstammt einer Handschrift von Cassiodors „Variae". Diese Sammlung (siehe M 10 und M 12) wurde von Cassiodor um 538 angefertigt und enthält über 400 Briefe, Edikte und andere offizielle Schriftstücke, die Einblicke in die Verwaltung des ostgotischen Königreichs erlaubt. Cassiodor bekleidete unter Theoderich und dessen Tochter Amalasuntha hohe Ämter am ostgotischen Hof.*

## Soziale und rechtliche Beziehungen zwischen Goten und Römern

**M 14 Der Historiker Hans-Ulrich Wiemer über Theoderichs Herrschaftskonzept (2018)**
Im März des Jahres 493 hatte Theoderich das Ziel, mit dem er im August 489 nach Italien gekommen war, erreicht: Er hatte Odovakar beseitigt und dessen Heer zerschlagen. Theoderich war nun alleiniger und unumschränkter Herr über das Land, in welchem fast ein halbes Jahrtausend lang römische Kaiser geherrscht hatten. Im Hochgefühl des Sieges ließ er sich von seinen Gefolgsleuten zum König ausrufen. Theo-

derichs Macht beruhte in diesem Augenblick auf dem Gehorsam der Männer, die mit ihm nach Italien gezogen und dort für ihn gekämpft hatten. [...] Aus diesem Grund war die wirtschaftliche Versorgung des Heeres [...] seine erste und dringlichste Sorge. Aber Theoderich war sich voll bewusst, dass eine Herrschaft, die auf nackte Gewalt gegründet ist, selten lange währt: Wenn er ein Land wie Italien dauerhaft beherrschen wollte, benötigte er die Unterstützung derjenigen, die dort über Reichtum und soziale Macht verfügten. Nur wenn die maßgeblichen Kreise bereit waren, die Herrschaft eines gotischen Königs zu akzeptieren, konnte Theoderich seine Herrschaft verstetigen. [...] Wer als Anführer von 20 000 bis 25 000 Kriegern über Millionen von Untertanen herrschen wollte, musste die Senatoren und die katholischen Bischöfe Italiens für sich gewinnen. [...] Theoderich stand also vor der doppelten Aufgabe, sich die Loyalität der Krieger zu sichern, die mit ihm nach Italien gekommen waren, aber zugleich die einheimischen Eliten zur Kooperation zu bewegen. Diese Aufgabe war nicht leicht zu lösen: Seine Krieger verlangten eine Belohnung, die ihr Auskommen auf angemessene Art und Weise sicherte. Diese Forderung war nur zu erfüllen, wenn erhebliche Ressourcen mobilisiert wurden, und kollidierte daher mit den Interessen der einheimischen Eliten, die erwarteten, dass ihr materieller Besitzstand, ihre rechtlichen Privilegien und ihr soziales Prestige gewahrt blieben. [...]

Theoderich konnte die Herrschaft in Italien über mehr als 30 Jahre, bis zu seinem Tod im Jahre 526, nahezu unangefochten behaupten, ja sie sogar auf Südfrankreich und die Iberische Halbinsel ausdehnen, weil es ihm gelang, die skizzierten Aufgaben zu lösen. Wohl schon in den ersten Jahren seiner Herrschaft entwickelte Theoderich ein politisches Konzept, das sich aus der Sicht des modernen Betrachters auf die Formel Integration durch Separation bringen lässt: Der König verwandelte die mobile Kriegergruppe, mit der er Italien erobert hatte, in ein stehendes Heer. Zu diesem Zweck stattete er die Angehörigen seines Heeres mit Landgütern aus, deren Erträge ihnen ein sorgenfreies Auskommen sicherten. Wer zu diesem *exercitus Gothorum* gehörte, war gegenüber dem König zum Dienst als Krieger verpflichtet, sobald und solange er dazu fähig war. Dieses Heer aber wurde mit den Goten im Reich Theoderichs gleichgesetzt – soweit diese männlich und kriegstauglich waren. Es handelte sich also um eine militärische Funktionselite, die zugleich ethnisch definiert wurde. Offiziell galt die Gleichung: Wer für den König Waffen führt, ist Gote [...]. Die königliche Kanzlei verkündete unaufhörlich, dass Theoderich über zwei Völker herrsche, über Goten und Römer. Die Goten sollten das Reich gegen innere und äußere Feinde verteidigen, die Römer den Frieden genießen und pünktlich ihre Steuern zahlen. [...]

Für die weltlichen und kirchlichen Eliten war entscheidend, dass der König nicht daran dachte, die überkommenden Strukturen der spätrömischen Zivilverwaltung grundlegend zu verändern. Theoderich ließ die Behörden auf provinzialer und zentraler Ebene bestehen und übernahm das in ihnen beschäftigte Personal. Auf diese Weise entstand eine Art Doppelstaat: Auf der einen Seite stand die nach spätrömischen Muster organisierte Zivilverwaltung, deren Personal ausschließlich aus Römern bestand, die der lateinischen Sprache mächtig waren. Auf der anderen Seite stand die gotische Militärverwaltung, deren Personal aus dem Heer rekrutiert wurde. Bei ihr lag der Gerichtsstand für die Goten; mit Römern bekam sie es nur dann zu tun, wenn diese mit Goten in Streit gerieten.

Das Herrschaftskonzept Theoderichs zielte also keineswegs darauf ab, Goten und Römer zu einem Volk zu verschmelzen, wie man mitunter gemeint hat. [...] Theoderich war im Gegensatz darum bemüht, eine soziale Scheidewand zwischen Eroberern und Einheimischen zu errichten, indem er seine Untertanen in zwei Völker einteilte, die unterschiedliche Aufgaben erfüllen und verschiedene Rollen spielen sollten, die Goten als Krieger, die Römer als Zivilisten.

*Hans-Ulrich Wiemer, Theoderich der Große. König der Goten, Herrscher der Römer, C. H. Beck, München 2018, S. 193–197.**

**1 Wahlaufgabe:** Bearbeiten Sie entweder Aufgabe a) oder b).

**a)** Charakterisieren Sie anhand von M 14 die römisch-gotischen Beziehungen.

**b)** Erstellen Sie eine Mindmap zum Thema „Theoderichs Herrschaftskonzept".

**Tipp:** Nutzen Sie die Methodenseite „Darstellungen analysieren", S. 98 f.

### M 15 Die Historikerin Verena Postel über das rechtliche Verhältnis zwischen „Barbaren" und Römischem Reich" (2004)

Rom formulierte sein Verhältnis zu den sich neu formierenden germanischen *gentes*[1] in den Termini traditioneller römischer Außenpolitik. Es schloss Verträge mit barbarischen Königen und *gentes*, die, als *foedera amicitae*[2] bezeichnet, die völkerrechtliche Terminologie der Antike fortsetzten. Völkerrechtliche Freundschaftsverhältnisse unbefristeter Art waren als *amicitia* definiert worden. Sie beinhalteten eine wechselseitige Anerkennung der Partner, den Ausschluss feindlicher Handlungen und waren Voraussetzung diplomatischer Beziehungen, ohne die Gleichrangigkeit der Partner festzulegen.

Die Fortsetzung dieser Terminologie bedeutete zweierlei: Rom bestimmte weiterhin die Sprache der Politik, die Barbaren übernahmen die Formen politischer Kommunikation, andererseits schloss dieses Eintreten der Barbaren in den Horizont der römischen politischen Kultur jedoch keineswegs aus, dass sich die neuen *gentes* innerhalb des weiten Mantels der diplomatischen Beziehungen zu Rom zu voller Souveränität emanzipierten, wie es in der Folge in den Königreichen der West- und Ostgoten, Vandalen, Burgunder und Franken geschah. Im Jahr 466 etwa brach der Westgotenkönig Aurich das *foedus*[3] mit Rom und regierte fortan als König eigenen Rechts. [...]

Die sog. „Familie der Könige", die der Ostgotenkönig Theoderich durch zahlreiche Heiratsverbindungen in deutlicher *imitatio imperii*[4] um sich versammelte und die die Dimension einer internationalen Friedensordnung gewann, war nichts anderes als die produktive Weiterentwicklung der *pax*[5] *Romana*, des römischen Systems informeller Herrschaft über Klientelkönigreiche. Sie hatte demgemäß auch eine kulturmissionarische Komponente, wie z. B. der Verkehr mit dem fränkischen Königshof zeigt. Die Gesandtschaft, die mit Chlodwig das Problem der Alemannen verhandeln sollte, begleitete ein Kitharöde[6], „ein Orpheus, der mit seinen süßen Klängen die wilden Herzen eines fremden Volkes bezwingen sollte" (Cassiodor, Variae II, 40). Kein Geringerer als Boethius war vom Gotenkönig beauftragt worden, seine Kennerschaft unter Beweis zu stellen und einen geeigneten Mann zu finden. Das Begleitschreiben selbst war eine der ersten Leistungen des neuen Quästors[7] Cassiodor. Zur selben Zeit begann Boethius sich auch darum zu kümmern, einen Stundenmesser für den Burgunderkönig zu konstruieren, und Cassiodor verfasste dazu die erläuternden Bemerkungen: Es sei Verpflichtung und Fähigkeit des italischen Gotenreiches, den barbarischen Königen Galliens die Kultur zu bringen. [...]

Die Geschichte der außenpolitischen Beziehungen im Frühmittelalter zeigt eindrucksvoll, wie die germanischen *gentes*, die bei ihrem Eindringen in den römischen Kulturkreis wie etwa auch im Bereich der schriftlichen Gesetzgebung römische Verfahrensweisen kennen lernten, sich zunächst in diese einbinden ließen, sie dann aber eigenständig nutzten und entsprechend ihrem wachsenden politischen Gewicht eigenen Zielen dienstbar machten. Es ergibt sich gleichsam eine Dreistufigkeit in der Anwendung außenpolitischer *amicitia*. Was Ostgoten und Franken von Byzanz gelernt hatten, wandten sie eine Ebene tiefer auf ihre eigenen zwischenstaatlichen Beziehungen zu ihren Grenznachbarn an. Das Paradigma *amicitia* blieb von der Antike bis ins hohe Mittelalter das maßgebliche Schema zur Regelung außenpolitischer Beziehungen sowohl zwischen gleichrangigen als auch zwischen ungleichen Partnern.

*Verena Postel, Die Ursprünge Europas. Migration und Integration im Frühen Mittelalter, Kohlhammer, Stuttgart 2004, S. 45f.**

1 *gens (lat.):* Geschlecht, Familie
2 *foedera amicitae:* in Freundschaft verbundene Bündnispartner
3 *foedus, lat.:* der Vertrag
4 *imitatio imperii, lat.:* Nachahmung des (römischen) Reiches
5 *pax, lat.:* der Frieden
6 *der Kitharöde:* ein Dichter, der seine Gedichte selbst sang und sich dabei auf der Leier Kithara begleitete
7 *der Quästor:* römische Amtsbezeichnung

1 Geben Sie die Kernaussagen des Textes wieder.
**Tipp:** Notieren Sie hierfür auf einem Blatt sieben Begriffe aus dem Text, mit deren Hilfe Sie den Inhalt des Textes wiedergeben können. Legen Sie das Buch beiseite und formulieren Sie mithilfe der sieben Begriffe eine strukturierte Inhaltsangabe.
2 Arbeiten Sie heraus, wie Postel Kontinuität und Wandel im Verhältnis zwischen barbarischen Völkern und dem Römischem Reich darstellt.

## Stationenlernen/Gruppenpuzzle: Zur Bedeutung archäologischer Funde

1 Bearbeiten Sie die folgenden Materialien entweder im Rahmen einer Stationenarbeit oder als Gruppenpuzzle, indem Sie eine gemeinsame Präsentation erstellen.

### M 16 Der Historiker Walter Pohl über die Bedeutung von Grabbeigaben (2008)

[Vor kurzem] fand das „größte Begräbnis aller Zeiten" statt – so haben es zumindest die Medien genannt. Begraben wurde, am 8. April 2005, Papst Johannes Paul II. Als Einstieg in das komplexe Verhältnis von Spuren, Texten und Identitäten ist das Beispiel gut geeignet. Zahlreiche Texte in Zeitungen haben vom Ereignis erzählt, die Rituale gedeutet, die Objekte beschrieben, obwohl sie dabei keineswegs ganz übereinstimmten. Der Papst wurde in einem einfachen Zypressensarg bestattet, verziert mit dem Buchstaben M für Maria (würden Archäologen der Zukunft das deuten können?). Der Zypressensarg wurde dann von einem Zinksarg umschlossen, auf

dem ein Kreuz, der Name und das Wappen des Papstes angebracht sind, und der wieder in einem Eichensarg ruht. Sein Gesicht wurde mit einem Seidentuch bedeckt. An Grabbeigaben erhielt der Papst seine Mitra[1]; einen Beutel mit 27 im Vatikan geprägten Gold- und Silbermünzen, also eine für jedes Pontifikatsjahr[2]; sowie eine in einem Eisenbehälter versiegelte Urkundenrolle, die auf Latein einen kurzen Text über sein Leben enthielt. Darauf erfuhr man, auf die Minute genau, das Sterbedatum sowie dass er der 264. Papst war. „Seine Erinnerung", so heißt es, „bleibt im Herzen der ganzen Kirche sowie der Menschheit." Abweichend sind die Angaben darüber, ob auch ein Behälter mit Erde aus seiner polnischen Heimatstadt mitgegeben wurde […]. Begräbnisse von großen Führungsfiguren sind immer außergewöhnlich, aber einige Beobachtungen lassen sich machen. Archäologen würden sich ähnliche Texte über die Bestatteten in frühmittelalterlichen Gräbern wünschen […].
Die symbolischen Hinweise auf die Identität des Bestatteten sind freilich widersprüchlich. Rangabzeichen fehlen im Übrigen, bis auf Ornat und Mitra; der Ring wird bei Päpsten nicht mitgegeben, der Bischofsstab ebenfalls nicht. Auch christliche Symbole fehlen sonst im Sarg. Dafür könnten die Münzen spätere Archäologen zur irrigen Annahme verleiten, hier sollte der irdische Reichtum des Papstes symbolisiert werden, oder gar, das Geld sollte ihm Reise und Aufenthalt im Jenseits erleichtern. […]
Das Papstbegräbnis war jedenfalls ein Moment äußerster Aufmerksamkeit, der zur Gemeinschaftsstiftung und zur Selbstvergewisserung genutzt wurde. Zeremoniell und Grabausstattung wurden allgemein für höchst berichtenswert gehalten, wobei die Bedeutung der einzelnen Gegenstände mehr oder weniger gut erklärt wurde. Überschießende Sinngebung also, wobei gerade das wenig betont wurde, was nahelag und ohnehin selbstverständlich schien, und scheinbar Fernerliegendes symbolisch hervorgehoben wurde. Berichte von außergewöhnlichen Begräbnissen gibt es vereinzelt auch aus dem Frühmittelalter, etwa die berühmte Bestattung Alarichs I. *cum multas opes*[3] im Busento und die Attilas. Auch Attila lag, glaubt man Jordanes, in drei Särgen: einem eisernen, der die Siege über viele Völker, einem silbernen und einem goldenen, die die Geschenke Ost- und Westroms versinnbildlichen sollten; er erhielt reiche Grabbeigaben, wie sie eines Königs würdig waren, darunter Waffen besiegter Feinde. Von Symbolen ethnischer Zugehörigkeit ist hier wie anderswo nicht die Rede, nur von einem standesgemäßen Begräbnis. Die Waffen der Feinde taugen ja gerade nicht als Zeichen der Zugehörigkeit. Für die Grammatik der Grabbeigaben sind die schriftlichen Mitteilungen aus dem Frühmittelalter leider sehr wenig aussagekräftig. Doch zeigen Beispiele wie der Bericht vom Begräbnis Attilas zugleich, dass Rituale wie verwendete Objekte bei der Bestattung reiche Bedeutungen aufwiesen.

*Walter Pohl, Spuren, Texte, Identitäten, in: Sebastian Brather (Hg.), Zwischen Spätantike und Frühmittelalter. Archäologie des 4. bis 7. Jahrhunderts im Westen, de Gruyter, Berlin 2008, S. 13 ff.**

1 *die Mitra:* traditionelle Kopfbedeckung der Bischöfe
2 *das Pontifikat:* Amtszeit des Papstes
3 *cum multas opes (lat.):* mit vielen Schätzen

**1** Geben Sie die wesentlichen Aussagen Pohls zur Bestattung Papst Johannes Pauls II. wieder.
**2** Nehmen Sie Stellung zu der Behauptung, das Papstbegräbnis sei ein „Moment äußerster Aufmerksamkeit" gewesen, „der zur Gemeinschaftsstiftung und Selbstvergewisserung" (Z. 43 ff.) genutzt worden sei.
**3** Untersuchen Sie aktuelle Euro- und Cent-Münzen: Welche Informationen könnten spätere Historiker aus ihnen über unsere Gesellschaft herausarbeiten?
**Tipp:** siehe S. 148.

### M 17 Aus einer Studieneinführung zur archäologischen Quellenkritik (2016)

Wie jede historische Analyse muss sich auch die Archäologie der Eigenschaften ihrer Quellen bewusst sein – ihrer Lückenhaftigkeit, aber auch ihrer Subjektivität. Auch archäologische Quellen sind nicht zwangsläufig neutral, sondern durch vielfältige Formationsprozesse oft sehr tendenziös. Das zu erkennen und einzuschätzen ist häufig nicht einfach. […]
Die Archäologie […] bemüht sich um die Rekonstruktion einer vergangenen „Realität". Die rekonstruierte Realität stimmt aber nur bedingt mit der vergangenen „Realität" überein, denn diese ist in hohem Maße fiktiv: Aus Zeitgeschichte und persönlichen Erfahrungen lernen wir, wie unterschiedlich ein Geschehen wahrgenommen werden kann. Mit diesem Problem müssen sich die Quelleninterpretation und die Synthese auseinandersetzen. Viel grundlegender ist aber das Problem, dass die Quellen ohnehin nur einen sehr kleinen Ausschnitt einer vergangenen Realität erfassen und keineswegs objektiv sind. Viele archäologische Auswertungen gehen unbewusst von einer sogenannten Pompeji-Prämisse aus. Der archäologische Befund wird als ein direktes, allenfalls unvollständiges Abbild einer einstigen Realität gesehen – eine Vorstellung, die selbst in Pompeji, das beim Vesuv-Ausbruch 79 n. Chr. verschüttet wurde, nur bedingt stimmt. […]

In den Geschichtswissenschaften kann sich die Quellenkritik auf die auch universitär verankerten Historischen Grundwissenschaften stützen. Aufbauend auf einer philologischen Textkritik und der Beschäftigung mit Urkunden wurde nicht nur eine Quellensystematik, sondern auch ein an klaren Kriterien orientiertes, methodisches Vorgehen entwickelt, das einerseits nach der physischen Gestalt (äußere Quellenkritik) und andererseits nach dem Informationsgehalt (innere Quellenkritik) fragt. Sie prüft die Entstehungsumstände der Quelle ebenso wie deren Überlieferung über die Zeiten hinweg.

Dieses Grundschema einer Quellenkritik kann prinzipiell auch auf materielle Quellen übertragen werden, doch spielen die Überlieferungsbedingungen eine wesentlich größere Rolle. Der Informationsgehalt archäologischer Quellen lässt sich nur zu einem geringen Teil am Einzelobjekt festmachen, sondern er beruht auf der komplexen Befundsituation, die Informationen zu funktionalen Zusammenhängen, zur Einbindung von Objekten in Handlungsabläufe, zu sozialen Kontexten und nicht zuletzt auch zur Datierung liefert. [...]

Die *primäre* Befundsituation bezieht sich auf das Handeln der Menschen in der zu rekonstruierenden Vergangenheit. Sie umfasst also den systematischen Kontext, vor allem aber auch die Bedingungen, unter denen sich dieses Handeln materialisierte und unter denen die Spuren aus der aktiven Lebenswelt ausschieden.

Die *sekundäre* Befundformation umfasst die Prozesse nach der Einbettung in den Boden, also vor allem Fragen der Erhaltung bei der Bodenlagerung. Am Ende der sekundären Formation steht das archäologische Potenzial, also alle Befunde, die theoretisch den Methoden der archäologischen Quellenerschließung zugänglich sind.

Die *tertiäre* Befundformation betrifft die Gegenwart und umfasst die Erschließung und Analyse der archäologischen Daten, liegt also in der Gegenwart des Forschers und teilweise in dessen Verantwortung.

*Barbara Scholkmann, Hauke Kenzler, Rainer Schreg, Archäologie des Mittelalters und der Neuzeit. Grundwissen, WBG, Darmstadt 2016, S. 101–104.**

1 Erklären Sie mithilfe des Textes M 17 und des Schemas M 19 die Überlieferungsprozesse, die Archäologen bei ihrer Arbeit berücksichtigen müssen.
2 Setzen Sie die Begriffe „vergangene Realität“ und „rekonstruierte Realität“ in Beziehung zueinander.
3 **Zusatzaufgabe:** siehe S. 148.

**M 18 Fundstücke aus einem germanischen Kammergrab werden im Landesamt für Denkmalpflege in München (Bayern) unter einem Binokular untersucht, Fotografie, 2017.**

*Die Fundstücke stammen aus einem spätantiken Grab aus Pförring und werden auf die Zeit zwischen 400 und 450 nach Christus datiert.*

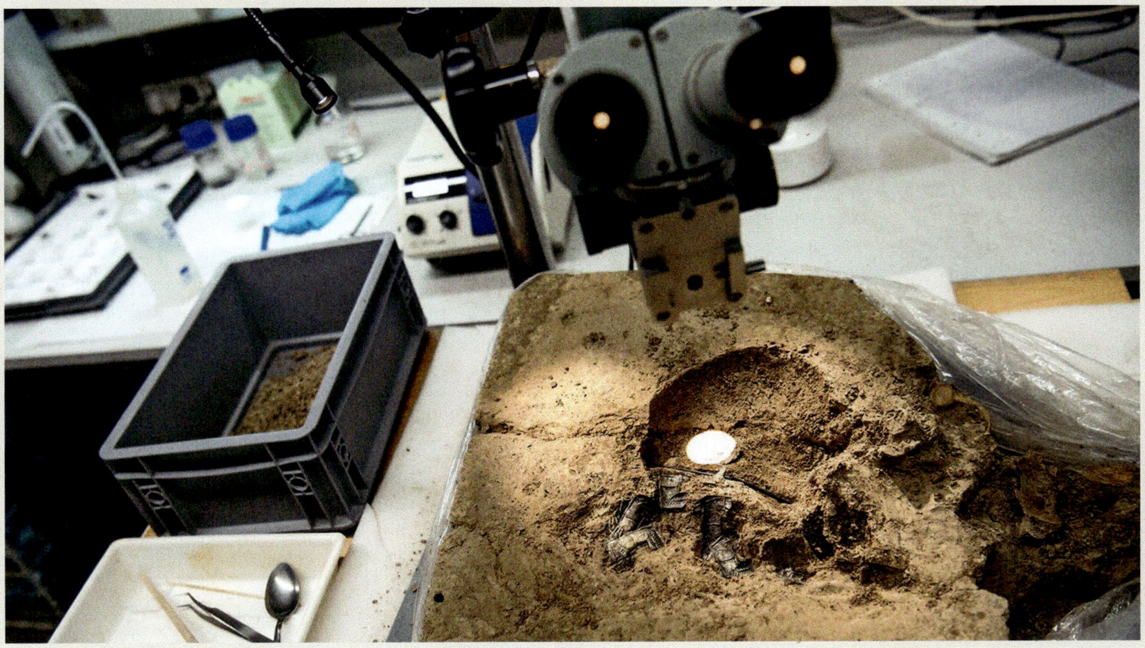

**M 19** **Schematische Darstellung der archäologischen Quellenkritik**

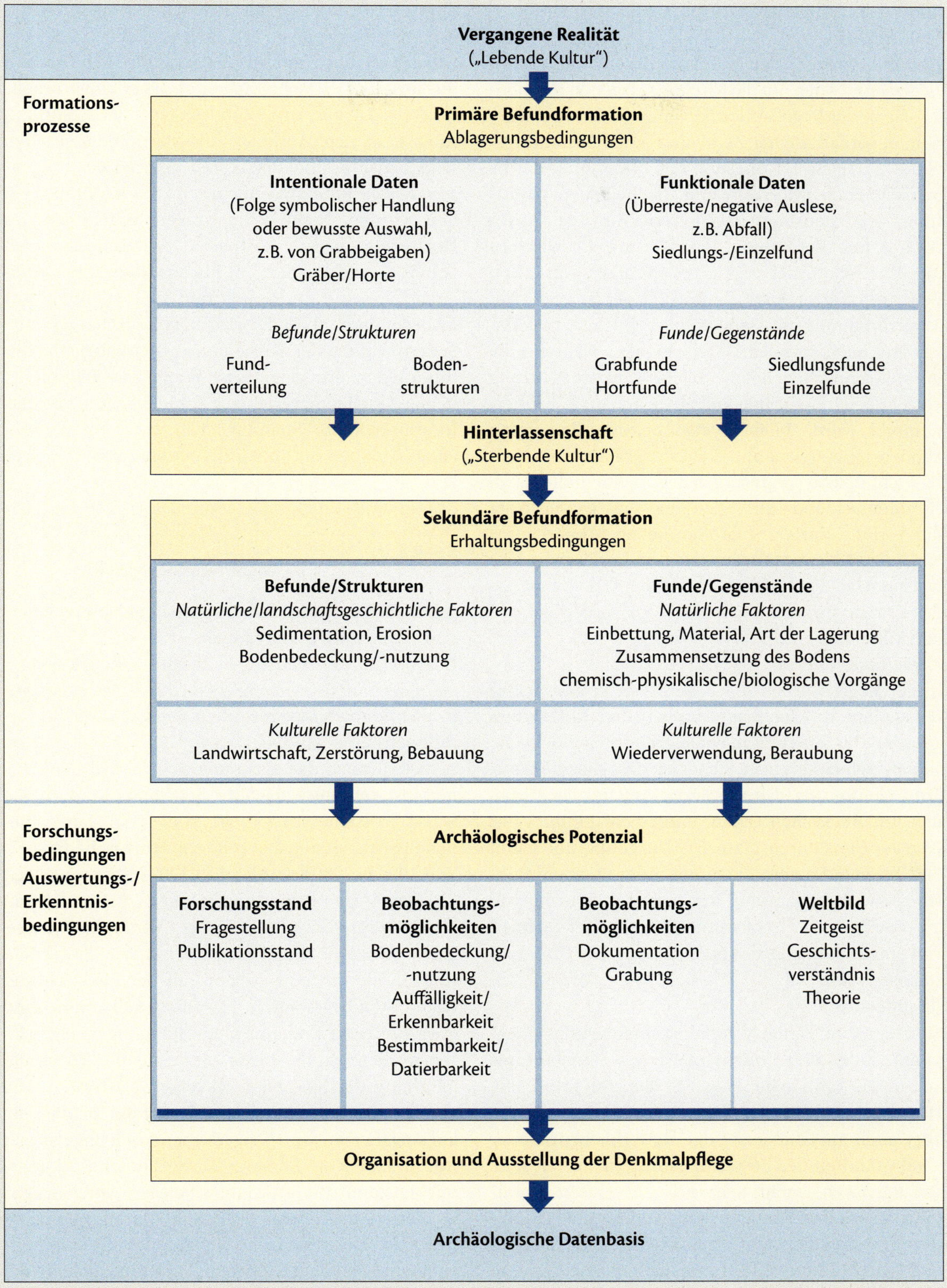


*Zit. nach: Barbara Scholkmann, Hauke Kenzler, Rainer Schreg (Hg.), Archäologie des Mittelalters und der Neuzeit. Grundwissen, Wissenschaftliche Buchgesellschaft, Darmstadt 2016, S. 106 (leicht vereinfacht).*

**M 20 Der deutsche Archäologe Günter P. Fehring über Bestattungssitten in Spätantike und Mittelalter (2000)**

Als Gräberfelder oder Friedhöfe bezeichnen wir im Gegensatz zu den um die Kirchen gelegenen Kirchhöfen die in der Regel außerhalb einer Siedlung gelegenen, in vorchristlicher Zeit wurzelnden Bestattungsplätze. [...] Bestattungsart und Grabformen, die menschlichen Überreste und die Beigabenausstattung sind Gegenstand, des Weiteren Aussagen zu Totenkult und Besiedlung, Bevölkerung, Gesellschaft und Wirtschaft Ziel der Untersuchungen. Unter den Beisetzungsarten löste die Körperbestattung die Totenverbrennung ab – jedoch mit zeitlichen, regionalen und auch sozialen Unterschieden: Während die im spätrömischen Reich übliche Körperbestattung von einigen fränkischen Völkern schon im 4. Jh. übernommen wurde, blieb sie etwa bei den Alamannen zunächst den sogenannten Fürstengräbern vorbehalten. Zahlreiche „gemischt belegte" Friedhöfe, etwa Norddeutschlands und Skandinaviens, weisen trotz der Verbote Karls des Großen neben Körper- noch lange Brandbestattungen auf; diese erlöschen hier wie auch bei den Nordwestslaven unter dem Einfluss des Christentums endgültig erst im Verlauf des hohen Mittelalters. [...]

*Körperbestattungen*

In der Regel wurden die Bestatteten in gestreckter Rückenlage, mit den Armen entlang dem Körper, beigesetzt. Die Ausrichtung spiegelt unterschiedliche Glaubensvorstellungen. Sicher ist, dass sich die West-Ost-Orientierung, d. h. die Bestattung des Verstorbenen mit Blick nach Osten, unter dem Einfluss des Christentums durchsetzte. [...] Die Grabgrube nahm den Toten auf einem Totenbrett oder in einem Bohlen- bzw. Baumsarg auf, der häufig seinerseits von einer hölzernen Grabkammer oder in der Spätzeit von einem Steinplatten- oder gemauerten Grab umschlossen war. [...]

*Beigabensitte*

Sie erfährt im frühen Mittelalter einen letzten Höhepunkt, unter den Einwirkungen des Christentums kommt sie dann in der Folgezeit fast zum Erlöschen. Die Beigaben dürften als Eigentum der Verstorbenen, aber auch als Geschenke der Hinterbliebenen oder als Bestandteil des Bestattungsritus zu werten sein. Dazu gehören Tracht, Schmuck und Waffenausstattung, Speise und Trank, Insignien eines Amtes, Geräte zur Ausübung eines Berufes, zuweilen auch Schiff und Wagen, Pferde und Hunde, seltener Gefolge und Gesinde. Beigaben erlauben die zeitliche Einordnung, die Unterscheidung von Männer- und Frauenbestattungen, Einblicke in die Tragweise von Tracht und Schmuck sowie die Bewaffnung, Erkenntnisse über soziale Kennzeichen, kultische Sitten und religiöse Vorstellungen; sie erlauben schließlich über die Gliederung des Gräberfeldes auch Rückschlüsse auf die sozialen, wirtschaftlichen und Siedlungsverhältnisse der Lebens- und Bestattungsgemeinschaft. [...] Auch nach dem Aufhören der frühmittelalterlichen Beigabensitte sind den Toten gelegentlich Gegenstände sehr unterschiedlicher Art mit ins Grab gegeben worden. Nicht selten tragen Angehörige des Hochadels nebst kostbaren Gewändern auch Schmuck und Waffen. [...] Ebenso kommt bei Frauenbestattungen des hohen und späten Mittelalters insbesondere in Südwestdeutschland häufig eine Schere vor, die der Volkskunde als Grabbeigabe der toten Wöchnerin geläufig ist. Funde wie diese bilden neues Quellenmaterial zu Totenkult und Bestattungsbrauch im Spannungsfeld zwischen christlichem Glauben und heidnisch geprägtem Aberglauben.

*Günter P. Fehring, Die Archäologie des Mittelalters, Wissenschaftliche Buchgesellschaft, 3., verb. u. aktual. Aufl., Stuttgart 2000, S. 54 ff. und 70.**

**M 21 Befunde aus dem ostgotischen Gräberfeld von Globasnitz in Österreich**

Um die Jahrtausendwende herum entdeckten Archäologen im österreichischen Globasnitz ein ostgotisches Gräberfeld, das reichen Einblick in die Bestattungssitten der Goten gab. Die Goten, so scheint es, behielten nach der Trennung von den Hunnen zumindest teilweise die Sitte bei, ihren Kindern die Schädel zusammenzubinden, sodass eine lange, fliehende Stirn entstand, sogenannte Turmschädel.
Von 1999 bis 2001 wurden [...] 170 Gräber freigelegt. [...] Bei einigen Bestattungen konnten Totenbretter, also hölzerne Unterlagen für den Verstorbenen, aufgrund ganz geringer Holzreste festgestellt werden. [...] Alle Bestattungen waren mit der Blickrichtung nach Osten begraben. [...] In einem Fall konnte eine etwa 40-jährige Frau mit Kinderlähmung nachgewiesen werden, bei der beide Unterschenkel durch die Lähmung der Streckmuskel angezogen waren. Die gravierende Behinderung der Frau zeigt an, dass sie auf sozial verantwortliche Mitmenschen angewiesen war und dank der Fürsorge ein beachtliches Alter erreichen konnte. Wie die Funde belegen, waren in dem Gräberfeld auch ostgotische Soldaten und Offiziere begraben. Diese Tatsache könnte auch für Knochenverletzungen (Oberarmbruch, Schienbeinbruch), die bereits häufiger als in anderen Gräberfeldern schon während der Ausgrabungen aufgefallen sind, eine Rolle spielen. Nach der Restaurierung des umgeform-

ten Schädels eines Ostgoten ist nun klar, dass der 18-jährige Mann durch einen Schlag an der rechten Schläfe starb. [...]
Bisher wurden drei Männer und eine Frau entdeckt, die einen umgeformten Schädel besaßen. Es ist wahrscheinlich, dass nach der Restaurierung des Skelettmaterials weitere derartige Umformungen erkennbar sein werden, da sich viele Schädel in flach gedrücktem Zustand fanden. Ein solcher Turmschädel wurde durch das Umwickeln des Kopfes mit Binden im Säuglingsalter und während des Wachstums erreicht. [...] Bislang wurde angenommen, dass diese Sitte von hunnischen Stämmen übernommen wurde. Inzwischen gehen die Forscher davon aus, dass dieser Brauch schon früher bei den germanischen Völkerschaften verbreitet war. Allerdings ließ sich aufgrund der Grabungen die Ursache für die Schädelumformungen noch nicht erschließen. Eine Zugehörigkeit zu einer gehobenen Schicht war aufgrund besonderer Beifunde nicht festzustellen. Um eine Modeerscheinung (Schönheitsideal) zu erschließen, gibt es zu wenig Individuen, an denen diese künstliche Deformierung geübt wurde. [...]
In Frauengräbern kamen eiserne und bronzene Armreife, Körbchenohrringe, Polyederohrringe[1] mit Glaseinlagen, hunderte kleine Glasperlen mit 0,2 cm Durchmesser von Halsketten, Beinkämme sowie eiserne und bronzene Fingerringe zutage. [...] In drei Frauengräbern wurden je zweimal ein Schlüssel im Beckenbereich und einmal auf der Brust gefunden. Ein vierter Eisenschlüssel stammt aus einem zerstörten Grab. Der römische Lexikograph berichtet in der 2. Hälfte des 2. Jahrhunderts v. Chr. [...] von einem römischen Brauch, den Frauen einen Schlüssel [...] zu schenken, der Schlüssel als Amulett (des Aufsperrens) sollte also die Geburt erleichtern. [...] Die genannten eisernen Armreife dürfen nicht ausschließlich unter dem Gesichtspunkt des Schmuckes gesehen werden, da schon Plinius [...] über die Übel abwehrende Bedeutung des Eisens berichtet. [...]
In Grab 11 wurden 1999 gotische Adlerkopfbeschläge, ein Feuerschläger und weitere fragile Eisen- und Bronzeobjekte samt einem Erdblock geborgen. [...] Es handelt sich um die Schnalle und Beschläge eines gotischen Militärgürtels sowie um die eiserne Fibel eines Mantels. Die eiserne Schnalle besitzt Einlegearbeiten aus Silber und Kupfer. Der Schnallenrahmen wird durch silberne und kupferne Fäden in kleine Felder geteilt, denen zum Teil kleinere Kreuzrosetten eingefügt sind. Am Schnallendom bilden die Silberdrähte ein Schnurornament; zusätzlich ist er mit einem Kreuz verziert. [...] Am Gürtel trug der Soldat ursprünglich eine kleine Tasche, an der ein Feuerschläger befestigt war. Im Inneren des Täschchens befanden sich neben dem vorauszusetzenden, naturgemäß nicht erhaltenen Zunderschwamm auch vier Feuersteine. Der Feuerschläger besitzt in der Mitte eine Schnalle, durch welchen der Taschenriemen mit bronzener Riemenzunge gezogen werden konnte. Im Rost des Feuerstahls erhielten sich Reste eines Wollstoffs, die vermutlich von einem Mantel stammen, an dem die eiserne Gewandspange befestigt war. [...] Der rote Gürtel war das Rangabzeichen eines Offiziers. Daraus ergibt sich, dass den Militärangehörigen keine Waffen mit ins Grab gegeben wurden. Deshalb sind Gräber von Soldaten des ostgotischen Heeres nicht erkennbar, wenn sie nicht ein Rangabzeichen enthalten.

*Franz Glaser, Gräberfeld der Ostgotenzeit (493–536) in Iuenna/Globasnitz, in: Fundberichte aus Österreich, hg. v. Bundesdenkmalamt Wien, Bd. 41, Verlag Ferdinand Berger & Söhne, Wien 2003, S. 431–438.**

1 *das Polyeder:* Vieleck (im geometrischen Sinn)

1 Arbeiten Sie aus M 20 und M 21 heraus, welche Informationen Gräber und ihre Grabbeigaben liefern können. Beziehen Sie auch das Bild M 22 in Ihre Überlegungen mit ein.
2 Weisen Sie nach, inwiefern in der im Gräberfeld abgebildeten Kultur christliche und vorchristliche Elemente eine Rolle spielten.
3 Erörtern Sie die Frage, ob Blumenschmuck und Kränze ein Überbleibsel aus vorchristlicher Zeit sind.

**M 22 Die französische Bildhauerin Elisabeth Daynes hält die Rekonstruktion eines deformierten Schädels („Turmschädel") einer ostgotischen Frau, Fotografie, 2007.**
*Die Rekonstruktion basiert auf den Funden von Globasnitz.*

# Anwenden

**M1 Die Historikerin Anne Poguntke erläutert die Funktionen spätantiker Heermeister (2014)**

Eine zweite Problematik stellen in diesem Rahmen die Begrifflichkeiten „Handlungsspielräume" und „Loyalität" dar. Beide Begriffe sind eher unscharf, kaum fest zu umgrenzen und wohl jeder Leser verbindet seine eigenen Assoziationen damit. Um Missverständnissen vorzubeugen, seien daher vorab noch einige Worte dazu verloren: Unter dem Begriff „Handlungsspielräume" verstehe ich die den Heermeistern offenstehenden Möglichkeiten, im Rahmen der ihnen vom Kaiser zugebilligten Funktionen frei agieren zu können. Die *magistri militum* können gewissermaßen als Teilhaber kaiserlicher Herrschaft angesehen werden. So war der Heermeister einer der zahlreichen Repräsentanten kaiserlicher Herrschaft; in den weitläufigen Territorien des Reiches (Regionalkommando) ebenso wie in der Hauptstadt selbst (Praesentalheermeister). Er vertrat den Kaiser sowie seinen herrschaftlichen Anspruch sowohl an den Grenzen des Reiches gegenüber benachbarten Völkern als auch im Reich selbst – gegenüber Usurpatoren[1], Aufständischen und anderen „Unruhestiftern". Dazu gehörten auch die Leitung von Friedensverhandlungen sowie der Schutz verschiedener, meist den Regionalheermeistern untergeordneter Bereiche. Die Übernahme richterlicher Funktionen in Fällen, die römische Soldaten betrafen, gehörte ebenso zum Aufgabenbereich des Heermeisters wie die Regelung kirchlicher Angelegenheiten, unter anderem die Vermittlung in Kirchenstreitigkeiten. Neben diesen diplomatischen Aufträgen diente vor allem der *magister militum praesentalis*, da er über die nötige Nähe zum Kaiserhof verfügte, als Ratgeber […]. Bemerkenswert für das Verhältnis zwischen *magister militum* und Kaiser ist die Tatsache, dass sowohl Handlungen der Heermeister auf den Herrscher zurückfielen, als auch in entgegengesetzter Richtung das Empfinden der Bevölkerung gegenüber dem Kaiser auf dessen „Vertreter" projiziert wurde.

Loyalität bezieht sich auf das Verhältnis zwischen Heermeister und Kaiser, vornehmlich das Verhalten des Amtsträgers gegenüber dem Herrscher. Kennzeichen von Loyalität sind die Erfüllung der zugewiesenen Funktionen und Aufgaben durch den Heermeister – möglichst zur Zufriedenheit des Herrschers – sowie die Unterstützung und das Festhalten am Herrscher auch in Krisenzeiten. Es meint aber keinesfalls einen Macht- oder Interessenverzicht seitens des *magister militum*. Gerade in Krisenzeiten konnten dadurch die Durchführung zugeteilter Aufgaben und die Durchsetzung eigener Bestrebungen zum Interessen-, d.h. Loyalitätskonflikt führen. In solchen Situationen waren es neben der persönlichen Einstellung des Heermeisters (die wir in keinem Fall nachvollziehen können und die daher als Argument im wissenschaftlichen Bereich wegfällt) weitere strukturelle Faktoren, die sein Verhalten beeinflussten. Hierzu zählen vor allem die Bereiche Heer/Soldaten, finanzielle Lage des Reiches sowie soziale Stellung des *magister militum*. Auch die kaiserliche Autorität und Legitimität/Legitimation sind entscheidende Einflussfaktoren.

*Anne Poguntke, Handlungsspielräume (ost-)römischer Heermeister um 500, in: Mischa Meier, Steffen Patzold (Hg.), Chlodwigs Welt. Organisation und Herrschaft um 500, Franz Steiner Verlag, Stuttgart 2014, S. 397 f.**

1 *der Usurpator:* jemand, der widerrechtlich die [Staats-]Gewalt an sich reißt

**1** Arbeiten Sie aus M 1 heraus, wodurch nach Poguntkes Ansicht die Handlungsspielräume des spätantiken Heermeisters gekennzeichnet sind.

**2** Übertragen Sie die Informationen aus dem Text auf das Verhältnis zwischen dem ostgotischen Heermeister Theoderich und dem oströmischen Kaiser Zeno und skizzieren Sie dieses.

## Präsentation

**Theoderich-Darstellungen im historischen Kontext**

Recherchieren Sie Darstellungen von Theoderich aus unterschiedlichen Zeiten. Erarbeiten Sie Gemeinsamkeiten und Unterschiede und überprüfen Sie, inwieweit die Unterschiede aus dem historischen Entstehungskontext erklärt werden können. Erstellen Sie eine Präsentation Ihrer Ergebnisse.

# Wiederholen

**M2 Medaille König Theoderichs, um 500.**

*Diese Münze ist die einzige ihrer Art, obwohl angenommen wird, dass es mehrere Exemplare gegeben haben muss. Vermutlich wurde die Münze im Rahmen einer Ehrung als Geschenk an Soldaten ausgegeben und später zu einer Fibel umgearbeitet, deshalb befindet sich auf der Rückseite der Rest einer Nadel. Die auf der Vorderseite abgebildete Siegesgöttin Victoria steht auf einer Weltkugel und hält in der Hand einen Siegeskranz, wie ihn römische Feldherren bei ihrer siegreichen Heimkehr erhielten. Inschrift der Vorderseite: Rex Theodericus Pius Princ(eps) I(nvictus) s(emper) (dt.: „König Theoderich, der geheiligte, auf immer unbesiegbare Anführer"), Rückseite: Rex Theodericus Victor Gentium (dt.: „König Theoderich, Sieger über die nicht-römischen Völker")*

## Zentrale Begriffe

Ansiedlung
Archäologie
„Barbaren"
Ethnogenese
Heermeister
Hunnen
Integration
Konsolidierungspolitik
Ostgoten
Oströmisches Reich
Reichsinsignien
Römer
Senat
Weströmisches Reich

1 **Wahlaufgabe:** Bearbeiten Sie entweder Aufgabe a) oder b).
   - **a)** Beschreibung Sie die Veränderung, die das Amt des Heermeisters in der Spätantike durchlief.
   - **b)** Erläuterung Sie, inwiefern das Amt des Heermeisters die Grundlage für Theoderichs Herrschaft über das Ostgotenreich war.

2 Erstellen Sie mithilfe der zentralen Begriffe eine Visualisierung zur Entstehung des Ostgotenreichs.

3 Beschreiben Sie die Medaille König Theoderichs (M 2) und beurteilen Sie, inwieweit er sich hier als römischer Herrscher darstellt.
**Tipp:** Beachten Sie hierbei sowohl Theoderichs Kleidung und Frisur als auch die Inschrift.

4 Erläutern Sie die einzelnen Aspekte von Theoderichs Konsolidierungspolitik. Nutzen Sie die sprachlichen Hilfen.

5 **Vertiefung:** „Integration durch Separation" – so fasst der Historiker Hans-Ulrich Wiemer in seiner 2018 erschienenen Theoderich-Biografie dessen innenpolitisches Herrschaftskonzept zusammen. Erläutern Sie, was Wiemer damit meint, und begründen Sie, ob Sie diese Aussage für zutreffend halten.

6 Überprüfen Sie Ihre zu Beginn des Kapitels formulierten Thesen. Beantworten Sie Ihre Fragen.

**Formulierungshilfen für eine Erörterung**
- Einerseits ..., andererseits ...
- Im Gegensatz zu ...
- Zentrale Merkmale waren ...
- Eine wichtige/untergeordnete Rolle spielte ...
- etwas leitet eine (positive/negative) Entwicklung ein
- etwas fördert/verstärkt/hemmt einen Prozess
- etwas vergrößert/verkleinert den Handlungsspielraum
- etwas hat Auswirkungen auf
- kurzfristige Effekte/langfristige Folgen

# 4 Das Merowingerreich unter Chlodwig

**M1** Kopie eines Siegelrings mit der Aufschrift „CHILDERICI REGIS“ sowie Mantelbesätze in Bienenform, Schwertscheiden und -griffe; alle Gegenstände befanden sich in dem 1653 entdeckten Grab des Merowingerkönigs Childerich (457–482)

**M2** Rekonstruktion des Grabhügels des Frankenkönigs Childerich I. mit darüberliegender Pferdebestattung

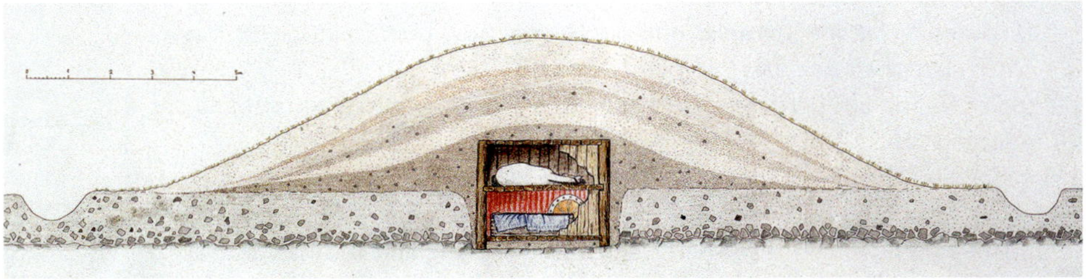

**spätes 3. Jh.** | Erste Erwähnung der Franken im Zusammenhang mit Germaneneinfällen ins Römische Reich

**358** | Aufnahme der Salfranken als Föderaten in Toxandrien unter Kaiser Julian

**458/63–482** | Herrschaft Childerichs

**482–511** | Herrschaft Chlodwigs

**486** | Beginn der Expansion in Gallien

**zwischen 492 und 500** | Taufe Chlodwigs

**508** | Eroberung der Westgotenhauptstadt Toulouse

**511** | Tod Chlodwigs und Reichsteilung zwischen seinen vier Söhnen

300 | 350 | 400 | 450 | 500

In der Nacht auf den 6. November 1831 brachen Diebe in die französische Nationalbibliothek in Paris ein und entwendeten eine beträchtliche Menge an Gold und Edelsteinen. Dieser Raub sorgte für großes Aufsehen, denn bei dem erbeuteten Schatz handelte es sich um die Grabbeigaben eines ungewöhnlichen Mannes: 1653 hatte man in der Stadt Tournai, im heutigen Belgien, bei Bauarbeiten eine Grabkammer entdeckt, in der ein großer Fürst bestattet war. Erkennbar war dies an den kostbaren Grabbeigaben: Dem Toten hatte man prunkvolle, golden verzierte Waffen, wertvolle Kleider sowie zahlreiche Münzen mit in die Grabkammer gegeben. Über diese Kammer war ein großer Rundhügel aufgeworfen, in dem die Skelette von 23 Hengsten bestattet wurden (M 2). Das große Hügelgrab und die Tieropfer sowie die zahlreichen Grabbeigaben unterschiedlicher Herkunft (M 1, M 3) ergaben jedoch ein widersprüchliches Bild. Wer war dieser vornehme Mann?
Die Untersuchung der Grabbeigaben konnte diese Frage eindeutig beantworten: Im Grab fand sich ein Siegelring mit der Aufschrift „CHILDERICI REGIS" (M 1), was übersetzt so viel bedeutet wie: „[Besitz] des Königs Childerich". Childerich kannte man bis dahin nur aus den eher legendenhaft anmutenden „Geschichtsbüchern" des Gregor von Tours, eines Bischofs aus dem 6. Jahrhundert. Darin führt Gregor Childerich als einen der ersten Könige aus dem fränkischen Geschlecht der Merowinger auf und verortet ihn im späten 5. Jahrhundert. Mit der Entdeckung des Grabes war der Beweis für die Existenz König Childerichs erbracht – eine Sensation. Die Begeisterung war insbesondere am französischen Hof groß, beanspruchte das französische Königshaus der Bourbonen doch die Merowinger als ihre Stammväter. Da Tournai zur damaligen Zeit jedoch im habsburgischen Herrschaftsbereich lag, kam der Schatz nach einer gründlichen Untersuchung durch den Altertumsforscher Jean-Jacques Chifflet zunächst nach Wien. Hier wurden von einigen Stücken Kopien angefertigt – zum Glück! Denn nachdem die Originale einige Jahre später als Geschenk der Habsburger an den französischen König Ludwig XIV. doch noch ihren Weg nach Paris gefunden hatten, ereignete sich der anfangs beschriebene Diebstahl. Die Empörung darüber war besonders groß, als sich herausstellte, dass die Diebe den Schatz fast restlos eingeschmolzen und somit unwiederbringlich zerstört hatten.

**M 3 Zeichnung der Funde aus dem Childerich-Grab, Holzstich nach Zeichnung von Ludwig Lindenschmit (1809–1893)**

1 Stellen Sie Vermutungen darüber an, warum sich die Grabbeigaben Childerichs für die Forscher zunächst widersprüchlich darstellten.
**Tipp:** siehe S. 149.
2 Diskutieren Sie im Plenum, inwiefern das französische Königshauses Childerich als Ahnherren beanspruchen konnte.
3 Notieren Sie auf einem Zettel, was Sie selbst über Childerich und sein Herrschergeschlecht, die Merowinger, wissen. Tauschen Sie sich mit einem Partner darüber aus. Notieren Sie gemeinsam Hypothesen und/oder Fragen zu den Merowingern.

751 | Sturz des letzten Merowingerkönigs durch den Karolinger Pippin

600 | 650 | 700 | 750 | 800

# 4 Das Merowingerreich unter Chlodwig

***In diesem Kapitel geht es um***
- *die Errichtung des Frankenreiches,*
- *die Bedeutung des Christentums für die Beziehungen von Franken und Galloromanen,*
- *das Herrschaftsverständnis Chlodwigs,*
- *die Staatsorganisation der Merowinger und*
- *einen Ausblick auf die Zeit der Karolinger.*

## Die Anfänge am Rande des Römischen Reiches

Die **Franken*** erscheinen in den antiken römischen Quellen erstmalig im Zusammenhang mit Überfällen auf die römischen Provinzen *belgica* (Belgien) und *germania inferior* (Niedergermanien) in der zweiten Hälfte des 3. Jahrhunderts. Zu diesem Zeitpunkt handelte es sich bei ihnen anscheinend um einen losen Zusammenschluss von germanischen Gruppen aus dem Gebiet rechts des Niederrheins bis zur Ems (Chamaven, Brukterer, Chattuarier und möglicherweise auch Amsivarier). Man kann also bei den Franken wie bei anderen Verbänden der Völkerwanderungszeit nicht von einem ethnisch einheitlichen „Volk" im Sinne einer Abstammungsgemeinschaft sprechen, vielmehr dauerte es wohl sehr lange, bis eine eigenständige fränkische Identität entstand.
Im 4. und 5. Jahrhundert traten fränkische Kriegerverbände als Föderaten* in den Dienst des Römischen Imperiums oder wurden als sogenannte Laeten* zwangsweise in diesen aufgenommen. In beiden Fällen wurden sie in den römischen Provinzen zwischen Seine und Rhein angesiedelt. Dabei konnten einige fränkische Anführer steile Karrieren im römischen Heer machen: Merobaudes etwa wurde nicht nur zum römischen Heermeister, sondern unter Kaiser Gratian auch zweimal (377 und 383 n. Chr.) zum Konsul ernannt. Der Franke Bauto wurde 380 zum Heermeister und 385 zum Konsul ernannt und soll dabei große Reichtümer angehäuft haben. Seine Tochter heiratete sogar den oströmischen Kaiser Arcadius. An diesen Beispielen lässt sich erkennen, dass sich die fränkische Oberschicht teilweise erfolgreich in Gesellschaft und Staatswesen des Imperiums einfügte.

**Franke**
Die Bezeichnung geht auf dieselbe germanische Wurzel zurück wie das heutige deutsche Wort „frech" und bedeutete „mutig", „kühn" und eben „frech". Die häufige Übersetzung von Franke als „freier Mann" geht wahrscheinlich auf die spätere Gleichsetzung von Franken mit freien Menschen im Gegensatz zur unterworfenen galloromanischen Bevölkerung zurück.

▶ **M 21: Zur Ethnogenese der Franken + Kap. 1 (S. 11 f.)**

**Föderaten**
(von lat. *foedus*=Vertrag)
Gruppen von nicht-römischen Kriegern, die befehligt von ihren eigenen Anführern für das Imperium kämpften, meist in den Grenzprovinzen, und dafür mit Land und anderen Gütern ausgestattet wurden

**Laeten**
germanische Kriegsgefangene, die in der Spätantike als halbfreie (d. h. persönlich freie, aber an einen Herrn gebundene) Wehrbauern die Grenzen des Imperiums verteidigen mussten

## Der Beginn des merowingischen Herrschergeschlechts: Childerich I.

Eine Teilgruppe der Franken wurde Mitte des 5. Jahrhunderts in der Region Toxandrien in der Provinz *germania secunda* als Föderaten angesiedelt und von den römischen Autoren als *salii* (Salfranken) bezeichnet. Ihr erster historisch bezeugter Fürst war **Childerich**, der laut **Gregor von Tours*** ein Sohn Merowechs gewesen ist. Nach diesem Merowech ist das Herrschergeschlecht der Merowinger benannt. Andere Quellen führen Merowechs Ursprung auf ein Meeresungeheuer – halb Stier, halb Mensch – zurück. Childerich ist im Gegensatz zu seinen sagenumwobenen Stammvätern eindeutig nachweisbar, denn 1653 fand man sein Grab im belgischen Tournai, das neben reichen Grabbeigaben auch seinen Siegelring enthielt (siehe M 1–M 3, S. 62 f.).
Die Grabbeigaben Childerichs geben Hinweise zu Stellung und Selbstverständnis des 482 n. Chr. gestorbenen Merowingers, der auf der einen Seite germanischer Heerkönig und auf der anderen Seite Amtsträger des römischen Imperiums war. So trug der Tote die prunkvolle Uniform und Bewaffnung eines Generals in römischen Diensten. Ein reicher Schatz aus oströmischen Münzen lässt eine Kooperation mit dem Kaiserhof in Konstantinopel vermuten. Childerich, der in einzelnen Quellen als Statthalter der Pro-

**Gregor von Tours (538–594)**
Wichtigster Chronist seiner Zeit und Verfasser eines Geschichtswerks über die Entstehung und Entwicklung des Frankenreichs. Trotz der enormen Bedeutung seiner Werke als Quellen für eine ansonsten schlecht dokumentierte Zeit ist diesen gegenüber dennoch Vorsicht geboten, da er als Bischof und Mitglied einer alten galloromanischen Senatorenfamilie nicht um eine objektive Darstellung bemüht war, sondern die zu seiner Zeit teilweise bereits über 100 Jahre zurückliegenden Ereignisse im Sinne einer christlichen Heilsgeschichte deutete.

vinz *belgica secunda* bezeichnet wird, stützte seine Herrschaft also zumindest teilweise auf das Imperium und ließ sich durch dieses legitimieren. Auf der anderen Seite weisen Teile seiner Bewaffnung (fränkische Wurfaxt) und seines Schmucks (goldene Armringe) sowie vor allem sein Großhügelgrab ihn klar als germanischen Heerführer aus. Insbesondere die 23 geopferten Hengste fallen als heidnisches Element auf. Ähnliches ist bei anderen fränkischen Gräbern dieser Zeit nicht zu finden, wohl aber bei den Thüringern, aus deren Reihen die Ehefrau Childerichs stammte. Im Gegensatz zur Begräbnisstätte seines Vaters erbaute Childerichs offiziell zum Christentum übergetretener Sohn und Nachfolger Chlodwig die Apostelkirche in Paris als Grablege seines Geschlechts.
Über Childerichs Herrschaft ist wenig Gesichertes bekannt. Gregor von Tours verbreitete eine Legende, nach der Childerich angeblich wegen sexueller Ausschweifungen zeitweise von seinen fränkischen Gefolgsleuten vertrieben worden sei und bei den Thüringern Unterschlupf fand. Es ist jedoch leicht zu erkennen, dass Gregor hier den Heiden Childerich als Gegenbild zu seinem zum Christentum konvertierten Sohn Chlodwig moralisch diskreditieren möchte. Besser belegt ist dagegen die Annahme, dass Childerich zeitweise mit dem römischen Heermeister Aegidius zusammenarbeitete und diesen bei Feldzügen gegen andere germanische Verbände unterstützte. Gleichzeitig gibt es jedoch auch Hinweise auf eine starke Konkurrenz der beiden Heerführer.

▶ M 5: Brief des Bischofs Remigius von Reims an Chlodwig

**Zur Aussprache der Merowingernamen**
Während wir das „Ch" etwa in Chlodwig oder Chlothar heute meist als „K" sprechen, wurde es von den Zeitgenossen wahrscheinlich bloß angehaucht, also eher „hLudwig" und „hLothar" als „Klodwig" und „Klothar".

**M 1 Fränkische Expansion unter Childerich und Chlodwig**

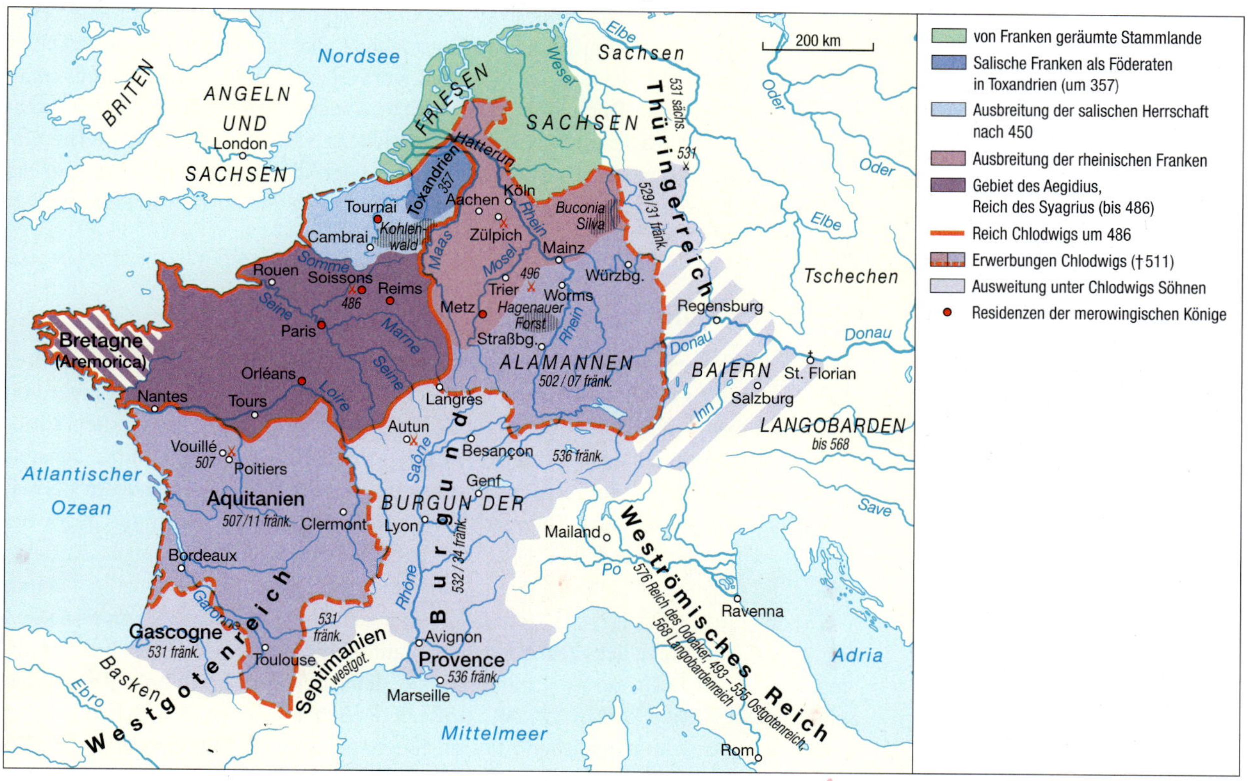


## Beginn der Herrschaft Chlodwigs und erste Erfolge

Nach Childerichs Tod 482 erbte sein 16-jähriger Sohn Chlodwig das Königtum. Dies geht aus einem Gratulationsschreiben des Bischofs Remigius von Reims hervor, das gleichzeitig auch die Akzeptanz der fränkischen Herrscherfamilie durch die galloromische Oberschicht bezeugt. Chlodwigs Reich lag wohl innerhalb der Provinz *belgica secunda* und grenzte somit an das südlich liegende Reich des Syagrius, das sich bis zur

▶ M 5: Brief des Bischofs Remigius von Reims an Chlodwig

▶ M 1: Karte der fränkischen Expansion

Loire erstreckte und im Westen an das Gebiet der Westgoten und östlich davon an das der Burgunder grenzte.
Nach einigen Jahren der **Herrschaftskonsolidierung** begann Chlodwig sich in die seit dem Ende der weströmischen Kaiserherrschaft 476 herrschenden Verteilungskonflikte zwischen den germanischen Reichen auf dem Boden des einstigen Imperiums einzumischen. Dazu sicherte er sich zunächst die Unterstützung anderer fränkischer Kleinkönige, etwa die seines Vetters Ragnachar, der seinen Herrschaftssitz in Cambrai hatte. Als Erstes **eroberten die Franken das Reich des Syagrius***. Dieser floh, als seine Niederlage absehbar war, an den Hof des jungen Westgotenkönigs Alarich II., der ihn jedoch später an Chlodwig auslieferte. Bei der Inbesitznahme der eroberten Gebiete kam es möglicherweise zu Konflikten mit der einheimischen Bevölkerung, jedenfalls dehnten die Franken ihre direkte Herrschaft vorerst nur bis zur Seine und erst **494 bis an die Loire** aus. Offensichtlich brauchte es Zeit, bis die gallorömische Bevölkerung und insbesondere die Oberschicht der eroberten Gebiete Chlodwig genauso vertrauten wie die Bevölkerung in seinem ursprünglichen Herrschaftsgebiet. Eine wichtige Rolle bei dieser Vertrauensbildung spielten die **Bischöfe**, die nicht nur als Vertreter der Kirche, sondern überwiegend auch als Angehörige der senatorischen Aristokratie des alten Reiches agierten. Einige Quellen berichten von der Aufgeschlossenheit des jungen, heidnischen Königs gegenüber den Bischöfen. Ein Beispiel hierfür ist die Episode um den Krug von Soissons, von der Gregor von Tours etwa 100 Jahre später berichtet.
Mit den benachbarten Burgundern schloss Chlodwig nach kurzem Kampf einen Frieden, der durch seine Vermählung mit Chrodehilde, der Nichte des Burgunderkönigs Gundobad, zwischen 492 und 494 bekräftigt wurde. Ein weiteres Heiratsbündnis ergab sich mit den Ostgoten: Deren König Theoderich versuchte durch eine aktive Heiratspolitik den Frieden zwischen den germanischen Reichen zu fördern. 493 ehelichte Theoderich selbst Chlodwigs Schwester Audofleda und zeigte durch diese Heirat, dass er die aufstrebende Macht des Merowingerkönigs erkannt hatte und ihn sich als Bündnispartner wünschte.

**Syagrius**
Sohn des römischen Heermeisters Aegidius, der sich im zerfallenden Weströmischen Imperium als regionaler Machthaber in Nordgallien halten konnte und vermutlich ein Bündnis mit Childerich unterhielt. Syagrius erbte diesen Machtbereich ca. 464 und konnte seine Herrschaft über den Zusammenbruch des westlichen Kaisertums 476 hinaus behaupten.

▶ M 12 a: Gregor von Tours über den „Krug von Soissons“

▶ Kap. 3: Das Ostgotenreich (S. 40 ff.)

## Chlodwigs Taufe

Ob auch Chlodwigs eigene Ehe mit der Burgunderprinzessin Chrodehilde Bestandteil von Theoderichs Heiratspolitik war, ist in der Forschung umstritten. Nach Gregor von Tours war hier jedoch kein irdischer, sondern ein göttlicher Plan am Werke, denn Chrodehilde war katholisch und leitete als „Werkzeug Gottes“ den Übertritt ihres Gemahls zu dieser aus Gregors Sicht rechten christlichen Lehre ein. Die meisten anderen Germanenkönige dieser Zeit, auch Theoderich, waren Anhänger des Arianismus. Gregor berichtet weiter, dass Chrodehildes Überzeugungsversuche bei ihrem Ehemann zunächst erfolglos geblieben seien, bis dieser während einer Schlacht mit den Alemannen in harter Bedrängnis ein Stoßgebet an den Gott seiner Gemahlin gerichtet und um eine Wendung des Schlachtenglücks gebeten habe. Daraufhin hätten die Feinde die Flucht ergriffen. Die Ähnlichkeit dieser Erzählung mit dem **Bekehrungserlebnis des ersten christlichen Kaisers Konstantin der Große** in der Schlacht an der Milvischen Brücke* im Jahre 312 ist vom christlichen Autoren Gregor gewollt. Dabei ist schwer abzuschätzen, ob die beschriebene Schlacht gegen die Alemannen tatsächlich stattgefunden hat oder ob Gregor sie erfand, um die Bedeutung Chlodwigs als neuen Konstantin zu unterstreichen. Zusammen mit Chlodwig, so schildert es Gregor, empfingen auch 3 000 freie Franken die Taufe. Tatsächlich wurden im Anschluss an Chlodwigs Taufe die **Franken ebenfalls in katholischer Tradition christianisiert**. Das Datum von Chlodwigs Taufe ist nicht eindeutig belegt. Gregor gibt das Jahr 496 an, Forschungen haben jedoch ergeben, dass dieses Datum eine spätere Ergänzung des Originaltexts darstellt. Mehrheitlich wird angenommen, dass die Taufe nach der Eheschließung mit Chrodechilde (zwischen 492 und 494) und vor dem Jahr 500 stattfand.

**Schlacht an der Milvischen Brücke 312**
In der Schlacht an der Milvischen Brücke am 28. Oktober 312 besiegte Konstantin I. seinen Rivalen Maxentius und wurde damit zum alleinigen Herrscher im römischen Westreich. Vor dem Kampf soll Konstantin eine Vision gehabt haben. Demnach sei ihm am Himmel das Kreuz erschienen, das er daraufhin auf die Fahnen seiner Truppen aufbringen ließ.
Auch wenn viele Historiker diese Legende für unglaubwürdig halten und sich Konstantin offiziell erst kurz vor seinem Tod 337 taufen ließ, war Konstantin der erste römische Kaiser, der 313 die Gleichstellung des Christentums mit anderen Religionen im Römischen Reich verfügte.

▶ Zum Arianismus siehe Kap. 3: Das Ostgotenreich (S. 44)

▶ M 12 b: Gregor von Tours über Chlodwigs Taufe

## Weitere Expansion des Frankenreiches unter Chlodwig

In den letzten Jahren des 5. und den ersten des 6. Jahrhunderts führte Chlodwig erfolgreiche **Feldzüge gegen die Thüringer (491) und Alamannen (506)** und konnte so sein Reich weiter ausdehnen. Dagegen stellte sich der Krieg gegen den Burgunderkönig Gundobad im Bündnis mit dessen Bruder Godegisil im Jahr 500 als zeitweiliger Rückschlag heraus, da sich Gundobad in der stark befestigten römischen Stadt Avignon verschanzt hatte. Den Franken gelang es nicht, diese zu erobern, sodass sie nach einer Tributzahlung der eingeschlossenen Burgunder abzogen. Während Chlodwig in diesem Krieg lediglich seine Ziele verfehlte, verlor sein Verbündeter Godegisil sein Leben, da Gundobad nach der Aufhebung der Belagerung mit seinen westgotischen Verbündeten gegen seinen Bruder zog, ihn rasch besiegte und anschließend tötete. Da die Westgoten in dieser Schlacht zahlreiche fränkische Hilfstruppen aus dem Heer des Godegisil gefangen nehmen konnten, war Chlodwig gezwungen, Friede mit dem Westgotenkönig Alarich II. zu schließen, was seinen Expansionsplänen im Südwesten Galliens entgegenstand. Aber Letztere waren nur aufgeschoben, nicht aufgehoben, und so begann der große **Feldzug gegen die Westgoten im Jahr 507**. Auf der Seite Chlodwigs und seiner Franken standen dabei nicht nur verwandte rheinfränkische Verbände, sondern auch die Burgunder. Selbst Byzanz ergriff Partei für Chlodwig: Durch einen Flottenangriff auf Theoderich und seine Ostgoten in Italien wurden diese davon abgehalten, auf Seiten der Westgoten einzugreifen. Wie schon sein Vater Childerich scheint also auch Chlodwig **gute Verbindungen nach Konstantinopel** unterhalten zu haben. Die Westgoten unterlagen in der entscheidenden Schlacht im Spätsommer 507 nahe Poitiers, in der auch ihr König Alarich II. den Tod fand. Die Franken und Burgunder eroberten im Frühjahr 508 die Hauptstadt der Westgoten, das heutige Toulouse, und Chlodwig dehnte sein Reich bis an die Garonne aus. Weiter kamen die Franken nur deshalb nicht, weil der Ostgotenkönig Theoderich mit einem Heer von Italien aus in Südgallien einfiel, belagerte Städte befreite, die Heere der Franken und Burgunder zum Rückzug zwang und die Reste des Westgotenreichs seinem Einflussbereich einverleibte. Chlodwig konnte so zwar nicht ganz Gallien erobern, jedoch den größten Teil und stand somit drei Jahre vor seinem Tod auf dem Gipfel seiner Macht.

Nach seinem Tod im November des Jahres 511 wurde das von Chlodwig eroberte Reich unter seinen vier Söhnen aufgeteilt, später jedoch mehrfach wiedervereinigt, erweitert und erneut geteilt. Spätestens im 8. Jahrhundert verlor das Geschlecht der Merowinger an Macht: Neben ihm war durch das Amt des königlichen **Hausmeiers*** eine neue Dynastie aufgestiegen, die bald die Regierungsgeschäfte kontrollierte und die Könige auf Repräsentationsaufgaben beschränkte. Der Erste aus dieser Hausmeier-Dynastie, der sich 751 selbst die Krone aufsetzte und den letzten Merowinger Childerich III. mit päpstlicher Zustimmung ins Kloster verbannte, war **Pippin der Jüngere**. Nach Pippins

**M2 Chlodwigs Taufe durch Bischof Remigius von Reims, Ölgemälde eines französisch-flämischen Meisters, um 1500**

▶ **Kap. 3: Das Ostgotenreich (S. 40 ff.)**

**Hausmeier (*maior domus*)**
ursprünglich Verwalter des königlichen Hofes, konnten ihre Amtsgewalt seit dem späten 6. Jahrhundert immer weiter ausdehnen, im Ostteil des Frankenreiches ab 687 erblich

Vater, Karl Martell, wurde dieses Geschlecht als das der „Karolinger" benannt. Der bekannteste Karolinger war aber **Karl der Große**, Pippins Sohn: Er begründete ein neues römisches Kaisertum, als er am 25. Dezember 800 in Rom von Papst Leo III. zum Kaiser gesalbt und gekrönt wurde, und brachte das Frankenreich zu seiner größten Ausdehnung und Machtentfaltung.

## Franken und Römer – Herrschaft und Gesellschaft in Chlodwigs Reich

**Patricius**
Hoher Ehrentitel, der nur an die engsten Vertrauten des Kaisers verliehen wurde; Diese wurden damit symbolisch mit den Verwandten des Kaisers gleichgestellt.

**Martin von Tours (um 316/317–397)**
wurde als Sohn eines römischen Offiziers zunächst Soldat. Der Legende nach begegnete er an einem kalten Wintertag einem fast unbekleideten Bettler. Während andere achtlos vorbeigingen, teilte Martin aus Mitleid seinen langen Militärmantel mit dem Schwert in zwei Hälften und gab eine dem Bettler. In der Nacht träumte er, dass der Bettler Jesus Christus gewesen sei. Er ließ sich daraufhin taufen und wurde später Bischof von Tours und ein wichtiger Heiliger der katholischen Kirche. Sein Heiligentag, der 11. November, wird bis heute mit Umzügen begangen.

Wie schon Childerich erfreute sich auch sein Sohn der Achtung durch den Kaiserhof in Konstantinopel. So erkannte der oströmische Kaiser Anastasius Chlodwigs herausragende Stellung nach dem fast vollständigen Sieg über die Westgoten an und schickte ihm eine Gesandtschaft, die ihn 508 in Tours erreichte und ihm die Ernennung zum Patricius* und Ehrenkonsul sowie die damit verbundenen Insignien übergab. Chlodwigs Herrschaft wurde somit von höchster Stelle bestätigt. Gleichzeitig unterstrich Byzanz damit aber den fortwährenden Anspruch auch auf den Westteil des alten Reiches, indem es Chlodwig und damit sein Herrschaftsgebiet zumindest symbolisch in die Hierarchie und Struktur des Reiches einband. Gregor von Tours berichtet vom feierlichen Ritt des in die purpurnen Gewänder eines römischen Konsuls gekleideten Chlodwig von der Martinskirche vor den Toren von Tours zur Bischofskirche in der Mitte der Stadt – eine beeindruckende Demonstration seiner Macht und der Anerkennung durch den Kaiser. Sie war sicherlich in erster Linie an seine galloromischen Untertanen gerichtet und sollte seine **Legitimität als Herrscher in der Kontinuität des Imperiums** unterstreichen. Gleichzeitig wollte Chlodwig – mithilfe des langen römischen Soldatenmantels – sicherlich auch Assoziationen mit dem weit über Tours hinaus populären Stadtheiligen Sankt Martin* wecken.

▶ M 7: Brief Chlodwigs an seine Bischöfe

▶ M 11: Konzil von Orléans

▶ M 9: *Pactus legis Salicae*

Daneben blieb auch nach der Erweiterung und Konsolidierung des Reiches die **Zusammenarbeit mit der gallorömischen Oberschicht**, vertreten insbesondere durch die Bischöfe, wichtig zur Sicherung der Herrschaft. Dies bestätigt der einzige erhaltene Brief von Chlodwigs eigener Hand. Chlodwig rief nach Art der römischen Kaiser alle Bischöfe seines Reiches zu einem Konzil zusammen und gab ihnen dabei Themen zur Beratung vor. Die Ergebnisse dieses Konzils von Orléans im Jahre 511 zeigen am Beispiel des Rechts die Entstehung einer neuen Ordnung. Die Bischöfe mussten dabei zwischen den Grundsätzen des salfränkischen Stammesrechts, dass gerade erst auf Chlodwigs Geheiß hin im *Pactus legis Salicae* kodifiziert worden war, und dem römischen Recht, zusammengefasst im *Codex Theodosianus*, vermitteln.

Das fränkische Recht gibt in gewissem Umfang auch Auskunft über die **soziale Schichtung im Merowingerreich**. Zuerst wird dabei zwischen Franken (*salici*) und Galloromanen (*romani*) unterschieden: Die **Franken**, man kann etwa von 200 000 ausgehen, stellten nur in ihren traditionellen Gebieten in Toxandrien die Mehrheit der Bevölkerung und siedelten darüber hinaus verstreut bis zur Loire. Im restlichen Reich fehlten sie als permanente Bewohner. Dort wurde die Herrschaft indirekt durch die Zusammenarbeit mit den Bischöfen und direkt durch königliche Boten und Beamte durchgesetzt. Die eingesessene **galloromanische Bevölkerung** stellte fast im ganzen Reich die Mehrheit und umfasste zu Chlodwigs Zeit etwa 6 bis 7 Millionen Menschen. Grundsätzlich gab es in beiden Gruppen **Freie und Unfreie** mit einem gewissen Zwischenspektrum, auf dem sich etwa die Laeten befanden, halbfreie Franken bzw. Angehörige anderer germanischer Gruppen. Die Wergelder*, die der *Pactus legis Salicae* für diese verschiedenen Gruppen festlegt, verweisen auf ihre jeweilige Bedeutung innerhalb der Gesellschaft.

▶ M 10: Wergelder

**Wergeld (von althochdt. *Wer* = Mann)**
Bußzahlung bei Tötungsdelikten, die der Täter als Wiedergutmachung an die Familie des Getöteten (bzw. bei Unfreien an dessen Herren) leistete, um die sonst fällige Blutrache abzulösen

In diesen Wergeldlisten fällt die **Abwesenheit eines dezidierten fränkischen Adels** auf. Zwar nennt die Einleitung der Rechtssammlung noch „die Franken und ihre Großen". Doch im weiteren Verlauf wird nirgends eine soziale Gruppe erwähnt, die einem erblichen, mit Standesrechten versehenem Adel entspricht, wie ihn etwa das europäische Mittelalter kennt. Der Königsdienst verdreifachte zwar das persönliche Wergeld und hob dementsprechend die gesellschaftliche Stellung – der Königsdienst wird als einer der Ursprünge des europäischen Adels des Mittelalters angesehen –, doch galt dies nicht allein für Franken: Auch ein Römer im Königsdienst erfuhr diese Verdreifachung des Wergelds. Die Forschung ist daher bei der Frage, ob es einen fränkischen Adel gegeben habe, geteilter Meinung; einiges spricht aber dafür, bei den Franken eher von einer aristokratischen Oberschicht von Landbesitzerfamilien ähnlich den senatorischen Familien der galloromanischen Oberschicht auszugehen als von einem voll entwickelten Standesadel. Diese Oberschicht ist aber, insofern sie Zugang zum König hatte und ihre Mitglieder in dessen Dienst unterbringen konnte, auch an der Ausübung der Herrschaft im Reich beteiligt gewesen, ähnlich wie die galloromanische Oberschicht durch die überwiegende Besetzung der Bischofsstühle an der Herrschaft partizipierte.

Von den weltlichen Amtsträgern im Königsdienst sind zur Zeit Chlodwigs nur die **Grafen** (*grafiones*) klar nachzuweisen, denn das salfränkische Recht nennt sie als Bezirksverwalter und Richter. Sie verwalteten vermutlich je eine Stadt mit dem dazugehörigen Umland und fungierten auf dieser Ebene auch als militärische Befehlshaber. Erst später im 6. Jahrhundert sind zusätzlich **Herzöge** nachzuweisen, die über den Grafen standen und analoge Aufgaben in größeren Amtsbezirken erfüllten. Zu dieser Zeit erweitert sich das Spektrum der königlichen Amtsträger insgesamt, so treten nun etwa die den Grafen untergeordneten **Vikare** erstmals auf. Genauso können nun die **Hofämter des Königshofes** erstmals nachgewiesen werden, dazu zählte der bereits erwähnte Hausmeier (*maior domus*) sowie unter diesem auch der Marschall (*comes stabuli*), dessen Sorge die königlichen Pferde unterstellt waren, der Schenk (*buticularius*), der die Lebensmittelversorgung des Hofes überwachte, und der Kämmerer (*cubicularius*), der den Königsschatz verwaltete. Sowohl die genannten Verwaltungsämter als auch die Hofämter lassen bereits die späteren Strukturen des Hochmittelalters erkennen und scheinen daher die Grundlage sowohl für den Adel als auch den Königshof dieser Epoche gebildet zu haben.

**M3 Handschrift der „*lex Salica*“ aus der Bibliothek Sankt Gallen, 5. Jahrhundert**

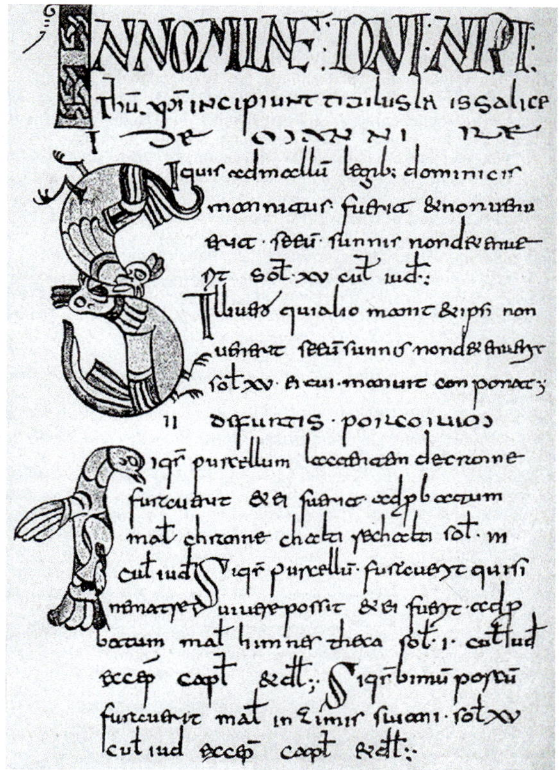

Überblicksartikel aus SPIEGEL GESCHICHTE 6/2012 über die Merowinger

cornelsen.de/Webcodes
Code: sizori

1 Stellen Sie die Spannungspole und bestimmenden Aspekte der Herrschaft der merowingischen Könige Childerich und Chlodwig grafisch mithilfe eines Organigramms, einer Concept-Map oder einer anderen Visualisierungsform dar.
**Tipp:** Lesen Sie dazu noch einmal S. 64 f.

2 Diskutieren Sie die These des Historikers Bernhard Jussen, dass die frühen merowingischen Herrscher vor Chlodwig eher *warlords* als Könige gewesen seien.

3 **Tabelle:** Stellen Sie die Interessen der alten gallorömischen Oberschicht und der neuen fränkischen Herrscher in einer Tabelle gegenüber und arbeiten Sie heraus, wo Spannungen entstehen konnten und wo Kooperation möglich war.

4 **Partnerarbeit:** Je ein Partner versetzt sich in die Position Chlodwigs und einer in die Theoderichs. Formulieren Sie nun je einen Brief anlässlich des Westgotenfeldzugs 507/8 an den jeweils anderen. Beachten Sie dabei sowohl die persönliche Stellung der beiden zueinander als auch die jeweiligen politischen Interessen.

5 Nehmen Sie Stellung zur Bedeutung der Beziehungen zwischen Chlodwig und dem Kaiserhof in Konstantinopel.

Informationen des Landschaftsmuseums Obermain zur Merowingerzeit

cornelsen.de/Webcodes
Code: niyise

***Hinweise zur Arbeit mit den Materialien***

*Das Material M 5 kann im Zusammenhang mit der Auftaktseite (S. 62 f.) genutzt werden. Die Materialien M 4, M 6 bis M 8 sowie M 11 thematisieren die Kooperation der fränkischen Könige (hier Chlodwigs) mit der gallorömischen Oberschicht, vertreten durch die Bischöfe, und bieten als Primärquellen einen direkten Zugang zum Selbstverständnis der Protagonisten. M 9 bis M 11 bieten Einblick in die Rechtsgeschichte und drehen sich um den Ausgleich fränkischer und galloromanischer Interessen und Rechtsvorstellungen. M 12 stellt mit Gregor von Tours' Geschichtswerk die Hauptquelle zu dieser Thematik vor; gleichzeitig zeigt es deutlich die Schwierigkeiten im Umgang mit Sekundärquellen auf. Die Historikerdarstellung M 14 sowie die Bildmaterialien M 15 bis M 18 beleuchten die Situation der merowingischen Frauen – quellenbedingt hauptsächlich die ihrer aristokratischen Vertreterinnen. M 20 fragt nach der Bedeutung der Konfessionswahl Chlodwigs aus heutiger fachwissenschaftlicher Sicht. Der Historikertext M 21 ordnet die Ethnogenese der Franken ebenfalls aus heutiger fachwissenschaftlicher Sicht ein.*

***Zur Vernetzung mit dem Kernmodul***

*Die Materialien zur Kooperation der Merowinger mit der galloromanischen Oberschicht (M 4–M 12) sind sehr gut geeignet für eine Gegenüberstellung mit den Theorien zum Kulturkontakt (M 9–M 11, S. 17 ff.). Die Erläuterungen Fehrs und von Rummels zur Ethnogenese der Franken (M 19) bieten eine Konkretisierung der allgemeinen Ausführungen zu dieser Thematik im Darstellungstext des Kapitels 1 (S. 11 f.).*

**M 4 Aus dem Brief des Bischofs Remigius von Reims an Chlodwig anlässlich dessen Herrschaftsübernahme (nach 482 n. Chr.)**

Es ist die bedeutungsvolle Kunde zu uns gedrungen, dass du die Verwaltung der (Provinz) *Belgica* II übernommen hast. Und es ist nichts Ungewohntes, dass du begonnen hast so zu sein, wie deine Eltern immer gewesen sind. Dies ist vor allem so zu halten, damit das Urteil des Herrn an dir nicht schwankend wird, wo die Deinen sich verdient gemacht haben, der (= Gott) durch den Fleiß deiner Demut zur höchsten Spitze gelangt ist, weil, wie man sagt, die Handlungen des Menschen von ihrem Ergebnis her geprüft werden. Du musst dir Berater nehmen, die deinem Ruf nützen können. Und deine Wohltaten sollen rein und ehrenhaft sein, und du sollst deinen Bischöfen vertrauen und immer zu deren Ratschlag zurückkehren. Wenn du gut mit ihnen stehst, kann deine Provinz besser bestehen. Richte deine Bürger auf, bringe den Unterdrückten Hilfe, unterstütze die Witwen, ernähre die Waisen mehr, als dass du sie belehrst, damit alle dich lieben und fürchten. Die Gerechtigkeit spreche aus deinem Mund, erwarte nichts von den Armen und Fremden, und nehme keine Geschenke oder überhaupt irgendeine (Bestechung) an. Dein Palast stehe allen offen, damit keiner traurig weggehe. Was auch immer du an väterlichem Vermögen besitzt: Befreie damit Gefangene und erlöse sie vom Joch der Sklaverei. Wenn irgendjemand vor dein Angesicht kommt, soll er nicht spüren, dass er ein Fremder ist. Scherze mit der Jugend, und berate dich mit den älteren Männern, wenn du edel regieren und urteilen willst.

*Zit. nach: Reinhold Kaiser/Sebastian Scholz, Quellen zur Geschichte der Franken und der Merowinger, Kohlhammer, Stuttgart 2012, S. 100 f.*

1 Arbeiten Sie aus diesem Brief Remigius' Vorstellung eines idealen Herrschers heraus.

2 Beurteilen Sie Remigius' Intention hinter diesem Brief unter Beachtung der Herrschaft Chlodwigs kurz zuvor verstorbenen Vaters Childerich.

3 **Partnerarbeit:** Formulieren Sie eine Antwort des jungen Chlodwig an Remigius. Tauschen Sie Ihre Ergebnisse aus und geben Sie dem Partner ein Feedback hinsichtlich Plausibilität, Stil und möglicher Ergänzungen.

**M 5 Moderne Rekonstruktionszeichnung des Königs Childerich anhand seiner Grabbeigaben**

1 Informieren Sie sich über die einzelnen Ausstattungsgegenstände und Waffen, die auf dem Bild zu sehen sind, und ordnen Sie diese als römisch oder germanisch/fränkisch ein.

**M6 Aus dem Brief des Bischofs Avitus von Vienne an Chlodwig anlässlich dessen Taufe (zwischen 496 und 506 n. Chr.)**

Als ihr für euch gewählt habt, habt ihr für alle entschieden. Euer Glaube ist unser Sieg. Die meisten pflegen in einem solchen Fall, wenn sie entweder durch die Ermahnung des Priesters oder einiger Gefährten im Hinblick auf das erstrebenswerte Heil des Glaubens zur Überlegung bewegt werden, die Gewohnheiten des Volkes und den von den Vätern beachteten Brauch dagegenzustellen. Und so ziehen sie in verderblicher Weise die Rücksicht ihrem Heil vor und während sie weiter ihren Eltern unnütze Ehrfurcht durch die Beibehaltung der Ungläubigkeit erweisen, gestehen sie, dass sie überhaupt nicht wissen, was sie wählen sollen. [...] Aus altehrwürdigem Stamm mit dem bloßen Adel der Geburt zufrieden, wolltet ihr, dass alles, was die hohe Stellung des Adels schmücken kann, von euch für eure Familie ausgehe. [...] Ihr erfüllt eure Verantwortung gegenüber den Vorfahren, dass ihr auf der Erde regiert; ihr habt zugunsten der Nachkommen entschieden, dass ihr im Himmel regiert. [...] Ich möchte aber eurem Lob eine gewisse Ermahnung hinzufügen, falls eurem Urteil oder eurer Wahrnehmung etwas entginge. Werden wir etwa dem Vollkommenen den Glauben predigen, den ihr vor der Vollkommenheit ohne Prediger gesehen habt? Oder vielleicht die Demut, die ihr durch eure Ergebenheit gegen uns schon längst gezeigt habt? Oder das Mitleid, welches das gerade erst von euch befreite, kriegsgefangene Volk durch seine Freude der Welt bekannt macht und durch seine Tränen Gott? Nur eine Sache gibt es, von der wir wünschen, dass sie vermehrt wird: Dass, weil Gott euer Volk durch euch ganz zu dem seinen machen wird, ihr auch den entfernteren Völkern, die, weil sie bisher in natürlicher Unwissenheit befangen sind, kein Keim der verkehrten Lehren verdorben hat, den Samen des Glaubens vom guten Schatz eures Herzen darreicht. Schämt euch nicht und zögert nicht, auch durch in dieser Angelegenheit entsandte Gesandtschaften an der Sache Gottes weiterzubauen, der eure Sache so sehr erhöht hat. Auf dass die fremden Völker der Heiden um der Religion willen zuerst eurem Befehl dienen wollen, und während sie noch andere Eigentümlichkeiten zu haben scheinen, eher nach dem Volk als nach dem Fürsten unterschieden werden.

*Zit. nach: Reinhold Kaiser/Sebastian Scholz, Quellen zur Geschichte der Franken und der Merowinger, Kohlhammer, Stuttgart 2012, S. 104–107.**

**1** Fassen Sie Avitus' Aussage und Intention kurz zusammen.

**2** Arbeiten Sie anhand dieser Quelle und M 2 das Verhältnis der römisch geprägten und geführten Kirche zu Chlodwig und den neuen fränkischen Herrschern heraus.

**3** **Vertiefung:** Erläutern Sie Avitus' Hoffnung in Z. 31–36 im historischen Kontext.
**Tipp:** Lesen Sie zu noch einmal die Darstellungstexte auf S. 66 und S. 44. Beachten Sie außerdem die Karte M 1, S. 65.

**M7 Brief Chlodwigs an seine Bischöfe (507/511 n. Chr.)**

Da die Kunde von dem ergangen ist, was geschehen und unserem ganzen Heer geboten wurde, bevor wir in das Land der Goten eindrangen, kann sie Eurer Seligkeit nicht entgangen sein.
Als Erstes haben wir auch in Bezug auf das geistliche Amt aller Kirchen befohlen, dass keiner in irgendeiner Weise versuche zu rauben, weder die Gott geweihten Frauen noch die Witwen, von denen erwiesen ist, dass sie dem Dienst des Herrn geweiht sind; das Gleiche soll gelten für die Kleriker und die Söhne der oben genannten, sowohl der Kleriker wie der Witwen, die bekanntermaßen mit ihnen in ihrem Hause wohnen; ebenso für die Sklaven der Kirchen, von denen durch Eide der Bischöfe erwiesen ist, dass sie den Kirchen entzogen worden sind. Der Befehl ist zu beachten, dass keiner von ihnen irgendeine Gewalt oder irgendeinen Schaden erleide. Damit dies nun völlig bekannt werde, befehlen wir, dass, wenn irgendwelche von den oben genannten Personen die Gewalt der Gefangenschaft erduldet haben, sei es in den Kirchen, sei es außerhalb der Kirche, so sollen sie vollständig und ohne Verzug zurückgegeben werden. Bezüglich der übrigen gefangenen Laien aber, die außerhalb des Friedens gefangen wurden, und wenn das bewiesen ist, soll das bischöfliche Schreiben (*apostolia*), für wen Ihr es nach Eurem Willen auch ausstellen wollt, nicht abgelehnt werden. Bezüglich derjenigen, sowohl Kleriker wie Laien, die in unserem Frieden gefangen genommen worden sind, wenn ihr dies wahrhaftig durch Eure mit Eurem Siegel besiegelten Briefen anerkennt, so sollen sie auf jeden Fall zu uns geschickt werden, und Ihr sollt wissen, dass die erlassene Verfügung von unserer Seite bestätigt werden muss. So bittet indessen unser Volk, dass, für wen auch immer Ihr Eure Briefe auszustellen geruht, Ihr nicht säumt, unter Eid im Namen Gottes und mit Eurem Segen auszusagen, dass diese Sache, die verlangt wird, wahr ist. Denn es sind Abänderungen und Fälschungen vieler gefunden worden, sodass

verständlich wird, was geschrieben steht: Es kommt der Gerechte mit dem Ungerechten um.

*Zit. nach: Reinhold Kaiser/Sebastian Scholz, Quellen zur Geschichte der Franken und der Merowinger, Kohlhammer, Stuttgart 2012, S. 107–109.*

1 Skizzieren Sie die hier berichteten Verfügungen Chlodwigs bezüglich der Kirche und der Bischöfe.
2 Beurteilen Sie Sinn und Zweck dieser Verfügungen vor dem Hintergrund der vorhergegangenen Eroberung großer Teile des Westgotenreiches.

**M 8 Beginn des Briefs Chlodwigs I. an die Bischöfe (507/508), Abschrift aus der *„Collectio canonum Remensis“*, Ende des 8. Jh.**

**M 9 Auszug aus dem *Pactus legis Salicae* (507–511 n. Chr.)**

§ 1 Mit des Herrn Hilfe ist beschlossen und übereingekommen unter den Franken und ihren Großen, dass sie, um das Streben nach Frieden untereinander zu wahren, allem Aufkommen von [gewaltsamen] Streitigkeiten Einhalt tun müssten und, weil sie vor den übrigen neben ihnen gesessenen Völkern durch des Armes Stärke hervorragten, sie ebenso auch an Ansehen des Gesetzes übertreffen sollten, sodass Strafklagen gemäß der Art der Ansprüche Erledigung fänden.

*Zit. nach: Reinhold Kaiser/Sebastian Scholz, Quellen zur Geschichte der Franken und der Merowinger, Kohlhammer, Stuttgart 2012, S. 109.*

**M 10 Tabelle mit den Wergeldern[1] aus dem *Pactus legis Salicae***

| Stand | Wergeld |
|---|---|
| Unfreie | 45 solidi[2] |
| Laeten (halbfreie Germanen) | 100 solidi |
| Freier Römer | 100 solidi |
| Freier Franke | 200 solidi |
| Römer im Königsdienst | 300 solidi |
| Franke im Königsdienst | 600 solidi |

*Zit. nach: Eugen Ewig, Die Merowinger und das Frankenreich, Kohlhammer, Stuttgart 2012, S. 83.*

1 *Wergeld:* (von althochdt. *Wer* = Mann) Bußzahlung bei Tötungsdelikten, die der Täter als Wiedergutmachung an die Familie des Getöteten (bzw. bei Unfreien an dessen Herren) leistete, um die sonst fällige Blutrache abzulösen
2 *solidus:* römisch-byzantinische Gold- oder später Silbermünze, ihr Wert wird mit etwa einer Kuh veranschlagt

1 Erläutern Sie den inhaltlichen Zusammenhang von M 9 und M 10.
2 Nehmen Sie anhand des Materials Stellung zum Verhältnis von Franken und Galloromanen.
**Tipp:** siehe S. 149.
3 **Vertiefung:** Informieren Sie sich in der Fachliteratur zur im Darstellungstext skizzierten wissenschaftlichen Kontroverse über die fränkische Sozialstruktur und bereiten Sie dazu einen Kurzvortrag vor.
**Literaturtipps**
Martina Hartmann, Die Merowinger, C. H. Beck, München 2012.
Ulrich Nonn, Die Franken, Kohlhammer, Stuttgart 2010.

**M 11 Auszüge aus den Beschlüssen des Konzils von Orléans (511 n. Chr.)**

Als mit Gottes Willen und auf Anweisung des äußerst ruhmreichen Königs Chlodwig in der Stadt Orléans ein Konzil der höchsten Bischöfe versammelt war, hat es ihnen allen nach gemeinsamer Verhandlung gefallen, das, was sie mündlich festgesetzt haben, auch durch das Zeugnis der Schrift zu bekräftigen.
1. Bezüglich der Totschläger, Ehebrecher und Diebe, wenn sie in die Kirche flüchten, bestimmen wir, dass beachtet werden soll, was die kirchlichen Bestimmungen [*canones*] festlegen und das römische Recht festsetzt: dass es keinesfalls erlaubt sei, sie aus den Vorhöfen der Kirche oder aus dem Haus der Kirche oder dem Haus des Bischofs wegzuführen; sondern sie sollen nur übergeben werden, wenn sie durch auf die Evangelien geleistete Eide vor dem Tode, der Ver-

stümmelung und aller Art Strafen sicher sind, und zwar in der Weise, dass der Verbrecher sich mit demjenigen, gegen den er sich vergangen hat, über einen Schadensausgleich einigt. [...]

3. Ein Sklave, der wegen irgendeiner Schuld zur Kirche flieht, soll, wenn er von seinem Herrn einen Eid hinsichtlich der begangenen Tat empfangen hat, (dass er nicht bestraft wird,) gezwungen werden, sofort in die Knechtschaft seines Herrn zurückzukehren. Wenn der Herr aber, nachdem er sich durch die geleisteten Eide verbürgt hat, es billigt, dass der Sklave für dieselbe Schuld, von der er befreit wurde, irgendeine Strafe erlitten hat, soll er wegen der Verachtung der Kirche und der Verletzung der Treue von der Gemeinschaft und der Mahlgemeinschaft mit den Katholiken ausgeschlossen werden, so wie es oben bestimmt worden ist. [...]

10. Hinsichtlich der häretischen[1] Priester, die zum katholischen Glauben in vollkommener Treue und freiwillig kommen, und hinsichtlich der Kirchen, welche bisher die Goten in ihrer Verdrehtheit innehatten, sind wir der Meinung, dass dies beachtet werden soll: Wenn sich die Priester getreulich bekehren und den katholischen Glauben unverfälscht bekennen und sie so in Rechtschaffenheit ein würdiges Leben hinsichtlich ihrer Sitten und Handlungen bewahren, sollen sie das Amt, von dem der Bischof der Meinung ist, dass sie ihm würdig sind, mit dem Segen der aufgelegten Hand empfangen. Und die Kirchen sollen auf gleiche Weise geweiht werden, in der unsere Kirchen erneuert zu werden pflegen. [...]

14. Als wir die alten *Kanones* lasen, glaubten wir, dass die früheren Bestimmungen erneuert werden müssen, dass von den Dingen, die zum Altar als Gaben des Glaubens gebracht werden, der Bischof die Hälfte für sich beanspruchen soll und die andere Hälfte soll der Klerus erhalten und sie muss gemäß der Weihegrade ausgeteilt werden. Und die Landgüter sollen mit allen Erträgen in der Verfügungsgewalt der Bischöfe verbleiben. [...]

25. Dass es keinem Bürger erlaubt ist, Ostern, Weihnachten oder Pfingsten auf seinem Landgut zu feiern, wenn ihn nicht tatsächlich eine Krankheit dort festgehalten hat. [...]

27. Die Bittprozessionen, und zwar die Bittgänge an den drei Tagen vor Christi Himmelfahrt, sollen von allen Kirchen gefeiert werden, sodass das vorangehende dreitägige Fasten am Fest Christi Himmelfahrt beendet wird. An diesen drei Fastentagen sollen die Sklaven und Dienerinnen von jeder Arbeit befreit werden, damit möglichst das ganze Volk zusammenkommt. An diesen drei Tagen sollen alle enthaltsam sein und nur Speisen zu sich nehmen, die während der 40-tägigen Fastenzeit erlaubt sind.

*Zit. nach: Reinhold Kaiser/Sebastian Scholz, Quellen zur Geschichte der Franken und der Merowinger, Kohlhammer, Stuttgart 2012, S. 112–120.**

1 *Häretiker:* jemand, der von der offiziellen Kirchenlehre abweicht

1 Geben Sie den Inhalt der einzelnen Artikel knapp und in eigenen Worten wieder.
2 Erläutern Sie anhand von Artikel 1 und 3, inwiefern hier zwischen fränkischen und römischen Rechtsvorstellungen vermittelt wird.
**Tipp:** Informieren Sie sich dazu ggf. über die Themen Kirchenasyl und Wergeld.
3 Interpretieren Sie Artikel 10 vor dem Hintergrund des Feldzugs gegen die Westgoten 507/8.
**Tipp:** Lesen Sie hierzu noch einmal den Darstellungstext, S. 67.
4 Nehmen Sie anhand der Materialien M 6–M 11 Stellung zur Bedeutung des Christentums für das Zusammenleben von Franken und Galloromanen.
5 **Zusatzaufgabe:** siehe S. 149.

### M 12 Auszüge aus dem Geschichtswerk *decem libri historiarum* des Gregor von Tours (573–594 n. Chr.)

#### a) Der Krug von Soissons

In dieser Zeit sind viele Kirchen von Chlodwigs Heer geplündert worden, weil jener bis dahin in einem fanatischen Aberglauben befangen war. Die Feinde hatten also aus einer bestimmten Kirche einen Krug von wunderbarer Größe und Schönheit geraubt, zusammen mit den übrigen kostbaren Geräten des Gottesdienstes. Der Bischof jener Kirche aber sandte einen Boten an den König und bat, dass, wenn er schon von den heiligen Geräten nichts zurückbekommen könne, seine Kirche wenigsten den Krug zurückerhalte. Als der König dies hörte, sagte er zu dem Boten: „Folge uns bis Soissons, weil dort alle Sachen, die wir erbeutet haben, aufgeteilt werden müssen. Und wenn mir das Los jenes Gefäß zuteilt, werde ich erfüllen, was der Bischof erbittet." Daraufhin kam er nach Soissons, und als die gesamte Beute in die Mitte gelegt worden war, sprach der König: „Ich bitte euch, tapferste Kämpfer, verweigert es mir nicht, dass mir wenigstens dieses Gefäß" – er sprach nämlich von jenem oben erwähnten Krug – „über meinen Teil hinaus zufällt." Als der König dies gesagt hatte, sprachen jene, die vernünftiger waren: „Alles, ruhmreicher König, was wir sehen, ist dein, und wir selbst sind deiner

Herrschaft unterworfen. Tue nun, was dir gut zu sein scheint. Keiner vermag nämlich deiner Macht zu widerstehen." Als sie dies gesagt hatten, hieb ein leichtsinniger, neidischer und unbedachter Mann mit lautem Geschrei seine erhobene Doppelaxt in den Krug und sprach: „Nichts sollst du von hier erhalten, außer dem, was dir das Los wirklich geschenkt hat." Als alle darauf erstarrten, bezwang der König die Beleidigung mit der Sanftheit der Geduld. Er übergab den empfangenen Krug dem Boten der Kirche und bewahrte die versteckte Wunde unter seiner Brust. Als aber ein Jahr vergangen war, ließ er das ganze Heer mit der Waffenrüstung zusammenkommen, um auf dem Märzfeld[1] den Glanz dieser Waffen zu zeigen. Sobald er aber entschieden hatte, alle zu mustern, kam er zu dem Zerstörer des Kruges. Er sagte ihm: „Keiner trägt die Waffen so ungepflegt wie du. Denn weder deine Lanze noch dein Schwert noch deine Axt sind brauchbar." Und er ergriff seine Axt und warf sie auf die Erde. Aber als sich jener ein wenig vorbeugte, um sie aufzuheben, hieb der König, nachdem er ausgeholt hatte, seine Axt in dessen Haupt. „So", sagte er, „hast du es mit jenem Krug in Soissons gemacht." Nachdem dieser gestorben war, befahl er den anderen wegzugehen und er flößte ihnen durch diesen Vorfall große Furcht ein. [...]

**b) Chlodwigs Bekehrung und Taufe**

Aber die Königin hörte nicht auf, den König zu bedrängen, er möge den wahren Gott erkennen und die Götzen verwerfen. Aber er konnte auf keine Weise dazu bewegt werden, an Gott zu glauben, bis endlich einst der Krieg gegen die Alemannen seinen Anfang nahm, in welchem der König durch die Not getrieben wurde zu bekennen, was er zuvor bewusst verneint hatte. Es geschah aber, dass, als die beiden Heere miteinander kämpften, hitzig gemordet wurde und das Heer Chlodwigs begann, hart an den völligen Untergang zu geraten. Als jener das sah, sprach er mit zum Himmel erhobenen Augen, im Herzen berührt und zu Tränen bewegt: „Jesus Christus, Chrodechilde verkündet, du seiest der Sohn des lebendigen Gottes, der, wie man sagt, den Bedrängten Hilfe bringt, und den Sieg denen gewährt, die auf dich hoffen. Demütig flehe ich den Ruhm deiner Macht an. Wenn du mir den Sieg über diese Feinde gewährst und ich jene Macht erfahre, von der das deinem Namen geweihte Volk sagt, dass es sie bei dir bestätigt gefunden habe, werde ich an dich glauben und mich in deinem Namen taufen lassen. Denn ich habe meine Götter angerufen, aber, wie ich erfahre, sind sie weit davon entfernt, mir zu helfen. Deshalb glaube ich, dass diese keine Macht haben, die denen nicht zur Hilfe kommen, die ihnen dienen. Dich nun rufe ich an, und ich wünsche, an dich zu glauben, nur entreiße mich meinen Feinden." Und als er dies gesprochen hatte, wandten sich die Alemannen um und begann zu fliehen. Und als sie sahen, dass ihr König getötet worden war, unterwarfen sie sich der Herrschaft Chlodwigs und sprachen: „Wir bitten darum, dass unser Volk nicht weiter zugrunde geht, wir gehören ja schon dir." [...]

Damals ließ die Königin heimlich den heiligen Remigius, den Bischof von Reims, zu sich holen und sie bat ihn, dem König das Wort des Heils zu eröffnen. Nachdem Chlodwig herbeigeholt worden war, begann der Bischof ihm im Geheimen beizubringen, dass er an den wahren Gott, den Schöpfer von Himmel und Erde glaube und die Götzen verwerfe, die weder ihm noch anderen nützen könnten. Aber jener sagte: „Gern hörte ich dir zu, heiligster Vater; aber es gibt noch ein Hindernis, weil das Volk, das mir folgt, es nicht duldet, seine Götter zu verlassen. Aber ich gehe und spreche mit Ihnen gemäß deinem Wort." Als er aber mit den Seinigen zusammenkam, rief das ganze Volk zugleich, noch bevor jener sprach, weil ihm die Macht Gottes zuvorkam: „Wir verwerfen die sterblichen Götter, frommer König, und wir sind bereit, dem unsterblichen Gott zu folgen, den Remigius verkündet." Dies wurde dem Bischof gemeldet, der von großer Freude erfüllt befahl, das Taufbad vorzubereiten. [...] Zuerst verlangte der König, vom Bischof getauft zu werden. Er ging wie ein neuer Konstantin zum Taufbade hin, um die Krankheit des alten Aussatzes zu tilgen und die schmutzigen Flecken, die er von früheren Zeiten her trug, durch das frische Wasser zu beseitigen. Als dieser zur Taufe herantrat, sprach der heilige Mann Gottes mit beredtem Mund so zu ihm: „Neige fromm den Nacken, Sicamber[2]; verehre, was du verbrannt hast, verbrenne, was du verehrt hast." [...] Also bekannte der König den allmächtigen Gott in der Dreieinigkeit, wurde im Namen des Vaters, des Sohnes und des Heiligen Geistes getauft und mit dem heiligen Salböl mit dem Zeichen des Kreuzes Christi bezeichnet. Von seinem Heer aber sind mehr als 3000 getauft worden.

*Zit. nach: Reinhold Kaiser/Sebastian Scholz, Quellen zur Geschichte der Franken und der Merowinger, Kohlhammer, Stuttgart 2012, S. 139–141, 143–146.**

1 *Märzfeld:* jährliche Heeresversammlung am 1. März
2 *Sicamber:* eigtl. Name eines fränkischen Teilstammes, der Sugambrer, hier im übergreifenden Sinn gemeint: Franke

1 Analysieren Sie die Erzählung über den Krug von Soissons (M 12 a) in Hinblick auf die Aussageabsicht Gregors.
2 Nehmen Sie Stellung zum Quellenwert der Bekehrungs- und Taufgeschichte (M 12 b).

**Formulierungshilfen:**
- Dieser Ausschnitt aus dem Geschichtswerk des Bischofs Gregor von Tours entstand etwa 100 Jahre nach dem beschriebenen Ereignis, daher ...
- Der soziopolitische Hintergrund Gregors als Bischof der römischen Kirche könnte Einfluss auf seine Darstellung ...
- Im ersten/zweiten/... Abschnitt ist ein deutlicher Einfluss der/des ... zu erkennen, daher ...
- Die Darstellung Chlodwigs/der Schlacht/der Bekehrung/der Taufe/... erinnert stark an ... und ist daher mit Vorsicht zu behandeln.
- Insgesamt ist der Quellenwert dieses Berichts in Bezug auf die folgenden Punkte in Frage zu stellen/besonders hervorzuheben/als problematisch einzuschätzen/völlig zu verwerfen/...

**M 13 Darstellung der Taufe Chlodwigs I. durch Bischof Remigius von Reims in den *Grandes chroniques de France* nach Gregor von Tours, französische Buchmalerei, 1375/79**

**M 14 Die Historikerin Martina Hartmann über die Stellung der Frau und die Ehe in der Merowingerzeit (2012)**

Die besondere Wertschätzung der freien Frau im gebärfähigen Alter für Familie und Gesellschaft ist an der [...] Höhe des Wergeldes, das die *Lex Salica* festlegt, abzulesen – es lag ja deutlich über dem für einen getöteten freien Mann.[1] Rückhalt und Schutz bot der Frau die Familie oder Sippe, und zwar bis zu ihrer Heirat die eigene und nach ihrer Eheschließung die des Mannes. Die Familie wachte auch über die Ehre der Frau, und die verschiedenen Volksrechte, nicht nur die *Lex Salica*, enthalten Bußsummen etwa für die unsittliche Berührung einer Frau oder den Frauenraub. Im Zweifelsfall verteidigte die Sippe auch selbst ihre Ehre, indem sie gegen Leute vorging, die die Ehre eines weiblichen Mitgliedes ihrer Familie verletzt hatten. Die Strafgewalt wurde aber auch gegenüber den eigenen Mitgliedern wahrgenommen, etwa wenn diese sich sexuelle Verfehlungen hatten zuschulden kommen lassen.

Dass es nicht in jedem Fall eine Gleichbehandlung von Männern und Frauen gab, zeigen die Rechtsfolgen im Falle von Ehebruch durch eine verheiratete Frau: Während der Mann nur wegen Treuebruch verfolgt wurde oder sogar straffrei blieb, konnten Frauen zum Tod durch Ertränken verurteilt werden. Bisweilen kam es aber auch zur Blutrache der Sippe an dem am Ehebruch beteiligten Mann, um die Ehre wiederherzustellen. Ungleich war letztlich auch die Behandlung der Frau im Erbrecht: Der *Lex Salica* zufolge konnte sie nicht erben, sondern nur die Männer der Sippe. Es gibt jedoch eine Reihe von Quellenzeugnissen, die zeigen, dass man diese Bestimmung ignorierte oder umging und sogar auch Grundbesitz an Töchter oder Witwen vererbte. Benachteiligt wurde eine Frau dann, wenn sie unterhalb ihres Standes heiraten wollte, denn eine freie Frau, die einen Unfreien wählte, verlor ihre Freiheit. Dies konnte nur durch Freilassung des erwählten Mannes umgangen werden, und auch ein Freier konnte eine Unfreie nur nach vorheriger Freilassung heiraten. Dies dürfte nicht zuletzt bei den Merowingerkönigen, die Frauen aus dem Gesinde heirateten, in dieser Weise gehandhabt worden sein. Bei einer Heirat zwischen Unfreien musste, wie schon erwähnt, der Herr die Heiratserlaubnis geben.

Das Heiratsalter von Männern lag in der Merowingerzeit vermutlich niedriger als in der Spätantike, wie sich aus Grabinschriften schließen lässt. Es sank bei Männern von 30 Jahren auf 22 bis 25 Jahre, während es bei Frauen konstant bei 15 bis 18 Jahren blieb. Es scheint so, als wäre das Heiratsalter bei den Merowingerkönigen mitunter niedriger gewesen und habe mit dem Mündigkeitsalter von 14 bis 15 Jahren übereingestimmt. Die spätmerowingischen Könige müssen unter 20 Jahren gewesen sein, als sie ihre Söhne zeugten.

Eine Eheschließung setzte bei Freien die Erlaubnis der Brauteltern voraus, bei Unfreien die des Herrn. Es gab wohl eine Art von Verlobung, bei der der Bräutigam an die Brauteltern eine symbolische Zahlung leistete oder ihnen einen Ring übergab. In der Oberschicht wurde auch ein Brautschatz übergeben und nach der Brautnacht die sogenannte Morgengabe.

Die Eltern sollten der Braut nach ihren Möglichkeiten eine Mitgift geben. Genaueres wissen wir darüber aber eigentlich nur von königlichen Eheschließungen, beispielsweise im Hinblick auf die beiden westgotischen Prinzessinnen Brunichild und Galswinth: Die Mitgift der zukünftigen Merowingerköniginnen soll jeweils sehr üppig ausgefallen sein, und von Chilperich I. wird berichtet, dass er Galswinth als Brautschatz und Morgengabe die Steuern von fünf Städten seines Reiches übertrug. Im Vertrag von Andelot (587) wurde Brunichild dies als Erbe ihrer Schwester zugesprochen.
Regelrechte Feste zur Feier einer Vermählung gab es sicher auch eher bei der Oberschicht und in der Königsfamilie als in ärmeren Kreisen. Als weitere Zeremonie im Rahmen einer Eheschließung erwähnt Gregor von Tours die Übergabe von Schuhen und einem Ring an die Braut. Aber auch Ehescheidung war in der Merowingerzeit im Unterschied zur späteren Karolingerzeit durchaus noch möglich, wie eine Reihe von Formularen für Scheidungsbriefe nahelegt. Die Frau durfte in solch einem Fall sogar ihr Vermögen behalten.

*Martina Hartmann, Die Merowinger, C.H. Beck, München 2012, S. 85–87.**

1 Das Wergeld für eine freie fränkische Frau im gebärfähigen Alter betrug 600 solidi.

1 **Tabelle:** Stellen Sie die hier dargestellte gesellschaftliche Situation von Frauen und Männern in einer Tabelle gegenüber.
2 **Wahlaufgabe:** Nehmen Sie Stellung zu der Behauptung, dass die Lage der Frauen im Merowingerreich im Vergleich zu anderen Orten und Zeiten relativ positiv gewesen sei. Wählen Sie eine der folgenden Textsorten aus:
   a) eine Stellungnahme in Form eines Klausurtextes,
   b) einen Leserbrief in einer Zeitung oder Fachzeitschrift,
   c) einen Debattenbeitrag für eine Plenumsdiskussion.
3 **Zusatzaufgabe:** siehe S. 149.

**M 15 Goldener Siegelring der merowingischen Königin Arnegunde mit Monogramm „ARNEGUNDIS REGINE“, 6. Jahrhundert**

**M 16 Schmuck (Ohrringe, Siegelring, Schmucknadel, zwei Scheibenfibeln sowie eine Schnalle mit Gegenbeschlag) der merowingischen Königin Arnegunde, 6. Jahrhundert.**
*Der Siegelring und die anderen Schmuckstücke wurden im Grab der Königin Arnegunde in der Basilika Saint-Denis bei Paris gefunden.*

**M17 Rekonstruktionszeichnung von Kleidung und Schmuck der Königin Arnegunde**

**M18 Die Historikerin Martina Hartmann über die Kleidung der Merowingerköniginnen (2012)**

Die byzantinischen Quellen lassen zwar erkennen, dass die Franken sich anders kleideten als die Römer, aber über Dinge wie Kleidung, die ja für jeden Zeitgenossen zu den Selbstverständlichkeiten des Alltags gehörte, wurde nicht ausführlich geschrieben. Auch Gregor von Tours schildert zwar den „abenteuerlichen Aufzug" von betrügerischen Wanderpredigern oder den aufwändigen Schmuck von Merowingerköniginnen, aber nicht die Alltagskleidung einfacher Bauern oder Krieger. Wiederum ist es die Archäologie, die uns in diesem Punkt weiterhilft, wenn es auch besonderen detektivischen Scharfsinn erfordert, die in den Gräbern gefundene Kleidung zu rekonstruieren, da empfindliche Materialien wie Stoffe sich im Boden auflösen oder Haarnadeln und Schmuckfibeln verrutschen, wenn der Körper verwest. Als ein glücklicher Umstand im Hinblick auf die ans Licht gebrachten Merowingergräber erscheint die Tatsache, dass bei den Römern unter Einfluss des Christentums seit dem 4. Jahrhundert der Brauch zurückging, die Toten mit mehr oder weniger reichen Grabbeigaben zu bestatten – anders als zunächst bei den Franken. Bei ihnen wurden Frauen üblicherweise mit ihrem Schmuck und anderen Beigaben in die Erde gelegt und Männer mit ihren Waffen und Werkzeugen. Daher kann man römische und fränkische Grabverhältnisse recht gut unterscheiden.

Es ergibt sich folgendes Bild: Im 5. Jahrhundert trugen die Fränkinnen ein röhrenförmiges Gewand, eigentlich ein rechteckiges Stück Stoff, das an der Seite zusammengenäht und auf den Schultern von einem Paar Spangen, die man als Fibeln bezeichnet, gehalten wurden. Eine weitere Fibel hielt den darüber getragenen Mantel. Im Laufe der Zeit wurden die Fibeln allerdings zu Schmuckelementen oder Statussymbolen, da die Fränkinnen unter römischen Einfluss begannen, eine Tunika zu tragen. Die Gewänder der einfachen Fränkinnen waren aus Leinen oder Schaf-

wolle, während die Königinnen Seide trugen. Das Grab der Königin Arnegunde in Saint-Denis und das Totenhemd der Königin Balthild in Chelles belegen dies. [...]
In anderen Frauengräbern fand man neben Schmuck auch kostbare Kämme und andere nützliche Gebrauchsgegenstände wie Messer und Schere in kleinen Lederbeuteln. Kein Wunder also, dass Gregor von Tours mehr als einmal von Grabräubern erzählt, die oft bereits wenige Tage nach der Bestattung einer vornehmen Frau oder eines vornehmen Mannes Gräber gewaltsam öffneten und vor allem den Schmuck stahlen. Im fränkischen Volksrecht, der *lex salica,* gibt es gleich zwei Stellen, an denen harte Strafen für Grabraub angedroht werden.

*Martina Hartmann, Die Merowinger, C. H. Beck, München 2012, S. 107f.**

1 Erläutern Sie anhand der Bilder M 16 und M 17 sowie der Informationen aus dem Text M 18 die Kleidung der merowingischen Frauen.
**Tipp:** Ordnen Sie dabei den in M 16 abgebildeten Objekten ihren jeweiligen Platz in der Rekonstruktionszeichnung M 17 zu.

**M 19 Porträtkopf des merowingischen Königs Chlodwig, Skulptur aus dem 13. Jh.**
*Fragment aus einer Darstellung der Taufe Chlodwigs vom nördlichen Portal der Kathedrale von Reims in Frankreich.*

**M 20 Der Historiker Bernhard Jussen über die Bedeutung der Konfessionswahl für die Konsolidierung der Herrschaft Chlodwigs (2014)**

Lange hatte die Geschichtswissenschaft den Erfolg Chlodwigs auf seine Taufe geschoben. Denn Chlodwig hatte das Christentum angenommen, das die Päpste vertraten und dem auch die romanische Aristokratie im Westen anhing, während die anderen Germanen es mit dem im Osten des Reiches sehr verbreiteten Glauben eines gewissen Arius († 336) hielten, den die Päpste schon seit mehr als einem Jahrhundert mit aller Kraft bekämpften. In älteren Büchern findet man stets die Vorstellung, dass die religiösen Differenzen zwischen Germanen und Romanen – Anhängern des Arius und Anhängern der Päpste – so konfliktuös gewesen seien, dass sie eine langfristige Stabilisierung etwa der gotischen Herrschaften verhindert hätten.
Im Kern unterschieden sich die beiden Bekenntnisse durch ihre Auffassung vom Wesen Christi. Die Päpste beharrten darauf, dass Christus „eines Wesens mit dem Vater“ sei, während das Christentum Theoderichs, Geiserichs und der meisten anderen Germanenherrscher in Christus ein Geschöpf des Vaters sah, zwar auch einen Gott, aber einen kleineren. Diese beiden Christologien waren zwar dogmatisch nicht zu harmonisieren, aber im rituellen Vollzug waren sie nicht zu unterscheiden. Die Kultausübung war gleich, es gab kein rituelles Fanal, an dem man die Bekenntnisse sofort hätte erkennen können wie etwa 1000 Jahre später die Anhänger Luthers an der Kommunion in beiderlei Gestalt[1]. Warum sollten die politisch ambitionierten Romanen im Westen des Reiches so versessen darauf gewesen sein, dass die Germanen Christus für „eines Wesens mit dem Vater“ hielten? Warum sollten sie nicht ebenso leidenschaftslos gewesen sein wie ihre Standesgenossen im Osten des Imperiums? Und weshalb hat kein Germanenherrscher außer Chlodwig den strategischen Vorteil genutzt, den das Bekenntnis zu Christus als „eines Wesens mit dem Vater“ bot?
Inzwischen weist die Forschungsliteratur bisweilen darauf hin, dass das Wesen Christi wohl doch nicht so wichtig für die Weltgeschichte war. Auch die Burgunder waren, wenn auch einige ihrer Herrscher dem Arius anhingen, weitgehend Anhänger des römischen Glaubens, was sie nicht vor dem Untergang bewahrt hat. Bei den Goten sind keinerlei Konflikte mit den Romanen erkennbar, die den unterschiedlichen Bekenntnissen zuzuschreiben wären. Der westgotische, der fränkische wie der burgundische Herrscher haben im frühen 6. Jahrhundert Synoden für die katholischen Bischöfe ihres jeweiligen Herr-

schaftsbereichs einberufen, ohne dass Bekenntnisprobleme überliefert wären. Anscheinend hat das Bekenntnis die Zeitgenossen unter gotischer Herrschaft nicht besonders beschäftigt.
Dennoch dürfte die Bekenntnisfrage strukturell wichtig gewesen sein. Denn auch, wenn die Zeitgenossen im Italien Theoderichs sich wenig dafür interessiert haben mögen, manifestierte die Bekenntnisfrage die Trennungspolitik. Die Liturgie[2] der Romanen unter gotischer Herrschaft und der Eroberer mag nicht unterscheidbar gewesen sein, auf jeden Fall aber traf man sich nicht in derselben Kirche. Die Franken hingegen besuchten dieselben heiligen Stätten wie die Galloromanen. Wichtiger dürfte aber sein, dass zwar die Oberitaliener auf Bekenntnisfragen gelassen reagieren konnten, nicht aber die Gallier. Denn wo Politik noch mit Konsulardiptychen[3] repräsentiert wurde, wo es noch einen Senat gab und der Kaiser die zentrale Autorität blieb, war das Bekenntnis politisch nicht lebenswichtig. In Gallien aber war genau dies anders. Hier gab es das alte politische System nicht mehr. Das neue System bestand aus nichts anderem als aus Religion, das Zeichensystem war das religiöse Zeichensystem, der Argumentationsapparat war der religiöse. In Gallien war lebenswichtig, was in Oberitalien eine Differenz unter vielen war. Die Taufe manifestierte den Eintritt in das noch junge politische Sinn- und Legitimationssystem. Unter den Augen der alten politischen Elite des untergegangenen politischen Systems unterwarf sich der junge fränkische Politiker mit der Taufe dem politischen Sinnsystem, mit dem die alte Elite ihr Überleben sicherte.

*Bernhard Jussen, Chlodwig der Gallier, in: Mischa Meier/Steffen Patzold (Hg.), Chlodwigs Welt. Organisation von Herrschaft um 500, Franz Steiner Verlag, Stuttgart 2014, S. 27–43, hier S. 41 f.*

1 *Kommunion in beiderlei Gestalt:* meint, dass in der Heiligen Messe sowohl der Leib Christi in der Gestalt des Brotes („Brotkommunion") als auch das Blut Christi in der Gestalt des Weines („Kelchkommunion") empfangen wird.
2 *Liturgie:* Ordnung und Gesamtheit der religiösen Zeremonien und Riten des jüdischen und des christlichen Gottesdienstes
3 *Konsulardiptychen:* Elfenbeintäfelchen, die römische Konsuln bei Amtsantritt verschenkten

1 Geben Sie Jussens Position zur Bedeutung der Wahl des katholischen Bekenntnisses für die Herrschaftssicherung Chlodwigs mit eigenen Worten knapp und präzise wieder.
2 **Vertiefung:** Nehmen Sie Stellung zu Jussens These, „dass das Wesen Christi wohl doch nicht so wichtig für die Weltgeschichte war" (Z. 40 f.). Beziehen Sie dabei auch Kenntnisse aus den anderen Kapiteln mit ein.

### M21 Die Historiker Hubert Fehr und Philipp von Rummel zur Ethnogenese der Franken (2011)

Letztlich entstanden die Franken als ethnische Gruppe vor allem nach der Gründung des Merowingerreiches auf ehemals römischen Boden. Ausgangspunkt war zunächst die gemeinsame Identität als Angehöriger des fränkischen Heeres. Unter den anderen Bewohnern des Frankenreiches entwickelte sich wohl erst allmählich ein immer stärker werdendes Gefühl der Zusammengehörigkeit. Ein ganzes Bündel von Faktoren dürfte das bewirkt haben: die gemeinsamen militärischen Erfolge, die seit Chlodwigs Übertritt zur katholischen Konfession einheitliche Religion und das von Chlodwig erlassene fränkische Recht, die *Lex salica.* Allmählich entsprach dieses Bewusstsein dem, was die moderne Forschung als „ethnische Identität" bezeichnet – erst jetzt entstand ein fränkisches „Volk". Dieses bestand sicher nur zum Teil aus Menschen, deren Vorfahren aus der Germania eingewandert waren. Beim Großteil der frühmittelalterlichen Franken handelte es sich aller Wahrscheinlichkeit nach um Nachfahren der vormals römischen Bevölkerung, die ihre alte kulturelle Prägung abgestreift und den stark militärisch geprägten fränkischen Lebensstil übernommen hatten.
Da das Frankenreich weder politisch noch rechtlich einheitlich war, bildete es nicht nur den Rahmen für die Herausbildung der Franken, sondern auch für weitere ethnische Gruppen. Während sich die fränkische Identität vor allem auf den Geltungsbereich des fränkischen Reiches nördlich der Loire beschränkte, entwickelten sich auch in den später eroberten Gebieten im Süden sowie östlich des Rheins neue Identitäten. Deren Kristallisationspunkte bildeten die neuen Verwaltungseinheiten, welche die Frankenkönige dort zur Sicherung ihrer Macht einrichteten. In entsprechender Weise entstanden die Alemannen in Südwestdeutschland und der Nordschweiz sowie die Bajuwaren.

*Hubert Fehr und Philipp von Rummel (Hg.), Die Völkerwanderung, Konrad Theiss Verlag, Stuttgart 2011, S. 95 ff.*

1 Fassen Sie die Erkenntnisse der Autoren zur Entstehung der Franken in eigenen Worten zusammen.
2 **Vertiefung:** Vergleichen Sie mit der Ethnogenese der Ostgoten.
▶ Kap. 3: Das Ostgotenreich in Italien (S. 40 ff.)

# Geschichtskarten interpretieren

Karten gehören zu unserem Alltag – ob als Straßenkarten, in Navigationsgeräten oder im Internet. Meist werden dort aktuelle geografische Verhältnisse gezeigt. Für die Darstellung historischer Phänomene und Entwicklungen haben Karten eine wichtige Funktion: Sie können **Raumbeziehungen** visuell darstellen und so den **Zusammenhang zwischen räumlichen Bedingungen** (Lage von Staaten, Grenzen, Verkehrswegen) **und historischen Prozessen** verdeutlichen. Daher finden sich solche Karten in Schulbüchern, aber auch in wissenschaftlicher und populärer Literatur und in historischen Dokumentationen im Fernsehen.

Begrifflich und inhaltlich zu unterscheiden sind **„Geschichtskarten"** und **„historische Karten"**. „Geschichtskarten" wollen (heute) ein Phänomen aus der Vergangenheit behandeln, also Geschichte in kartografischer Form darstellen. „Historische Karten" dagegen stammen aus der Vergangenheit und stellen – aus damaliger Perspektive – entweder die damalige Gegenwart oder eine Vergangenheit dar. Für die Geschichtswissenschaft sind Letztere Quellen, Erstere dagegen Darstellungen. Allerdings können Geschichtskarten mit der Zeit historische Karten werden – ein Geschichtsatlas aus den 1950er-Jahren z. B. ist heute eine historische Quelle, die es erlaubt, das Geschichtsverständnis dieser Zeit zu rekonstruieren.

Für die Darstellung von Geschichte in kartografischer Form gibt es bekannte Konventionen und Elemente, die für die Darstellungsabsicht eingesetzt werden können: Kartentitel, Legende, Farbgebung, verwendete Symbole und Zeichen, Schrift usw. Bei der kritischen Analyse solcher Karten geht es nicht so sehr darum, die dargestellten Informationen zu ermitteln, sondern vor allem die Aussageabsicht der Karte. Hierfür ist insbesondere der Kontext wichtig, also Fragen wie: Wer hat die Karte entworfen bzw. in Auftrag gegeben? In welchem Zusammenhang ist sie erschienen? An wen richtete sie sich?

## Arbeitsschritte zur Interpretation

**1. Erster Eindruck**
- Was sind Ihre ersten Assoziationen und Eindrücke beim Betrachten der Karte?
- Was fällt Ihnen hinsichtlich der inhaltlichen Dichte und Komplexität auf?

**2. Formale Merkmale**
- Wie lautet der Titel der Karte?
- Wer ist der Verfasser bzw. Auftraggeber der Karte (ggf. Recherche)?
- Was ist das Thema der Karte (dargestellter geografischer Raum, Zeit, Ereignisse)?
- Wie sind Legende(n), Maßstab, Farbgebung, Symbole, Schrift etc. gestaltet?
- Wie ist der Verwendungskontext und wer sind die Adressaten?

**3. Analyse der einzelnen Elemente**
- Was bedeuten die einzelnen inhaltlichen Elemente, z. B. Grenzen und Grenzveränderungen, Wanderungen und Kriegszüge, Schlachten und Belagerungen, Standorte (Industrie, Handel, Militär etc.), Bevölkerungs-, Bestands- und Absatzzahlen?
- Lassen sich die Behauptungen anhand anderer Quellen überprüfen?

**4. Interpretation/ Gesamtaussage**
- Was ist die Intention und Aussageabsicht der Karte? Welche Erkenntnis wird beim Betrachter intendiert?
- Sind Schwerpunktsetzungen erkennbar? Wo liegt der inhaltliche Fokus der Karte?
- Wird eine bestimmte Sichtweise bezüglich einer historischen Fragestellung bevorzugt?
- Sind Missinterpretationen möglich? Vereinfacht die Karte Sachverhalte zu stark?
- Sind implizite oder gar explizite Wertungen erkennbar?
- Was wird nicht dargestellt? Aus welchen Gründen?
- Manipuliert die Karte den Betrachter? Werden Informationen zurückgehalten oder falsch dargestellt? Wem könnte dies nutzen? Wer könnte dies wollen?

## Übungsbeispiel

**M1 Die Ausbreitung der merowingisch-fränkischen Herrschaft vom 4. bis 6. Jahrhundert**

1 Interpretieren Sie die Karte, indem Sie die vier Arbeitsschritte von S. 80 durchführen und auf dieser Grundlage einen zusammenhängenden Text formulieren.

▶ Lösungshinweise finden Sie auf S. 151.

# Anwenden

**M1 Auszug aus dem neunten Band der zehn Historienbüchern des Gregor von Tours (Bischof von Tours 573–594)**

*Gregor schrieb seine Historienbücher ab ca. 575 sukzessive nieder. Hier berichtet er über Ereignisse des Jahres 589, in die er als Bischof und Berater direkt mit einbezogen war.*

König Childebert[1] aber befahl, weil Bischof Maroveus[2] ihn eingeladen hatte, den Steuereinnehmern, nämlich Florentianus, dem Hausmeier der Königin, und Romulfus, seinem Pfalzgrafen, nach Poitiers zu gehen, damit das Volk die Steuer, die es zur Zeit seines Vaters zu leisten hatte, nach erfolgter Veranlagung und nach Erneuerung des Vorgangs wieder zahlen sollte. Viele waren nämlich von diesen gestorben und deshalb lag die Last der Steuer auf den Witwen, Waisen und Kranken. Die Steuereinnehmer untersuchten dies genau, entbanden die Armen und Schwachen und unterwarfen jene, die nach der Rechtslage steuerpflichtig waren, der öffentlichen Steuer.

Und so sind sie nach Tours geschickt worden. Aber als sie dem Volk die Steuerzahlung auferlegen wollten und sagten, dass sie das Steuerbuch in den Händen hätten, und wie viel die Leute zur Zeit der früheren Könige gezahlt hätten, antwortete ich und sagte: „Es ist bekannt, dass die Stadt Tours zur Zeit des Königs Chlothar[3] veranlagt worden ist und jene Steuerbücher an den König gingen. Aber weil der König sich vor dem heiligen Bischof Martin fürchtete, sind sie verbrannt worden. Nach dem Tod des Königs Chlothar hat das Volk hier dem König Charibert[4] den Eid geleistet. Zugleich hat auch jener eidlich versichert, dass er dem Volk keine neuen Gesetze und Gewohnheiten auferlege, sondern er bewahre diesen hier eben jenen Zustand, in dem sie unter der Herrschaft des Vaters gelebt hatten. Und er gelobte, dass er ihnen keine neue Anordnung auferlegen werde hinsichtlich der Steuerschätzung. [...] Nach dessen [Chariberts] Tod hatte König Sigibert[5] diese Stadt inne und er hat ihr nicht die Last irgendeiner Steuer aufgebürdet. Und so regiert nun Childebert im 14. Jahr nach dem Tod seines Vaters und er hat nichts gefordert, und diese Stadt hat nicht von irgendeiner Steuerlast beschwert geseufzt. Nun aber liegt es in eurer Macht, ob ihr die Steuer erheben wollt oder nicht. Aber seht zu, dass ihr keinen Schaden anrichtet, wenn ihr beschließt, gegen den Eid dieses Königs vorzugehen.“ Als ich dies sagte, sprachen sie: „Seht, wir haben das Steuerbuch in den Händen, in dem die Steuer für dieses Volk vermerkt ist.“ Und ich sagte: „Dies Buch ist nicht vom Schatz des Königs geschickt worden und hat über so viele Jahre niemals Geltung gehabt. Es ist nämlich nicht verwunderlich, wenn es aus Feindseligkeiten gegen diese Bürger in dem Haus irgendeines Mannes aufbewahrt worden ist. Es hat aber Gott über jene geurteilt, die dieses Steuerbuch zur Beraubung unserer Bürger hervorgeholt haben, nachdem eine so lange Zeit vergangen ist.“ Während aber dies geschah, wurde der Sohn des Audinus, der das betreffende Steuerbuch hervorgeholt hatte, am selben Tag vom Fieber befallen und starb am dritten Tag. Danach schickten wir Boten an den König, damit er einen Erlass zurückschicke, was er in diesem Falle befehle. Aber unverzüglich schickte man einen Brief mit dem Beschluss, dass aus Ehrfurcht gegenüber dem heiligen Martin das Volk von Tours nicht veranlagt werden solle. Nachdem dies vorgelesen worden war, kehrten die Männer, die deshalb geschickt worden waren, sofort in ihre Heimat zurück.

*Zit. nach: Reinhold Kaiser/Sebastian Scholz (Hg.), Quellen zur Geschichte der Franken und der Merowinger, Stuttgart 2012, S. 148–150.**

1 *Childebert II. (570–596):* Urenkel Chlodwigs und König ab 575
2 *Maroveus, auch Marovée:* Bischof von Poitiers 573–594
3 *Chlothar (um 495–561):* Sohn Chlodwigs, Großvater Childeberts II.
4 *Charibert (um 520–567):* Sohn Chlothars, blieb ohne Erben
5 *Sigibert (um 535–575):* Sohn Chlothars, Vater Childeberts II.

1 Fassen Sie – nach einer quellenkritischen Einleitung – Gregors Bericht in eigenen Worten zusammen.
2 Erörtern Sie kritisch, welche Erkenntnisse über das Steuerwesen zur Zeit der Merowinger anhand von Z. 1–18 dieser Quelle gewonnen werden können.
3 Beurteilen Sie den Quellenwert der Ausführungen in Z. 19–81 vor dem Hintergrund der Eigeninteressen des Autors.
**Tipp:** Lesen Sie die biografischen Informationen zu Gregor von Tours auf S. 64.

# Wiederholen

**M 2** ***„Le Baptême de Clovis"*** **(„Die Taufe Chlodwigs"), Ölgemälde von Jean-François Gigoux, 1844**

## Zentrale Begriffe

Arianismus
Bischof
Burgunder
Byzanz
Föderaten
Galloromanen
Heermeister
Königsdienst
*lex Salica*
Ostgoten
Salfranken
Taufe
Wergeld
Westgoten

1 Charakterisieren Sie das Zusammenleben von Franken und Galloromanen in Chlodwigs Reich.
**Tipp:** Nutzen Sie bei Bedarf die Formulierungshilfen.
2 Beurteilen Sie die Bedeutung der Taufe für den politischen Erfolg Chlodwigs.
3 Beschreiben Sie das Gemälde M 2 formal und inhaltlich.
4 Deuten Sie die Aussageabsicht des Malers.
5 **Vertiefung:** Beurteilen Sie, inwiefern er Vorstellungen seiner Zeit auf das ausgehende 5. Jahrhundert projiziert. Vergleichen Sie mit M 2, S. 67, und M 13, S. 75.
6 Nehmen Sie Stellung zur Frage, ob Chlodwig als frühmittelalterlicher König oder spätantiker Amtsträger des Imperiums anzusehen ist.
7 **Wahlaufgabe:** Bearbeiten Sie eine der Teilaufgaben a, b, oder c.
Setzen Sie sich mit der Frage auseinander, ob Chlodwig 486 dem Römischen Reich den „Todesstoß" versetzte oder ob er die Reichsidee zumindest in seinem Reich vor dem endgültigen Verfall rettete. Verfassen Sie dazu
**a)** ein Sachurteil in Form eines Klausurtextes,
**b)** eine fiktive Verteidigungsrede Chlodwigs gegen den ebenso fiktiven Vorwurf eines galloromanischen Aristokraten, das Reich zerstört zu haben, oder
**c)** einen Leserbrief, in dem Sie auf einen selbst erdachten medialen Beitrag zu dieser Thematik reagieren.

**Formulierungshilfen**
- Das quantitative Verhältnis der Bevölkerungsgruppen ...
- Die Kooperation mit der senatorischen galloromanischen Oberschicht ...
- Auf der einen Seite bot der Übertritt zum katholischen Bekenntnis Vorteile in der Zusammenarbeit mit den Bischöfen, da ...
- Andererseits lässt sich etwa im Falle des Ostgoten Theoderich/Westgoten Geiserich/Vaters Chlodwigs Childerich beobachten ...
- Im Fokus/Hintergrund/Vordergrund des Gemäldes ist ... zu erkennen, ...
- Deutlich tritt in dem Gemälde eine Längsspaltung in eine linke und rechte Hälfte auf, die linke zeigt ..., während die rechte ...
- Der Maler betont besonders die Rolle des/der ...
- Der Maler zeichnet Chlodwig als ...

# 5 Die Rezeption der „Völkerwanderung"

**M1** **Die Plünderung Roms durch die Visigoten unter der Führung Alarichs I. im Jahr 410 n. Chr., undatierte Gravur, 19. Jahrhundert**

**410** Plünderung Roms durch die Goten unter Führung Alarichs

**um 500** Taufe Chlodwigs

**um 1200** Das „Nibelungenlied" wird aufgezeichne

**13.–15. Jh.** Der französis Königsmytho um Chlodwig entwickelt sic

400 | 500 | 600 | 700 | 800 | 900 | 1000 | 1100 | 1200

Das in der Vergangenheit Geschehene wird erst dann zu „Geschichte", wenn die Ereignisse von den Menschen auf Grundlage einer spezifischen Perspektive, eines Erkenntnisinteresses wahrgenommen, in eine Abfolge gebracht, nacherzählt und damit rekonstruiert werden. „Geschichte" kann dabei auch zur Legitimation politischer Ideen sowie politischem oder moralischem Handeln genutzt werden. Daher ist bei der Beschäftigung mit „Geschichte" auch ihre Rezeption bedeutsam.
Die Auseinandersetzung mit der Rezeption von Geschichte ist ebenso wichtig wie die ihr vorausgehende Rekonstruktion von Geschichte aus Quellen. Unter der Rezeption von Geschichte versteht man, wie diese Geschichte in einer bestimmten Zeit und auf der Grundlage bestimmter Perspektiven dargestellt und gedeutet wird. Daher handelt es sich auch bei der Rezeption von Geschichte um eine Rekonstruktion von Geschichte, die als solche zu dekonstruieren ist.
Die „Völkerwanderung" ist im Zusammenhang mit den „germanischen Reichsgründungen", dem Ende des Weströmischen Reiches, der Herausbildung einer mittelalterlichen politischen Ordnung sowie im Kontext der deutschen Nationalstaatsbildung und der NS-Ideologie in unterschiedliche, sehr komplexe Rezeptionsprozesse eingebunden: Der Mythos von der Wanderung germanischer „Völker" prägte beispielsweise die Mythen der Nationen und Nationalstaatsbildung; der Mythos des heldenhaften und mutigen „Germanen" verschmolz in der nationalsozialistischen Propaganda mit der Konstruktion des „Ariers". Das folgende Kapitel beleuchtet unterschiedliche Rezeptionen der „Völkerwanderung" in ihren verschiedenen politischen Kontexten.

**1** Ordnen Sie das auf der Gravur gezeigte Ereignis in seinen historischen Kontext ein. Analysieren Sie darauf aufbauend die Gravur zur Plünderung Roms.
**2** Interpretieren Sie auf der Grundlage Ihrer bisherigen Ergebnisse die Gravur, insbesondere hinsichtlich der in ihr zutage tretenden Deutung des Geschehens. **Tipp:** siehe S. 149.
**3** **Vertiefung:** Beziehen Sie in Aufgabe 2 Überlegungen zu Kulturkonflikt und Kulturkontakt sowie zu historischen Transformationsprozessen ein (siehe S. 14 ff.).

**1776–1789** | Edward Gibbon: *„The History of the Decline and Fall of the Roman Empire"*

**1804** | Bei seiner Kaiserkrönung beruft sich Napoleon Bonaparte auch auf Chlodwig I.

**1855** | Wilhelm Giesebrecht: „Geschichte der deutschen Kaiserzeit"; völkisch-rassentheoretische Rezeption der „Völkerwanderung" ab Mitte des 19. Jh.

**1937** | Pirenne-These
**1944** | Der Film „Die Feuerzangenbowle"

**1996** | Feierlichkeiten zum 1500-jährigen Jubiläum der Taufe Chlodwigs in Frankreich

1400 | 1500 | 1600 | 1700 | 1800 | 1900 | 2000 | 2100

# 5 Die Rezeption der „Völkerwanderung“

***In diesem Kapitel geht es um***
- *die Begriffsbedeutung von „Völkerwanderung“, „invasions barbares“ und „migration periods“ sowie*
- *unterschiedliche Interpretationen der Wanderungsbewegungen des 4. bis 6. Jahrhunderts.*

## Unterschiedliche Begriffe für ein historisches Phänomen

▶ **Kap. 1: Wandlungsprozesse in der Geschichte (S. 8 ff., bes. S. 11 ff.)**

Der deutsche Begriff „Völkerwanderung“ ist in der aktuellen Forschung umstritten. Er entstand im späten 18. Jahrhundert und spiegelt die Vorstellung wider, die die Menschen der damaligen Zeit von den spätantiken Geschehnissen hatten: Sie nahmen an, dass ganze Völker „wanderten“. Die Geschichtswissenschaft hat inzwischen herausgearbeitet, dass diese Vorstellung nicht haltbar ist. Zudem legt der Begriff nahe, dass die Gestaltungsmacht damals bei den wandernden Gruppen gelegen haben soll. In den romanischen Sprachen wird demgegenüber eine andere Perspektive eingenommen: Wenn diese von *Barbarian invasions* (Englisch), *invasions barbares* (Französisch) oder *invasioni barbariche* (Italienisch) sprechen, nehmen sie eher einen römischen Blickwinkel ein, verweisen damit auf jenes Gebilde, das von den Geschehnissen in besonderer Weise betroffen war, und suggerieren eine katastrophische Deutung. Wegen ihrer immanenten Wertung ist diese Bezeichnung ebenfalls in die Kritik geraten, im Englischen wird inzwischen oft die neutralere Bezeichnung *migration period* verwendet.

## Antike Deutungen

▶ **Kap. 2: Verlauf der „Völkerwanderung“ (S. 20–39, bes. S. 25)**

▶ **M 2: Augustinus**

▶ **Kap. 4: Das Merowingerreich (S. 62 ff.)**

Schon die antiken Geschichtsschreiber interpretierten die Wanderungsbewegungen des 4. bis 6. Jahrhunderts unterschiedlich. Die **Plünderung Roms** durch die Westgoten unter Alarich im Jahre 410 wurde von den Zeitgenossen als Katastrophe wahrgenommen. Einigen Autoren schien diese Schreckensnachricht aber zu bestätigen, was sie zuvor vorhergesagt hatten: Dass die Abwendung von den alten Göttern und die Hinwendung zum Christentum dieses Schicksal provoziert habe und der Gotensturm auf Rom die gerechte **Strafe der Götter** sei. Gegen diese Kritiker des Christentums wendet sich **Augustinus** in seinem Hauptwerk, dem „Gottesstaat“. Aber noch der griechische Geschichtsschreiber Zosimos erklärte um 500 den Niedergang des Reiches mit der Abwendung von den alten Göttern und sah die ins Reich eindringenden Gruppen als Strafe dieser Götter an. Der Untergang des Ostreiches schien sich ihm in diesem Zusammenhang als eine ausgewiesene Tatsache darzustellen. Dagegen interpretierte Gregor von Tours die Regentschaft Chlodwigs als durch seine Taufe und die Anerkennung des Kaiserhofs legitimierte Fortsetzung des römischen Imperiums.

## Die „Völkerwanderung“ in Sagen und Legenden

▶ **M 12–M 14: Nibelungenlied**

In allen von den Wanderungsbewegungen des 4. bis 6. Jahrhunderts betroffenen Kulturräumen hinterließen diese Spuren in der mündlich überlieferten Tradition: von der britischen **Artussage** über den **Nibelungenstoff** im deutschsprachigen und skandinavischen Raum bis hin zur Geschichte des legendären Wandalenfürsten und Drachentöters **Krak**, der in Polen seit dem Mittelalter als Gründer der Stadt Krakau und Wegbereiter polnischer Staatlichkeit galt. Besonders im 19. Jahrhundert wurden solche Sagen und Legenden genutzt, um den im Entstehen begriffenen modernen Nationen scheinbare

Historizität und somit Legitimität zu verleihen. So entwickelte sich aus der Sagengestalt Siegfried ein deutscher Nationalheld, der neben dem zum „Hermann, dem Deutschen" erklärten Cheruskerfürsten Arminius, dem Frankenkönig Karl, um den man sich mit Frankreich stritt, und dem Stauferkaiser Friedrich Barbarossa als Vorkämpfer der Nation stilisiert und zur **Begründung des jungen Nationalstaatsgedanken** herangezogen wurde.

**M 1 Die Plünderung Roms durch die Barbaren 410, Ölgemälde von Joseph-Noël Sylvestre, 1890**

## Die französische Tradition

In ähnlicher Weise zogen die französischen Könige den fränkischen Herrscher Chlodwig (im Französischen *Clovis*) zur Legitimierung der eigenen Herrschaft heran und führten ihr Geschlecht auf den Merowinger zurück. So avancierten die Merowinger zu den **Gründern** nicht bloß der fränkischen, sondern **der französischen Monarchie** und somit spätestens im ausgehenden 18. Jahrhundert der französischen Nation. Man erklärte Chlodwig wahlweise zum ersten oder fünften König Frankreichs, je nachdem, ob man seine mythischen Vorväter mitzählte oder nicht. Und ebenso wie Karl der Große (Charlemagne) und Ludwig IX. (Saint-Louis) wurde auch Chlodwig in Frankreich als Heiliger verehrt, auch wenn ihm im Gegensatz zu den beiden anderen die offizielle Heiligsprechung durch den Papst fehlte.

▶ M 3, M 10, M 11: Chlodwigs Bedeutung für Frankreich

## Perspektiven des 18. bis 20. Jahrhunderts

Autoren seit dem 18. Jahrhundert erweiterten die antirömische Betrachtungsweise, indem sie die angebliche Dekadenz und Verweichlichung Roms, die zum Teil mit der Einführung des Christentums erklärt wurde, der angenommenen Integrität und Virilität der „germanischen" Eroberer gegenüberstellten. So erklärte etwa der britische Historiker **Edward Gibbon** die Übernahme der römischen Kultur und Staatlichkeit durch die nachfolgenden „germanischen" Staatsgründungen als Verlagerung der *Romanitas* in nördlichere Gefilde. Und der deutsche Historiker **Wilhelm Giesebrecht** stellte 1855 in seiner „Geschichte der deutschen Kaiserzeit" die Eroberung Roms als durch dessen Verderbnis, Stolz und Feigheit hervorgerufen und Alarich als gerechten Rächer der von Rom betrogenen „germanischen" Hilfstruppen dar. Diese Deutungen sind im Kontext des entstehenden Nationalismus im späten 18. und 19. Jahrhundert zu sehen, in dessen Interpretation die Migrationsereignisse des 4. bis 6. Jahrhunderts als Aufbegehren der vorgeblich bereits hier sich erhebenden Nationen gegen die Unterdrückung des universalistischen und somit antinationalen Imperiums zu sehen seien.
Diese Sichtweise wurde von Vertretern der am Ende des 19. und zu Beginn des 20. Jahrhunderts aufkommenden **völkischen Ideologie**, wie dem Arzt und Schriftsteller Ludwig Wilser, ausgebaut und fand auf diesem Wege Eingang in die **Ideologie des Nationalsozialismus**. So entwickelte der französische Diplomat und Privatgelehrte **Arthur de Gobineau** in der Mitte des 19. Jahrhunderts die Vorstellung von der „arischen Herrenrasse", die mit den unwissenschaftlichen Germanenvorstellungen der völkischen Bewegung des frühen 20. Jahrhunderts verschmolz und im Nationalsozialismus zur Staatsräson erhoben wurde.

▶ M 4: Edward Gibbon

▶ M 5: Wilhelm Giesebrecht

Spiegel-Artikel zur „Feuerzangenbowle"
cornelsen.de/Webcodes
Code: meqaga

▶ M 6: Ludwig Wilser

▶ M 13–M 14: Der Film „Die Feuerzangenbowle" (1944)

1 Erläutern Sie, inwiefern die Ereignisse der „Völkerwanderungszeit" für verschiedene Zwecke dienstbar gemacht werden konnten.
2 Diskutieren Sie im Plenum, ob man den Begriff „Völkerwanderung" nicht durch einen neutraleren Begriff wie Migrationsperiode ersetzen sollte.
3 **Vertiefung/Projekt:** Recherchieren Sie an Ihrer Schule, in einer öffentlichen Bibliothek oder innerhalb der Familie nach alten Schulbüchern aus verschiedenen Zeiten. Analysieren und vergleichen Sie, wie darin jeweils die „Völkerwanderung" dargestellt wird.

***Hinweise zur Arbeit mit den Materialien***

*M 2 gibt Einblick in die antike Interpretation des Niedergangs Roms, da Augustinus hier seine Sichtweise gegen die heidnischer Kritiker des Christentums verteidigt. M 3, ein aktueller Historikertext, legt die Vereinnahmung des Frankenkönigs Chlodwig durch die französischen Könige des Hochmittelalters anhand der Quellen dar. M 5 illustriert die bauliche Manifestierung derselben am Beispiel der Kathedrale von Reims und M 4 legt die Fortsetzung derselben Praxis bis in die Moderne dar. M 6 bis M 8 stellen mit dem Nibelungenlied die Rezeption der Völkerwanderungszeit in der Sage vor. M 9 bis M 11 (und mit Einschränkungen auch M 12) stellen Primärquellen für die Rezeptionsgeschichte des „langen 19. Jahrhunderts“ dar und machen die Denkweise der meisten Gelehrten dieser Zeit exemplarisch erfahrbar. M 13 und M 14 beleuchten am Beispiel einer Szene aus dem bekannten NS-Film „Die Feuerzangenbowle“ die filmische Rezeption der „Völkerwanderung“.*

***Zur Vernetzung mit dem Kernmodul***

*Der Wandel in der Rezeption der Völkerwanderungszeit lässt sich aus dem Blickwinkel der École des Annales (M 5, S. 14) lohnenswert analysieren. Darüber hinaus kann zum besseren Verständnis der Ausführungen in M 4 bis M 6 die Karte M 4, S. 13 herangezogen werden.*

**M 2 Der Theologe und Philosoph Augustinus von Hippo (354–430 n. Chr.) beginnt sein Werk „Der Gottesstaat“ (*De Civitate Dei*, verfasst 413 bis 426 n. Chr.) mit der Plünderung Roms durch Alarich im Jahr 410 n. Chr.**

Aus diesem irdischen Staat [gemeint ist die Stadt Rom] gehen die Feinde hervor, gegen die der Gottesstaat verteidigt werden soll. Allerdings sind unter ihnen viele, die sich vom Irrtum ihrer Gottlosigkeit abwenden und durchaus würdige Bürger des Gottesstaates werden […]. Sind nicht auch jene Römer dem Namen Christi feindlich gesinnt, die um Christi willen von den Barbaren geschont wurden? Das bezeugen die Stätten der Märtyrer und die Basiliken der Apostel, die bei jener Verwüstung der Stadt alle Flüchtlinge aufgenommen haben, sowohl die ihrigen als auch die fremden. Bis an ihre Schwellen ließ der blutdürstige Feind seinen Zorn toben; hier fand die Raserei des Schlächters ihre Grenze: Mitleidige Feinde, die auch außerhalb dieser Stätten schonungsvoll verfuhren, brachten die Menschen dorthin, damit sie nicht den anderen in die Hände fielen, die nicht die gleiche Barmherzigkeit aufbrachten. Und sobald selbst die Mordlustigen, die andernorts nach Feindesart tobten, an jene Stätten kamen, wo verwehrt war, was draußen nach dem Kriegsrecht als erlaubt galt, wurde ihrer ganzen mörderischen Wildheit Einhalt geboten, und die Gier, Gefangene zu machen, war gebrochen. Auf die Art sind viele davongekommen, die heute das christliche Zeitalter verleumden und die Leiden, die die Stadt erduldet hat, Christus zuschreiben. Die Wohltaten hingegen, die ihnen um der Ehre Christi willen zuteilwurden, so dass sie ihr Leben behielten, schrieben sie nicht unserm Christus, sondern ihrem Schicksal zu. Dächten Sie freilich richtig, müssten sie viel eher all das, was sie an Bitterem und Hartem von den Feinden erlitten haben, auf jene göttliche Vorsehung zurückführen, die oft genug die verderbten Sitten der Menschen durch Kriege zu bessern oder auch auszurotten pflegt oder die gerechte lobenswerte Lebensart der Sterblichen durch solche Heimsuchungen auf die Probe stellt, um sie, geprüft, in ein besseres Leben zu führen oder zu andrer Bewährung auf dieser Erde zurückzubehalten. Was ihnen aber, sei es wo immer, um des Namens Christi willen an Gutem zuteilwurde, die Schonung, die ihnen der wilde Barbar ganz gegen sonstigen Kriegsbrauch wegen des Namens Christi an jenen Stätten erwies, […] das müssten sie doch den christlichen Zeiten zuschreiben.

*Aurelius Augustinus, Der Gottesstaat (De Civitate Dei), in: Aurelius Augustinus' Werke, hg. und übers. von Carl Johann Perl, Bd. 1, Buch I–XIV, Schöning, Paderborn 1979, S. 3–5.**

1 Erklären Sie, welche Rolle und welche Bedeutung die Christen laut Augustinus bei der Plünderung Roms hatten.

2 Interpretieren Sie die Darstellung des Augustinus im Hinblick darauf, wie die Römer und Nicht-Christen die Rolle und die Bedeutung der Christen gedeutet haben sollen.

3 **Vertiefung:** Nehmen Sie zu der von Augustinus entworfenen Deutung der Ereignisse von 410 n. Chr. kritisch Stellung.
**Tipp:** Vergegenwärtigen Sie sich noch einmal den historischen Kontext der Plünderung Roms.
▶ Kap. 2, S. 22 ff.

**M3 Der Historiker Uwe Ludwig erläutert die Vereinnahmung Chlodwigs durch die französischen Könige seit dem Mittelalter (1997)**

Im Jahre 1371 beauftragte König Karl V. von Frankreich (1364–1380) seinen Hofbeamten und -literaten Raoul de Presles damit, die *„Civitas Dei"* des Augustinus ins Französische zu übertragen. Der 1375 fertiggestellten Übersetzung des Werkes schickte Raoul einen Prolog voraus, in dem er auf die Begründung der christlichen Monarchie im Frankenreich durch König Chlodwig (482–511) einging: Das Wappen der drei Lilien, das Karl V. als Symbol der heiligen Dreifaltigkeit führe – so Raoul unter Bezugnahme auf den Lilienschild des französischen Herrschers – sei Chlodwig, dem ersten christlichen König, von einem Engel des Herrn vor dem Kampf gegen König Caudat übergeben worden, der ein Sarazene und Feind des christlichen Glaubens gewesen und mit viel Kriegsvolk aus Alemannien ins Frankenreich eingefallen sei. Unter diesem vom Himmel gesandten Zeichen habe Chlodwig den Eindringling Caudat siegreich zurückgeschlagen, um im Anschluss die Taufe zu empfangen.

Wenn hier *Alemainge* mit Alemannien und France mit Frankenreich übersetzt wurde, so gilt es freilich zu beachten, dass französische Texte des späteren Mittelalters nicht zwischen Alemannien und Deutschland auf der einen sowie zwischen Frankenreich und Frankreich auf der anderen Seite differenzieren. Die *Grandes Chroniques de France*, um 1274 im Kloster Saint-Denis kompiliert, schlagen eine Brücke von den Alemannen der Merowingerzeit zu den Deutschen des Spätmittelalters: Chlodwig sei gegen *Li rois d'Alemaigne* (den König von Alemannien-Deutschland) zu Felde gezogen, woran sich die Erläuterung anschließt, dass dort damals Könige – also keine Kaiser, wie in der Gegenwart des Autors – regierten. Eine solche Kontinuität stellt auch Raoul de Presles her, wenn er Karl V. als Nachfolger Chlodwigs anspricht, der den Angriff Caudats, des sarazenischen, d.i. heidnischen Königs und Feindes des Christentums, auf Frankreich mithilfe der himmlischen Insignien abgewehrt habe. Dem aus Alemannien-Deutschland eingedrungenen Heiden Caudat fällt folgerichtig die Rolle eines Vorgängers des gegenwärtigen deutschen Königs zu, der die römische Kaiserwürde innehat. So stehen sich in Chlodwig und Caudat der fränkisch-französische und der alemannisch-deutsche König gegenüber.

Chlodwig und die Franken als „Franzosen", die Alemannen und ihr sagenhafter Herrscher Caudat als „Deutsche" – bis in unser Jahrhundert bestimmt diese Gleichung ausgesprochen oder unausgesprochen das Geschichtsbewusstsein beider Völker: Selbst der Umgang mit dem Prolog des Raoul de Presles liefert ein beredtes Zeugnis für die fortdauernde Wirksamkeit dieser tiefverwurzelten Geschichtsbilder. [...]

Die herausragende Stellung, die Chlodwig noch heute im französischen Geschichtsbewusstsein einnimmt, ist im ausgehenden Mittelalter grundgelegt worden. Damals, in der Zeit vom 13. bis zum 15. Jahrhundert, wurden jene historiografischen[1] und legendarischen Elemente zu einer festen Einheit verwoben, die den Kern des französischen Königsmythos und des Gründungsmythos der französischen Nation und des französischen Staates ausmachen: die Überlieferung von dem Schlachtensieg Chlodwigs über die Alemannen mit der hieran anschließenden Taufe und die Legenden von der hl. Ampulle, der Gabe der Heilkraft, der Oriflamme[2] und dem Lilienschild.

Auf den fränkischen Geschichtsschreiber Gregor von Tours (gest. 594) geht die Tradition zurück, wonach König Chlodwig im Jahre 496 in einer Schlacht gegen die Alemannen das Gelübde abgelegt habe, sich zum Glauben seiner christlichen Gemahlin Chlothilde [=Chrodechild] zu bekehren, wenn ihm der Sieg über die Feinde zufallen werde, und dass er, nachdem er die Alemannen niedergerungen hatte, in Reims von Bischof Remigius getauft worden sei. Der Bericht Gregors hat in späteren Bearbeitungen mancherlei Umformung und Anreicherung erfahren, um schließlich in die „offizielle" Darstellung der am französischen Königshof geführten *Grandes Chroniques* Eingang zu finden. Von der Sainte-Ampoule, dem mit himmlischem Salböl gefüllten Fläschchen, das eine Taube zur Taufe Chlodwigs durch den hl. Remigius herbeigebracht habe, spricht erstmals Erzbischof Hinkmar von Reims anlässlich der Metzer Krönung Karls des Kahlen im Jahre 869. Seit dem 12. Jahrhundert setzt sich die Auffassung durch, dass der Reimser Metropolit bei der Weihe des französischen Herrschers die Salbung mit der von Gott zur Taufe Chlodwigs gesandten himmlischen Essenz vollziehe, die am Remigiusgrabe in der Abteikirche Saint-Remi in Reims aufbewahrt werde. [...]

Seit dem 13. Jahrhundert nun treten diese Legenden recht unterschiedlicher Provenienz mehr und mehr in den Dienst der von der Zentralgewalt ausgehenden Bemühungen, die Position des französischen Monarchen nach innen und außen zu stärken: Das Königtum und seine Propagandisten werten sie in Dichtung, Geschichtsschreibung, Publizistik und staatstheoretischer Literatur aus, um die einzigartige, von Gott begründete Stellung des französischen Herrschers als Regent über das von einem „auserwählten Volk" bewohnte „heilige Land" Frankreich ideologisch zu untermauern. In der Umgebung von König Philippe II. Auguste (1180–1223) liefert die mit dem Himmelsöl vorgenommene Salbung den Beleg dafür, dass der französische Monarch eine höhere Würde bekleide als die übrigen gekrönten Häupter und dass Frankreich über alle anderen Reiche emporrage.

*Uwe Ludwig, Chlodwig, die Franzosen und die Deutschen. Beobachtungen zum Nachleben eines Frankenkönigs, in: Frankreich-Jahrbuch 1997, hg. v. Deutsch-Französischen Institut, VS Verlag für Sozialwissenschaften, Wiesbaden 2012, S. 241–261, hier S. 241–244.**

1 *Historiografie:* Geschichtsschreibung
2 *Oriflamme:* (von lat. *„aurea flamma"* „Goldflamme" oder „Goldfeuer") die vom 12. bis zum Anfang des 15. Jahrhunderts geführte Reichs- und Kriegsfahne der französischen Könige

1 Fassen Sie Ludwigs Thesen zur Rezeption und Dienstbarmachung Chlodwigs durch die französischen Herrscher des ausgehenden Mittelalters in eigenen Worten zusammen.
2 Informieren Sie sich über die Konkurrenz des französischen Königtums mit dem Kaisertum des Heiligen Römischen Reiches und diskutieren Sie die politische Bedeutung Chlodwigs für das französische Königtum.

## M4 Der Historiker Uwe Ludwig schreibt ein Jahr nach den französischen Feierlichkeiten zum 1500-jährigen Jubiläum der Taufe Chlodwigs (1997)

Wenn auch das Urteil über die Rolle Chlodwigs in der Geschichte Frankreichs je nach Weltanschauung und Parteizugehörigkeit unterschiedlich ausfällt, so kann sich der Frankenkönig im öffentlichen Bewusstsein doch die Funktion eines Einigers der Nation bewahren. Über die Parteigrenzen hinweg besteht weitgehend Konsens darüber, dass diese Einigungstat aufs engste mit dem Schlachtensieg über die rechtsrheinischen Nachbarn verknüpft ist, in denen man die Germanen oder die Deutschen zu sehen geneigt ist. [...] Zu Beginn des Jahrhunderts kann die Gestalt Chlodwigs noch der Legitimation dynastischer Interessen dienstbar gemacht werden, sei es in ihrer bonapartistischen, sei es in ihrer bourbonischen Spielart. Um das von ihm neugeschaffene Kaisertum in die Tradition der französischen Geschichte zu stellen, beruft sich Napoleon I. nicht nur auf Karl den Großen, sondern auch auf Chlodwig. Aus Anlass der Kaiserkrönung Napoleons wird der Hauptfassade von Notre-Dame in Paris ein gotisierender Triumphbogen vorgeblendet, auf dessen Säulen Standbilder von Carolus Magnus und von Clodoveus aufgestellt werden. Zwischen ihnen schreitet der Korse hindurch, als er die Krönungskirche am 2. Dezember 1804 betritt. [...] Als sich Papst Leo XIII. 1896 aus Anlass des 1400. Jahrestages der Taufe Chlodwigs in einer Weihnachtsbotschaft an die Stadt Reims wandte, zitierte er das von Gregor von Tours überlieferte Bekehrungsversprechen des Frankenkönigs auf dem Schlachtfeld. Er sprach aber nicht von den Alemannen, sondern von den *„armees teutonnes"*, deren Ansturm Chlodwig zur Ablegung des Gelübdes veranlasst hätte. Er sprach auch nicht von den Franken, in denen die feierliche Verpflichtung ihres Königs neuen Kampfesmut entfacht hätte: Frankreich (*„la France"*) war es, das sich siegesgewiss den grausamen Feinden entgegenstellte und sie vernichtete.

*Uwe Ludwig, Chlodwig, die Franzosen und die Deutschen. Beobachtungen zum Nachleben eines Frankenkönigs, in: Frankreich-Jahrbuch 1997, hg. v. Deutsch-Französischen Institut, VS Verlag für Sozialwissenschaften, Wiesbaden 2012, S. 241–261, hier S. 252–257.**

1 Erläutern Sie, warum Chlodwig als französische Identifikationsfigur mit der französischen Revolution in die Kritik geriet und warum er trotzdem zur Legitimation der napoleonischen Monarchie geeignet erschien.
2 Nehmen Sie Stellung dazu, ob und inwiefern noch heute nationale Identifikationsfiguren zu Legitimationszwecken herangezogen werden (in Deutschland, Frankreich oder andernorts).
3 **Wahlaufgabe:** Informieren Sie sich über die Feierlichkeiten von 1996 zum 1500-jährigen Jubiläum der Taufe Chlodwigs und nehmen Sie Stellung in Form
   a) einer Stellungnahme nach den Vorgaben eines Klausurtextes,
   b) eines Leserbriefes in einer französischen Zeitung im Jahr 1996 oder
   c) in Form einer Parlamentsrede in der französischen Nationalversammlung.

## M5 Figurendarstellung zur Taufe Chlodwigs an der Kathedrale Notre-Dame in Reims, Frankreich, 13. Jahrhundert

**M6 Aus dem mittelhochdeutschen „Nibelungenlied", um 1200 (in der Übersetzung aus dem Mittelhochdeutschen von Karl Simrock, 1827)**

*Der Sagenstoff um die Nibelungen war im germanischen und skandinavischen Sprachraum in unterschiedlichen mündlichen Formen weit verbreitet. Im deutschen Sprachraum wurde das mittelhochdeutsche „Nibelungenlied" um 1200 verschriftlicht. Das Epos berichtet vom jungen Helden Siegfried, der durch die Berührung mit Drachenblut fast unverwundbar wird. Er heiratet Kriemhild, die Schwester des Burgunderkönigs Gunther, wird jedoch später von dessen Gefolgsmann Hagen von Tronje durch eine List getötet. Kriemhild schwört Rache an Hagen, ihr Bruder will seinen Gefolgsmann aber nicht verraten und hält ihm die Treue gegen die eigene Schwester. Um ihre Rachepläne umsetzen zu können, heiratet Kriemhild den mächtigen Hunnenkönig Etzel (Atilla), mit dem sie den gemeinsamen Sohn Ortlieb bekommt, und lädt ihre Brüder zu einem Fest an Etzels Hof. Unter den Gästen ist auch Dietrich von Bern, der im Exil am Hof Etzels lebende König von Verona, der seit dem Mittelalter mit Theoderich dem Großen gleichgesetzt wurde (obwohl Sagengestalt und historischer Gotenkönig nur wenige Gemeinsamkeiten aufweisen). Der folgende Auszug spielt im Festsaal von Etzels Hof, nachdem Gunthers Männer Etzels Bruder Blödel (Bleda), der sie – angestachelt durch Kriemhild – angegriffen hatte, erschlagen haben.*

Ich hörte schon lange von Kriemhilden sagen,
Dass sie nicht ungerochen ihr Herzleid wolle tragen.
Nun trinken wir die Minne und zahlen Etzels Wein:
Der junge Vogt der Heunen muss hier der allererste sein.

Ortlieb das Kind erschlug da Hagen der Degen gut,
Dass vom Schwerte nieder zur Hand ihm floss das Blut
Und das Haupt herabsprang der Königin in den Schoß.
Da hob sich unter Degen ein Morden grimmig und groß.
[...]

Auch sprangen von den Tischen die drei Kön'ge hehr.
Sie wollten's gerne schlichten eh' Schadens würde mehr.
Doch strebten ihre Kräfte umsonst dawider an,
Da Volker mit Hagen so sehr zu wüten begann.

Nun sah der Vogt vom Rheine er scheide nicht den Streit:
Da schlug der König selber manche Wunde weit
Durch die lichten Panzer den argen Feinden sein.
Der Held war behende das zeigte hier der Augenschein.

Da kam auch zu dem Streite der starke Gernot:
Wohl schlug er den Heunen manchen Helden tot
Mit dem scharfen Schwerte das Rüdeger ihm gab:
Damit bracht' er manche von Etzels Recken ins Grab.

Der jüngste Sohn Frau Utens auch zu dem Streite sprang:
Sein Gewaffen herrlich durch die Helme klang
König Etzels Recken aus der Heunen Land;
Da tat viel große Wunder des kühnen Geiselher Hand.

Wie tapfer alle waren die Kön'ge wie ihr Lehn,
Jedennoch sah man Volkern voran all andern stehn
Bei den starken Feinden er war ein Degen gut:
Er förderte mit Wunden manchen nieder in das Blut.

Auch wehrten sich gewaltig die in Etzels Lehn.
Die Gäste sah man hauend auf und nieder gehn
Mit den lichten Schwertern durch des Königs Saal.
Allenthalben hörte man von Wehruf größlichen Schall.

Da wollten die da draußen zu ihren Freunden drin:
Sie fanden an der Türe gar wenig Gewinn;
Da wollten die da drinnen gerne vor den Saal:
Dankwart ließ keinen die Stieg' empor noch zutal. [...]

Als der Vogt von Berne recht dies ersah,
Wie der starke Hagen die Helme brach allda,
Der Fürst der Amelungen sprang auf eine Bank.
Er sprach: „Hier schenkt Hagen den allerbittersten Trank."

Der Wirt war sehr in Sorgen das tat ihm wahrlich Not.
Was schlug man lieber Freunde ihm vor den Augen tot!
Er selbst war kaum geborgen vor seiner Feinde Schar.
Er saß in großen Ängsten was half ihm, dass er König war?

Kriemhild die Reiche rief Dietrichen an:
„Hilf mir mit dem Leben edler Held, hindann,
Bei aller Fürsten Tugend aus Amelungenland:
Denn erreicht mich Hagen hab' ich den Tod an der Hand."

„Wie soll ich euch helfen" sprach da Dietrich,
„Edle Königstochter? ich sorge selbst um mich.
Es sind so sehr im Zorne die Gunthern untertan,
Dass ich zu dieser Stunde niemand Frieden schaffen kann."

„Nicht also, Herr Dietrich edler Degen gut!
Lass uns heut' erscheinen deinen tugendreichen Mut
Und hilf mir von hinnen oder ich bleibe tot."
Es trieb zu solcher Sorge Kriemhilden wahrhafte Not.

„Ich will es versuchen ob euch zu helfen ist,
Jedoch sah ich wahrlich nicht in langer Frist
In so bitterm Zorne manchen Ritter gut:
Ich seh' ja durch die Helme von Hieben springen das Blut."

Mit Kraft begann zu rufen der Ritter auserkorn,
Dass seine Stimme hallte wie ein Büffelhorn
Und dass die weite Veste von seiner Kraft erscholl.
Dietrichens Stärke die war gewaltig und voll.

Da hörte König Gunther rufen diesen Mann
In dem harten Sturme zu horchen hub er an:
Er sprach: „Dietrichs Stimme ist in mein Ohr gekommen.
Ihm haben unsre Degen wohl der Seinen wen benommen.“

„Ich seh ihn auf dem Tische winken mit der Hand.
Ihr Vettern und Freunde von Burgundenland,
Haltet ein mit Streiten lasst hören erst und sehn,
Was hier diesem Degen von meinen Mannen sei geschehn.“

Als so der König Gunther bat und auch gebot,
Da senkten sie die Schwerter in des Streites Not.
Das war Gewalt bewiesen dass niemand da mehr schlug.
Er fragte den von Berne um die Märe schnell genug.

Er sprach: „Viel edler Dietrich was ist euch geschehen
Hier von meinen Freunden? Ihr sollt mich willig sehn:
Zur Sühne und zur Buße bin ich euch bereit.
Was euch jemand täte das war’ mir inniglich leid.“

Da sprach der edle Dietrich „Mir ist nichts geschehn!
Lasst mich aus dem Hause mit euerm Frieden gehn
Von diesem harten Streite mit dem Gesinde mein.
Dafür will ich in Wahrheit stets zu Dienst beflissen sein.“

„Was müsst ihr also flehen?“ sprach da Wolf hart,
„Es hält der Fiedelspieler die Tür’ nicht so verwahrt,
Wir erschließen sie so mächtig dass man ins Freie kann.“
„Nun schweig“, sprach da Dietrich „du hast den Teufel getan!“

Da sprach der König Gunther „Das sei euch freigestellt:
Führt aus dem Hause so viel euch gefällt,
Ohne meine Feinde die sollen hier bestehn.
Von ihnen ist mir Leides bei den Heunen viel geschehn.“

Als das der Berner hörte mit einem Arm umschloss
Er die edle Königin ihre Angst war groß!
Da führt’ er an dem andern Etzeln aus dem Haus.
Auch folgten Dietrichen sechshundert Degen hinaus.

*Karl Simrock, Das Nibelungenlied, zit. nach: http://gutenberg.spiegel.de/buch/das-nibelungenlied-5833/33 (Download vom 10.10.2018).*

**1** Fassen Sie das Geschehen in Stichpunkten zusammen.

**2** **Kurzvortrag/Präsentation:** Der Nibelungenstoff ist deutlich älter als seine schriftliche Fassung im Nibelungenlied. Informieren Sie sich über die Entstehung der Sage.

**3** Analysieren Sie, inwieweit der Auszug vom Untergang der Burgunder einen literarischen Umgang mit den Geschehnissen der Völkerwanderungszeit darstellt bzw. in welchen Passagen auf historische Tradierungen Bezug genommen worden sein könnte.

### M7 Dietrich von Bern überwältigt Hagen, während Kriemhild die Szene beobachtet, Miniatur aus dem „Nibelungenlied“ in der Fassung des Hundeshagenschen Kodex, um 1440

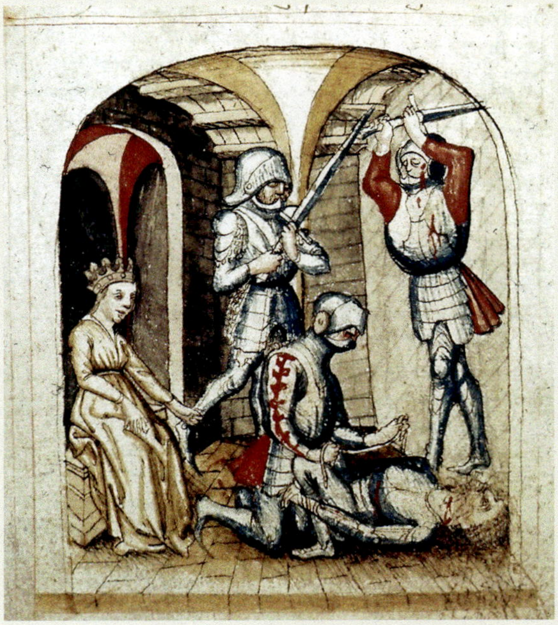

### M8 Stimmen zum „Nibelungenlied“

*Die ersten Neuausgaben des Nibelungenliedes aus dem 18. Jahrhundert fanden wenig Anklang beim aufklärerischen Publikum. Im von der Romantik geprägten 19. Jahrhundert wurde es jedoch zum deutschen „Nationalepos“ erhoben. Dabei wurde nicht nur Siegfried als Held verehrt, sondern auch die „Treue“ Gunthers zu seinem Gefolgsmann und Siegfrieds Mörder Hagen als „Nibelungentreue“ zur „deutschen Tugend“ stilisiert.*

**a) Der Philosoph Georg Wilhelm Friedrich Hegel (1770–1831):**

Die Burgunder, Kriemhildens Rache, Siegfrieds Taten, der ganze Lebenszustand, das Schicksal des gesamten untergehenden Geschlechts, das nordische Wesen, König Etzel usf. – das alles hat mit unserem häuslichen, bürgerlichen, rechtlichem Leben, unseren Institutionen und Verfassungen in nichts mehr irgendeinen lebendigen Zusammenhang. […] Desgleichen jetzt noch zu etwas Nationalem und gar zu einem Volksbuche machen zu wollen, ist der trivialste, platteste Einfall gewesen. In Tagen scheinbar neu auflodernder Jugendbegeisterung war es ein Zeichen von dem Greisenalter einer in der Annäherung des Todes wieder kindisch gewordenen Zeit, die sich an Abgestorbenem erlabte […].

*Georg Wilhelm Friedrich Hegel, Vorlesungen über die Ästhetik, Bd. 3, Duncker und Humblot, Berlin 1838, S. 348f.**

**b) Friedrich von der Hagen (in der Einleitung zu seiner Nibelungen-Übersetzung von 1807):**

Die Sage von den Nibelungen, eine der größten und bedeutendsten überall, und insonderheit für uns, ist eine deutsche Ur- und Stammsage, die auf sich selber wurzelt, ruht und treibt, so wie sie im Norden noch tief in die Götter-Sage verwachsen ist. Sie ragt mit dieser über die Geschichte hinaus und ist selber eins ihrer ältesten Denkmale. […] Kein anderes Lied mag ein vaterländisches Herz so rühren und ergreifen, so ergötzen und stärken.

*Zit. nach: Friedrich von der Hagen, Der Nibelungen Lied, Verlag Josef Mar, 3. Aufl., Breslau 1920, S. 1f.**

1 Nehmen Sie Stellung zu den Zitaten.

**M9 Der britische Historiker und Aufklärer Edward Gibbon (1737–1794) vergleicht in seinem Hauptwerk *The History of the Decline and Fall of the Roman Empire* (veröffentlicht zwischen 1776 und 1789) die Ursachen für den Untergang des Römischen Reiches mit dem Zustand Europas im 18. Jahrhundert**

Die Geschichte seines Sturzes ist einfach und einleuchtend, und statt zu fragen, warum das Römische Reich zerstört wurde, sollten wir vielmehr staunen, dass es so lange bestand. Die siegreichen Legionen […] unterdrückten zuerst die Freiheit der Republik und verletzten dann die Majestät des Purpurs. […]
Da das Glück eines künftigen Lebens das große Ziel der Religion ist, vernehmen wir, dass die Einführung oder wenigstens der Missbrauch des Christentums nicht ohne einigen Einfluss auf das Sinken und den Sturz des Römischen Reiches gewesen ist. Die Geistlichkeit predigte mit Erfolg die Lehren der Geduld und Feigheit; die tätigen Tugenden der bürgerlichen Gesellschaft wurden entmutigt und die letzten Überreste des kriegerischen Geistes im Kloster begraben. […] Glaube, Eifer, Forschgier und die irdischeren Leidenschaften der Bosheit und des Ehrgeizes entzündeten die Flamme religiöser Zwietracht; die Kirche, ja selbst der Staat wurden durch religiöse Parteien zerrüttet, deren Kämpfe zuweilen blutig, stets unversöhnlich waren; […] die römische Welt wurde durch eine neue Art der Tyrannei unterdrückt […].
Diese furchtbare Umwälzung lässt sich mit Nutzen zur Belehrung des gegenwärtigen Jahrhunderts anwenden. Es ist die Pflicht eines Patrioten, das ausschließliche Interesse und den Ruhm seines Vaterlandes vorzuziehen und zu befördern; ein Philosoph darf seine Blicke erweitern und Europa als eine große Republik betrachten, deren verschiedene Bewohner fast dieselbe Höhe der Gesittung und Kultur erreicht haben. Das Gleichgewicht wird weiter schwanken, und der Wohlstand unseres eigenen wie der benachbarten Königreiche mag abwechselnd gehoben oder herabgedrückt werden; aber diese vereinzelten Ereignisse können unserem allgemeinen Glückszustande, dem System der Künste, Gesetze und Sitten, welches die Europäer und ihre Kolonien so vorteilhaft von dem übrigen Menschengeschlechte unterscheidet, keinen wesentlichen Abbruch tun. Die wilden Nationen des Erdballs sind die gemeinsamen Feinde der zivilisierten Gesellschaft, und wir mögen mit besorglicher Neugierde fragen, ob Europa von einer Wiederholung jener Drangsale, die einst die Waffen und die Einrichtungen Roms vernichtet haben, fortwährend bedroht ist. Diese scheinbare Sicherheit darf uns jedoch nicht verleiten zu vergessen, dass neue Feinde und unbekannte Gefahren möglicher Weise aus einem dunklen Volke, das auf der Weltkarte kaum sichtbar ist, erstehen können. Die Araber […], die ihre Eroberungen von Indien bis Spanien ausdehnten, haben in Armut und Verachtung geschmachtet, bis Mohammed diesen wilden Körpern die Seele des Enthusiasmus einhauchte.

*Edward Gibbon, Verfall und Untergang des Römischen Reiches, hg. v. Dero Saunders, aus dem Engl. von Johann Sporschil, Greno Verlag, Nördlingen 1987, S. 557ff.**

1 Arbeiten Sie heraus, welche Rolle Gibbon dem Christentum beim Untergang des Römischen Reiches beimisst. Setzen Sie Ihre Erkenntnisse in Beziehung zu Ihren Ergebnissen zu M 2.
2 Weisen Sie im Text nach, dass die „Völkerwanderung" als Deutungsrahmen für Gibbons Ausführungen gelten kann.
3 Erläutern Sie auf der Grundlage Ihrer Ergebnisse aus Aufgabe 2 die Rolle „der Araber" in den Ausführungen Gibbons.
4 **Vertiefung:** Nehmen Sie Stellung zu den Kernaussagen Gibbons. Ziehen Sie dabei auch Vergleiche zu Ihren Ergebnissen aus der Arbeit mit Kapitel 2 (S. 22 ff.).

**M 10 Der deutsche Historiker Wilhelm von Giesebrecht über das Ende des Römischen Reichs (1855)**

*Der Auszug stammt aus der Einleitung des ersten Bandes von Giesebrechts vielbeachtetem Hauptwerk „Geschichte der deutschen Kaiserzeit“, nach dessen Veröffentlichung er 1857 den Lehrstuhl für Geschichte an der Universität Königsberg erhielt. Zuvor hatte er bereits Gregor von Tours’ Geschichtsbücher übersetzt, die für den folgenden Auszug eine wichtige Quelle bilden.*

Römer und Goten, Franken und Burgunder, Alanen und Alamannen, Britannen und Sachsen – denn auch sächsische Seeräuber hatten sich wieder an den Mündungen der Loire festgesetzt – alle diese Völker kämpften noch um den Besitz Galliens, alles war hier in wildgärender Bewegung: Da führte der Hunne Attila sein gewaltiges Heer – auf 700 000 Mann wird es angegeben – im Jahre 451 über den Rhein und drang bis in das Herz des Landes, bis an die Loire, in glücklichen Kämpfen vor.

Einst schien sich an der unteren Donau der Kampf zwischen Römern und Deutschen entscheiden zu sollen, aber vor einem gewaltigeren Feinde hatten hier die streitenden Parteien den Kampfplatz geräumt. Die östlichen germanischen Stämme waren den Hunnen erlegen, Konstantinopel zahlte demselben Feinde Tribut und hatte die Donaumündungen ihm geräumt. Römer und Germanen beugten sich im Osten vor den Mongolen. Aber im Westen hatten die Deutschen den Streit gegen Rom sofort aufs Neue begonnen und mit besserem Erfolge geführt, als je zuvor; nur der Kampfplatz war geändert und auf gallischem Boden sollte sich entscheiden, was an der Donau nicht zum Austrag gebracht werden konnte. Schon war der Sieg ihnen gewiss, da stürmte auch hier der Mongole herbei, um die auf dem neuen Platz streitenden Kämpen[1] abermals zu trennen und beide seinem Willen auch hier zu unterwerfen. Nicht darum handelte es sich in diesem Moment, ob die Zukunft der Welt den Römern oder Germanen gehören sollte, sondern ob das ganze Europa den Hunnen dienstbar würde. [...]

Als Attila in Gallien vordrang, traf der erste vernichtende Stoß das Reich der Burgunder und den Teil der Franken, der zwischen Rhein und Maas saß, dann wurde das Land der Römer und Westgoten angegriffen. Attila rückte gegen Orléans, aber die Stadt, durch den Zuspruch ihres Bischofs Namatius ermutigt, hielt ihm für den Augenblick stand, und wunderbarer Weise erschien ihr noch in der letzten Stunde Hilfe. Aetius[2] war es gelungen, in der dringenden Gefahr die von den Hunnen bedrohten germanischen Stämme in Gallien mit den Römern zu vereinigen. So wurde Orléans entsetzt, und Attila wandte sich schon zum Rückzug. Das vereinte Heer der Römer, Westgoten und salischen Franken folgte ihm nach, und auf den weiten Ebenen an der Marne, Aube und Seine zwischen Troyes und Chalons kam es zu einer jener mörderischen Schlachten[3], die auf Jahrhunderte hin über die Schicksale der Menschen entscheiden. Attila, besonders durch die Westgoten bedrängt, siegte nicht: Da schwand sein Glück mit seinem Schlachtenruhm. [...]

Sobald die hunnische Macht zerfallen war, erhoben sich die germanischen Völker wieder zur Freiheit, Roms Herrschaft aber zerfiel im Abendlande für immer; der lange Kampf entschied sich. Aetius fiel durch Mord und Kaiser Valentinian war sein Mörder; Aetius fand seinen Rächer und auch Valentinian endete bald nachher durch Mörderhand. Italien war ohne Schutz; die Vandalen, die mit ihrer Flotte das Mittelmeer beherrschten, plünderten die Küsten, drangen gegen Rom vor und eroberten abermals die Stadt, die schonungsloser, als einst von den Goten, behandelt wurde. Eine kaiserliche Macht gab es nicht mehr [...].

Das umstrittenste Land war noch immer Gallien. Im Süden erhielt sich die Macht der Westgoten, im mittleren Teile erhob sich nach Attilas Abzug abermals das Burgunderreich, und vom Norden her drangen die Franken unter ihrem großen König Chlodovech [= Chlodwig] vor, während selbst nach dem Verfall des Westreichs sich hier noch Syagrius, ein römischer Befehlshaber, gegen die Germanen zu behaupten versuchte. In der Schlacht bei Soissons schlug Chlodovech endlich dem Syagrius aufs Haupt und nahm das letzte Römerland in Gallien, wie überhaupt im Abendlande ein. Das römische Westreich hatte aufgehört, und der Kampf, der mehrere Jahrhunderte lang die Welt bewegt hatte, war beendet.

Die Zerstörung des römischen Reichs im Abendlande ist die wichtigste und folgenreichste Tat, welche je von den Deutschen ausgeführt ist, und alle Stämme haben ihren Anteil an dem großen Ergebnis, obgleich sie ohne gemeinsamen Plan und ohne Verabredung oder Verbindung sich, gleichsam willenlos dem Geschicke dienend, in den Weltkampf stürzten und nach errungenem Siege sich bald genug wieder trennten und jeder seinen besonderen Weg einschlug. Aber ob sie sich voneinander entfernten, es blieb ihnen gemeinsam die Erinnerung an den gewaltigen Völkerkrieg und die überstandenen Stürme jener Zeit, und diese Erinnerung gestaltete sich zu einer reichen Sage, aus der die deutschen Sänger immer neue Nahrung schöpften, wie die griechischen Sänger einst aus der Sage vom Kampfe vor Troja. Die

Heldenlieder der früheren Zeit verklangen schon früh, nicht einmal Armins Name erhielt sich im Gesange; die vielgestaltige, immer neue Lieder zeugende Heldensage aber, die sich an die Goten Ermanrich und Theoderich, an den Burgunder Günther und den Hunnen Attila anschließt, lebte fort und fort und war allen deutschen Stämmen gemein. Es ist, als ob sie doch ein dunkles Gefühl davon in sich getragen hätten, wie mächtig und groß die Geschicke seien, die sich damals um sie und durch sie vollzogen.

*Wilhelm Giesebrecht, Geschichte der deutschen Kaiserzeit, Bd. 1, C.A. Schwetschke und Sohn, Braunschweig 1855, S. 58–62.**

1 *Kämpe:* veraltet für Kämpfer/Krieger
2 *Aetius (um 390–454):* weströmischer Heermeister
3 Gemeint ist die Schlacht auf den Katalaunischen Feldern 451.

1 Ordnen Sie Giesebrechts Ausführungen auf Grundlage Ihrer Erkenntnisse aus den Kapiteln 1 bis 4 historisch ein und vergleichen Sie diese dabei mit den Thesen heutiger Historiker.
2 Der Verleger bewarb die Veröffentlichung dieses Bandes 1855 mit der Schlagzeile „Deutschlands Macht und Einheit im Spiegel der Geschichte!". Nehmen Sie anhand des vorliegenden Auszugs Stellung zu dieser Schlagzeile.

**M11 Der Arzt und Schriftsteller Ludwig Wilser (1850–1923) über die „Völkerwanderung" im Rahmen seiner Überlegungen zu einer völkischen „Rassengeschichte" (1911)**

Ungefähr ein Jahrtausend später, als der große Frankenkönig Karl sich in Rom zum Kaiser des neuen Römischen Reiches krönen ließ, konnte man Europa germanisch nennen. Dies war das Endergebnis jener an gewaltsamen Umwälzungen, aber auch an lebensfähigen Neubildungen, an Blut und Greueln, aber auch an unsterblichen, in unserem Heldensang fortlebenden Kriegstaten reichen Zeit, die mit dem Kimbernzug begann und nach der Eroberung Italiens durch die Langobarden zu Ende ging, die wir in den Geschichtsbüchern als „Völkerwanderung" verzeichnet finden. Als Grundursache aller dieser Erscheinungen muss der tieferblickende Forscher dieselben Beweggründe erkennen, die auch im Tierreich Wanderzüge veranlassen: starke Vermehrung einer gutgerüsteten, widerstandsfähigen Art in engem, nicht genügende Nahrung hervorbringenden Raum. [...] Dem [...] Auszug der Kimbern und ihrer stammesverwandten Verbündeten, der Teutonen und Umbronen, scheinen ähnliche keltische Volksbewegungen vorausgegangen zu sein, sodass es schwer zu entscheiden ist, wann die keltische Völkerwanderung aufgehört und die germanische angefangen hat.

*[Im Folgenden werden die Konflikte verschiedener „Germanenstämme" mit dem römischen Feldherrn Cäsar beschrieben.]*

Römer und Germanen ließen vorläufig von gegenseitigen Angriffen ab; Rhein und Donau schieden ihren Machtbereich. Erst in der anderen Hälfte des zweiten Jahrhunderts erfolgte unter der Führung der schwäbischen Markomannen wieder ein gewaltiger, das Reich in seinen Grundfesten erschütternder Vorstoß, dessen endliche Abwehr teils der Tatkraft des kriegerischen Kaisers Marc Aurel, teils dem Golde seines verweichlichten Sohnes Commodus zu verdanken war. Aber diesmal dauerte die Waffenruhe nicht lange. Schon zu Anfang des nächsten Jahrhunderts erfolgten neue stürmische Angriffe, und zwar an zwei Enden des Reiches zugleich, am Main durch die Alemannen, die alten, als Hauptvolk der Schwaben geehrten Germanen unter neuem Namen, und an der unteren Donau durch die der Hauptmacht vorauseilenden ersten Schwärme der Goten. [...]

In den meisten Darstellungen der deutschen Geschichte lässt man die Völkerwanderung erst gegen Ende des vierten Jahrhunderts, mit dem Auftreten der Hunnen, eines aus Asien stammenden und aus der rundköpfigen Menschenart (*Homo brachycephalus*) hervorgegangenen Volkes, beginnen. Doch reichen, wie wir gesehen, die Anfänge aller dieser Vorgänge in viel frühere Zeit zurück, und der Hunnensturm bedeutet nicht mehr als einen neuen Auftritt in dem großen Völkerschauspiel.

Auch das fünfte Jahrhundert ist von wildem Kriegsgetümmel und gewaltigen Heerfahrten erfüllt. [...] Ein Teil der Angeln fuhr, mit Sachsen und Jüten verbündet, nach dem seitdem ihren Namen tragenden Britannien hinüber, wo mehrere germanische Königreiche entstanden. [...] Die Ostgoten bildeten mit anderen Germanen einen Teil des hunnischen Reiches und zogen in Attilas Heer mit nach Gallien, wo sie von ihren eigenen Stammesbrüdern und den Franken in der blutigen Völkerschlacht auf den Katalaunischen Feldern geschlagen wurden. Später richteten auch sie ihre Blicke nach Italien, eroberten unter dem großen Theoderich, dem Dietrich von Bern der Heldensage, dieses Land, stürzten den Rugier Odoaker und gründeten das zu hoher Macht und Blüte gelangende Königreich der „Goten und Italiker". [...]

[...] Die von den Goten verlassenen Wohnsitze im Osten nahmen die Wenden oder Slaven, weite und fruchtbare Landstriche „mehr mit der Pflugschar als mit dem Schwert" erobernd. An der Ostseeküste waren die ästischen oder litauischen Völker verblieben, von denen die Pruthener (von got. *froths*, klug, edel) oder Pruzen, freilich durch eine starke germanische Einwanderung verstärkt, man kann fast sagen ersetzt, unter dem Namen „Preußen“ eine so hervorragende Rolle in der Geschichte des neuen Deutschlands gespielt haben. Noch in demselben Jahrhundert entschied in dem Streit zwischen Franken und Allemannen über die Vorherrschaft in Germanien das Waffenglück zugunsten der ersteren.

*Ludwig Wilser, Europäische Völkerkunde und Herkunft der Deutschen, Verlag des vaterländischen Schriften-Verbandes, Berlin 1911, S. 26–30.**

1 Arbeiten Sie heraus, wie Wilser die „Völkerwanderung“ und die beteiligten Akteure charakterisiert. **Tipp:** Berücksichtigen Sie dabei den Unterschied zwischen beschreibenden und wertenden Aussagen.
2 Weisen Sie in M 11 jene Vorstellungen über die Zeit der „Völkerwanderung“ nach, die nach aktuellen Erkenntnissen dekonstruiert werden müssen.
3 **Vertiefung:** Informieren Sie sich über die ideologischen Strömungen des Sozialdarwinismus und des Chauvinismus sowie über die ideologischen Grundannahmen der völkischen Bewegung in Europa. Erläutern Sie auf Grundlage Ihrer Ergebnisse das Geschichtsbild, das Wilser vermitteln möchte.
4 Nehmen Sie auf der Grundlage Ihrer bisherigen Ergebnisse kritisch Stellung zu Wilsers Ausführungen.

**M 12 Der belgische Historiker Henri Pirenne (1862–1935) entwickelt in seinem Werk „Mahomet und Karl der Große“ (posthum 1937 veröffentlicht) eine nach ihm benannte These über das Ende der kulturellen Einheit und Bedeutung des Mittelmeerraumes**

Aus allem Vorausgehenden ergeben sich, wie mir scheint, zwei wesentliche Feststellungen:

1. Die germanische Völkerwanderung hat weder die Einheit der vom Mittelmeer getragenen Kulturwelt zerstört noch das vernichtet, was an wesentlichen Elementen der römischen Kultur, wie sie noch im 5. Jahrhundert bestand, als es im Westen keinen Kaiser mehr gibt, festzustellen ist. Trotz der Wirren und Verluste, die der Germaneneinbruch zur Folge hatte, erscheinen neue Prinzipien ebenso wenig auf wirtschaftlichem und sozialem Gebiet wie im Bereich von Sprache und Verfassung. [...]

2. Das Abbrechen der antiken Tradition ist durch den raschen unvorhergesehenen Vormarsch des Islam ausgelöst worden. Die Folge war, dass die Einheit des Mittelmeerraumes zerstört und der Orient endgültig vom Abendlande geschieden wurde. [...] Das westliche Mittelmeer ist zu einem mohammedanischen See geworden und hört auf, wie bis dahin immer noch, Straße für Waren und Gedanken zu sein. Das Abendland ist abgesperrt und gezwungen, aus sich selbst in dem geschlossenen Raum zu leben. Zum ersten Mal überhaupt hat sich die Achse des geschichtlichen Lebens vom Mittelmeer weg nach Norden verlagert. [...] Das Mittelalter – um die überkommene Bezeichnung zu gebrauchen – beginnt. Die Zeit des Übergangs ist lang gewesen. Man kann sagen, dass sie das ganze Jahrhundert zwischen 650 und 750 ausfüllt. In dieser Zeit der Wirren geht die antike Tradition verloren, und neue Elemente gewinnen das Übergewicht. Im Jahr 800 wird die Entwicklung durch die Geburt des neuen Kaisertums vollendet.

*Henri Pirenne, Mahomet und Karl der Große. Untergang der Antike am Mittelmeer und Aufstieg des germanischen Mittelalters, übersetzt von Paul E. Hübinger, Fischer, Frankfurt/M. 1963, S. 242 f.**

1 Arbeiten Sie heraus, welche Rolle Henri Pirenne der „Völkerwanderung“ im Prozess des Untergangs der antiken Welt zuweist.
2 Vergleichen Sie die Deutung Pirennes mit Ihnen bekannten Deutungen von der Auflösung der spätantiken Welt (z. B. Heather oder Pohl).
▶ Pohl, M 15, S. 33 f. oder Heather, M 16, S. 34 f.
3 Erörtern Sie auf der Grundlage Ihrer Ergebnisse aus Aufgabe 2 die globalgeschichtliche Perspektive Pirennes.

## Die „Völkerwanderung" im Kontext nationalsozialistischer Propaganda – der Film „Die Feuerzangenbowle" (1944)

**M 13 Titelbild des Films „Die Feuerzangenbowle" mit dem Hauptdarsteller Heinz Rühmann, 1944.**
*„Die Feuerzangenbowle" ist eine deutsche Filmkomödie, die auf dem Roman von Heinrich Spoerl basiert, von diesem aber in einigen Aspekten abweicht. Der Film weist Bezüge zur nationalsozialistischen Ideologie auf – im Unterschied zu einer ersten Version aus dem Jahr 1934 mit dem Titel „So ein Flegel".*

**M 14 Transkription einer Unterrichtsszene aus dem Film „Die Feuerzangenbowle" (1944)**

*Dr. Brett:* Sie sehen Pfeiffer, bei mir ist das anders. Damit Sie von vornherein im Bilde sind: Ich pflege meine Klasse vor die Wahl zu stellen – Krieg oder Frieden. Die Klasse hat sich für Frieden entschlossen, sie fährt ganz gut dabei. (*Die Schüler nicken zustimmend.*) [...]
*Dr. Brett sitzt am Pult und beginnt mit dem Unterricht:* Sie haben für heute die Völkerwanderung repetiert. Nun, Knebel [*ein weiterer Schüler*], erzähl'n Sie uns mal. Welchen Volksstamm können Sie denn am besten?
*Knebel:* Die äh...Goten.
*Dr. Brett:* Fein, dann brauch ich Sie nach den Goten also nicht zu fragen. *[lächelt und setzt sich]* Schön, dann erzähl'n Sie uns doch mal etwas über die Goten.
*[Der Schüler Knebel schaut kurz verzweifelt zu Boden:]* Die Goten saßen ursprünglich ... Ursprünglich saßen die Goten in ... *[Knebel wendet sich dem Banknachbarn Pfeiffer zu, damit dieser ihm die Lösung sagt.]*
*Dr. Brett sieht dies und fordert Knebel auf:* Ach Knebel, treten Sie doch mal raus.
*Knebel steht auf und beginnt erneut:* Es saßen die Goten ursprünglich in ... *[Wieder dreht er sich hilfesuchend zu Pfeiffer um. Er schaut dann auf die Landkarte, die über dem Lehrerpult hängt. Die Kamera fokussiert auf die Karte. Der Schüler Pfeiffer zeigt Knebel mithilfe der Lichtreflexion eines Taschenspiegels Wanderungsbewegungen und auf die in der Karte (Stand 1944) eingezeichneten Länder.]*
Knebel: Schweden.
*Dr. Brett:* Richtig. Und von dort gingen sie?
*Knebel:* Und von dort gingen sie in die Gegend von Danzig. Und von da gingen sie dann nach Russland. Und von da nach *[kurzes Zögern]* ja und da wussten sie eigentlich nicht recht, was sie machen sollten, und äh *[erneutes Zögern]* ... und von da zerfielen sie dann in die Ost- und Westgoten.
*Dr. Brett (ohne von seinem Buch aufzuschauen):* Gut Knebel, Sie können sich setzen. Vier.
*Knebel:* Wieso Vier Herr Doktor? Ich hab' doch alles gekonnt, ich hätte eher 'ne Zwei verdient *[Knebel setzt sich wieder.]*
*Dr. Brett geht lächelnd vor das Pult zu den beiden Schülern:* Die Zwei bekommt Pfeiffer.

*Heinrich Spoerl, Die Feuerzangenbowle, 1944/Transkription von Markus Rassiller (Filmszene ab 25:26 min.).**

1 Informieren Sie sich über die gesamte Handlung des Films.
2 Überprüfen Sie, inwiefern in der transkribierten Filmszene Elemente der nationalsozialistischen Ideologie mithilfe der „Völkerwanderung" transportiert werden.
3 Interpretieren Sie auf Grundlage Ihrer Ergebnisse die dargestellte Filmszene. Gehen Sie dabei auch auf die filmische Umsetzung ein.

# Darstellungen analysieren

Geschichte entsteht erst durch die Rekonstruktion des Geschehenen, das uns in schriftlichen, gegenständlichen, sachlichen und z. T. auch mündlichen Quellen überliefert ist. Aus ihnen rekonstruierten Historiker mögliche Darstellungen der Vergangenheit und präsentieren ihre **Version der Vergangenheit** in selbst verfassten Darstellungen, die man auch Sekundärtexte nennt. Darstellungen lassen sich in fachwissenschaftliche und in populärwissenschaftliche bzw. „nichtwissenschaftliche" Darstellungen gliedern.
Die **fachwissenschaftlichen Texte** wenden sich an ein professionelles Publikum, bei dem Grundkenntnisse des Faches, der Methoden und der Begrifflichkeit vorausgesetzt werden. Einzelergebnisse werden durch Verweise und Fußnoten belegt. **Populärwissenschaftliche Darstellungen** wenden sich an ein breiteres Publikum und verzichten in der Regel auf detaillierte Belege historischer Befunde und Interpretationen. Sie präsentieren komplexe historische Zusammenhänge anschaulich und vereinfacht. Zu dieser Gruppe zählen beispielsweise publizistische Texte, historische Essays in Zeitungen und Magazinen sowie Schulbuchtexte.
Erkenntnisse der Geschichtswissenschaft sind immer vom Erkenntnisinteresse bzw. der Fragestellung der jeweiligen Gegenwart bedingt. Die Fragestellungen an die Geschichte und auch ihre Antworten sind geprägt von gesellschaftlichen und individuellen Faktoren (**Standortgebundenheit**): Sie sind vor dem Hintergrund des gesellschaftlichen, sozialen, religiösen und politischen Kontextes ideologiekritisch zu betrachten. Die unterschiedlichen Deutungen von Geschichte münden zum Teil in **historischer Kontroversität**, mit der man sich kritisch-reflektiert auseinandersetzen muss.

## Arbeitsschritte zur Analyse

**1. Leitfrage**

Welche Fragestellung bestimmt die Untersuchung der Darstellung?

**2. Analyse**

*Formale Aspekte*
- Wer ist der Autor (ggf. zusätzliche Informationen über den Verfasser)?
- Um welche Textsorte handelt es sich?
- Mit welchem Thema setzt sich der Autor auseinander?
- Wann und wo ist der Text veröffentlicht worden?
- Gab es einen konkreten Anlass für die Veröffentlichung?
- An welche Zielgruppe richtet sich der Text (Historiker, interessierte Öffentlichkeit)?

*Inhaltliche Aspekte*
- Was sind die wesentlichen Textaussagen?
  - anhand der Argumentationsstruktur: These(n) und Argumente
  - anhand der Sinnabschnitte: wesentliche Aspekte und Hauptaussage
- Wie ist die Textsprache (z. B. appellierend, sachlich oder polemisch)?
- Welche Überzeugungen vertritt der Autor? Lässt er sich einer bestimmten Position oder Ideologie zuordnen (politisch/religiös o. Ä.)?

**3. Historischer Kontext**

- Auf welchen historischen Gegenstand bezieht sich der Text?
- Welche in der Darstellung angesprochenen Sachaspekte bedürfen der Erläuterung?

**4. Urteil**

- Ist der Text überzeugend im Hinblick auf die fachliche Richtigkeit (historischer Kontext) sowie auf die Schlüssigkeit der Darstellung?
- Was ergibt ggf. ein Vergleich mit anderen Darstellungen zum gleichen Thema?
- Wie lässt sich der dargestellte historische Gegenstand im Hinblick auf die Leitfrage beurteilen?
- Welche Gesichtspunkte des Themas werden kaum oder gar nicht berücksichtigt?
- Wie lässt sich die Darstellung des historischen Gegenstandes aus heutiger Sicht und auf Grundlage heutiger politischer/moralischer Vorstellungen bewerten?

## Übungsaufgabe

**M 1 Verena Postel, Professorin für mittelalterliche Geschichte, leitet ihre Monografie „Die Ursprünge Europas" (2004) folgendermaßen ein:**

In diesen Tagen der Erweiterung Europas nach Osten, der kontroversen Diskussion um einen möglichen EU-Beitritt der Türkei, der vielerorts spürbaren Furcht vor einer Migrationsbewegung aus den Beitrittsländern, die die Integrationsfähigkeit der Europäischen Gemeinschaft überfordern könnte, besitzt die Frage nach der Identität Europas besondere Brisanz. Kann die Geschichtswissenschaft diese Frage aus ihrer Sicht „historisch" klären? Dieses Buch möchte einen Beitrag dazu leisten, indem es diejenige Phase der Geschichte beleuchtet, in der die Weichen gestellt wurden für die geografische Ausdehnung, die religiöse Prägung, die politische Verfassung und den kulturellen Charakter Europas. „Europa" als politischer Begriff verdankt seinen Ursprung dieser historischen Umbruchperiode. In der Antike rein geografisch zur Bezeichnung eines der drei bekannten Erdteile neben Asien und Afrika verwandt, wandelte sich sein Charakter gegen Ende des 5. Jhs. Angesichts der Bedrohung durch die Westwanderung der Hunnen seit 375 und anschließend der Goten und das Vordringen des Islam entwickelte sich eine Art Gemeinschaftsgefühl der Betroffenen: Der Hunnenkönig Attila wurde z. B. als „Räuber an Europa" verunglimpft, und Bischof Isidor von Sevilla bemerkte zu Beginn des 7. Jhs., dass die „Völker Europas" vor den Goten zitterten. Bei diesem Autor findet sich auch die Bezeichnung „*Europenses*" für die Menschen nördlich der Pyrenäen und der Alpen. Dies erscheint folgerichtig angesichts der politischen Schwerpunktverlagerung vom Mittelmeerraum in den nordalpinen Raum, den wir in dieser Zeit beobachten. Europa – das war künftig die mittelalterliche Welt in Abgrenzung zu Byzanz und dem Islam. [...]

Im Verlauf des 4.–7. Jahrhunderts verwandelte sich das römische Westreich infolge der Zuwanderung germanischer *gentes* in eine Pluralität von Königreichen der Burgunder, West- und Ostgoten, Vandalen, Franken, Langobarden. Ein Großreich zerfiel in kleinere Einheiten, nachdem es lange Zeit vermocht hatte, die einsickernden Heerkönige mit ihren Kriegerscharen zu versorgen, zu integrieren, zu assimilieren und durch deren Verwendung im Heer für seine Zwecke nutzbar zu machen. [...] Erst das Sesshaftwerden in ehemals römischem Gebiet katalysierte die Ethnogenese. [...] Die Neuankömmlinge bedienten sich der römischen Eliten, des traditionellen Herrschaftsapparates des spätrömischen *imperium*, um einen Anteil an den Reichtümern, die der Mittelmeerraum auch in der Spätantike noch produzierte, für sich zu gewinnen. Gerade die Führungsschichten imitierten römische Lebensformen. Geben und Nehmen herrschte auch im Bereich der Sozialbeziehungen: „Germanisches" Gefolgschaftswesen und verwandte römische Klientelstrukturen, römische Militär- und Kaisergewalt, senatorialadlige Grundherrschaft und geistliche Leitungsgewalt konvergierten zu einer neuen, mittelalterlichen Form von Herrschaft. [...] Vielerorts entwickelte sich ein friedliches Miteinander zwischen römischer Provinzialbevölkerung und Zuwanderern. Nur Vandalen und Langobarden kamen als brutale Eroberer, während z. B. die föderierten Westgoten zunächst sogar im Dienste der Römer als Garanten der bestehenden Sozialordnung in Gallien wirkten.

Diesen vielgestaltigen Charakter Europas, das von seinen Ursprüngen her romanische, christliche und gentile Traditionen verschmolz, hervorzuheben ist Anliegen dieses Buches. Denn nur diejenigen frühmittelalterlichen *regna* wurden im weiteren Verlauf der Geschichte zu Staaten, in denen diese Integration gelang: Aus dem Frankenreich entstanden im Hochmittelalter Frankreich und Deutschland, aus dem Westgotenreich langfristig Spanien.

*Verena Postel, Die Ursprünge Europas. Migration und Integration im frühen Mittelalter, Kohlhammer, Stuttgart 2004, S. 11.**

**1** Interpretieren Sie M 1 mithilfe der Arbeitsschritte zur Analyse und Interpretation historischer Darstellungstexte.

▶ Lösungshinweise finden Sie auf S. 152 f.

# Anwenden

**M1 „Auch Rom erlebte seinen 11. September"**

*Berthold Seewald, Geschichtsredakteur der Tageszeitung „Die Welt", zieht 2010 Parallelen zwischen der Plünderung Roms durch die Visigoten unter der Führung Alarichs im Jahr 410 n. Chr. mit den Terroranschlägen des 11. September 2001 in den USA.*

Vor 1 600 Jahren ging die Welt unter. Ein Heer, bestehend aus Goten, Hunnen und Alanen unter der Führung eines gewissen Alarich, eroberte Rom und plünderte es, drei ganze Tage lang. Der Tempelschatz aus Jerusalem und noch viel mehr sollen damals zur Beute gehört haben. Noch viele Jahre später konnte ein Gotenkönig es sich leisten, seiner Frau Körbe voller Edelsteine zu schenken.

Doch was sind die materiellen Verluste gegen die ideelle und emotionale Wirkung, die vom 24. August 410 ausging? Es ist nicht zu viel gesagt, den Vergleich mit dem 11. September 2001 zu ziehen – und am Ende können wir nur jenen zustimmen, die den Gotensturm welthistorisch gar für wirkungsmächtiger halten als den islamistischen Anschlag. Dafür sprechen schon die historischen Größenordnungen. [...]

410 n. Chr. standen zum ersten Mal nach ziemlich genau 800 Jahren wieder auswärtige Feinde in Rom. Nach den Galliern des Brennos um 390 v. Chr. hatte kein auswärtiger Feind mehr die Stadt am Tiber siegreich betreten. Nicht einmal Hannibal wagte, nachdem er bei Cannae zwei konsularische Heere vernichtet hatte, den Marsch auf Rom. Seit Karthagos und der orientalischen Könige Niederwerfung waren mehr als 600 Jahre ins Land gegangen, in denen von Rom aus die Mittelmeerwelt regiert wurde, mehr als 400 Jahre gaben ihr römische Kaiser Ordnung und Sinn. Nur wenige Jahrzehnte weniger war Rom Zentrum des Christentums. Und es sollten nach 410 noch mehr als 200 Jahre vergehen, in denen Imperatoren den Weltkreis beherrschten. Wenn 9/11 von Amerika aus also ein globales Datum gesetzt wurde, dann ging ihm Rom 8/24 darin sicherlich voraus. [...]

Schon die Analyse der Täter durch die Zeitzeugen weist Parallelen auf. Nach 9/11 fehlte es nicht an Stimmen, die den Tag als Auftakt zum *Clash of Civilizations* deuteten. Das war auch 410 der Fall: Barbaren gegen Rom, lautete die Frontstellung. Das aber mobilisierte die uralten Ängste der zivilisierten Städtebewohner vor den kulturlosen Wanderern aus Nord und Süd. [...]

378 hatte das Heer des in Konstantinopel residierenden Kaisers Valens bei Adrianopel eine vernichtende Niederlage gegen die Goten erlitten – die schwerste, die Rom seit Varus' Untergang hatte hinnehmen müssen. Der Kaiser war gefallen. Von dort schien sich eine Linie bis zum Sturm ihrer Nachfahren auf Rom zu ziehen. Doch das Gegenteil war der Fall. Die Goten, die sich damals Siedlungsgebiete innerhalb der Reichsgrenzen erzwangen, waren längst in der militärischen Hierarchie Ostroms integriert worden. Alarich aber führte einen zusammengewürfelten Haufen, dem eben jenes Privileg einer ordentlichen Teilhabe am römischen Staat verwehrt worden war. Ihre späte Geburt war ihr Unglück. In der Heimat ihrer Ahnen in den Steppen jenseits des Schwarzen Meeres wetterleuchtete der Hunnensturm. Und die Pfründe, die die römische Zivilisation bot, waren vergeben – an ihre Stammesgenossen.

Denn das hatten Alarichs Goten mit den Islamisten der Gegenwart gemein: Sie lebten nicht jenseits der Zivilisation, die sie bekämpften, sondern an ihrem Rand, waren von ihr geprägt, rangen um ein Verhältnis mit ihr. Auch die Terroristen von New York und Washington hatten im Westen gelebt. Aber sie suchten ihn zu zerstören, weil sie ihn für ihre Identitätskrise verantwortlich machten. Alarich dagegen griff ihn an, weil Rom ihm nicht erlaubte, die westliche Identität voll und ganz anzunehmen.

*Berthold Seewald, Auch Rom erlebte seinen 11. September, in: „Die Welt" vom 7. August 2010 (zit. nach: https://www.welt.de/103304060, Download vom 26. 09. 2018).**

1 Analysieren Sie das vorliegende Material formal und inhaltlich.
**Tipp:** Nutzen Sie die Hinweise auf S. 98.
2 Arbeiten Sie heraus, auf welche Kernaussagen Seewald seinen Vergleich der beiden in Rede stehenden historischen Ereignisse stützt.
3 Überprüfen Sie die Kernthese Seewalds auf Grundlage Ihrer bisherigen Kenntnisse und unter Rückgriff auf ausgewählte Materialien aus Kapitel 2.
4 Nehmen Sie Stellung zu dem von Seewald avisierten Vergleich der einschneidenden Ereignisse in den Jahren 410 und 2001.

# Wiederholen

**M 2 „Der Einzug Alarichs in Rom", kolorierter Holzstich nach einer Zeichnung von Hermann Knackfuss (1848–1915), um 1890**

1 Beschreiben Sie die wesentlichen Bildelemente des abgedruckten Holzstichs von Hermann Knackfuss (M 2).
**Tipp:** Nutzen Sie ggf. die Formulierungshilfen.
2 Charakterisieren Sie anschließend die Darstellung der „Germanen" sowie des Alarich im Holzstich.
3 **Wahlaufgabe:** Bearbeiten Sie eine der Aufgaben a, b oder c.
  a) Setzen Sie den Holzstich in Beziehung zu anderen Materialien der Rezeptionsgeschichte der „Völkerwanderung".
  b) Interpretieren Sie auf Grundlage Ihrer bisherigen Ergebnisse die im Holzstich vermittelte Gesamtdeutung dieses historischen Ereignisses.
  c) **Vertiefung:** Interpretieren Sie auf Grundlage Ihrer bisherigen Ergebnisse die im Holzstich vermittelte Gesamtdeutung dieses historischen Ereignisses. Berücksichtigen Sie bei Ihrer Interpretation zentrale Aspekte von Kulturkontakt und Kulturkonflikt.
4 Vergleichen Sie ausgehend von den Materialien M 3, M 10, M 11 die Rezeption der „Völkerwanderung" im französischen Kontext mit derjenigen innerhalb des deutschen Rezeptionsrahmens.
5 Entwickeln Sie unter Rückgriff auf den Darstellungstext sowie auf die Materialien in diesem Kapitel eine grobe zeitliche Gliederung, die die Rezeptionsgeschichte der „Völkerwanderung" in Phasen gliedert.
6 Überprüfen Sie, inwieweit das Konzept der „Wanderung" auch innerhalb der Rezeption der Völkerwanderung eine Rolle spielt, und legen Sie dessen Bedeutung dar. **Vertiefung:** Greifen Sie dabei auf Motive und Formen von Migrationsprozessen zurück (siehe Kapitel 1 und 6).

## Zentrale Begriffe

Identität
*„invasions barbares"*
Kontinuität
Legitimierung
*„migration period"*
Nationalismus
Nationalmythos
Perspektive
Rezeption
Tradition
„Völkerwanderung"
Völkische Ideologie
Wandel

**Formulierungshilfen**
- Auf dem Holzstich ist/sind … zu sehen.
- Alarich ist mit … bekleidet/dargestellt …
- Seine Gestik/Mimik/Körperhaltung ist durch … kennzeichnet.
- Weitere Personen sind …
- Im Vordergrund befindet sich …
- Im Hintergrund ist zu erkennen …
- Folgende Gegenstände/Symbole werden verwendet …
- Die Farbgebung/Perspektiven/Proportionen sind … gestaltet … und erzielen die Wirkung, dass …
- Der Holzstich versucht, folgendes Bild der historischen Ereignisse zu erzeugen: …

# 6 Kernmodul

***Hinweise zur Arbeit mit den Materialien***
*Die Materialien M 1 bis M 5 greifen Bedingungen, Formen und Folgen von Migration im Kontext der Ursachen und des Verlaufes der „Völkerwanderung" auf. Sie spezifizieren damit zum einen die allgemeinen theoretischen Überlegungen von M 6 bis M 8 aus dem Einführungskapitel (S. 15 ff.). Zum anderen ergänzen sie die Arbeit mit Materialien aus Kapitel 2 (siehe Tabelle).*
*Die Materialien M 6 bis M 10 tragen der Tatsache Rechnung, dass Migration zur Begegnung unterschiedlicher Kulturen führt und damit ein Spannungsfeld zwischen Kulturkontakt und Kulturkonflikt entsteht. Hier werden – jeweils in Bezug auf Inhalte aus den Kapiteln 2 bis 4 – die unterschiedlichen Formen des Zusammenlebens einerseits, aber auch Formen und Bedingungen der Integration der „Barbaren" in das römische System andererseits in den Blick gerückt.*
*M 11 greift in Ergänzung zum Beitrag von Fernand Braudel (Kap. 1, M 5, S. 14) eine allgemeine theoretische Perspektive auf historische Transformationsprozesse auf. Mithilfe der Kategorien „Ereignis" und „Struktur" können die Veränderungen bzw. der historische Wandel während der Zeit der Spätantike begrifflich verhandelt werden.*

| Themenfelder des Kernmoduls | Materialien im Kernmodul (Kapitel 6) | Materialien in der Einführung (Kapitel 1) |
|---|---|---|
| Theorien und Kontroversen zu Kulturkontakt und Kulturkonflikt | M 6, M 7, M 8, M 9 und M 10 | M 2, M 9, M 10, M 11, M 12 |
| Historische Erklärungsmodelle zu Transformationsprozessen | M 11 | M 5, M 12 |
| Geschichtswissenschaftliche Konzepte zur Erklärung von Bedingungen, Formen und Folgen von Migration | M 1, M 2, M 3, M 4, M 5 | M 6, M 7, M 8 |

| Thematische Anknüpfungspunkte des verbindlichen Wahlmoduls | Kapitel des verbindlichen Wahlmoduls | Materialien zum verbindlichen Wahlmodul |
|---|---|---|
| Ursachen und Verlauf (Wanderung, Ansiedlung und Rechtsstatus der Goten im Römischen Reich; Ende des Weströmischen Reichs und Entstehung von germanischen Reichen) | Kapitel 2 | M 1 (Auftaktseite), M 5, M 8, M 9, M 11, M 13, M 14 |
| Das Ostgotenreich in Italien (Herrschaftsverständnis Theoderichs; soziale und rechtliche Beziehungen zwischen Goten und Römern) | Kapitel 3 | M 10, M 12, M 15 |
| Das Merowingerreich unter Chlodwig (Bedeutung des Christentums für die Beziehungen von Franken und Galloromanen; Herrschaftsverständnis Chlodwigs; Staatsorganisation des Merowingerreichs) | Kapitel 4 | M 4–M 12, M 19 |
| „Franken" und Araber im Heiligen Land und die Folgen | Kapitel 7 | M 13, M 14 |
| Spanische Herrschaftspraxis in der „Neuen Welt" | Kapitel 8 | M 7–M 15 |
| Ursachen und Verlauf (Krise des Römischen Reichs im 3. Jh.; Reichsteilung 395; Wanderung, Ansiedlung und Rechtsstatus der Goten im Römischen Reich; Ende des Weströmischen Reichs und Entstehung von germanischen Reichen) | Kapitel 2 | M 5, M 6, M 9, M 13 |
| Das Ostgotenreich in Italien (Errichtung des Ostgotenreichs; Herrschaftsverständnis Theoderichs; soziale und rechtliche Beziehungen zwischen Goten und Römern) | Kapitel 3 | M 1, M 7, M 8 |
| Das Merowingerreich unter Chlodwig (Errichtung des Frankenreichs 486; Bedeutung des Christentums für die Beziehungen von Franken und Galloromanen; Ausblick auf die Zeit der Karolinger) | Kapitel 4 | M 18 |
| Ursachen und Verlauf (Hunnenzug und Zerstörung des Ostgotenreichs um 375; Wanderung, Ansiedlung und Rechtsstatus der Goten im Römischen Reich; Ende des Weströmischen Reichs und Entstehung von germanischen Reichen) | Kapitel 2 | M 7, M 10, M 14 |

## Bedingungen, Formen und Folgen von Migration

**M1 Der Althistoriker Uwe Walter über Migrationen in der Antike (2004)**

Als These lässt sich formulieren, dass es alle wesentlichen Typen von Migration mit Ausnahme der sog. ethnischen Säuberung bereits in der Antike gab. [...] Denn Heimat, Unterwegssein und Fremde, die drei strukturellen Angelpunkte jeder Migrationsgeschichte, bilden ebenso wie Nomadentum und Sesshaftigkeit, Kolonisierung oder Vertreibung gleichsam anthropologische Universalien [...]. Als Migration im engeren Sinn lassen sich vorläufig individuelle oder kollektive Wanderungsbewegungen definieren, die zwei Bedingungen erfüllen:

- Sie führen zu einer dauerhaften Verlegung des Wohn- und Aufenthaltsortes; Phänomene wie Transhumanz (Wanderweidewirtschaft), Saisonarbeit oder Tourismus sind damit ausgeschlossen.
- Sie sind gekennzeichnet durch das Überschreiten einer geografischen, politischen, kulturellen oder auch mentalen Grenze. Ein derart differenzierter Begriff von Grenze ermöglicht es, auch jene Wanderungsbewegungen als Migration zu erfassen, die sich, wie im Fall des Römischen Reiches, innerhalb staatlicher Grenzen vollziehen, bei den Wandernden aber das subjektive Bewusstsein einer Grenzüberschreitung hervorgerufen haben dürften [...].

Eine gängige Unterscheidung der Ursachen und Umstände von Migration taugt nur bedingt. Zwar gibt es unzweifelhaft erzwungene Migrationen durch Verbannung, Vertreibung oder Deportation. Aber auch bei den meisten „freiwilligen" Wanderungsbewegungen dürfte in Wahrheit ein Bündel mehr oder minder zwingender Umstände die Bewegung verursacht haben; das gilt etwa für das Ausweichen vor einfallenden Feinden oder vor den Folgen von Naturkatastrophen. Aufschlussreicher wird es sein, in jedem einzelnen Fall die wirksamen Schub- und Sogfaktoren zu bestimmen, also die unbefriedigenden oder gar bedrohlichen Lebensbedingungen am Ausgangsort beziehungsweise die objektiv besseren oder subjektiv verheißungsvolleren Zustände am Zielort. Ganz formaler Natur, aber dennoch wichtig ist schließlich die Unterscheidung von individueller und kollektiver Migration.

Im gängigen Verständnis wird die antike Geschichte von zwei großen, einschneidenden Wanderungsbewegungen gleichsam eingerahmt. Von der germanischen Völkerwanderung war ja schon die Rede. Schwieriger ist es mit der sog. Dorischen Wanderung: Um 1200, so die früher gängige Ansicht, sollen im Zusammenhang mit einer großen Bevölkerungsbewegung, die den gesamten östlichen Mittelmeerraum umfasste, die kriegerischen Dorier aus Nordgriechenland nach Süden vorgedrungen sein, um sich auf der Peloponnes anzusiedeln und bis nach Kreta zu gelangen. Das Bild ist ein mechanisches: Es gibt große, kohärente Völker, die nach längerer Sesshaftigkeit „aus einem Unruhezentrum hervorbrechend" die Welt in Bewegung setzen und andere Völker verdrängen, die sich wiederum neue Wohnsitze suchen. Auf einem solchen Wanderzug trifft ein solches „jugendfrisches Volk aus dem Norden" auf eine altgewordene Hochkultur, die bereits „deutliche Verfallserscheinungen" zeigt und nur noch eines „äußeren Anstoßes" bedarf, um zu stürzen. [...] Dieses Modell ist von einer Spengler'schen Kulturbiologie geprägt, zudem erkennbar den [...] Vorgängen der germanischen Völkerwanderung am Ende der Antike nachgebildet. Implizite Grundlagen einer solchen Grundvorstellung sind ein romantischer Stammes- und Volksbegriff, ferner die Unterscheidung von alten, immobil gewordenen und jungen, dynamischen Völkern sowie drittens ein konfliktorientierter, mechanistischer Raumbegriff, der sich in Konzepten wie Landnahme, Verdrängung, Überschichtung und Lebensraum ausdrückt. In einem einschlägigen Buch aus d. J. 1932 heißt es dazu in aller Deutlichkeit: „Die großen Bewegungen der einander schiebenden und drängenden Völker sind die wahren Magistralen der Weltgeschichte. Sie äußern sich in langen Ketten von Wanderungen, Raub- und Kriegszügen und Eroberungen. Tief unter der farbigen Fülle der Geschichtsereignisse wirken diese einfachen mechanischen Elementarmächte, und sie sind es im Grunde, welche die verschiedenen Geschichtsepochen voneinander trennen."

*Uwe Walter, Paradigmen für fast alle Typen: Migrationen in der Geschichte; in: Geschichte, Politik und ihre Didaktik, 32/1–2, Aschendorff, Münster 2004, S. 62–74, hier S. 62 f.**

**1** Fassen Sie die Kerngedanken Walters zusammen.

**2** Erklären Sie, inwiefern Walter hier eine Dekonstruktion der „Völkerwanderung" vornimmt. Gehen Sie dabei auf die Epocheneinteilung von Geschichte ein.
**Tipp:** Vergegenwärtigen Sie sich den Zusammenhang von Rekonstruktion und Dekonstruktion. Zusätzlich können Sie sich im Internet informieren:

Informationen der Universität Eichstädt zum reflektierten Geschichtsbewusstsein
cornelsen.de/Webcodes
Code: vijavo

**M2 Der Historiker Bernhard Jussen über die Ursachen von Migrationsbewegungen in der Zeit der „Völkerwanderung" (2014)**

Mit heutigen Migrationsproblemen im Kopf sehen Historiker auch die früheren Migrationen in neuem Licht. Wie heute, so gab es auch seinerzeit sehr viele Gründe und sehr verschiedene Arten der Migration: dauerhafte Armutsmigrationen, Massenfluchten vor aggressiven Nachbarn, Plünderungsmigrationen ohne Besiedelungseffekte, militärische Anheuerung, Zwangsumsiedlung nach einer Niederlage gegen die römische Armee, nomadische Wanderung, Expertenmigration oder Migration infolge von Sklavenhandel, um nur die augenfälligsten zu nennen. Hier migrierten Individuen oder Familien, dort große, gut organisierte Gruppen von Kriegern samt Frauen, Kindern und Nichtkriegern ins Imperium (im 5. Jahrhundert etwa unter Führung der Goten Theoderich oder Alarich). Hier migrierte man kollektiv stoßartig und dort schleichend, gewissermaßen einsickernd über einen langen Zeitraum. Die einen (Goten, Vandalen) wanderten über weite Distanzen, die anderen (Franken) offenbar nur auf die andere Seite der – nicht überall scharf markierten – Grenze. So führte die Einwanderung fränkischer Bauern und Krieger in die nördlichen Randzonen des Imperiums zu völlig anderen Besiedelungssituationen und zu völlig anderen Beziehungen zwischen Zuwanderern und Einheimischen als die Vorstöße der Goten, Burgunder oder Vandalen tief ins Innere des Imperiums. [...] Das expansive römische Imperium hat einen Großteil der Migrationen selbst ausgelöst. Denn Imperien wie das römische waren [...] nicht nur Unterdrückungssysteme. Sie schafften zugleich Frieden und Sicherheit in sehr großen Regionen, die sich durch bessere Entwicklungs- und Wohlstandschancen von ihrer Umgebung abhoben. Dies gilt auch für das römische Imperium der alten Welt. Sein Glanz und seine im Westen bis weit ins nichtrömische Gebiet ausstrahlende Aura und Interventionsfähigkeit, seine im Vergleich mit den nördlichen Nachbarregionen unerreichbar überlegenen Kulturleistungen und Repräsentationsformen zogen Mengen von Menschen aus den Nachbarregionen an. Nur an der Ostgrenze des Imperiums stand den Römern mit den Persern eine ebenso hoch entwickelte kulturelle Alternative gegenüber. Die Gesellschaften in Reichweite dieser imperialen Aura waren durchweg Mangelgesellschaften. So drängten sie hin zu dieser viel reicheren, sichereren und unvergleichbar größeren Kultur. [...]

Aus heutigen Gesellschaften sind wir gewohnt, dass nicht zuletzt Experten migrieren – Personen mit seltenen und gesuchten Kompetenzen. Auch in dieser Form muss die Migration [...] gedacht werden. Für die frühen Jahrhunderte sind die einfachsten Beispiele fränkische Kriegsexperten, die ins Imperium migrierten. So finden wir Ende des 4. Jahrhunderts fünf Franken als Oberbefehlshaber (*magister militum*) im römischen Militär [...]. Kurzum, in der aktuellen Geschichtswissenschaft ist kaum noch etwas übrig geblieben von jener Geschichte, die bis vor kurzem mithilfe von „Völkerwanderungskarten" erzählt wurde, schon gar nichts von der früher erzählten Geschichte eines zunehmend marode und wehrlos werdenden Imperiums, das von brandschatzenden und plündernden Horden [...] überrannt wurde. Mit dem Wissen über heutige Migrationsprobleme – von gewaltsamen Vertreibungen über politische Fluchtbewegungen bis hin zu Armuts- und Wirtschaftsmigrationen, von kleinen Bevölkerungsverschiebungen [...] bis hin zur allgegenwärtigen Expertenmigration – kommt man auch den Phänomenen vor anderthalb Jahrtausenden näher.

*Bernhard Jussen, Die Franken. Geschichte, Gesellschaft, Kultur, C. H. Beck, München 2014, S. 18 f.* *

1 Arbeiten Sie heraus, welche Anlässe, Motive, Formen sowie individuellen und kollektiven Folgen der Migration zur Zeit der „Völkerwanderung" Jussen benennt.

2 Vergleichen Sie das Modell von Jussen mit dem Modell der Soziologin Ingrid Oswald aus dem ersten Kapitel (M 7, S. 15 f.).

3 Erörtern Sie auf Grundlage Ihrer Ergebnisse aus Aufgabe 2, inwiefern das allgemeine Modell der Migrationssoziologie auf konkrete historische Transformationsprozesse wie die „Völkerwanderung" angewendet werden kann.
**Tipp:** Erstellen Sie dazu ein Schaubild, das sich an der Abbildung zu M 7, S. 15 f. orientiert.

**M3 Der Historiker Walter Pohl über Charakter und Bedeutung der „barbarischen" Wanderungen am Beispiel der Goten (2008)**

„Völkerwanderung" ist ein Begriff, der im 16. Jahrhundert als Bezeichnung für die Zeit zwischen etwa 375 und 568 geprägt wurde, die Zeit, in der das Römische Imperium schrittweise in die ‚barbarischen' Königreiche der Goten, Vandalen, Burgunder, Franken, Langobarden und anderer zerfiel [...]. Dieser Begriff ruft immer noch Bilder von wandernden Volksstämmen hervor, Hunnen oder Germanen, die aus den barbarischen Grenzländern in die römischen Gebiete einfallen und die antike Hochkultur Roms zerstören. Die

jüngere Forschung hat gezeigt, dass diese veraltete Sicht im besten Fall eine krasse Vereinfachung eines höchst komplexen Prozesses bietet, der (Ein-)Wanderung, Integration und soziale und politische Wandlungsprozesse umfasst. Aber immer noch finden höchst kontroverse Debatten statt, die sich mit Ausmaß und Wirkung dieser „barbarischen" Wanderungen beschäftigen [...].
Die oft dramatischen Ereignisse während der „barbarischen" Wanderungen, die römische und griechische Autoren in leuchtenden Farben ausgemalt haben (zeitgenössische Berichte aus der Perspektive der Wandernden existieren nicht), erregten bei der Nachwelt bleibendes Interesse. Die großartigen und tragischen Taten der Goten, Vandalen, Burgunder oder Hunnen wurden zu einer immer wieder gebrauchten Quelle für Bewunderung und Schrecken, für retrospektive Identifikation oder für Stereotypen der Ausgrenzung. Das hat dazu geführt, dass Ausmaß, Einheitlichkeit und Bedeutung der Wanderungen oft übertrieben wurden. Gegen diese veralteten Ansichten müssen einige Punkte hervorgehoben werden. Die militärischen Invasionen, die in [den uns überlieferten] Quellen im Vordergrund stehen, waren nur Episoden im Rahmen einer langen Geschichte von „barbarischen" Wanderungen auf römischen Boden, die weit vor 375 begonnen hatte. Die Gründe für diese Wanderungen lagen vor allem an ‚Pull-Faktoren', dem Sog des Imperiums für seine Nachbarn: dem ständigen Bedarf Roms an militärischer und agrarischer Arbeitskraft und dem außergewöhnlichen Reichtum der römischen Kernländer. In der Spätantike bildeten die Barbaren die Peripherie einer römischen Welt im weiteren Sinn, und viele von ihnen waren mit der römischen Lebensweise durchaus vertraut [...]. Kleinere und größere Gruppen wanderten, oft entlang generationenalter Routen, in die römischen Provinzen, und diese Wanderungen konnten ganz verschiedene Form annehmen: Versklavung durch römische Händler oder Militärs, barbarische Raubzüge, bäuerliche Niederlassung, vorübergehender oder dauerhafter Militärdienst, Anschluss an bereits etablierte Gruppen oder Wanderungen ohne ein klares Ziel. Kaum eine der größeren wandernden Gruppen war ethnisch homogen. Obwohl viele der Ethnonyme[1] [...] so oder ähnlich bereits in viel früheren Quellen erwähnt werden, ist leicht nachweisbar, dass nicht einfach geschlossene Völker wanderten, sondern dass sich auf römischem Boden neue Zusammenschlüsse bildeten. Die Führungsschicht der neuen Königreiche war teils sehr unterschiedlicher Herkunft – zum Beispiel wurden die Vandalen von ursprünglich iranischen Alanen begleitet, die Goten von Hunnen, die Langobarden von Sarmaten und von römischen Provinzialen.

*Walter Pohl, Völkerwanderung; in: Migrationen im Mittelalter. Ein Handbuch, hg. v. Michael Borgolte, de Gruyter, Berlin 2014, S. 231 und 235.**

1 *Ethnonyme:* Volksbezeichnungen

1 Fassen Sie die Kernaussagen Walter Pohls über den Charakter und die Bedeutung der sogenannten „barbarischen" Wanderungen zusammen.
2 Arbeiten Sie auf Grundlage von M 1 (Walter) bis M 3 (Pohl) die Push- und Pull-Faktoren für Migrationsbewegungen zur Zeit der „Völkerwanderung" heraus. Erstellen Sie eine tabellarische Übersicht.
3 **Vertiefung:** Analysieren Sie die Ausführungen Bernhard Jussens (M 2) und Walter Pohls (M 3) im Hinblick auf mögliche Formen von Kulturkontakt und Kulturkonflikt zwischen ‚Barbaren' und Römern.

### M 4 Der Althistoriker Mischa Meier über das Phänomen Mobilität zur Zeit der „Völkerwanderung" (2016)

In der Forschung vollzieht sich zurzeit ein Paradigmenwechsel: Hatte man bisher außergewöhnlichen Migrationsphänomenen wie der „Völkerwanderung" als Ausnahmeerscheinungen innerhalb der Geschichte des Altertums besondere Aufmerksamkeit gewidmet, so wird inzwischen zunehmend anerkannt, dass Mobilität ein nahezu omnipräsentes Phänomen darstellte – keineswegs eine erklärungsbedürftige, punktuelle Sonderentwicklung, sondern tendenziell der Normalzustand. Menschen waren in Bewegung: räumlich, sozial, kulturell. Migration wiederum [...] stellt innerhalb dieser prinzipiellen Disposition lediglich ein Teilphänomen dar. Es ist während der „Völkerwanderung" weder neu noch begrenzt auf Immigration beziehungsweise Invasion.
Vielmehr konstituierte das Römische Reich bereits seit Jahrhunderten einen Raum für Binnenmigrationen unterschiedlichster Art, und auch Ein- und Auswanderungen sowie ein kontinuierlicher grenzüberschreitender Austausch gehörten selbstverständlich zum Alltag. Denn das Römische Reich übte aufgrund des vergleichsweise hohen Lebensstandards nicht nur eine generelle Anziehungskraft aus, sondern der Zuzug aus dem *Barbaricum* wurde mitunter sogar großzügig gefördert, wenn etwa Mangel an Arbeitskräften und insbesondere an Rekruten herrschte. [...]
Auch außerhalb des *Imperium Romanum* waren Menschen grundsätzlich mobil. Immer wieder – insbe-

sondere seit dem 3. Jahrhundert – kam es zu Drucksituationen an den römischen Grenzen, wenn Mobilität tendenziell zunahm, was aus unterschiedlichen Gründen geschehen konnte, die großenteils innerhalb des römischen Kontextes zu lokalisieren sind. Während der „Völkerwanderung" wurden die Römer also keineswegs mit einem grundlegend neuartigen Phänomen konfrontiert. Ungewöhnlich war lediglich die Massivität, mit der in einigen Grenzregionen nunmehr der Druck zunahm (zunächst an Donau und Rhein, später dann auch in anderen Regionen); ungewöhnlich war sodann die Intensität, mit der sich insbesondere seit dem frühen 5. Jahrhundert innere Probleme (Bürgerkriege) mit dem Geschehen an der Peripherie des Reichs vermengten, was zwangsläufig eine beträchtliche Ressourcenverknappung nach sich zog; ungewöhnlich war schließlich auch die Diversität und Variabilität der einzelnen Verbände, mit denen die Römer innerhalb weniger Jahrzehnte konfrontiert wurden und die plötzlich Herausforderungen konstituierten, denen die römische Regierung auch angesichts einer zunehmend angespannten innenpolitischen Lage zumindest im lateinischsprachigen Westen mittelfristig nicht gewachsen war.

*Mischa Meier, Die „Völkerwanderung", in: Aus Politik und Zeitgeschichte 26–27, 2016, S. 6.**

1 Charakterisieren Sie die Bedeutung, die Mischa Meier der „Völkerwanderung" vor dem Hintergrund des allgemeinen Phänomens von Migration und Mobilität in der Antike zuweist.
2 Diskutieren Sie – auch im Rückgriff auf M 1 (Walter) und auf Ihre Erkenntnisse zum Thema „Völkerwanderung" –, inwiefern die Transformationsprozesse, die zur Zeit der „Völkerwanderung" rekonstruiert werden können, kennzeichnend für die Spätantike einerseits und die Entwicklung des Römischen Reiches andererseits waren.

**M 5 Der Althistoriker Mischa Meier über Motive und Zusammensetzung von wandernden Personengruppen und Verbänden (2016)**

[Die] barbarischen Verbände konnten allerdings ganz unterschiedlichen Charakter haben, und bereits aus diesem Grund erweist sich auch der Terminus „Völkerwanderung" zunehmend als problematisch. Seit dem 3. Jahrhundert beobachten wir an den römischen Grenzen vom Rhein bis nach Nordafrika Bewegungen durch mobile Gruppen unterschiedlicher Ausprägung: kleinere Kriegerverbände, die sich temporär, allmählich dann auch längerfristig zu größeren Gebilden zusammenschließen konnten (beispielsweise Franken oder Alemannen); kriegerische, aufgrund ihrer sozialen Struktur höchst aggressive nomadische Reiterverbände aus der eurasischen Steppe, deren Angriffe auf andere außerrömische Gruppen verstärkte Migrationsbewegungen auslösen konnten (Hunnen, Bulgaren oder Awaren); wandernde Großgruppen, denen sich im Lauf der Jahre eine zunehmende Zahl von Menschen anschloss und die mit kampftüchtigen Männern sowie Frauen und Kindern durch die Lande zogen (Terwingen oder Vandalen); Kleingruppen, die über Jahrzehnte hin, manchmal miteinander kooperierend, häufiger jedoch für sich, in römische Gebiete einsickerten (die frühen Slawen); Reitergruppen, die durch die Annahme einer übergreifenden Ideologie ungeahnte expansive Gewalt zu entfalten vermochten (Araber).
In all diesen Fällen ist es ausgesprochen schwierig, klare Abgrenzungen zwischen Kategorien wie „Wanderzug", „Migranten", „Armee" oder „Plünderverband" zu ziehen, da die einzelnen Gruppen in der Regel situativ handelten und überdies in ihrer Komposition zumeist höchst instabil, ja geradezu fluide waren und sich daher in permanenten Veränderungsprozessen befanden. Zudem wurde seit dem späten 4. Jahrhundert unter anderem durch den Zustrom römischer Deserteure, entlaufener Sklaven, unzufriedener Provinzbewohner nicht zuletzt aber auch durch die verbreitete Praxis, die Anführer allzu umtriebiger Verbände mit römischen Titeln und Ämtern auszustatten – eine Differenzierung zwischen „römisch" und „barbarisch" zunehmend schwierig.

*Mischa Meier, Wandernde Völker? in: DAMALS, 7, 2016, S. 17f.**

1 Arbeiten Sie die verschiedenen Formen der wandernden Personengruppen bzw. Verbände heraus und stellen Sie Gemeinsamkeiten und Unterschiede dar. **Tipp:** siehe S. 149.
2 Erläutern Sie, wie Meier den Begriff „Völkerwanderung" hier dekonstruiert.
3 **Vertiefung:** Setzen Sie sich auf der Grundlage von Meiers Ausführungen über die Zusammensetzung der wandernden Personengruppen bzw. Verbände kritisch mit dem Begriff der Ethnogenese (siehe S. 11 f.) auseinander.

## Kulturkontakt und Kulturkonflikt

**M6 Der Althistoriker Mischa Meier über Formen kultureller Begegnung zwischen Römern und „Barbaren“ am Beispiel der Goten (2017)**

Beginnen wir mit den Goten, die 376 mit römischer Genehmigung die Donau überschritten. Soweit erkennbar, handelte es sich bei ihnen größtenteils um Flüchtlinge. Sowohl die gotischen Greuthungen [Ostgoten] aus den Steppen des nördlichen Schwarzmeergebietes als auch die Terwingen [Westgoten], die jenseits der unteren Donau siedelten, hatten bis dahin politische Strukturen besessen, die wir zwar im Einzelnen nicht kennen, die ihnen aber offenbar großflächige Organisationsleistungen ermöglichten. Die Terwingen, durch wechselseitige Kontakte und intensiven Austausch mit dem Imperium eng vernetzt und daher sicherlich mit den dort herrschenden Verhältnissen bestens vertraut, übernahmen für Rom sogar die Funktion einer Ordnungsmacht im Raum jenseits der Donau. Diese Strukturen wurden durch einen römisch-terwingischen Krieg (367–369), insbesondere aber durch die Attacken der Hunnen, die sich seit Mitte des 4. Jahrhunderts offenbar massiv verschärften, schwer in Mitleidenschaft gezogen. Jene Goten, die 376 die Donau erreichten, scheinen sich in einem fortgeschrittenen politischen Auflösungsprozess befunden zu haben, was den Römern möglicherweise eine leichtere Kontrollierbarkeit suggerierte. Aus verschiedenen Gründen gelang es dem Reich jedoch nicht, die seit 376 eintreffenden Menschenmassen zu bewältigen, was Konflikte generierte, die sich schließlich in einem Aufstand der Goten entluden, dessen Höhepunkt die militärische Katastrophe Roms in der Schlacht von Adrianopel (heute Edirne, Nordwesttürkei) war, in der Kaiser Valens fiel (378). Die anschließenden Jahre standen im Zeichen der Bemühungen der römischen Führung, die marodierenden gotischen Gruppen, die sich infolge der chaotischen Ereignisse auf dem Balkan verteilten, wieder unter Kontrolle zu bringen. Mit dem berühmten Vertrag des Jahres 382 wurde schließlich die größte gotische Gruppierung als teilautonomer Verband auf Reichsboden angesiedelt. Die Goten verpflichteten sich zur Heeresfolge (unter eigenen Anführern) und erhielten im Gegenzug finanzielle Leistungen von der römischen Regierung. In der Forschung wird seit langem darüber diskutiert, ob Rom mit diesem Vertrag den schleichenden Verlust seiner territorialen Integrität, wie er dann im Westen vor allem im 5. Jahrhundert zu beobachten ist, eingeleitet hat oder ob lediglich Elemente einer schon längst bestehenden Praxis fortentwickelt worden sind. Wir werden uns die Goten an der Donau, deren Zahl sicherlich mehrere zehntausend Personen umfasst hat, als großdimensionierten Flüchtlingstreck vorstellen müssen, in dem sich Frauen, Kinder und ein umfangreicher Tross befunden haben werden. Dieser scheinbar ungeordnete Haufen war jedoch auf römischem Gebiet dazu in der Lage, sich militärisch in einer Weise (neu?) zu organisieren, dass er immerhin die römische Orientarmee weitgehend vernichten konnte.

*Mischa Meier, Die „Völkerwanderung", in: geschichte für heute, Heft 2/2017: Menschen in Bewegung, S. 14 f.**

1 Charakterisieren Sie den Kulturkontakt und Kulturkonflikt zwischen den Westgoten und den Römern.
2 Erörtern Sie die Auswirkungen dieses Kulturkontakts bzw. Kulturkonflikts auf den westgotischen Personenverband. Greifen Sie dabei auf Ihre Erkenntnisse aus dem Kapitel 2 sowie auf ein Modell aus dem Kapitel 1 zurück.

**M7 Die Historikerin Verena Postel über Franken und Römer im 4. Jahrhundert (2004)**

Fränkische Teilstämme wurden unter ihren eigenen Königen auf Reichsboden angesiedelt, als Reichsangehörige mit der Pflicht zum Heeresdienst, eine Vorstufe zu den ab 380/382 einsetzenden Ansiedlungsverträgen (*foedera*) mit den Goten. Diese Integrationspolitik, die Übernahme hoher Kommandostellen im Heer durch Franken, scheint erfolgreich gewesen zu sein, wie durch Grabfunde bestätigt wird. Spätestens seit Valentinian I. erfreuten sich Personen der germanischen Oberschicht als Anführer von Söldnerverbänden des mobilen Feldheeres besonderer Anerkennung seitens der römischen Militärverwaltung. [...] Franken kämpften für die Römer gegen ihre eigenen Stammesgenossen, wie das Beispiel des römischen Heermeisters Arbogast zeigt, eines Franken, der eine Strafexpedition gegen die Brukterer und Chamaven unternahm. Das *cingulum militiae* als Rang- und Amtsabzeichen der zivilen und militärischen Verwaltung war das sichtbare Zeichen der römischen Amtsgewalt (*potestas*), auf die gestützt auch den germanischen Offizieren und (später) Verwaltungsbeamten die Kompetenzen des römischen *iudex* zukamen: Regierung, Verwaltung des Sprengels und Gerichtsbarkeit. Die Franken haben auf diese Weise u.a. über das Militär die Grundlagen römischer Staatlichkeit übernommen und auf die Germania ausgedehnt. Wie tief die Loyalität der Franken zum römischen *imperium* ging, zeigt die bekannte Grabinschrift eines in Pannonien beigesetzten Soldaten aus dem 3. Jhd.: *Francus ego cives, miles Romanus*

*in armis*/Franke bin ich im zivilen Leben, im Krieg diene ich als römischer Soldat […]. Die Doppelidentität als Franke und Römer […] geht aus dem Vers hervor.
In dieser loyalen Einstellung versuchten Franken den Durchmarsch der Vandalen, Alanen und Sueben 406 über den Rhein bei Mainz zu verhindern, freilich erfolglos. Auch auf den Katalaunischen Feldern 451 hatten Franken gekämpft, teilweise zur Abwehr der Hunnen aufseiten des Aetius, teils auf gegnerischer Seite. Dies belegt, dass es in der Völkerwanderungszeit nicht um pränationale Abstammungsgemeinschaften ging, die sich als Einheiten gegenüber den Römern durchsetzen wollten, es geht um sehr differenzierte Prozesse, in denen kleine Gruppen je für sich an der überlegenen politischen, kulturellen und wirtschaftlichen Macht noch des spätrömischen Reiches partizipieren wollten. […]
Selbst in der dritten Phase der vormerowingischen Geschichte der Franken, derjenigen der politischen Verselbstständigung gegenüber Rom, suchte man noch die Anlehnung an römische Amtsträger, um sich zu etablieren. So gingen die Rheinfranken mit den Burgundern unter ihrem König Gundowech […] ein Bündnis ein, um die alemannische Expansion einzudämmen. […]
Ein vergleichbares Sich-Aufstützen auf Repräsentanten der römischen Militärmacht findet sich auch bei den Salfranken, die im Laufe des 5. Jhds. die Hegemonie innerhalb des Stammesschwarms der Franken übernahmen, und zwar unter Führung der Sippe Chlodios, der auch Merovech und Childerich angehörten. Sie verbündeten sich mit dem römischen Heermeister Aegidius (456/7–464), der zeitweise bei ihnen die Stellung eines Königs gehabt haben soll. Mitte des 5. Jhds. wurden sie als Föderaten anerkannt. Childerich übernahm die Führung der Franken vor dem Jahre 463 und war der letzte fränkische Heerführer, der die Tradition des Militärdienstes als föderierter Germane fortsetzte. Unter dem Oberbefehl des nordgallischen Heermeisters Aegidius trat er 463 gegen die Westgoten an, erneut dann 469, diesmal unter der Führung des römischen Befehlshabers Paulus. […] Er war ein föderierter römischer General, der die Verwaltung der [Provinz] Belgica II innehatte und an seinen Sohn Chlodwig weitergab. Dessen Aufstieg wurde auch durch die diplomatischen Fähigkeiten seines Vaters geebnet.

*Verena Postel, Die Ursprünge Europas. Migration und Integration im frühen Mittelalter, Kohlhammer, Stuttgart 2004, S. 129 f.**

1 Geben Sie die Kernaussagen und den grundsätzlichen Gedankengang von Verena Postel wieder.

2 Erläutern Sie die zentrale These Postels (Z. 41–48) vor dem Hintergrund dieses Textes und Ihrer Erkenntnisse aus Kapitel 4, S. 62 ff.

3 Beurteilen Sie die hier und in Kapitel 4 dargestellten Beziehungen zwischen Franken und Römern unter Bezugnahme auf das Modell von Urs Bitterli (M 9, M 10, S. 17 f.).

**M 8 Der Historiker Walter Pohl über die Verzahnung der ostgotischen und römischen Herrschaft in Italien (2002)**

Wie Odoaker hat Theoderich darauf verzichtet, sich zum Kaiser erheben zu lassen. […] Tatsächlich hatte die Stilllegung des westlichen Kaisertums durch Odoaker die Situation beruhigt, und auch Theoderich gelang als König ein recht dauerhafter politischer Ausgleich. Der Königstitel signalisierte gerade durch seine Marginalität innerhalb des traditionellen römischen Systems, dass dieses nicht ersetzt, sondern nur ergänzt werden sollte. Das erlaubte vor allem dem Senat, seine gewohnte und immer schon eifersüchtig gehütete Rolle als Organ politischer Einflussnahme neben einer monarchischen Spitze weiter zu spielen.
Diese Senatoren waren es, deren Loyalität Theoderich durch gezielte Politik gewinnen und lange erhalten konnte. […] Theoderich förderte die Städte, restaurierte öffentliche Bauten und Aquädukte, bediente sich römischen Zeremoniells (wie bei der Dreißigjahrfeier seines Königtums in Rom im Jahr 500) und drückte seine Achtung vor den Senatoren und der katholischen Kirche aus. Er respektierte die Eigenständigkeit der zivilen Verwaltung; mit dem *magister officiorum* und dem Prätorianerpräfekten an der Spitze blieben die bürokratische Hierarchie der ehemals kaiserlichen Verwaltung, die Steuerverwaltung und die anderen Behörden im vollen Umfang funktionstüchtig. Ebenso erhielt sich die traditionelle republikanische Ämterlaufbahn bis hin zum Konsul, dessen Ernennung kaiserliches Vorrecht blieb. Theoderichs Ideologie unterstrich den römischen Charakter, die *romanitas*, der gotischen Herrschaft, die ebenso wie ihr kaiserliches Vorbild als Quelle der *civilitas*, der gesetzlich begründeten Ordnung, gelten sollte. Auf dieser gemeinsamen ‚staatsbürgerlichen' Grundlage sollten Goten und Römer geregelt und harmonisch zusammenleben. […] Entscheidend für die Senatoren und die besitzenden Schichten in Italien war nach der gotischen Eroberung zunächst, dass die Ansiedlung und Versorgung der Goten unter möglichster Schonung ihrer Rechte durchgeführt wurde. […]

Die Ansiedlung von Barbaren, denen unkultiviertes Land und eventuell noch zusätzliche Mittel als Starthilfe zur Verfügung gestellt wurden, hatte ebenso wie die von Veteranen lange Tradition; manche Barbaren mochten mit dieser Form der Absicherung ihr Auskommen finden. Die Führungsgruppen der Westgoten, Burgunder oder Ostgoten waren damit kaum zufriedenzustellen; sie legten sicherlich Wert auf regelmäßige und standesgemäße Einkünfte.
Die Frage, ob das durch Steueranteile oder Landzuweisung geschah, entschärft sich allerdings, wenn man davon ausgeht, dass zumindest die vornehmeren Goten das Land in der Regel nicht selbst bestellten, sondern von den Erträgen lebten. Im spätantiken Italien ging offenbar ein nicht unbeträchtlicher Teil der [...] Einkünfte aus landwirtschaftlichen Erträgen an nicht auf den betreffenden Gütern wohnende, meist wohl stadtsässige Besitzer. Ob die Goten in Form von derartigen ‚privaten' Besitztiteln oder von ‚öffentlichen' Steueranteilen versorgt wurden, macht für eine in städtischen Garnisonen stationierte Truppe zunächst keinen grundlegenden Unterschied. Längerfristig strebten die Goten sicherlich nach dem materiellen Besitz an Landgütern, auf denen sie leben konnten.

*Walter Pohl, Die Völkerwanderung. Eroberung und Integration, Kohlhammer, Stuttgart 2002, S. 136–139.**

1 Fassen Sie den Gedankengang Pohls zusammen.
2 Charakterisieren Sie die Chancen und die möglichen Probleme der Machtsicherungsstrategie der Ostgoten in Italien.
3 **Vertiefung:** Erläutern Sie auf der Grundlage Ihrer Ergebnisse aus Aufgabe 1 Möglichkeiten des Kulturkontaktes und Kulturkonfliktes zwischen Ostgoten und Römern. Berücksichtigen Sie hierbei die Texte von Bitterli aus dem Kapitel 1 (M 9, M 10, S. 17 f.).

## M 9 Der Historiker Patrick Geary über den Wandel von Identitäten im Merowingerreich (2002)

Die Herausbildung starker regionaler Identitäten mit eigenen Territorialrechten und eigener aristokratischer Führungsschicht, die gleichwohl am katholischen Glauben festhielt und an die zentrale fränkische Autorität gebunden blieb, bewirkte eine tiefgreifende Veränderung in der ethnischen Terminologie, die seit Jahrhunderten gebräuchlich gewesen war. Im 4. und 5. Jahrhundert hatte die tiefe Spaltung zwischen Römern und Barbaren eine dichotome [gespaltene] Welt konstruiert, die von beiden Seiten anerkannt wurde wie von jenen Gruppen, die selbst ein lebendiger Beweis dafür waren, dass solch groben Einteilungen der Realität mitnichten entsprachen. Obwohl der Begriff „barbarisch" in der klassischen Antike eine gewisse Verachtung zum Ausdruck brachte, übernahmen ihn die föderierten Armeen in der militärischen Welt der Spätantike als neutrale oder sogar positive Kennzeichnung ihrer nichtrömischen Identität. [...] Zu Beginn des 7. Jahrhunderts war die Unterscheidung zwischen Römern und Barbaren nichtssagend geworden. Es bedeutete nichts mehr, römischer Bürger zu sein. Nicht Sprache, Brauch oder Recht unterteilte die Bevölkerung der verschiedenen Regionen in getrennte Gruppen, sondern die Schichtenzugehörigkeit, und die gesamte Gesellschaft – [...] mit Ausnahme der jüdischen Minderheit – war in einem gemeinsamen Glauben vereint. So wuchs dem Begriff *barbarus* nach und nach eine neue Bedeutung zu: die des Fremden und schließlich die des so heidnischen Fremden. [...]
Mit dem Verschwinden der Barbaren aus dem Imperium verschwanden auch die Römer selbst. Möglicherweise vollzog sich ihr Untergang sogar noch rascher. Gregor von Tours, der Historiker aus dem 6. Jahrhundert, der oft als Repräsentant der gallorömischen Aristokratie betrachtet wird, bezeichnet sich selbst, seine Familie und jene Menschen, die er als gesellschaftlich und kulturell ebenbürtig ansah, nie als Römer, sondern benutzt stattdessen die regionalen, seit dem dritten Jahrhundert gebräuchlichen Namen oder spricht von der senatorischen Klasse. In Gregors Geschichte gibt es gar keine „Römer". [...] Im 8. Jahrhundert bezeichnet der Begriff die Herkunft aus einer Region, die so etwa durch Aquitanien im Westen und durch Rätien in den Alpen begrenzt war, und um die Mitte des 9. Jahrhunderts schließlich wird der Terminus *Romanus* in der fränkischen Sphäre genauso verwendet wie ehemals im langobardischen Königreich: Er bezeichnet den Einwohner der Stadt Rom. Im westlichen römischen Imperium gab es keine Römer oder Barbaren mehr.

*Patrick Geary, Europäische Völker im frühen Mittelalter. Zur Legende vom Werden der Nationen, Fischer, Frankfurt/M. 2002, S. 157 f. (übers. v. Elisabeth Vorspohl).**

1 Geben Sie die Kernaussagen von Patrick Geary wieder.
2 Erläutern Sie Gearys Aussage: „Mit dem Verschwinden der Barbaren aus dem Imperium verschwanden auch die Römer selbst" (Z. 31 f.).
3 Ordnen Sie den hier beschriebenen Identitätswandel in Bitterlis Modell der Kulturbegegnung ein (M 9, M 10, S. 17 f.).

## Transformationsprozesse

**M 10 Die Historiker Andreas Suter und Manfred Hettling über die Frage, wie historischer Wandel beschrieben und gedeutet werden kann (2001)**

In den Sozialwissenschaften und der Sozialgeschichte wurde seit den 1970er-Jahren historischer Wandel vor allem durch die Beschreibung und Erklärung des Wandels von Strukturen und Prozessen erfasst. Demgegenüber trat die Bedeutung von einzelnen Ereignissen – und auch einzelner Personen – deutlich in den Hintergrund. Seit einigen Jahren wird aber wieder verstärkt die Frage diskutiert, ob bei der Erklärung historischen Wandels nicht auch „das Ereignis" stärker in den Blick genommen werden müsse.

In Frage gestellt wurde die Annahme, dass historischer Wandel nur mit langsam sich verändernden Strukturen und Prozessen erklärt werden könne. Dagegen hat 1989/1991 im realsozialistischen Osteuropa – und durch die Implosion des Staatskommunismus auch in Westeuropa – sowohl bereits lange zuvor in Gang gekommene Strukturveränderungen sichtbar werden lassen als auch ganz neuartige strukturelle Veränderungen ausgelöst. Man denke beispielsweise an den Kollaps des DDR-Sozialismus im Herbst 1989. Die Maueröffnung am 9. November ist eines der spektakulärsten Symbole für diesen Wandel. Ausgelöst wurde dieses „Ereignis" durch das Politbüromitglied Schabowski, der auf einer Pressekonferenz seinen berühmt gewordenen „Zettel" aus der Tasche wühlte, um Reiseerleichterungen zu verkünden. Dass diese Nachricht von DDR-Bürgern synchron und massenhaft als Maueröffnung verstanden wurde und dass die verunsicherten Grenztruppen vor den plötzlich vor ihnen stehenden Massen kapitulierten, das lässt sich nicht hinreichend erklären, ohne sowohl auf Strukturveränderungen im Staatssozialismus (man denke etwa an *Solidarność* in Polen und den durch Gorbatschow initiierten Reformschub in der Sowjetunion [...]) als auch auf dadurch ermöglichte Ereignisse wie die Leipziger Montagsdemonstration am 9. Oktober zurückzugreifen. [...]

So falsch es demnach wäre, historischen Wandel ohne Berücksichtigung von langsam sich verändernden Strukturen und Prozessen zu erklären, so falsch wäre es umgekehrt, die partielle Differenz von Ereignissen zu ihrem strukturellen Kontext zu vernachlässigen. Fragwürdig wurde damit auch die Annahme, dass Strukturen und Prozesse menschliches Handeln bestimmen, ja determinieren könnten – was eine Bedingung des Erfolges der Sozialgeschichte in den letzten Jahrzehnten war. Im Rückgriff auf Strukturen als erklärende Faktoren glaubte man, historische Gesetze fassen zu können und damit die sinnhafte und situative Komplexität menschlichen Handelns in berechenbare Regelmäßigkeiten und auf erklärende Modelle bringen zu können. Vergessen wurde dabei oft eine Erkenntnis bereits der Theoriediskussion der Jahrhundertwende, dass jeder Versuch, die Geschichte als Gesetzeswissenschaft zu etablieren, zum Scheitern verurteilt ist. In der betonten Abgrenzung von einer vor allem [...] auf Faktenrekonstruktion und erzählende Präsentation von Ereignissen konzentrierten Geschichtsschreibung haben sozialgeschichtliche Theorieentwürfe deshalb oft die Ereignishaftigkeit des Geschehens ausgeblendet oder sich in der Illusion von Geschichte als Gesetzeswissenschaft verfangen. Das Unerwartete, das „1989" für Zeitgenossen auszeichnete, konnte damit bekannte, aber in den Hintergrund der Diskussion gerückte theoretische Erkenntnisse wieder bedenkenswert werden lassen. Denn das Überraschende, das Ereignissen grundsätzlich eignet, verweist darauf, dass „jedes Ereignis mehr und zugleich weniger zeitigt, als in seinen strukturellen Vorgegebenheiten enthalten ist" (R. Koselleck). Jedem Ereignis ist mit anderen Worten eine aus langfristigen Strukturen nicht vollständig zu erklärende und prospektiv[1] nicht voraussagbare singuläre Qualität eigen, welche aus der Geschichte einen grundsätzlich offenen Prozess macht. Das verweist auf eine unaufhebbare Differenz zwischen der Ebene der Erfahrung, des Handelns und der Ereignisse als komplexen Handlungssequenzen einerseits und derjenigen der Strukturen andererseits.

*Andreas Suter und Manfred Hettling, Struktur und Ereignis – Wege zu einer Sozialgeschichte des Ereignisses, in: dies. (Hg.), Struktur und Ereignis, Sonderheft 19 der Zeitschrift für Historische Sozialwissenschaft, Vandenhoeck & Ruprecht, Göttingen 2001, S. 8 f.**

1 *prospektiv:* vorausschauend

1 Erarbeiten Sie die Kernaussagen der Autoren im Hinblick auf das Verhältnis von Ereignis und Struktur.
2 Erläutern Sie anhand selbst gewählter Beispiele aus dem Themenbereich „Völkerwanderung", inwiefern die Transformation der spätantiken Welt einerseits durch einzelne Ereignisse und/oder Personen, andererseits durch langfristige strukturelle Veränderungen bzw. Prozesse adäquat beschrieben und erklärt werden kann.
3 **Vertiefung:** Überprüfen Sie, ob sich der vorgestellte Ansatz auch auf die Theorien zu Kulturkonflikt, Kulturkontakt und Migration übertragen lässt. Erarbeiten Sie dafür Beispiele aus dem Themenbereich „Völkerwanderung" und diskutieren Sie diese.

# 7 Wahlmodul: Die Kreuzzüge

**M1 Karte von Jerusalem aus einer lateinischen Handschrift, um 1200.**
*Jerusalemkarten aus der Zeit der Kreuzzüge reduzieren die Stadt auf einen viergeteilten Kreis. Im oberen Teil: der Felsendom (lat. templum domini) und die al-Aqsa-Moschee (lat. templum Salomonis); im linken Teil: das Grab Jesu als Rundbau. Ganz unten: eine Szene aus einer Kreuzfahrerlegende, nach der der heilige Georg eine Gruppe von Muslimen in die Flucht schlägt.*

| | |
|---|---|
| **1071** | Das Byzantinische Reich stößt nach Anatolien und Armenien vor |
| **1076–1078** | Die Seldschuken erobern Syrien und Palästina; die freie christliche Pilgerfahrt (seit 7. Jh.) nach Jerusalem wird unterbrochen; die Seldschuken rücken bis Anatolien vor; Byzanz bittet den Papst um Hilfe |
| **1095** | Kreuzzugsaufruf Papst Urbans II. |
| **1096–1099** | Erster Kreuzzug |
| **1098** | Grafschaft Edessa/Syrien wird erster Kreuzfahrerstaat; Eroberung Antiochias |
| **1099** | Fürstentum Antiochia wird Kreuzfahrerstaat; Eroberung Jerusalems (Juni/Juli); Jerusalem wird Kreuzfahrerstaat |
| **1146–1149** | Zweiter Kreuzzug |
| **1187** | Rückeroberung Jerusalems und großer Teile der Kreuzfahrerstaaten durch den Sultan von Ägypten und Syrien, den Aiyubiden Salah ad-Din |
| **1189–1192** | Dritter Kreuzzug |
| **1191** | Die Christen erobern Akkon zurück |
| **1192** | Teilweise Rückeroberung des Königreiches Jerusalem durch Richard I., doch ohne die Stadt selbst; dreijähriger Waffenstillstand zwischen Richard und Salah ad-Din |

1100 | 1150

Die Kreuzzugsaufrufe der „Franken", d. h. des christlich-lateinischen Europas, waren vor allem Aufrufe zum Kampf gegen Muslime. Denn die Kriege im Namen Gottes stempelten insbesondere die Muslime zu „barbarischen Heiden" ab, deren Tötung gewollt war. Dieses Aufeinanderprallen der Kulturen wurde weniger in der muslimischen als vielmehr in der christlich-europäischen Kultur des Mittelalters mythologisch ausgelegt – mit weit reichenden Folgen: Noch heute wird der Begriff „Kreuzzug" in Reden und Debatten angeführt, z. B. beim „Kreuzzug gegen Abtreibung" oder nach den Terroranschlägen vom 11. September 2001, als der amerikanische Präsident George W. Bush einen „Kreuzzug gegen das Böse" ankündigte.

Das Aufeinandertreffen der Kulturen in den Kreuzfahrerstaaten war jedoch nicht ausschließlich von Konflikt geprägt: Zwischen einzelnen „Franken" und Arabern gab es auch friedliche Kontakte unterschiedlicher Ausprägungen.

1 Analysieren Sie die Darstellung Jerusalems in der historischen Karte M 1.
**Tipp:** Ziehen Sie moderne Reiseführer hinzu und informieren Sie sich über die heiligen Stätten.

2 Erläutern Sie, welches Bild des Zusammenlebens zwischen europäischen Kreuzfahrern und Arabern in der Darstellung deutlich wird.

3 Sammeln Sie in einer Mind- oder Concept-Map alle Informationen, Assoziationen und Fragen, die Ihnen zum Thema „Kreuzzüge" einfallen.

4 Wählen Sie aus Ihren Ergebnisse aus Aufgabe 1 zwei bis drei Punkte aus, die Sie am interessantesten finden, sammeln Sie diese im Plenum (z. B. mithilfe einer Moderationswand und -karten) und versuchen Sie, die Einträge nach übergeordneten Begriffen zu ordnen.

**2–1204** | Vierter Kreuzzug; die christlich-lateinischen Kreuzfahrer erobern und plündern das christlich-orthodoxe Konstantinopel und weite Teile des Byzantinischen Reiches; sie begründen in Byzanz ein lateinisches Kaisertum (bis 1261)

**1217–1221** | Fünfter Kreuzzug

**1228/29** | Kreuzzug Kaiser Friedrichs II. (vom Papst gebannt); durch Vertragsschluss mit Ägypten Rückgewinnung von Jerusalem und Teilen Palästinas

**1248–1254** | Sechster Kreuzzug

**1263** | Beginn der Rückeroberung christlicher Gebiete in Palästina und Syrien durch die Mamluken

**1270–1272** | Siebter Kreuzzug

**1291** | Die Mamluken erobern Akkon und damit den letzten Sitz der Kreuzfahrer

1200 1250 1300

# 7 Wahlmodul: Die Kreuzzüge

***In diesem Kapitel geht es um***
- *die Entwicklung des Kreuzzuggedankens,*
- *den Verlauf des ersten Kreuzzuges,*
- *das Leben in den Kreuzfahrerstaaten und*
- *Begegnung und Konflikt der Kulturen.*

## Der Kreuzzugsgedanke

▶ **M 6: Kreuzzugsaufruf Urbans II.**

▶ **M 4: Karte zu den Seldschuken**

Im Jahre 1095 hielt **Papst Urban II.** während eines Konzils außerhalb der Stadt Clermont in Frankreich eine wortgewaltige Rede. Seine Ausführungen sind nur in vier späteren, unterschiedlichen Fassungen überliefert. Demnach rief er die Ritterschaft dazu auf, sich zu bewaffnen und Glaubensbrüdern im Orient zu Hilfe zu eilen. Papst Urban reagierte damit auf ein Hilfegesuch des byzantinischen Kaisers Alexios, der durch das Vordringen der muslimischen Seldschuken bedrängt war. Auch kursierten Gerüchte von Übergriffen auf christliche Pilger. Wahrscheinlich bereits in dieser Rede, auf jeden Fall aber in späteren Briefen, propagierte der Papst als Ziel, das Grab Christi, das **Heilige Grab** in Jerusalem, zu befreien. Dieses Ziel wurde zum zentralen Bestandteil des Kreuzzugsgedankens. Die **Jerusalemverehrung** spielte im Bewusstsein der Christen bereits seit Jahrhunderten im Rahmen der Pilgerfahrt eine große Rolle. Sowohl Pilger als auch Kreuzfahrer legten als Pilgerzeichen ein Kreuz an und ein Gelübde ab. Neu war, dass die Läuterung des Sünders durch den **bewaffneten Kampf** erfolgen konnte. In diesem Sinne verkündete der Papst den Nachlass der Sünden, einen vollkommenen Ablass. Ein solcher Kampf wurde als **Heiliger Krieg** angesehen, weil er angeblich auf dem Willen Gottes beruhte. Diese Vorstellung wurde mit der ritterlichen Aufgabe des Herrendienstes verknüpft. Der einflussreiche Zisterzienserabt und spätere Kreuzzugsprediger Bernhard von Clairvaux (um 1090–1153) bezeichnete Palästina als Eigentum des Herrn Jesu und forderte jeden Ritter des Herrn (*miles christi*) auf, in den Kampf zu ziehen, um seinen obersten Herren wieder in sein Recht einzusetzen.

**M 1 Ein Kreuzfahrer begibt sich in den Schutz Gottes und nimmt als *miles christi* die Kreuzfahrt auf sich, englische Buchmalerei aus dem „Westminster Abbey Psalter", 1175**

**M 2 Europa und der Nahe Osten Ende des 12. Jahrhunderts**

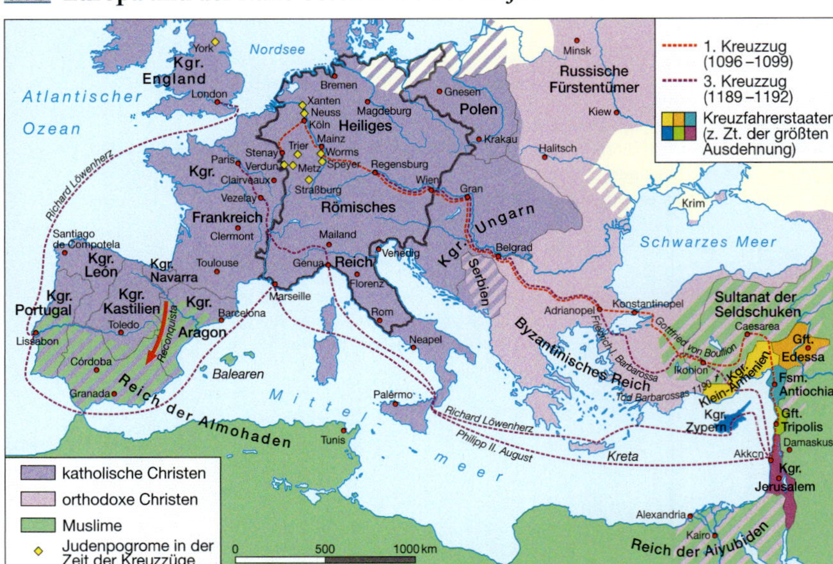

## Die politische Situation in Europa

Mit seinem Aufruf hatte sich der Papst an die Ritter und nicht an den Kaiser und die Könige gewandt. Denn seit 1075 befand sich das Papsttum mit dem französischen, römisch-deutschen und englischen König im **Streit um die Investitur*** der Bischöfe und Äbte. Der römisch-deutsche König, der Salier Heinrich IV., war seit 1080 gebannt und sollte es bis zu seinem Tode bleiben, weil er auf die Investitur der deutschen Reichsbischöfe nicht verzichten wollte. Den französischen König Philipp I. hatte Urban 1094 wegen eines ehebrecherischen Verhältnisses exkommunizieren lassen. In diesen Konflikten wurde das bisherige Verhältnis von geistlicher und weltlicher Gewalt im römisch-lateinischen Westen infrage gestellt. Auch mit seiner Rede in Clermont demonstrierte der Papst, dass er die führende Rolle in der lateinischen Christenheit beanspruchte.

**Investiturstreit**
Bis 1075 wurden im Heiligen Römischen Reich, in Frankreich und England die Bischöfe und Äbte durch die Könige eingesetzt. Seit 1075 beanspruchten die Päpste dieses Recht. Mit dem Ruf nach der Freiheit der Kirche (*libertas ecclesiae*) strebten sie eine von weltlichen Einflüssen unabhängige Institution an. Seit 1078 wurde die Investitur durch die Könige, nun als Laieninvestitur bezeichnet, bei Strafe des Kirchenausschlusses (Bann) verboten. Zur Einigung kam es 1104 in Frankreich, 1107 in England und 1122 im Heiligen Römischen Reich. Gemäß dem Wormser Konkordat von 1122 stand die Investitur in das geistliche Amt (Übergabe von Ring und Stab) dem Papst, die Einweisung in die weltlichen Hoheitsrechte (Übergabe des Zepters) dem König zu.

## Beweggründe der Kreuzfahrer

Urbans Aufruf fand großen Widerhall. Die **Gründe** dafür werden unterschiedlich diskutiert. Einige Historiker heben **soziale Faktoren** hervor. In der feudalen Gesellschaft Europas war die Macht der lokalen Herren gestärkt worden, während die Belastungen der niederen Ritter und Bauern drückender wurden. Auch gab es in Westeuropa einen Bevölkerungsanstieg. Die daraus entstandene Landknappheit führte z.B. beim französischen Adel zu Beschränkungen bei der Erbfolge und Heirat, was in Einzelfällen die Annahme des Kreuzes begünstigte. Einige Anführer des ersten Kreuzzuges erstrebten zudem eine eigene Herrschaft im Heiligen Land. Entscheidend für die Teilnahme am Kreuzzug waren aber offenbar **religiöse Gründe**. Das ausgehende 11. Jahrhundert war eine religiös bewegte Zeit, in der viele Menschen vom Glauben an einen Heiligen Krieg, an den ritterlichen Dienst als *miles christi*, vom Ideal einer **Nachfolge Christi*** (*imitatio Christi*), von Jerusalemsehnsucht und dem Buß- und Ablassgedanken erfasst wurden.

**Nachfolge Christi (*imitatio christi*)**
Dazu gibt das Matthäus-Evangelium den Beleg: „Wenn einer mir nachfolgen will, der verleugne sich selbst, nehme sein Kreuz auf sich und folge mir nach."

**M3 Peter der Einsiedler mit Kreuzfahrerinnen, englische Buchmalerei, um 1350.**
*Von kirchlicher Seite war die Teilnahme von Frauen nicht erwünscht. Jedoch nahmen Frauen aus allen Ständen, als Gefährtinnen ihrer Ehemänner oder auch als Ledige, daran teil.*

## Der Verlauf des ersten Kreuzzuges

1096 traten verschiedene soziale Gruppen von Kreuzfahrern, begleitet von Frauen und Kindern (M 3), den Weg ins Heilige Land an. Als erste Gruppe brach der **Volkskreuzzug** auf, dessen Teilnehmer aus allen Schichten der Bevölkerung stammten. Ein erster Haufen wurde 1096 bei Nikäa von den Seldschuken* vernichtet, ein zweiter bereits in Ungarn aufgerieben. Bei der anderen Gruppe handelte es sich um mehrere wohlausgerüstete **Ritterheere**, deren hochadlige Fürsten aus Frankreich, Flandern und dem süditalienischen Normannenstaat kamen. In mehreren Schüben zogen sie bis Konstantinopel und vereinigten sich 1097 dort. Auf einem entbehrungsreichen Zug durch Anatolien und Syrien und unter hohen Verlusten gelangten sie 1099 nach **Jerusalem**. Im Juli nahmen sie die Stadt ein und töteten dabei fast alle muslimischen und jüdischen Bewohner in einem grausamen Blutbad – Schätzungen gehen von 20 000 Opfern aus.

## Judenpogrome vom Sommer 1096

Einige Gruppen des Volkskreuzzuges zerstörten zu Beginn ihres Aufbruches im Sommer 1096 in einer Serie von **Massakern** die blühenden rheinischen und lothringischen jüdischen Gemeinden und überfielen auch diejenigen in Regensburg und Prag. Damit kamen latente Spannungen gegenüber den Juden, die bei den Christen als Mörder Jesu angesehen wurden und deren teilweiser Wohlstand sozialen Neid hervorgerufen hatte, offen zum Ausbruch. Die Kreuzzügler bezogen die Forderung des Papstes, zunächst die Feinde Christi im eigenen Land zu bekämpfen, auf die Juden. Obwohl die geistlichen und weltlichen Stadtherren meist versuchten, die Juden zu schützen, wurden die jüdischen Gemeinden von **Rouen, Metz, Speyer, Mainz, Worms und Köln** vernichtet.

**Seldschuken**
altürkisches Herrschergeschlecht, andere Bezeichnung Turkmenen; 1071 Sieg über die Byzantiner bei Manzikert und Einnahme Jerusalems; 1078 Eroberung von Syrien und Palästina; 1098 Verlust von Jerusalem an die Fatimiden

▶ **M 7: Wilhelm von Tyros' Bericht über die Eroberung Jerusalems**

**Ritualmordlegende**
Christen beschuldigen fälschlicherweise die Juden, ein Christenkind getötet zu haben, um an ihm die Passion Christi nachzuvollziehen oder aber sein Blut zur magischen Entsühnung zu verwenden.

**Hostienfrevellegende**
Juden wurden verleumdet, im Beisein von Glaubensgenossen die Hostie „gemartert" zu haben, sodass Blut herausgetreten sei; nach dem Glauben der Christen war dies das Blut Christi.

Infolge dieser Katastrophe stellten die Päpste die Juden zwar unter ihren Schutz und garantierten deren ungestörte Religionsausübung, ebenso intensivierten die weltlichen Herrscher ihre Schutzbeziehungen. Gleichzeitig wurden die Juden aber durch neue Gesetze von beiden Gewalten rechtlich stärker isoliert und benachteiligt. Das Verhältnis zwischen Juden und Christen blieb durch die Ausschreitungen im Zuge des ersten Kreuzzuges nachhaltig belastet, und in der Folgezeit, als sich die Gemeinden zum Teil neu bildeten, wurden von den Christen verleumderische Legenden zur eigenen Entlastung bei erneuten Übergriffen erfunden, wie die Vorwürfe des **Ritualmordes***, des **Hostienfrevels*** oder der **Brunnenvergiftung**.

## Die Lage der islamischen Staatenwelt im Nahen Osten

▶ M 4: Karte zu den Seldschuken

**Rumseldschuken**
Abspaltung vom Reich der Seldschuken; das Reich in Anatolien wurde um 1080 unter Führung des seldschukischen Prinzen Süleyman gegründet. Der Name Rum bezieht sich auf die Rhomäer, die Byzantiner, denen sie sehr zusetzten.

**Schiiten**
Abgeleitet von Schiat Ali, d. h. Partei Alis. Die Schiiten erkennen nur Ali und seine Nachkommen als rechtmäßige Imame an. So stehen sie den Sunniten ablehnend gegenüber. Sie bilden etwa 14 Prozent der Muslime.

Als eine Folge des ersten Kreuzzuges entstanden christliche Herrschaften, die Kreuzfahrerstaaten: das Königreich Jerusalem, das Fürstentum Antiochia und die Grafschaften Edessa und Tripolis. Dass es zu diesen christlichen Herrschaften kommen konnte, lag nicht zuletzt an der Konstellation der islamischen Mächte im Nahen Osten. Der Abbasidenkalif in Bagdad wurde zwar weiterhin als religiöse Macht des sunnitischen Islam respektiert und repräsentierte als solcher die Einheit der *Umma*. Jedoch lag die reale Macht seit 1055 bei dem islamischen Sultan Melikschah und seinem bedeutenden Wesir Niza al-Mulk, die ein seldschukisches Großreich mit Sitz in Isfahan, weit entfernt von Palästina, regierten. Ab 1077 verselbstständigte sich in Anatolien das Reich der Rumseldschuken* (1077–1243). Das ägyptische Reich der Fatimiden (969–1171) bildete die zweite Großmacht, dessen schiitische* Kalifen jedoch die Legitimität des sunnitischen Kalifen in Bagdad bestritten. Politische Zersplitterung und Rivalität sowie religiöse Gegensätze verhinderten somit ein einheitliches Vorgehen gegen die Kreuzfahrer. Der fast gleichzeitige Tod der Staatsmänner des Seldschukenreiches (1092) sowie der Kalifen von Bagdad und Kairo (1094) bedingten zudem ein politisches Vakuum, da es sowohl im Fatimiden- wie im Seldschukenreich zu Thronwirren kam.

**M 4 Die Seldschuken und die späten Abbasiden im 11.–13. Jahrhundert**

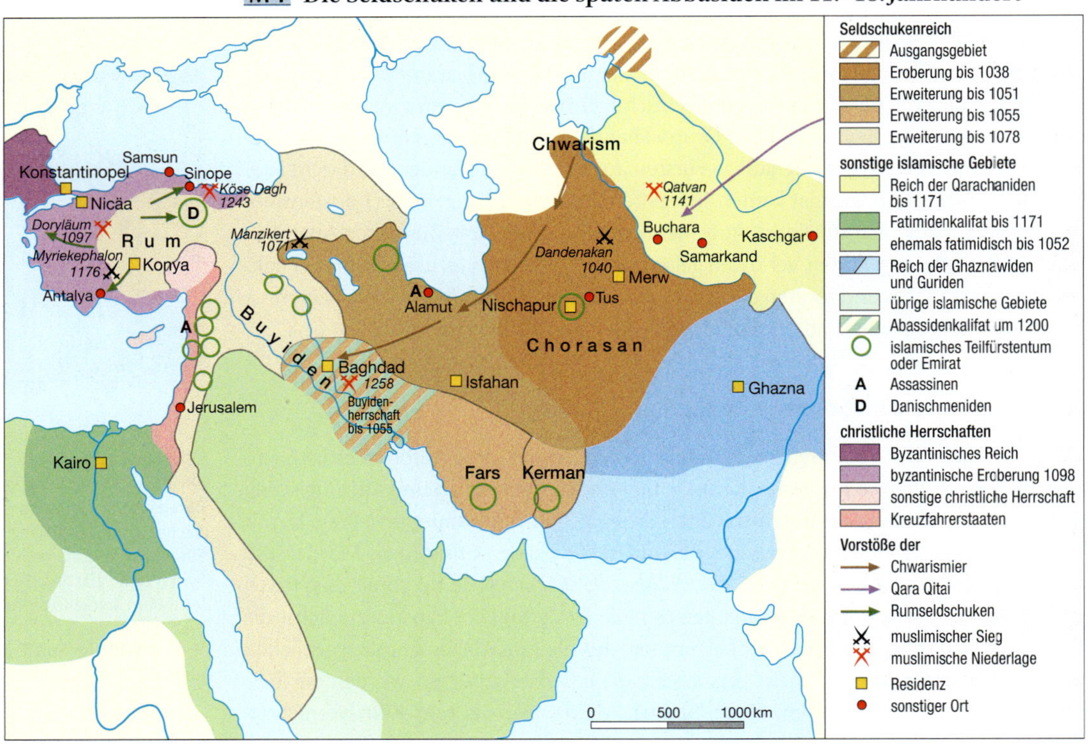

## Das Leben in den Kreuzfahrerstaaten

In der Folgezeit konnten sich die Kreuzfahrerstaaten in Palästina etablieren. Mit der Zeit bildeten sie jeweils eigene Dynastien aus und machten das westeuropäische Lehnssystem zur Grundlage ihrer Herrschaft. Aus Landknappheit wurden auch Geldlehen ausgegeben. Die adlige Führungsschicht wurde durch Zuzug aus Europa ergänzt. Die Kreuzfahrerstaaten waren von einer starken ethnischen und konfessionellen Vielfalt geprägt. Nach einigen Jahren setzten die Eroberer im Umgang mit den anderen Konfessionen ältere islamische Traditionen fort und übernahmen im Wesentlichen das Dhimmi-System. Hinsichtlich ihrer Rechte standen die übrigen christlichen Religionen, Muslime und Juden hinter den lateinischen Christen zurück, auch wenn sie ihre Religion weiter ausüben durften. Teilweise mussten Muslime christlichen Herren als Sklaven dienen. Die Landwirtschaft, Binnen- und Fernhandel sowie das Geschäft mit den Pilgern prägten die Wirtschaft, die durch Handelskontakte zur islamischen Welt und zu den oberitalienischen Adelsrepubliken Pisa, Genua und Venedig sowie durch die Eroberung und Sicherung eigener Küstenstädte blühte. Zur Verteidigung der Herrschaften wurden **Ritterorden** gegründet. Diese Ritterschaft war in der Lebensführung an die Regeln von Mönchsgemeinschaften gebunden. Als erster Orden wurde 1120 der Templerorden gegründet, später entstanden Johanniterorden und Deutscher Orden.

▶ **M 12 und M 13: Zu Akkulturation und Assimilation**

## Das Ende der Kreuzfahrerstaaten

Der erste Kreuzzug von 1096 bildete den Auftakt für weitere, die die Herrschaft im Heiligen Land sichern sollten. Hierzu nahmen auch Könige und Kaiser das Kreuz. Eine Wende für die Sache der Muslime trat durch den **Aiyubiden* Salah ad-Din** (in Europa „Saladin" genannt) ein. Als Nachfolger der Fatimiden und Sultan über Ägypten und Syrien (Reg. 1175–1193) mit den Städten Damaskus und Aleppo erkannte er die Oberhoheit des sunnitischen Kalifen von Bagdad an. Durch einen Vertragsbruch provoziert, propagierte er den Dschihad und konnte 1187 Akkon und Jerusalem erobern. Die Kreuzzugsbewegung wurde auch durch Spannungen mit dem byzantinischen Reich geschwächt. 1204 führte der vierte Kreuzzug zur **Eroberung von Konstantinopel** durch ein Kreuzfahrerheer und zur **Gründung des lateinischen Kaiserreiches**, das bis 1261 Bestand hatte. Durch weitere Kreuzzüge, Kriege und Vertragspolitik konnten die Kreuzfahrerstaaten Terrain zurückgewinnen, bis sich ihnen mit dem ägyptischen Mamlukenstaat unter dem Sultanat Baibars (Reg. 1260–1277) und seines Nachfolgers Qalawun (Reg. 1279 bis 1290) eine starke Zentralmacht entgegenstellte, die die Städte und Festungen der Kreuzfahrerstaaten völlig zerstörte und die christlichen Bewohner vernichtete. 1291 fiel als letzte Festung **Akkon**. Die Verteidiger wurden getötet, Frauen und Kinder in die Sklaverei verkauft.

**Aiyubiden**
ägyptisch-syrisches Herrschergeschlecht kurdischen Ursprungs

Lernmodule zum Thema „Kreuzzüge"
cornelsen.de/Webcodes
Code: sasici

▶ **M 11: Abu'l-Fida über den Fall von Akkon**

1 Arbeiten Sie die Gründe heraus, die die Ritter zur Kreuzfahrt veranlasst haben.
2 Erklären Sie die politischen Kräfteverhältnisse im lateinischen Westen und islamischen Nahen Osten und deren Auswirkungen.

**M 5 Münze des Königreichs Jerusalem mit einer Abbildung der Grabeskirche, 12. Jahrhundert**

***Hinweise zur Arbeit mit den Materialien***
*Die Karten M 2 und M 4 bieten eine räumliche Orientierung. Anhand Urbans Kreuzzugsaufruf (M 6) und Wilhelm von Tyros' Bericht über die Eroberung Jerusalems 1099 (M 7) lässt sich die Rechtfertigung des Kreuzzugsgedankens aus christlicher Perspektive erarbeiten. Zwei moderne religionswissenschaftliche Texte beschäftigen sich mit dem Begriff und Konzept des Dschihad (M 8 und M 9). Die arabische Sicht präsentieren zwei arabische Quellen zur Eroberung Jerusalems 1187 durch Salah ad-Dins Heer (M 10) und zum Fall von Akkon (M 11). Die Materialien M 12 und M 13 beleuchten das Leben in den Kreuzfahrerstaaten aus zeitgenössischer christlicher wie muslimischer Sicht.*

***Zur Vernetzung mit dem Kernmodul***
*Die Materialien M 12 und M 13 lassen sich mit den Theorien von Kulturkontakt und Kulturkonflikt (M 9–M 11, S. 17 f.) in Beziehung setzen.*

## Zur Problematik von Krieg und Gewalt

### M 6 Kreuzzugsaufruf von Papst Urban II. (1095)

*Niederschrift der Rede von Clermont in der Version des Benediktiners Robert von Reims, um 1107.*

„Ihr Volk der Franken, ihr Volk nördlich der Alpen, ihr seid, wie eure vielen Taten erhellen, Gottes geliebtes und auserwähltes Volk, herausgehoben aus allen Völkern durch die Lage des Landes, die Katholizität des Glaubens und die Hochschätzung für die heilige Kirche. An euch richtet sich unsere Rede, an euch ergeht unsere Mahnung; wir wollen euch wissen lassen, welcher traurige Anlass uns in euer Gebiet geführt, welche Not uns hierher gezogen hat; sie betrifft euch und alle Gläubigen. Aus dem Land Jerusalem und der Stadt Konstantinopel kam schlimme Nachricht und drang schon oft an unser Ohr: Das Volk im Perserreich, ein fremdes Volk, ein ganz gottfernes Volk, eine Brut von ziellosem Gemüt und ohne Vertrauen auf Gott (Psalm 77,8), hat die Länder der dortigen Christen besetzt, durch Mord, Raub und Brand entvölkert und die Gefangenen teils in sein Land abgeführt, teils elend umgebracht; es hat die Kirchen Gottes gründlich zerstört oder für seinen Kult beschlagnahmt. Sie beflecken die Altäre mit ihren Abscheulichkeiten und stürzen sie um; sie beschneiden die Christen und gießen das Blut der Beschneidung auf die Altäre oder in die Taufbecken. Denen, die sie schändlich misshandeln und töten wollen, schlitzen sie den Bauch auf, ziehen den Anfang der Gedärme heraus, binden ihn an einen Pfahl und treiben sie mit Geißelhieben so lange rundherum, bis die Eingeweide ganz herausgezogen sind und sie am Boden zusammenbrechen. [...] Wem anders obliegt nun die Aufgabe, diese Schmach zu rächen, dieses Land zu befreien, als euch? Euch verlieh Gott mehr als den übrigen Völkern ausgezeichneten Waffenruhm, hohen Mut, körperliche Gewandtheit und die Kraft, den Scheitel eurer Widersacher zu beugen. [...] Tretet den Weg zum Heiligen Grab an, nehmt das Land dort dem gottlosen Volk, macht es euch untertan! Gott gab dieses Land in den Besitz der Söhne Israels; die Bibel sagt, dass dort Milch und Honig fließen (2. Buch Mose 3,8). Jerusalem ist der Mittelpunkt der Erde, das fruchtbarste aller Länder, als wäre es ein zweites Paradies der Wonne. Der Erlöser der Menschheit hat es durch seine Ankunft verherrlicht, durch seinen Lebenswandel geschmückt, durch sein Leiden geweiht, durch sein Sterben erlöst, durch sein Grab ausgezeichnet. Diese Königsstadt also, in der Erdmitte gelegen, wird jetzt von ihren Feinden gefangen gehalten und von denen, die Gott nicht kennen, dem Heidentum versklavt. Sie erbittet und ersehnt Befreiung, sie erfleht unablässig eure Hilfe. [...] Schlagt also diesen Weg ein zur Vergebung eurer Sünden; nie verwelkender Ruhm ist euch im Himmelreich gewiss."

Als Papst Urban dies und derartiges mehr in geistreicher Rede vorgetragen hatte, führte er die Leidenschaft aller Anwesenden so sehr zu einem Willen zusammen, dass sie riefen: „Gott will es, Gott will es!"

*Arno Borst, Lebensformen im Mittelalter, Ullstein, Frankfurt/M. 1979, S. 318–320.**

1. Analysieren Sie, welche Forderung der Papst laut Überlieferung aufstellt und wie er diese begründet.
2. Erläutern Sie die Quelle im Hinblick auf zentrale Elemente des Kreuzzugsgedankens.
3. Charakterisieren Sie die Art seiner Darstellung.
4. Beurteilen Sie, welche Intentionen Robert mit seiner Art der Darstellung verbindet.
   **Tipp:** Nutzen Sie die Hinweise auf S. 36 f.

### M 7 Der Geschichtsschreiber Wilhelm von Tyrus zur Einnahme Jerusalems im Jahre 1099 durch die Kreuzfahrer (1169)

*Wilhelm war Kanzler König Balduins IV. von Jerusalem.*

Es wurden aber in der Stadt so viele Feinde erschlagen und so viel Blut vergossen, dass die Sieger selber mit Ekel und Schrecken erfüllt werden mussten. Der größte Teil der Bevölkerung hatte sich in den Tempelhof geflüchtet. [...] Diese Flucht brachte den Leuten zwar keine Rettung; denn sogleich begab sich Herr Tankrad mit dem größten Teil des Heeres dorthin. Er brach mit Gewalt in den Tempel ein und machte Unzählige nieder. Er soll auch eine unermessliche Menge von Gold, Silber und Edelsteinen weggenommen haben, nachher jedoch, als das Getümmel sich gelegt hatte, alles an den alten Platz zurückgebracht haben. Sofort gingen auch die übrigen Fürsten, nachdem sie niedergemacht hatten, was ihnen in anderen Stadtteilen unter die Hände gekommen war, nach dem Tempel, hinter dessen Einfriedung sich die Bevölkerung [...] geflüchtet hatte. Sie drangen mit einer Menge von Reitern und Fußgängern hinein und stießen, was sie dort fanden, mit den Schwertern nieder [...]. Es geschah sicherlich nach gerechtem Urteil Gottes, dass die, welche das Heiligtum des Herrn mit ihren abergläubischen Gebräuchen entweiht und dem gläubigen Volk entzogen hatten, es mit ihrem eigenen Blut reinigen und den Frevel mit ihrem Blut sühnen mussten. [...] Als endlich auf diese Weise die Ordnung in der Stadt hergestellt war, legten sie (die Franken) die Waffen nieder, wuschen sich die Hände, zogen reine Kleider an und gingen dann demütigen und zerknirschten Herzens, unter Seufzen und Weinen, mit bloßen Füßen an den ehrwürdigen Orten umher, welche der Erlöser durch seine Gegenwart heiligen und verherrlichen mochte, und küssten sie in großer Andacht. Bei der Kirche zu den Leiden und der Auferstehung des Herrn kamen ihnen sodann das gläubige Volk der Stadt und der Klerus, welche beide seit so vielen Jahren ein unverschuldetes Joch getragen hatten, voll Dankes gegen ihren Erlöser, der ihnen wieder die Freiheit geschenkt, entgegen und geleiteten sie unter Lobliedern und geistlichen Gesängen nach der vorgenannten Kirche.

*Wilhelm von Tyrus, Geschichte der Kreuzzüge und des Königreichs Jerusalem, aus dem Latein. v. Eduard Heinrich von Kausler und Rudolf Kausler, Krabbe Verlag, Stuttgart 1844, S. 19f.**

1 Analysieren Sie die dargestellten Vorgänge und ordnen Sie diese in den historischen Kontext ein.
2 Charakterisieren Sie die Perspektive des Autors.
3 Beurteilen Sie das Verhalten der Kreuzfahrer.
4 Bewerten Sie dieses aus heutiger Sicht.

### M8 Der Theologe Hans Küng erklärt die Bedeutung des Begriffes Dschihad im Koran (2004)

Das arabische Wort *dschihad* meint nicht die beiden deutschen Worte „Heiliger Krieg", sondern deckt ein weites Bedeutungsfeld ab. Es bedeutet zunächst nur „Anstrengung" und wird an manchen Stellen des Koran als moralisches „Sichabmühen" auf dem Wege Gottes verstanden [...]. Die Wortkombination „Heiliger Krieg" kommt im Koran nicht vor: Krieg kann in islamischer Auffassung nie heilig sein. Aber an anderen Stellen wird das Wort Dschihad als gewaltsamer „Kampf" verstanden im Sinne einer kriegerischen Auseinandersetzung: „Ihr müsst an Gott und seinen Gesandten glauben und mit eurem Vermögen und in eigener Person um Gottes Willen euch abmühen", wofür unmittelbar das Eingehen in das Paradies versprochen wird.

*Hans Küng, Der Islam, Piper, München 2004, S. 710f.**

### M9 Der Religionshistoriker James Turner Johnson zur Entwicklung des *Dschihad* (2002)

Für den Krieg wird im Koran nie das Wort *Dschihad* verwendet, sondern immer der Ausdruck *„qital"* (Kampf). Die spezifische Anbindung der Idee des *Dschihad* an den Krieg stammt [...] aus der Zeit nach der Niederschrift des Korans [...] Ende des achten Jahrhunderts. Diese Lehre vertritt zunächst die Auffassung, wonach die islamische Gemeinschaft (*Umma*) eine zugleich religiöse und politische Einheit bildet, die nur von einem Führer geleitet werden kann, der in der Nachfolge des Propheten Muhammad steht. [...] Jene Gemeinschaft bewohnt ein bestimmtes Gebiet, die *Dar-al-islam*. Dieses Gebiet sei dadurch gekennzeichnet, dass es in Einklang mit dem göttlichen Gesetz regiert werde. Schon aus der Definition ergab sich, dass es ein Gebiet des Friedens sei, denn die Unterwerfung unter das Gesetz Gottes bringe Frieden mit sich. Die gesamte übrige Welt wurde mit dem „Gebiet des Krieges" (*Dar-alharb*) gleichgesetzt, das nach dieser Vorstellung wesensgemäß mit sich selbst und mit der *Dar-al-islam* im Krieg liegt. Nach dieser Beschreibung rührt jeder Konflikt aus der *Daral-harb* her. [...] Dementsprechend stellten die frühislamischen Rechtsgelehrten eine Definition auf, wonach es zwei Formen des Dschihad gibt. Die erste ist eine offensive, expansionistische Form. Über sie wird vom Kalifen/Imam mit der ihm zukommenden Autorität entschieden. Sie gilt als kollektive Pflicht der gesamten Gemeinde und wird von der Gemeinschaft als Ganzer geführt. Die zweite Form ist eine durch die Notlage ausgelöste Reaktion zur Verteidigung der *Dar-al-islam* gegen eine bestimmte Aggression vonseiten der *Dar-alharb*. Sie wird als individuelle Pflicht derjenigen aufgefasst, die in unmittelbarer Nachbarschaft des Angriffsorts wohnen und sich mit Waffen dagegen wehren können.

*James Turner Johnson, Religion und Gewalt, in: NZZ Nr. 51, 2002, S. 51.**

1 Arbeiten Sie anhand von M8 und M9 Herkunft, Bedeutung und rechtliche Ausprägung des Begriffes *Dschihad* für das Mittelalter heraus.

**M 10 Der Literat Imad ad-Din (1125–1201) über den Dschihad Saladins und die Eroberung Jerusalems 1187**

*Ad-Din war Sekretär und enger Vertrauter Saladins.*

Nachdem nun [...] ein jeder die Vereinigung mit den Seinen erreicht hatte, zogen wir nach Karak[1] mit den Emiren und der ausgesuchten Leibgarde, zum *Dschihad* paarten wir um Gottes Sache willen die *Fatiha*[2] mit (der Sure) *al-Ihlas*.[3] Vorher hatten wir die Soldaten und Heerscharen zum *Dschihad* von allen Seiten zusammengerufen und deren vollzähliges Eintreffen zum festgesetzten Termin abgewartet. [...] Nachdem wir dann noch Asqalan[4] erobert hatten, schritten wir zur Belagerung von al-Quds[5] [...]. Dort zitterte und klopfte das Herz des Unglaubens; seine Einwohner meinten, sie befänden sich in guter Hut und seien vor unserem Ansturm sicher. Wir aber stellten Belagerungsmaschinen gegen sie auf, die die Mauerwände durch den Ansprung ihrer Steine zerbrachen. [...] Die geschleuderten Felsblöcke erfüllten dem Felsendom gegenüber ihre Beistandspflicht. [...] Man legte Brechen und brach die Mauern; die Steinblöcke warfen die Seiten jener Umwallung nieder – da „merkten die Ungläubigen, für wen der Lohn der (paradiesischen) Wohnstätte bestimmt war"[6]. Des Todes und der Gefangenschaft waren sie sicher, da kamen ihre Anführer heraus, sich in Unterwerfung demütigend und inständig um Gnade flehend; wir aber ließen uns auf nichts anderes ein als darauf, der Männer Blut zu vergießen und Kinder und Frauen gefangen wegzuführen: Da drohten sie mit Tötung der (muslimischen) Gefangenen, Zerstörung (alles) Aufgebauten und Einreißung der Gebäude; hierauf (erst) nahmen wir ihre Kapitulation an unter der Bedingung (der Abführung) einer Kontribution, die ihrem Kaufpreis im Falle ihrer Gefangennahme entsprochen hätte. So blieben sie davor bewahrt, (gefangen) weggeschleppt zu werden, während sie in Wirklichkeit doch ganz ausgeplündert waren. Wer von ihnen das Lösegeld erlegt hatte, durfte durch das Freilassungsdekret abziehen, wer es nicht bezahlen konnte, musste unter das Sklavenjoch treten.

*Jörg Kraemer, Der Sturz des Königreichs Jerusalem (1187) in der Darstellung des Imad ad-Din al-Katib al-Isfahan, Verlag Otto Harrasowitz, Wiesbaden 1952, S. 12, 18; übers. v. Jörg Kraemer.*

1 *Karak:* heute Kerak, Kreuzfahrerburg
2 *Fatiha:* Sure 1
3 *al-Ihlas:* Sure 112; in beiden Suren wird Gott gepriesen
4 *Asqalan:* Askalon
5 *al-Quds:* Jerusalem
6 Anspielung auf Koransure, siehe z. B. 4,95

1 Zeigen Sie auf, wie der Autor den Ablauf der Eroberung Jerusalems darstellt.
2 Recherchieren Sie den Verlauf und das Ergebnis des gesamten Feldzuges von Salah ad-Din.
3 Arbeiten Sie die Einstellung des Autors gegenüber den Kreuzfahrern heraus.
4 **Zusatzaufgabe:** siehe S. 149.
5 **Präsentation:** „Saladin – Mythos und Realität": Recherchieren Sie, welches Bild von Saladin in den Medien Film, Internet und Literatur (z. B. Lessing, Nathan der Weise) gezeichnet wird, und konzipieren Sie einen Kurzbeitrag für ein Schulbuch.

**M 11 Der Geschichtsschreiber Abu'l-Fida (1273 bis 1331) über den Fall von Akkon 1291**

*Der Autor war Teilnehmer am Feldzug des Mamlukensultans al-Malik al-Asraf (Reg. 1290–1293).*

Der Belagerungsgürtel zog sich immer enger zusammen, bis Gott schließlich Freitag, den 17. Gumada II (426) (17. Juni 1291), den Angreifern erlaubte, die Stadt im Sturm zu erobern. [...] Die Muslime richteten in Akkon ein ungeheures Blutbad an und machten unermessliche Beute. Der Sultan zwang alle, die sich in den Türmen verschanzt hatten, zur Übergabe; sie kamen heraus und wurden bis auf den letzten Mann vor der Stadt enthauptet.[1] Darauf ließ er die Stadt selbst zerstören und dem Erdboden gleichmachen. Eine wunderbare Fügung war, dass die Franken Akkon um die Mittagszeit am Freitag, dem 17. Gumada II 587 (17. Juni 1191), Saladin entrissen und alle Muslime gefangen genommen und umgebracht hatten [...]; Gott, der alles vorausweiß, bestimmte, dass es in diesem Jahr am Freitag, dem 17. Gumada II, durch die Hand eines anderen Saladin[2], Sultan al-Malik al-Asrafs 426 (1291), zurückerobert werde.

*Francesco Gabrieli (Hg.), Die Kreuzzüge aus arabischer Sicht, übers. v. Francesco Gabrieli, Lutz Richter-Bernburg und Barbara von Kaltenborn-Stachau, Bechtermünz-Verlag, Augsburg 2000, S. 409.**

1 Der Autor verschweigt den Wortbruch des Sultans, der freien Abzug zugesagt hatte.
2 trug auch den Namen Salah ad-Din

1 Recherchieren Sie die Geschichte der Stadt und Festung Akkon im Rahmen der Kreuzzüge und legen Sie eine Datentabelle an.
2 Analysieren Sie das Vorgehen des Sultans.
3 Beurteilen Sie den Bezug des Autors auf Saladin.
4 **Vertiefung: Heiliger Krieg und Dschihad:** Beurteilen Sie vergleichend die Konzepte und bewerten Sie das Handeln der muslimischen Herrscher.

## Zu Akkulturation und Assimilation

**M 12 Der Geschichtsschreiber Fulcher von Chartres über das Leben der Christen im Heiligen Land, ca. 1100**

*Fulcher war Kreuzritter im Heer des Stephan von Blois, 1097 Kaplan Balduins I. in Edessa und lebte später in Jerusalem.*

Wir, die wir Abendländer waren, sind Orientalen geworden; dieser, der Römer oder Franke war, ist hier Galiläer oder Bewohner Palästinas geworden; jener, der in Reims oder Chartres wohnte, betrachtet sich als Bürger von Tyrus oder Antiochia. Wir haben schon unsere Geburtsorte vergessen; mehrere von uns wissen sie schon nicht mehr oder wenigstens hören sie nicht mehr davon sprechen. Manche von uns besitzen in diesem Land Häuser und Diener, die ihnen gehören wie nach Erbrecht; ein anderer hat eine Frau geheiratet, die durchaus nicht seine Landsmännin ist, eine Syrerin oder Armenierin oder sogar eine Sarazenin, die die Gnade der Taufe empfangen hat; der andere hat seinen Schwiegersohn oder seine Schwiegertochter bei sich oder seinen Schwiegervater oder seinen Stiefsohn; er ist umgeben von seinen Neffen oder sogar Großneffen; der eine bebaut Weingärten, der andere Felder; sie sprechen verschiedene Sprachen und haben es doch alle schon fertig gebracht, sich zu verstehen. Die verschiedensten Mundarten sind jetzt der einen wie der anderen Nation gemeinsam, und das Vertrauen nähert die entferntesten Rassen einander an.

*Régine Pernoud (Hg.), Die Kreuzzüge in Augenzeugenberichten, übers. v. Carl Hagen Thürnau, Karl Rauch Verlag, Düsseldorf 1961, S. 125.*

**M 13 Der arabische Schriftsteller Usama ibn Munqidh (1095–1188) zum Leben der Franken**

*Emir von Schaizar, Syrien, erlebte einige Kreuzzüge mit und beschreibt in seiner Autobiografie „Buch der Belehrung durch Beispiele" das Leben der „Franken".*

Es gibt unter den Franken einige, die sich im Lande angesiedelt und begonnen haben, auf vertrautem Fuße mit den Muslimen zu leben. Sie sind besser als die anderen, die gerade neu aus ihren Heimatländern gekommen sind, aber jene sind eine Ausnahme und man kann sie nicht als Regel nehmen. Hierzu so viel: Einmal schickte ich einen Gefährten in ein Geschäft nach Antiochia, dessen Oberhaupt Todros (der Grieche) ibn as-Safi war, mit dem ich befreundet war und der in Antiochia eine wirksame Herrschaft ausübte. Er sagte eines Tages zu meinem Gefährten: „Ein fränkischer Freund hat mich eingeladen. Komm doch mit, dann siehst du ihre Gebräuche." „Ich ging mit", erzählte mein Freund, „und wir kamen zum Hause eines der alten Ritter, die mit dem ersten Zug der Franken gekommen waren. Er hatte sich von seinem Amt und Dienst zurückgezogen und lebte von den Einkünften seines Besitzes in Antiochia. Er ließ einen schönen Tisch bringen mit ganz reinlichen und vorzüglichen Speisen. Als er sah, dass ich nicht zulangte, sagte er: ‚Iss getrost, denn ich esse nie von den Speisen der Franken, sondern habe ägyptische Köchinnen und esse nur, was sie zubereiten. Schweinefleisch kommt mir nicht ins Haus!' Ich aß also, sah mich aber vor, und wir gingen. Später überquerte ich den Markt, als eine fränkische Frau mich belästigte und in ihrer barbarischen Sprache mir unverständliche Worte hervorstieß. Eine Menge Franken sammelten sich um mich und ich war schon meines Todes sicher: Da erschien der Ritter, erkannte mich, kam herbei und sagte zu der Frau: ‚Was hast du mit diesem Muslim?' ‚Er hat meinen Bruder Urso getötet!', erwiderte sie. Dieser Urso war ein Ritter aus Apamea, der von einem Soldaten aus Hama getötet worden war. Er fuhr sie an: ‚Das hier ist ein Bürger, ein Kaufmann, der nicht in den Krieg zieht und sich nicht aufhält, wo man kämpft.' Dann herrschte er die Menge an, die sich angesammelt hatte. Sie zerstreute sich und er nahm mich bei der Hand. So hatte die Tatsache, dass ich bei ihm gespeist hatte, zur Folge, dass mir das Leben gerettet wurde."

*Francesco Gabrieli (Hg.), Die Kreuzzüge aus arabischer Sicht, übers. v. Francesco Gabrieli, Lutz Richter-Bernburg und Barbara von Kaltenborn-Stachau, Bechtermünz-Verlag, Augsburg 2000, S. 121 f.*

1 Skizzieren Sie die in M 12 und M 13 dargestellten Erfahrungen zum Leben in den Kreuzfahrerstaaten.
2 Diskutieren Sie im Plenum, ob und inwieweit Prozesse von Akkulturation bis hin zur Assimilation zu erkennen sind.
   ▶ Nutzen Sie die Materialien M 9 bis M 11, S. 17 ff.

# Anwenden

## M1 Positionen der Forschung zum Leben in den Kreuzfahrerstaaten

### a) Die Sicht des Historikers Franco Cardini (2000)

Trotzdem entwickelte sich im Lauf der Zeit eine Kultur der Verständigung und des Dialogs mit der muslimischen Welt. Die frisch aus Europa eintreffenden Krieger und Pilger empörten sich über diese Gesellschaft von *poulains*, von „Bastards", die sich nicht selten mit syrischen und armenischen Familien verschwägert hatten, die arabisch, armenisch und griechisch sprachen und sich ortsüblichen Bräuchen entsprechend kleideten, aßen und lebten. Die Europäer, die jede neue Kreuzzugsexpedition als Kampf ohne Pardon ansahen, betrachteten diese „koloniale" Kreuzfahrergesellschaft als korrupt und islamisiert. Die „überseeischen Franken", die zweihundert Jahre lang immer wieder auf den Beistand ihrer europäischen Glaubensbrüder angewiesen waren, betrachteten wiederum die Europäer als unkultiviert und gefährlich und bemühten sich lieber um eine möglichst weitgehende diplomatische Verständigung mit den Sarazenen, als den Westen um militärischen, vom Papst sanktionierten Beistand zu bitten. Denn die Anführer der Kreuzfahrer aus dem Westen, Fürsten und Abenteurer, waren eher begierig, Beute zu machen, als den Rat zur Mäßigung anzunehmen. Sie schlugen alle taktischen und logistischen Anregungen in den Wind.

*Franco Cardini, Europa und der Islam, übers. v. Rita Seuß, C. H. Beck, München 2000, S. 86 ff.*

### b) Die Sicht des Historikers Rudolf Hiestand (1997)

Durch ihre Entstehung und ihre Struktur waren die Kreuzfahrerstaaten in mehrfacher Hinsicht eine multikulturelle Gesellschaft. Zuerst galt dies für die fränkischen Bewohner, die aus allen Teilen des Abendlandes kamen, Franzosen, Italiener, Engländer, Deutsche, Spanier, Ungarn usw. Mit dem Französischen als Umgangssprache wohnten sie Seite an Seite und rasch gingen sie untereinander Ehen ein. Daneben gab es in großer Zahl Griechen, christlich-orthodoxe Araber sowie Angehörige der orientalischen Nationalkirchen, Armenier, Jakobiten und Maroniten, darüber hinaus in Galiläa jüdische und um Nablus samaritanische Siedlungen. Dazu kamen Muslime, vor allem auf dem Land, wo sie teilweise die Mehrheit stellten. Alle genossen die freie Ausübung ihres Glaubens, wenn sie auch nicht gleichberechtigt waren, weil die Franken sich die Lehen vorbehielten und auch die Gerichtsbußen abgestuft waren.
An den Muslimen wurde der innere Widerspruch der Kreuzfahrerstaaten sichtbar. Ideologisch bildete der Kampf gegen die Glaubensfeinde ihre Basis. Andererseits musste man sich in die neue Umgebung eingliedern. Gesandte gingen hin und her, vornehme Muslime zogen mit dem König auf die Jagd, brachten und empfingen Geschenke und fanden in Krisenzeiten monatelang Aufnahme. Erst recht musste man mit den Muslimen im Inneren, die wirtschaftlich unentbehrlich waren, einen *Modus vivendi*[1] herstellen, was den lateinischen Klerus ärgerte, neu ankommende Kreuzfahrer empörte und für westliche Chronisten ein Tabu darstellte.

*Rudolf Hiestand, „Wir sind Orientalen geworden", in: Damals, Nr. 10, 1997, S. 25 f.*

1 *Modus vivendi (lat.):* Form eines erträglichen Zusammenlebens

1 Fassen Sie die Kernaussagen der beiden Historiker in eigenen Worten zusammen.
2 Analysieren Sie die Positionen der Historiker zur Problematik der Akkulturationsprozesse.
3 **Vertiefung:** Beziehen Sie in Ihre Überlegungen zu Aufgabe 2 Ihnen bekannte zeitgenössische Stimmen mit ein.
**Tipp:** siehe S. 149.
4 Ordnen Sie die beiden Positionen in Ihnen bekannte Konzepte und Theorien zu Kulturkontakt ein.
5 **Präsentation:** Verfassen Sie einen kurzen Beitrag zu der Frage: Die Kreuzfahrerstaaten – eine beispielhafte „multikulturelle Gesellschaft"?

# Wiederholen

**M2** **„Die Eroberung der Stadt Maarat an-Numan (bei Antiochia) durch die Kreuzfahrer unter Bohemund von Tarent im Dezember 1098", Ölgemälde von Henri Decaisne, 1843**

## Zentrale Begriffe

Christentum
*Dhimmi-System*
*Dschihad*
Heiliger Krieg
*imitatio christi*
Investitur
Koran
Kreuzzug
*miles christi*
Pogrom
Seldschuken

1 Beschreiben Sie M 2 und ordnen Sie das Bild in den historischen Kontext ein. Nutzen Sie bei Bedarf die Formulierungshilfen.
2 Interpretieren Sie das Bild M 2 und gehen Sie dabei auf die Perspektive des Malers ein.
3 Charakterisieren Sie unter Rückgriff auf den Darstellungstext sowie auf die Karte M 3, S. 114 den zeitlichen Ablauf der Kreuzzüge. Gehen Sie dabei auf die Motive und Rechtfertigungsstrategie der Kreuzfahrer ein.
4 **Vertiefung:** Begründen Sie das Urteil, durch den ersten Kreuzzug sei das Verhältnis zwischen Juden und Christen nachhaltig belastet worden.
5 Erklären Sie, inwiefern in den Kreuzfahrerstaaten auch Prozesse von Akkulturation bis hin zur Assimilation zu erkennen waren.
6 **Wahlaufgabe:** Bearbeiten Sie entweder Aufgabe a) oder b).
   a) Nehmen Sie Ihre anfangs erstellte Mindmap (siehe S. 113) zur Hand und integrieren Sie die zentralen Begriffe in sinnvoller Weise. Erstellen Sie ggf. eine neue Skizze.
   b) **Partnerarbeit:** Erklären Sie Ihrem Partner/Ihrer Partnerin die zentralen Begriffe im Kontext des Themenfeldes Kreuzzüge.

**Formulierungshilfen**
- Auf dem Bild ist/sind … zu sehen.
- Die dargestellten Personen sind mit … bekleidet.
- Ihre Gestik/Mimik/Körperhaltung ist durch … gekennzeichnet.
- Folgende Gegenstände/Symbole werden verwendet …
- Farbgebung/Perspektiven/Proportionen
- sind … gestaltet … und erzielen die Wirkung, dass …
- Die Miniatur versucht, folgendes Bild der historischen Ereignisse zu erzeugen: …

# 8 Wahlmodul: Spanischer Kolonialismus

**M1 „Die Ankunft der Spanier unter Cortés in Veracruz 1519", Fresko von Diego Rivera, 1951**

| | | | |
|---|---|---|---|
| **um 1200** | Gründung der Stadt Cuzco durch die Inka (Gründungsmythos) | **Anfang des 14. Jh.** | Gründung der Stadt Tenochtitlán durch den Stamm der Mexica (Azteken) |

1150 | 1200 | 1250 | 1300 | 1350 | 1400 | 1450

Am 12. Oktober 1492 landete der Genueser Seefahrer Christoph Kolumbus auf der Insel Guanahani und „entdeckte" für die Europäer einen neuen Kontinent: Amerika. Bereits während seines ersten Aufenthalts in der „Neuen Welt" wurde aus dem Entdecker Kolumbus ein Eroberer: Er taufte die Insel in „San Salvador" um und nahm sie für die spanische Krone in Besitz. Die Eroberung der entdeckten Gebiete in Übersee ebnete den Weg für die Kolonisation. Aus der anfänglichen „Kulturberührung", so der Historiker Urs Bitterli, entwickelte sich nach kurzer Zeit ein „Kulturzusammenstoß", dem in Amerika schätzungsweise 70 Millionen Menschen zum Opfer fielen.

Die Entdeckungsfahrten leiteten die „Europäisierung" der Welt ein. Auf der Suche nach neuen Handelswegen und Sklavenmärkten, nach Gewürzen und Edelmetallen erschlossen die Europäer in einem Zeitraum von fast vier Jahrhunderten nahezu alle Erdteile. Die Portugiesen und Spanier teilten die „Neue Welt" Mittel- und Südamerikas unter sich auf, ließen ihre transatlantischen Besitzansprüche durch den Papst bestätigen und gingen gewaltsam gegen die Altamerikaner vor. Sie zerstörten deren Hochkulturen, nahmen Land und Bewohner in Besitz und errichteten im Namen ihrer europäischen Herrscherdynastien Kolonialreiche von gewaltiger räumlicher Ausdehnung. Dabei rechtfertigten sie ihr Vorgehen mit dem christlichen Missionsgedanken. Die errichteten Kolonialreiche bestanden teilweise bis in das 20. Jahrhundert. Viele Historiker sehen heute in der europäischen Expansion den Beginn des Globalisierungsprozesses, der auch Europa nachhaltig beeinflusste.

1 **Begriffscluster:** Reaktivieren Sie Ihr Vorwissen, indem Sie im Kurs ein Begriffscluster zum Thema „Spanischer Kolonialismus" erstellen. Berücksichtigen Sie dabei alle Begriffe und Assoziationen, die Ihnen hierfür relevant erscheinen.

2 Beschreiben Sie das Bild M 1. Gehen Sie darauf ein, was Ihr Interesse erweckt, welche dargestellten Szenen Sie erstaunen und was Ihnen ggf. unklar ist.

**92** Vertrag zwischen Kolumbus und den spanischen Königen; „Entdeckung" Amerikas durch Kolumbus
**94** Vertrag von Tordesillas: Aufteilung der überseeischen Gebiete zwischen Spanien und Portugal
**98** Vasco da Gama umsegelt Afrika und erreicht Indien
**03** Gründung des Königlichen Handelshauses (*Casa de la Contratación*) in Sevilla; Erlass der spanischen Krone, der erstmals das System der Encomienda bzw. des Repartimiento regelte

**1519–1521** Eroberung des Azteken-Reiches durch die Spanier unter Cortés
**1524** Bildung des Indienrates als oberste Verwaltungsinstanz für die spanischen Kolonien
**1532–1534** Eroberung des Inka-Reiches durch die Spanier unter Pizarro
**1542/43** Erlass der „Neuen Gesetze" durch die spanische Krone

**1545** Teilweise Rücknahme der „Neuen Gesetze"

**1568** Erste Sklaventransporte von Westafrika nach Amerika
Ende 16. Jh. Spanisches Weltreich: Höhepunkt der territorialen Ausdehnung

**1792** Dänemark verbietet als erstes europäisches Land die Sklaverei

1500 | 1550 | 1600 | 1650 | 1700 | 1750 | 1800

# 8 Wahlmodul: Spanischer Kolonialismus

## Landnahme in Amerika

Als **Christoph Kolumbus** 1493 den ersten Bericht über seine Entdeckungen verfasste, hielt er es für erwähnenswert, dass er keinen Ungeheuern in Menschengestalt begegnet sei. Diese merkwürdigen Wesen, die angeblich die Randzonen der mittelalterlichen Weltkarten bevölkert hatten, wurden durch die **Entdeckungsreisen des 15./16. Jahrhunderts** in das Reich der Fabel verwiesen. Stattdessen trafen die Europäer auf Menschen, die anders aussahen, eine andere Lebensweise pflegten und über einen niedrigen technischen Entwicklungsstand verfügten. Es bildeten sich zwei Betrachtungsmuster für die Fremden heraus: Einerseits wurden sie als primitive Barbaren verachtet und andererseits als „edle Wilde" bestaunt.
Diese Betrachtungsmuster sind nicht zu trennen von der Diskussion über die europäischen Ansprüche auf die „Neue Welt". Neben dem Entdeckungs- oder Finderrecht auf unbewohnte Inseln beriefen sich die Eroberer auf das päpstliche Verleihungsrecht und den Staatsvertrag zwischen den europäischen Seemächten. Zunächst hatte 1493 Papst Alexander VI. (Borgia) den Spaniern die Herrschaft über alle aktuellen und künftigen Entdeckungen im westlichen Ozean verliehen, damit sie die „barbarischen" Bewohner zum christlichen Glauben führten. Im **Vertrag von Tordesillas** von 1494 einigten sich Spanier und Portugiesen darauf, dass die Entdeckungen im Westen den Spaniern und diejenigen im Osten den Portugiesen gehören sollten. Die anderen europäischen Mächte und einige spanische Mönche akzeptierten diese Legitimationen jedoch nicht. Die juristischen Kontroversen drehten sich um den **Status der Indios** als Menschen: Waren sie Barbaren ohne Recht auf ihr Land oder waren sie Kinder Gottes, die in die Hände habgieriger und grausamer Eroberer gefallen waren?

**M1 Fabelwesen: Einäugiger Mensch, Holzschnitt aus Sebastian Münsters „Kosmographie", 1550**

**M2 Fabelwesen: Kopfloser Mensch, Holzschnitt aus Sebastian Münsters „Kosmographie", 1550**

Neben dem Papst und den Monarchen betraf die Frage nach den Besitzansprüchen auch die Interessen der **Konquistadoren*** und Siedler. Sie hatten nach der Eroberung das Land unter sich aufgeteilt und viele der indigenen Bewohner* zum Arbeitseinsatz gezwungen. 1503 erkannte die spanische Krone diese Praxis faktisch an. Im System der **Encomienda** bzw. des **Repartimiento** erhielten die spanischen Landbesetzer den Boden und eine bestimmte Anzahl von Indios als Arbeitskräfte von der Krone offiziell zugeteilt. Die spanischen Herren sollten ihre Indios angemessen unterbringen und entlohnen sowie in der christlichen Religion unterweisen. Da der Königshof aber tausende Kilometer von den Kolonien entfernt lag, kümmerten sich die Konquistadoren nicht um ihre Fürsorgepflichten. Stattdessen beuteten sie die Indios hemmungslos aus. Dies führte zusammen mit den von den Europäern eingeschleppten Krankheiten zu einem dramatischen Rückgang der Bevölkerung. In der Karibik ging die Zahl der Indios in den ersten einhundert Jahren der spanischen Herrschaft um bis zu 90 Prozent zurück.

**Konquistador**
Sammelbegriff für die spanischen und portugiesischen Entdecker, Abenteurer und Soldaten, die während des 16. und 17. Jh. große Teile Nord- und Südamerikas und der Philippinen als Kolonien in Besitz nahmen

**Indigene Völker**
(lat. *indiges* = eingeboren) sind die Nachkommen einer Bevölkerung vor einer Eroberung oder Kolonisation eines Staates oder einer Region, die sich als eigenständiges Volk verstehen und ihre sozialen, wirtschaftlichen und kulturellen Institutionen beibehalten.

## Kontroverse über Indios

Diese Zustände in den Kolonien schwächten die fragwürdige Herrschaftslegitimation der Spanier. Spanische Mönche, die in Amerika missionieren sollten, mussten erkennen, dass ihre Landsleute durch ihr Verhalten alle Missionsbemühungen zunichte machten. Ohne Erfolge bei der Mission aber entfiel die vom Papst verliehene Berechtigung zur Herrschaft. Angesichts der brutalen Unterdrückung der Indios konnten die Spanier nicht mehr behaupten, durch ihre Herrschaft die Indios zu zivilisieren. Besonders scharfe Kritik an diesen Zuständen übte der Dominikanermönch und ehemalige Konquistador **Bartolomé de Las Casas**. Seit 1512 setzte er sich hartnäckig für die Indios ein und initiierte eine Grundsatzdebatte über deren Status. Las Casas berichtete, dass die Indios im Einklang mit der Schöpfung lebten. 1537 revidierte Papst Paul III. die Aussagen seines Vorgängers, indem er verkündete, dass die Indios „wahre Menschen" mit dem Anrecht auf ihren Besitz seien. Einige Gelehrte folgten dem Papst nicht und blieben bei der Ansicht, Indios seien von Natur aus Sklaven. Die spanische Herrschaft war ihrer Meinung nach notwendig, um die Indios von ihrer barbarischen Lebensweise abzubringen. Häufig führten sie in diesem Zusammenhang Kannibalismus und Menschenopfer als „unnatürliche Schandtaten" der Indios an. Diese Phänomene waren nur in einem Teil der vielfältigen altamerikanischen Kulturen tatsächlich anzutreffen, wurden jedoch in zahlreichen Berichten europäischer Reisender besonders hervorgehoben und als durchgängig auftretende Praktiken dargestellt. Das sollte die Reiseberichte für das europäische Publikum besonders interessant machen.

▶ M 9: Bartolomé de Las Casas

▶ M 10: Juan Gines de Sepulveda

▶ M 7: Kolorierter Holzschnitt aus Kolumbus' „Neuer Welt"

**M 3** **Bartolomé de Las Casas (1474–1566), Gemälde von Antonio Lara, 1566**

*Las Casas war als Konquistador nach Amerika gekommen, hatte aus moralischen Gründen „seine" Indios aber zurückgegeben und sich als Mönch dem Dominikanerorden angeschlossen.*

## Indianerschutzpolitik

Faktisch hatte die spanische Krone im 16. Jahrhundert keine auswärtigen Mächte zu fürchten, aber die Misshandlung der Indios drohte die moralische Autorität des Herrschers zu untergraben. Zudem verloren die Kolonien durch den Bevölkerungsrückgang an Wert. In der Vorstellung des Königshauses blieben die Indios Barbaren, die nun jedoch im Sinne der Papstbulle von 1493 christianisiert und vor der Willkür der Herren wirksam geschützt werden sollten. Der Versuch, 1542 durch die **„Neuen Gesetze"** das Encomienda-System abzuschaffen, scheiterte noch am Widerstand der mächtigen Grundbesitzer in Amerika.

Im Rahmen der **„Indianerschutzpolitik"** ging Kaiser Karl V. nun dazu über, die Indios in eigenen Dörfern anzusiedeln, zu denen nur Missionare und staatliche Beamte Zutritt hatten. Auf diese Weise gelang es, den Bevölkerungsrückgang zu stoppen. Auf den Plantagen der Konquistadoren machte sich dennoch ein gravierender Mangel an Arbeitskräften bemerkbar. Diese Lücke schlossen afrikanische Sklaven, die die Spanier und Portugiesen daraufhin nach Amerika importierten.

**M4 Internationaler Waren- und Sklavenhandel im 17. und 18. Jahrhundert**

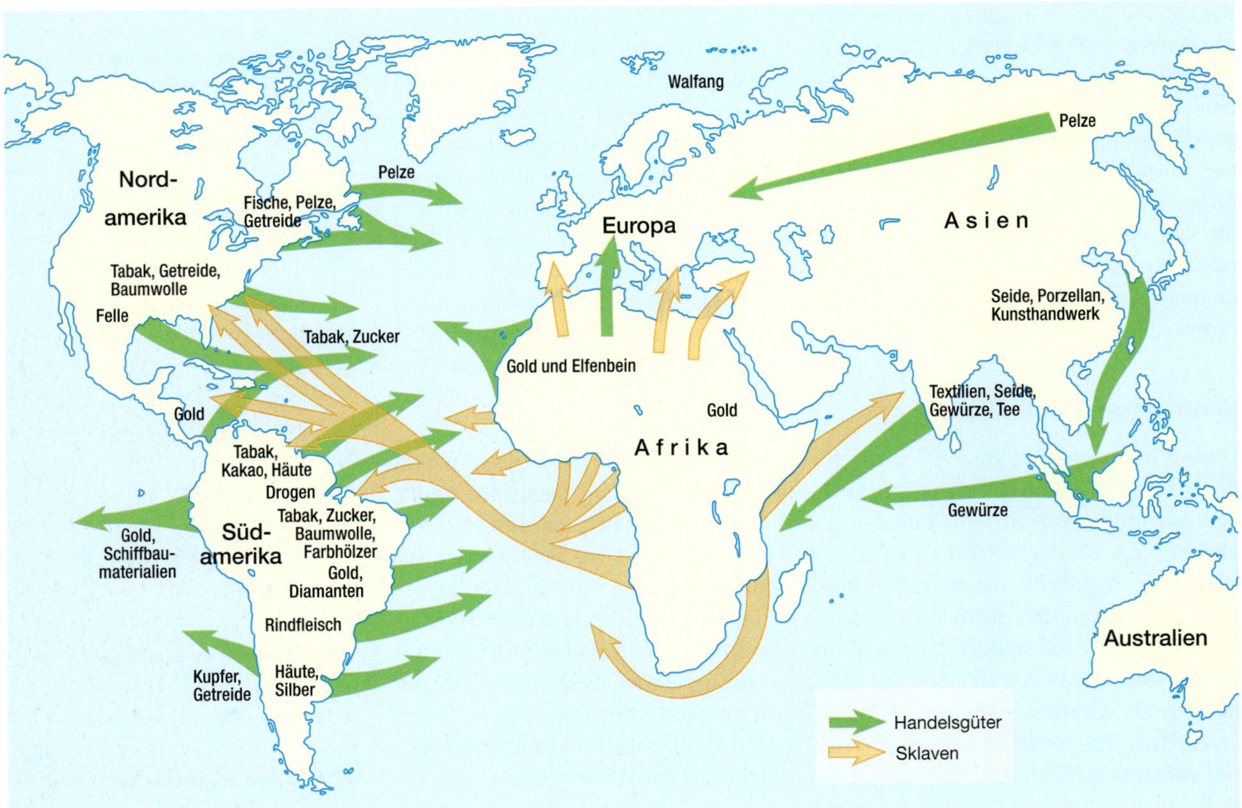


**M5 Statuette „Mohr mit Smaragdstufe", Dresden, 1724**

*Der Begriff Smaragdstufe bezeichnet die auf dem Tablett befindliche Erdplatte, in der die Smaragde noch feststecken.*

## Afrikaner als Sklaven und Sklavenhändler

Der **Sklavenhandel in Afrika** reicht bis in die Antike zurück. Seit dem frühen Mittelalter waren dort islamische Sklavenhändler tätig. Im 15. Jahrhundert begannen die Portugiesen an der Westküste Afrikas Sklaven aufzukaufen, um sie bei anderen Afrikanern gegen Gold einzutauschen. Die dunkelhäutigen Afrikaner bewährten sich als Arbeitskräfte und noch im späten 15. Jahrhundert wurden sie auch auf die Iberische Halbinsel gebracht. Da die Afrikaner das tropische Klima aus ihrer Heimat gewohnt waren, schienen sie der ideale Ersatz für die Indios als Arbeitskräfte in den amerikanischen Kolonien zu sein. Portugiesen und – seit der zweiten Hälfte des 16. Jahrhunderts auch – Briten, Franzosen und Niederländer brachten bis zum 18. Jahrhundert schätzungsweise zwischen 11 und 15 Millionen Menschen gewaltsam nach Amerika. Anders als bei den Indios stieß der Einsatz der afrikanischen Sklaven zunächst nicht auf Kritik in Europa. Vermutlich hat dazu beigetragen, dass die Europäer selbst kaum Menschen versklavten. Dies übernahmen arabische und vor allem afrikanische Sklavenjäger, die ihre Opfer an die Küste brachten und den Europäern verkauften. Zu diesem Zweck unterhielten die Europäer **Stützpunkte an der Küste**. Ins Landesinnere stießen sie kaum vor. Beim Verkauf agierten die afrikanischen Händler nicht anders als ihre europäischen Geschäftspartner, indem jeder versuchte, möglichst viel zu verdienen. Aus diesem Grunde dominierten im 16./17. Jahrhundert bei den Europäern negative Klischees über angeblich „boshafte und habgierige Afrikaner". Einige wenige Reisende differenzierten zwischen der Vielzahl unterschiedlicher afrikanischer Kulturen und berichteten auch von positiven Erfahrungen.

## Neue Perspektiven in der Aufklärung

Adlige und reiche Bürgerfamilien nahmen seit dem 15. Jahrhundert gern „Mohren" als exotische Diener auf. Dieser „Trend" verstärkte sich im 18. Jahrhundert und veränderte so das Bild der Afrikaner in Europa. Einige der Afrikaner konnten mit Unterstützung ihrer Gönner eine gute Bildung erwerben. Der aus Ghana stammende Anton Wilhelm Amo promovierte als Schützling des Herzogs von Braunschweig-Wolfenbüttel 1734 als erster Afrikaner an der Universität Wittenberg. Die negativen Klischees verloren angesichts dieser Erfahrungen ihre Dominanz. Die Philosophen der Aufklärung unterstützten diese Entwicklung. Grundsätzlich gingen sie von einem ursprünglichen **Naturzustand der Menschheit** aus. Dabei griffen sie häufig das Bild des „edlen Wilden" auf. Bei den Afrikanern lobte man beispielsweise deren „kindliche Unschuld" und Gastfreundschaft. Zudem sahen die Aufklärer in der Freiheit den natürlichen Zustand des Menschen. Aus diesem Grund erklärten sie die **Sklaverei zur widernatürlichen Einrichtung**. Diese Auffassungen beeinflussten auch die Herrschaftspraxis in einigen europäischen Monarchien: 1772 verfügte im **„Somerset-Fall"** ein englisches Gericht, dass ein entlaufener Sklave, der in England aufgegriffen worden war, nicht an den Eigentümer zurückgegeben werden durfte. Dänemark verbot 1792 als erstes europäisches Land grundsätzlich jede Form von Sklaverei, Großbritannien folgte erst 1833. Dagegen änderte sich in Übersee am Schicksal der Sklaven zunächst nichts. Die schrittweise **Abschaffung der Sklaverei** in Europa bedeutete aber nicht das Ende jeglicher **Diskriminierung**. Für die Gelehrten stellte die europäische Zivilisation weiterhin die höchste bekannte Kulturstufe dar. Das Abendland war im 18. und 19. Jahrhundert der Maßstab, an dem alle anderen Kulturen gemessen wurden. Einige Gelehrte der Aufklärung verbanden zudem die äußeren Merkmale der Menschen mit geistigen Fähigkeiten und Charaktereigenschaften. Dem europäischen Typ sprachen sie dabei die besten Eigenschaften zu; Afrikaner und Asiaten ordneten sie dagegen auf einer angeblich niedrigeren Stufe ein.

► M 5: Statuette „Mohr mit Smaragdstufe"

► M 14: Willem Bosman

**M6** **Olaudah Equiano oder Gustavus Vassa (ca. 1750–1797), Kupferstich, London, 1789**

*Equiano wurde wahrscheinlich als Junge aus Afrika nach Amerika verschleppt. Er war Sklave in den USA, Westindien und Großbritannien, konnte sich aber freikaufen, schrieb eine Autobiografie und engagierte sich gegen die Sklaverei.*

## Blicke auf die Europäer

Was Indios und Afrikaner von den Europäern dachten, kann nur ansatzweise ermittelt werden. Die indigenen Kulturgüter in Amerika haben die Spanier weitgehend vernichtet. Die wenigen überlieferten Zeugnisse sind nicht unabhängig, da europäische Missionare entschieden, ob sie überhaupt „überlieferungswürdig" seien. Die **indianischen Berichte** stellen die Europäer als goldgierig und grausam dar. Nach Ansicht der älteren Forschung nahmen die Indios die Europäer als „weiße Götter" wahr. Angesichts des unvertrauten Aussehens, der großen Schiffe sowie der den Indios unbekannten Feuerwaffen und Pferde ist dies nicht völlig auszuschließen, aber auch nicht hinreichend belegt. Von der **Sicht der Afrikaner** ist noch weniger bekannt. Einige Europäer erzählen, wie die Afrikaner sie wahrnahmen. Dabei steht die Bewunderung der „Wilden" für die Europäer im Vordergrund; es wird aber auch von Ablehnung und Angst berichtet. Aus dem 18. Jahrhundert sind Berichte von in Europa oder Nordamerika lebenden Afrikanern bekannt. Allerdings wurden diese für ein „weißes" Publikum geschrieben und müssen daher kritisch interpretiert werden.

► M 12, M 13: Die Spanier in den Augen der Azteken und Inka

► M 11: Felix Hinz

E-Learning-Projekt zu den spanischen Entdeckungen und Eroberungen
cornelsen.de/Webcodes
Code: baciju

1 Beschreiben Sie den Umgang der Europäer mit der indigenen Bevölkerung in Amerika.
2 Vergleichen Sie die Positionen in der Grundsatzdebatte über den Status der Indios.
3 Erläutern Sie das Selbst- und Fremdbild der Europäer in der Frühen Neuzeit.
4 Erklären Sie die Schwierigkeiten bei der Untersuchung amerikanischer und afrikanischer Perspektiven auf die Europäer in der Frühen Neuzeit.
5 Interpretieren Sie die Karte M 4. Nutzen Sie dazu die Informationen aus dem Darstellungstext.

***Hinweise zur Arbeit mit den Materialien***
*Die vorliegenden Materialien thematisieren die Ankunft der Spanier in Mittel- und Südamerika aus unterschiedlicher Perspektive: Die Materialien M 8 bis M 10 spiegeln mit Texten von Kolumbus, de Las Casas und Sepulveda den europäischen Blick auf die indigene Bevölkerung der „Neuen Welt" und werden ergänzt von einer bildlichen Quelle (M 7). Die Materialien M 11 bis M 13 beleuchten die indigene Sicht auf die europäischen Konquistadoren. M 14 und M 15 beschäftigen sich mit den Beziehungen von Europäern und Afrikanern, nachdem seit dem Ende des 16. Jahrhunderts verstärkt afrikanische Sklaven nach Amerika importiert wurden, um fehlende Arbeitskräfte zu ersetzen.*

***Zur Vernetzung mit dem Kernmodul***
*Es bietet sich an, die Materialien dieser Themeneinheit in Beziehung zu setzen mit Bitterlis Ausführungen zu Kulturberührung, -zusammenstoß und -beziehung (M 9, M 10, S. 17 f.).*

## Die Indios in europäischer Perspektive

**M 7 Kolorierter Holzschnitt aus der Erstausgabe des ersten Briefes aus Kolumbus' „Neuer Welt" (1493)**

**M 8 Christoph Kolumbus, Der erste Brief aus der „Neuen Welt" (1493)**

Auf dieser und allen anderen Inseln, die ich gesehen habe oder von denen ich Kenntnis besitze, laufen die Bewohner beiderlei Geschlechts nackt wie am Tage ihrer Geburt umher. Die einzige Ausnahme bilden einige Frauen, die ihre Scham mit Blättern oder einem Baumwolltuch bedecken, welches sie sich zu diesem Zweck selbst weben. Die Menschen auf diesen Inseln kennen keine Form des Eisens. Sie haben auch keine Waffen, kennen diese nämlich nicht und wären für Waffen auch gar nicht geeignet, und zwar nicht weil ihnen dazu die körperlichen Voraussetzungen fehlten [...], sondern weil sie furchtsam sind und angsterfüllt. [...] Sobald sie sich aber sicher fühlen, legen sie jede Furcht ab und sind im höchsten Maße ehrlich und vertrauenswürdig und mit allem, was sie haben, überaus großzügig. Einem Bittsteller verweigert keiner, was er besitzt. Ja, sie fordern uns sogar selbst dazu auf, uns an sie zu wenden. Überhaupt begegnen sie allen Menschen mit großer Liebe. [...] Und so habe ich denn keine Ungeheuer erblickt und habe auch nirgendwo von solchen gehört, mit Ausnahme der Berichte über eine Insel namens Carib, die zweite, die man auf der Überfahrt von Spanien nach Indien erreicht. [...] Die Bewohner von Carib essen nämlich Menschenfleisch. Sie haben viele verschiedene Arten von Ruderbooten, mit denen sie zu allen Inseln Indiens fahren und dort plündern und rauben, so viel sie können. Sie unterscheiden sich in keiner Weise von den anderen, außer dass sie langes Haar wie sonst nur Frauen tragen.

*Christoph Kolumbus, Der erste Brief aus der Neuen Welt, hg. und übers. v. Robert Wallisch, Reclam, Stuttgart 2000, S. 19–33.**

1 Vergleichen Sie den Holzschnitt (M 7) mit dem Brief von Kolumbus (M 8) und diskutieren Sie den Erkenntniswert der Darstellungen.

**M 9 Der Dominikanermönch Bartolomé de Las Casas über Indios (1542, veröffentlicht 1550)**

Westindien wurde im Jahre 1492 entdeckt. Im folgenden Jahr siedelten sich spanische Christen an. So hat sich denn seit neunundvierzig Jahren eine große Anzahl Spanier dorthin begeben. Und das erste Land, in das sie eindrangen, um sich anzusiedeln, war die große und überaus fruchtbare Insel Española[1]. [...] Überall rings um sie gibt es unzählige andere, sehr große Inseln [...]. Das Festland, das dieser Insel am nächsten liegt, ist etwas mehr als zweihundertfünfzig Meilen entfernt und davon wurde bisher über zehntausend Meilen entdeckt [...] und alles wimmelt dort in dem Gebiet von Menschen. [...] All diese unzähligen Leute von jeder Art schuf Gott ganz arglos, ohne Bosheit und Doppelzüngigkeit, ihrem natürlichen Herren und den Christen, denen sie nun dienen höchst gehorsam und treu, sie sind die demütigsten, geduldigsten, friedfertigsten und ruhigsten Menschen, die es auf der Welt gibt, sie kennen keinen Zwist und keinen Hader, sie sind keine Störenfriede und keine Zänker, ohne Groll, Hass oder Rachsucht. Zugleich sind es Leute von zartester, schwächlichster und empfindlichster Konstitution, die am schlechtesten Mühsal ertragen können und jeder Krankheit am leichtesten erliegen, sodass nicht einmal unsere Fürsten- oder Herrensöhne, die in Behaglichkeit und Wohlleben aufgezogen werden, empfindlicher als sie sind, selbst wenn sie zu denen gehören, die bei den Indios den Bauernstand bilden.

Außerdem sind sie bitterarme Leute, die ganz wenige Güter besitzen und besitzen wollen. Und darum sind sie nicht hochmütig, ehrgeizig oder habsüchtig. [...] Gewöhnlich gehen sie nackt einher und haben lediglich die Scham verhüllt, und sie bedecken sich höchstens noch mit einem Baumwollmantel, der ein etwas anderthalb oder zwei Ellen großes Tuch ist. [...] Auch haben sie einen klaren, unverdorbenen und scharfen Verstand, sind sehr geeignet und empfänglich für jede gute Lehre, und außerordentlich befähigt, unseren heiligen katholischen Glauben zu empfangen und tugendhafte Sitten anzunehmen, und von allen Menschen, die Gott in dieser Welt geschaffen hat, sind sie diejenigen, bei denen es hierfür die geringsten Hindernisse gibt.

*Bartolomé de Las Casas, Kurzgefasster Bericht von der Verwüstung der Westindischen Länder, hg. v. Michael Sievernich, übers. v. Ulrich Kunzmann, Insel, Frankfurt/M. 2006, S. 15f. © Übersetzung bei Verlag Schöningh Paderborn 1995.**

1 *Española (auch:* Hispaniola): zweitgrößte Antilleninsel, auf der die heutigen Staaten Dominikanische Republik und Haiti liegen; hier landete Kolumbus auf seiner ersten Reise

1 Analysieren Sie M 9 hinsichtlich der Darstellung der Indios durch Las Casas.
2 Vergleichen Sie die Aussagen von Las Casas mit dem Text von Kolumbus (M 8).

### M 10 Juan Gines de Sepulveda (1489–1573), Theologe, Jurist und Chronist von Kaiser Karl V., „Dialog über die gerechten Kriegsgründe" (1544)

*In Sepulvedas Streitschrift wird ein fiktiver Gesprächspartner mit „Du" angeredet.*

Wenn ich das Gesamtergebnis der vorhergehenden Erörterung recht begreife, hast Du vier Gründe dargelegt, weshalb die Spanier mit diesen Barbaren gerechterweise Krieg beginnen können. Erstens, weil sie von Natur aus Sklaven und Barbaren sind, unzivilisiert und unmenschlich, lehnen sie die Herrschaft klügerer, mächtigerer und vollkommenerer Menschen ab, eine Herrschaft, die sie zu ihren großen Vorteilen annehmen müssen; dies ist eine von Natur aus gerechte Sache, wo der Inhalt der Form, der Körper der Seele, der Trieb der Vernunft, die unvernünftigen Tiere den Menschen, die Frauen den Männern, die Söhne den Vätern, in der Tat das Unvollkommene dem Vollkommenen und das Schlechte dem Besseren gehorchen muss, damit es beiden Seiten zugute kommt. Dies nämlich ist die natürliche Ordnung, die aufgrund des göttlichen und ewigen Gesetzes überall eingehalten werden muss [...]. Als zweiten Grund hast Du angeführt, dass die frevelhaften Begierden und die unnatürlichen Schandtaten, Menschenfleisch zu verspeisen, beseitigt werden sollen, Verbrechen, die gegen die Natur ganz besonders verstoßen, und dass nicht – was Gottes Zorn vor allem reizt – Dämonen anstelle Gottes verehrt werden sollen, und zwar durch die Opferung von Menschen nach einem unnatürlichen Ritus. Als dritten Grund hast Du angeführt, was für mich großes Gewicht besitzt, um die Gerechtigkeit dieses Krieges darzutun, es sollten große Ungerechtigkeiten an zahlreichen unschuldigen Menschen, welche die Barbaren alljährlich opferten, verhindert werden. [...] An vierter Stelle hast Du dargelegt, dass die christliche Religion mithilfe der Predigt des Evangeliums mit geeigneten Gründen verbreitet werden müsse, wenn sich eine Gelegenheit dazu bietet, und jetzt ist der Weg für die Prediger und Lehrer der Sitten und der Religion offen und sicher; dieser Weg ist so gesichert, dass sie nicht nur selbst geschützt die Lehre des Evangeliums übermitteln können, sondern dass den Barbarenvölkern jegliche Furcht vor ihren Fürsten und Priestern genommen wurde, sodass sie frei und ungestraft die christliche Religion annehmen können [...]. Es ist offensichtlich, dass dies nur durch die Unterwerfung der Barbaren durch Krieg oder auf andere Art und Weise geschehen konnte.

*Christoph Strosetzki (Hg.), Der Griff nach der neuen Welt, Fischer, Frankfurt/M. 1991, S. 256f.**

1 Fassen Sie die wesentlichen Aussagen zusammen.
2 Nehmen Sie Stellung zu Sepulvedas Aussagen.
**Tipp:** Nutzen Sie auch den Darstellungstext.
3 **Vertiefung:** Formulieren Sie eine Antwort auf die Streitschrift des Autors. Sprechen Sie Ihren fiktiven Gesprächspartner auch mit „Du" an.

## Die Europäer in der Perspektive der Indios

### M 11 Der Historiker Felix Hinz über die Frage: Waren die Europäer für die Azteken „weiße Götter"? (2005)

Wenn mit den Götter-Legenden um Quetzalcóatl[1] argumentiert wird, wird Folgendes meist nicht hinreichend beachtet: Spricht man von Quetzalcóatl, so muss man den Gott von dem sagenhaften toltekischen Priesterfürsten Quetzalcóatl Topiltzin, der sich nach dem Gott benannte, unterscheiden. Nur

Letzerer hätte die Legitimation der Herrschaft Moctezumas II.[2] infrage stellen können, doch es bestand kein Zweifel daran, dass er sterblich und tot war. Der Gott wiederum hatte nichts mit Tollan[3] zu tun, und es gibt überhaupt keinen Grund für die Annahme, dass sich Moctezuma vor ihm besonders gefürchtet haben sollte. […]
Quetzalcóatl war […] einer der Hauptgötter im mexikanischen Pantheon, aber die mesoamerikanischen Götter waren nicht allmächtig. Ähnlich wie in der antiken europäischen Welt war jeder Krieg der Menschen auch ein Krieg der Götter, die ihnen jeweils beistanden. Die Mexica hatten Cholula[4] unterworfen, in dem sich das zentrale Quetzalcóatl-Heiligtum befand, und Huitzilopochtli[5] hatte sich als der Stärkere erwiesen. […] Falls die Spanier mit Götternamen bedacht wurden, dann […] nur mangels anderer Namen für jemand Fremden, dem man eine besondere Beachtung schenkte.

*Felix Hinz, „Hispanisierung" in Neu-Spanien 1519–1568. Transformation kollektiver Identitäten von Mexica, Tlaxkalteken und Spaniern, Bd. 1, Verlag Dr. Kovac, Hamburg 2005, S. 155–157.**

1 *Quetzalcóatl:* aztekischer Gott
2 *Moctezuma II.:* 1502 bis 1520 aztekischer Herrscher
3 *Tollán:* aztekischer Name der toltekischen Stadt Tula im heutigen Mexiko
4 *Cholula:* Stadt im heutigen Mexiko
5 *Huitzilopochtli:* aztekischer Kriegs- und Sonnengott und Schutzpatron der Stadt Tenochtitlán

1 Widerlegen Sie mithilfe von M 11 die Annahme der älteren Forschung, dass die Spanier von den Azteken für Götter gehalten wurden.

**M 12 Die Spanier in den Augen der Azteken**

*Der Mönch Bernadino de Sahagún ließ 1579 von indianischen Schreibern die Geschichte der spanischen Eroberung Mexikos (1519–1521) aufschreiben.*

Moctezuma sandte noch einmal verschiedene Fürsten aus. Tzihuacpopocatzin hatte die Führung dieser Gesandtschaft. Er nahm viele große Vasallen mit. Sie zogen aus, um die Spanier zwischen dem Popocatépetl und dem Iztactépetl zu treffen […]. Sie schenkten den Göttern[1] goldene Banner und Fahnen aus Quetzalfedern[2] und goldene Halsketten. Als sie das Gold in den Händen hatten, brach Lachen aus den Gesichtern der Spanier hervor, ihre Augen funkelten vor Vergnügen, sie waren entzückt. Wie Affen griffen sie nach dem Gold und befingerten es […]. Gefräßig wurden sie in ihrem Hunger nach Gold, sie wühlten wie hungrige Schweine nach Gold. Sie rissen die goldenen Banner an sich, prüften sie Zoll für Zoll, schwenkten sie hin und her, und auf das unverständliche fremde Rauschen im Wind antworteten sie mit ihren wilden, barbarischen Reden.

*Wolfgang Behringer, Lust an der Geschichte. Amerika. Die Entdeckung und Entstehung einer neuen Welt, Piper, München 1992, S. 157f.**

1 *Götter:* gemeint sind hier die Spanier
2 *Quetzal:* Vogelart in Lateinamerika

**M 13 Die Spanier in der Sicht eines Nachfahren der Inka, Holzschnitt aus der Bilderchronik des Poma de Ayala, um 1615.**

*Guaman Poma de Ayala (um 1550–um 1615), indigener Schriftsteller aus dem heutigen Peru, erlernte die spanische Sprache und verfasste eine illustrierte Chronik seines Volks. Im Bild fragt ein Inka, wozu der Spanier das Gold braucht. Der Spanier antwortet: „Wir essen es."*

1 Beschreiben und interpretieren Sie M 13. Berücksichtigen Sie auch M 12.
2 Bewerten Sie die Sicht der indigenen Bevölkerung auf die Spanier (M 12, M 13).
3 **Vertiefung:** Schreiben Sie ein fiktives Interview mit einem Indio über die spanischen Eroberungen in Amerika.

## Europäer und Afrikaner

**M 14 Willem Bosman, der ehemals hochrangigste niederländische Vertreter in Westafrika (1704)**

Die Neger sind alle, ohne Ausnahme, listig, boshaft und betrügerisch und sehr selten vertrauenswürdig; sie sind darauf bedacht, sich keine Gelegenheit entgehen zu lassen, einen Europäer oder auch einen der ihren zu hintergehen. [...] Diese entarteten Laster gehen Hand in Hand mit ihren Schwestern, Faulheit und Müßiggang; diesen sind sie so sehr verfallen, dass nur die äußerste Notwendigkeit sie zur Arbeit zwingen kann. Im Übrigen sind sie so [...] wenig betroffen von ihren Missgeschicken, dass man kaum je anhand einer Veränderung an ihnen beobachten kann, ob ihnen Gutes oder Schlimmes zugestoßen sei. [...] Sie mögen Hüte sehr gern und können nie genug dafür ausgeben. Ihre Arme, Beine und Hüften sind mit Gold und mit [...] Korallen geschmückt. [...] Das gemeine Volk, wie etwa Schankwirte, Fischer und Ähnliche, ist sehr ärmlich gekleidet, einige mit einer oder zwei Ellen dünnen Tuchs, andere mit einer Art von Riemen, den sie bloß zwischen den Beinen hochziehen und um sich schlingen, um knapp ihre Scham zu verbergen. [...] Die Männer hier sind nicht so sehr der üppigen Aufmachung ergeben; die Hoffart aber, unter den Wilden genauso wie in den Niederlanden und in ganz Europa, scheint ihren Thron unter dem weiblichen Geschlecht aufgeschlagen zu haben, und dementsprechend ist die Frauenkleidung reicher als jene der Männer. Die Damen flechten ihr Haar sehr kunstvoll, platzieren ihre Fetische, Korallen und das Elfenbein mit abwägender Miene und gehen weit feiner einher als die Männer. [...]
Die Niederkunft ist hier so wenig mühsam, wie es die Männer nur wünschen können: Da gibt es kein langes Wochenbett, keine teuren Klatsch- und Jammergelage. Einmal war ich zufällig in der Nähe des Hauses, worin eine Negerin innerhalb einer Viertelstunde von zwei Kindern entbunden wurde. Noch am selbigen Tag sah ich sie zum Strand gehen, wo sie sich wusch, ohne überhaupt daran zu denken, sie könnte nochmals in ihr Bett zurückkehren. [...] Kaum ist das Kind geboren, so schickt man nach dem Priester, der eine Menge von Bändern und Korallen und anderem Flitterzeug um Kopf, Leib, Arme und Beine des Säuglings wickelt. Danach treibt er die Geister aus, ihrem gewohnten Brauch gemäß, wodurch sie das Kind gegen alle Krankheiten und bösen Unfälle gewappnet glauben [...].

*Urs Bitterli (Hg.), Die Entdeckung und Eroberung der Welt. Dokumente und Berichte. Bd. 1: Amerika, Afrika, C. H. Beck, München 1980, S. 212–214.**

1 Analysieren Sie M 14 im Hinblick auf die Darstellung der Afrikaner.
2 Bewerten Sie diese Darstellung.
3 **Zusatzaufgabe:** siehe S. 149.

**M 15 Bericht des Kapitäns Cadamosto (1455)**

*Der Italiener Cadamosto stand in portugiesischen Diensten und erkundete 1455 die Mündung des Gambiaflusses in Westafrika.*

Nachdem wir etwa vier Meilen flussaufwärts gesegelt waren, bemerkten wir plötzlich einige Kanus, die sich von hinten näherten. Weil wir das gesehen hatten, drehten wir in ihre Richtung. [...] Sie überprüften den Kurs und begannen zu rudern, wobei sie uns wie ein Wunder bestaunten. Wir schätzten, dass sie insgesamt höchstens 150 Mann seien. Sie schienen gut gebaute Körper zu haben, waren sehr schwarz und alle mit Baumwollhemden bekleidet: Einige trugen weiße Kappen auf dem Kopf, ganz ähnlich wie es die Deutschen tun, außer dass sie auf jeder Seite einen weißen Flügel und eine Feder in der Mitte der Kappe hatten. [...] Als wir sie erreichten, legten sie die Ruder weg und ohne jede andere Begrüßung fingen sie an, ihre Pfeile abzuschießen. Als Antwort auf diesen Angriff schickte unser Schiff vier Geschützsalven. [...] Daraufhin drehten die Neger ab, [...] wir warfen die Anker und versuchten mit ihnen zu verhandeln. Nach heftigem Gestikulieren und Rufen unserer Übersetzer kam eines der Kanus auf Bogenschießweite heran. Wir fragten sie nach den Gründen für den Angriff, obwohl wir doch Männer des Friedens seien und Handel treiben. Zudem hätten wir friedliche und freundschaftliche Beziehungen mit den Negern des Königreiches von Senega und wir wollten mit ihnen ein vergleichbares Verhältnis, wenn sie das möchten. Wir erwähnten, dass wir von einem fernen Land kämen und passende Geschenke für ihren König und Herren hätten. [...] Sie antworteten, dass sie von unserem Kommen und Handel mit Senega gehört hatten. Die Senega aber konnten nur schlechte Menschen sein, wenn sie unsere Freundschaft suchten. Sie nämlich waren davon überzeugt, dass wir Christen Menschenfleisch essen würden und dass wir die Neger nur kauften, um sie zu verspeisen. Sie wollten unsere Freundschaft auf keinen Fall!

*G. R. Crone (Hg.), The Voyages of Cadamosto and other Documents on Western Afrika, Ashgate Verlag, Farnham 2010, S. 58–60, übersetzt aus dem Englischen von Björn Onken.**

1 Beschreiben Sie die Haltung der Afrikaner gegenüber den Europäern.
2 Erklären Sie das Verhalten der Einheimischen.

## Anwenden

**M 1 Der Historiker Reinhard Wendt über die Rückwirkungen auf Europa (2006)**

Die Kontakte mit der überseeischen Welt bedeuteten für Europa weder Zerstörung noch Überformung. Tiefgreifende Veränderungen jedoch sind sehr wohl auszumachen. Zwischen 1500 und 1800 wurden schätzungsweise 85 000–90 000 Tonnen Edelmetall von Amerika nach Spanien verschifft, 80–85 % der damaligen Weltproduktion. Es floss in den opulenten Schmuck von Kirchen, in staatliche Kassen und in private Taschen, vermehrte die Geldmenge, förderte besonders in Spanien die Inflation, landete letztlich aber zu einem erheblichen Teil in Italien und besonders in den Niederlanden, wo Spanien die überseeischen Reichtümer für seine kostspieligen Kriege ausgab und einen guten Teil der Waren bezog, die es für die Erschließung der Neuen Welt benötigte. Vom Gewürzgeschäft profitierten die Nordwesteuropäer gleichfalls in zunehmendem Maße. Zunächst entwickelte sich Antwerpen zum zentralen Umschlagplatz, und nach der Zerschlagung des portugiesischen Handelsreiches wurden die Niederländer zu den wichtigsten Importeuren.

Die Nachfrage nach Gewürzen hatte den Prozess der europäischen Expansion wesentlich beflügelt, und nachdem nun Direktkontakte zu den Produktionsgebieten etabliert worden waren, stieg der Import im Laufe des 16. Jahrhunderts um das Doppelte. Da die Suche nach neuen ökonomisch attraktiven Nahrungs- und Genussmitteln zu den konstituierenden Komponenten der Expansion gehörte, spielte sie bei der westlichen Erkundung der überseeischen Welt stets eine wichtige Rolle. Zunehmende Asienkontakte und die fortschreitende Erschließung der Neuen Welt erweiterten die Palette dieser Handelsgüter erheblich. Daneben lernte man bislang unbekannte Feldfrüchte, Gemüse und Obstsorten kennen, die in Europa heimisch gemacht werden konnten. Importierte wie akklimatisierte Nahrungs- und Genussmittel bescherten Europa in den nächsten Jahrhunderten nicht nur neue Konsumgewohnheiten, sondern auch neue Lebensformen, den *„five o'clock tea"* etwa, die Zigarettenpause oder den Kommunikationsraum „Kaffeehaus". Für das europäische Geistesleben gingen von der Erschließung der überseeischen Welt ebenfalls eine Reihe wichtiger Anstöße aus. Das Wissen über die Welt, ihre geografische Gestalt, ihre naturräumliche Vielfalt, über die Menschen, Kulturen und Religionen der verschiedenen Erdteile nahm zu. [...] Die von Missionaren begonnene Debatte um den Schutz der Indianer führte zur Definition von Kriterien, die die Rechtmäßigkeit der Konquista zu begründen suchten und dabei wesentlich zur Entstehung des modernen Völkerrechts beitrugen. Eine zentrale Rolle spielte dabei Las Casas' Ordensbruder Francisco de Vitoria (ca. 1492–1546), der lediglich drei naturrechtliche Grundprinzipien gelten ließ, die die Spanier zur Herrschaftsausübung in der Neuen Welt berechtigten: Es musste ihnen erlaubt sein, in den indianischen Gebieten frei leben, reisen und Handel treiben zu können. Zum zweiten durfte die Verkündung des Evangeliums nicht behindert werden. War beides nicht gegeben, konnten die Spanier ihre diesbezüglichen Rechte mithilfe der Eroberung durchsetzen. Drittens verstießen tyrannische, inhumane Regime gegen das Naturrecht und forderten zur Intervention heraus. Während den Spaniern das Naturrecht prinzipielle Handlungsfreiheit einräumte, konnten sie diese in ihrem Herrschaftsbereich anderen Nationen verweigern, da der päpstliche Missionsauftrag Verpflichtungen mit sich brachte und Kosten verursachte, die gedeckt werden mussten. Der Legitimationscharakter dieser Positionen sowie ihre geringen praktischen Folgen hinterlassen heute einen schalen Beigeschmack. Dennoch ist festzuhalten, dass spätere Kolonialmächte nicht einmal eine solche Diskussion für nötig hielten.

*Reinhard Wendt, Begegnung der Kulturen, in: Anette Völker-Rasor (Hg.), Frühe Neuzeit, 2. Aufl., Oldenbourg, München 2006, S. 69–86, hier S. 82 ff.**

1 Analysieren M 1 hinsichtlich der politischen, wirtschaftlichen und geistigen Folgen des Kolonialismus für Europa.

2 Überprüfen Sie die These des Autors: „Der Legitimationscharakter dieser Positionen [naturrechtliche Grundprinzipien nach de Vitoria] sowie ihre geringen praktischen Folgen hinterlassen heute einen schalen Beigeschmack" (Z. 70 ff.).

# Wiederholen

**M2 „Die Ankunft des Kolumbus in der Neuen Welt 1492", Gemälde von William J. Aylward, 1875**

1 Erläutern Sie, womit die europäischen Eroberer ihren Anspruch auf die „Neue Welt" und ihre Bewohner rechtfertigten.
2 Erläutern Sie den Umgang mit der indigenen Bevölkerung.
3 Beschreiben Sie das Gemälde M 2.
**Tipp:** Nutzen Sie bei Bedarf die Formulierungshilfen.
4 Charakterisieren Sie anschließend die Darstellung der Europäer sowie der indigenen Bevölkerung im Gemälde. Welche Wirkung soll das Bild erzielen?
5 **Wahlaufgabe**: Bearbeiten Sie entweder Aufgabe a) oder b).
a) Charakterisieren Sie die „Indianerschutzpolitik" der spanischen Krone.
b) Erklären Sie den Zusammenhang zwischen Sklavenhandel und „Indianerschutzpolitik".
6 Erläutern Sie das Selbst- und Fremdbild der Europäer in der Frühen Neuzeit.
7 Erläutern Sie Bitterlis Begrifflichkeiten Kulturberührung, -zusammenstoß und -beziehung (M 9, M 10, S. 17 f.). am Beispiel des spanischen Kolonialismus.
8 **Vertiefung:** Erörtern Sie die These des amerikanischen Ethnologen Matthew Restall aus dem Jahre 2003: „Wir leben nach wie vor in der langen Periode der ungleichen Beziehungen und der schrittweisen Globalisierung von Ressourcen." Beziehen Sie diese These auf das Beispiel der europäischen Kolonisation Amerikas und deren Folgen.

## Zentrale Begriffe
*Encomienda*
Entdeckungsreisen
Indios
„Indianerschutzpolitik"
„Neue Gesetze"
„Neue Welt"
Konquistadoren
*Repartimiento*
Sklaverei
Vertrag von Tordesillas

**Formulierungshilfen für die Bildbeschreibung**
- Auf dem Gemälde ist/sind ... zu sehen.
- Kolumbus ist mit ... bekleidet/dargestellt ...
- Seine Gestik/Mimik/Körperhaltung ist durch ... kennzeichnet.
- Weitere Personen sind ...
- Im Vordergrund befindet sich ...
- Im Hintergrund ist zu erkennen ...
- Folgende Gegenstände/Symbole werden verwendet ...
- Die Farbgebung/Perspektiven/Proportionen sind ... gestaltet ... und erzielen die Wirkung, dass ...
- Das Gemälde versucht, folgendes Bild der historischen Ereignisse zu erzeugen: ...

# AV Abiturvorbereitung

## Hinweise zu den Operatoren

Operatoren sind Verben in Aufgabenstellungen, die Ihnen signalisieren, welche Tätigkeiten beim Lösen dieser Aufgaben von Ihnen erwartet werden. Schwerpunktmäßig sind sie einem der drei Anforderungsbereiche (AFB I, II oder III) zugeordnet.
Die folgenden Hinweise sollen Ihnen helfen, die Operatoren in Arbeitsaufträgen zu verstehen und sinnvoll zu bearbeiten.
*Beachten Sie bitte:* Operatoren werden durch die Formulierung bzw. Gestaltung der jeweiligen Aufgabenstellung und durch den Bezug zu den begleitenden Textmaterialien, Abbildungen und Problemstellungen präzisiert. **Lesen Sie sich also immer die Aufgabenstellung genau durch.**

| Operator | Definition | Beispielaufgabe | Tipps und Formulierungshilfen |
|---|---|---|---|
| Anforderungsbereich (AFB) I | | | |
| beschreiben | strukturiert und fachsprachlich angemessen Materialien vorstellen und/oder Sachverhalte darlegen | Beschreiben Sie die wesentlichen Bildelemente des Holzstichs „Germanenzug" von Johannes Gehrts (M 3). | **Tipp:** Die Beschreibung eines Materials erfordert eine präzise und fachsprachlich angemessene Wortwahl. Außerdem sollten Sie sich eine sinnvolle Reihenfolge für die Präsentation der einzelnen (Bild-)Elemente überlegen.<br>**Formulierungshilfen:**<br>– Das Gemälde/der Holzstich … thematisiert …<br>– Bei dem vorliegenden Material handelt es sich um …<br>– Die Statistik befasst sich mit …<br>– Hierbei zeigt die x-Achse …, die y-Achse stellt … dar.<br>– Hier fällt auf, …<br>– Es wird deutlich, dass… |
| gliedern | einen Raum, eine Zeit oder einen Sachverhalt nach selbst gewählten oder vorgegebenen Kriterien systematisierend ordnen | Gliedern Sie die verschiedenen Zeitebenen, die Braudel vorschlägt, mithilfe einer grafischen Darstellung. | – Der Autor schlägt drei Ebenen/Kategorien/Rubriken … vor. Die erste/zweite/dritte ist gekennzeichnet/charakterisiert durch …<br>– Der Text lässt sich gliedern in … Abschnitte.<br>– Die Abschnitte beschäftigen sich mit folgenden Themen: … |
| wiedergeben | Kenntnisse (Sachverhalte, Fachbegriffe, Daten, Fakten, Modelle) und/oder (Teil-)Aussagen mit eigenen Worten sprachlich distanziert, unkommentiert und strukturiert darstellen | Geben Sie den Inhalt der „Farewell Address" von George Washington mit eigenen Worten wieder. | – In dem Text geht es um …<br>– Der Autor/die Autorin formuliert in seinem/ihrem Text …<br>– Der Autor/die Autorin behauptet/verdeutlicht/kritisiert/erläutert/beschreibt/fasst zusammen/stellt klar …<br>– Daraus entwickelt sich …<br>– Die Folgen sind … |

| Operator | Definition | Beispielaufgabe | Tipps und Formulierungshilfen |
|---|---|---|---|
| zusammenfassen | Sachverhalte auf wesentliche Aspekte reduzieren und sprachlich distanziert, unkommentiert und strukturiert wiedergeben | Fassen Sie Avitus' Aussage und Intention zusammen. | – Siehe „wiedergeben". |
| Anforderungsbereich (AFB) II | | | |
| analysieren | Materialien, Sachverhalte oder Räume beschreiben, kriterienorientiert oder aspektgeleitet erschließen und strukturiert darstellen | Analysieren Sie die Erzählung über den Krug von Soissons (M 12 a) in Hinblick auf die Aussageabsicht Gregors. | **Tipp:** Lesen Sie die Aufgabenstellung genau durch und werten Sie einen Sachverhalt oder das Material anhand der aufgeworfenen Frage/Problemstellung aus.<br>Nutzen Sie die Methodenseiten S. 36 f. und S. 98 f. |
| charakterisieren | Sachverhalte in ihren Eigenarten beschreiben, typische Merkmale kennzeichnen und diese dann gegebenenfalls unter einem oder mehreren bestimmten Gesichtspunkten zusammenführen | Charakterisieren Sie das Zusammenleben von Franken und Galloromanen in Chlodwigs Reich. | – Es lässt sich beobachten, dass ...<br>– Ein typisches Kennzeichen für ...<br>– Allgemeine Merkmale waren ... |
| einordnen | begründet eine Position/Material zuordnen oder einen Sachverhalt begründet in einen Zusammenhang stellen | Ordnen Sie das auf der Gravur gezeigte Ereignis in seinen historischen Kontext ein. | **Tipp:** Ordnen Sie Aussagen des Materials Ihnen bekannten Positionen bzw. Theorien zu. Stellen Sie bei Ihrer Einordnung Textbezüge her.<br>– Die Gravur zeigt die Plünderung Roms als ...<br>– Die Aussage in Zeile xx zeigt, dass ...<br>– Seine politische Einstellung änderte sich, weil ... |
| erklären | Sachverhalte so darstellen – ggf. mit Theorien und Modellen –, dass Bedingungen, Ursachen, Gesetzmäßigkeiten und/oder Funktionszusammenhänge verständlich werden | Erklären Sie, welche Rolle und welche Bedeutung die Christen laut Augustinus bei der Plünderung Roms hatten. | – Besonders diese Ereignisse führten zu ...<br>– Deshalb spricht man von ...<br>– In diesem Zusammenhang lässt sich feststellen, dass ... |
| erläutern | Sachverhalte erklären und in ihren komplexen Beziehungen an Beispielen und/oder Theorien verdeutlichen (auf Grundlage von Kenntnissen bzw. Materialanalyse) | Erläutern Sie Gearys Aussage: „Mit dem Verschwinden der Barbaren aus dem Imperium verschwanden auch die Römer selbst" (Z. 31 f.). | **Tipp:** Die Vorgehensweise ist wie beim Operator „erklären", allerdings sollten Sie Ihre Erläuterung mit Beispielen verdeutlichen.<br>– An dieser Stelle (Z. xx) wird deutlich, dass ...<br>– Wie der letzte Satz zeigt ... |

| Operator | Definition | Beispielaufgabe | Tipps und Formulierungshilfen |
|---|---|---|---|
| gegenüber-stellen | Sachverhalte, Aussagen oder Materialien kontrastierend darstellen und gewichten | Stellen Sie die Ansätze von Bade und Oswald hinsichtlich der Aspekte Anlässe, Motive, Formen sowie kollektive wie individuelle Folgen gegenüber. | **Tipp:** Achten Sie wie beim Vergleich darauf, nicht nur Gemeinsamkeiten, sondern auch Unterschiede der zu vergleichenden Sachverhalte darzulegen. Berücksichtigen Sie dabei den Ihnen bekannten historischen Kontext. Am Ende Ihrer Bearbeitung wird von Ihnen eine Gewichtung der Gemeinsamkeiten und Unterschiede erwartet.<br>– Beide Texte/Bilder handeln von/stammen aus ...<br>– Beide Materialien thematisieren ...<br>– Während der Autor von Material A jedoch ... betont, legt der Autor von Material B den Schwerpunkt auf ...<br>– Schlüssig und nachvollziehbar ist die Argumentation von ...<br>– Autor B vernachlässigt dagegen folgende Punkte ... |
| heraus-arbeiten | Materialien auf bestimmte, explizit nicht unbedingt genannte Sachverhalte hin untersuchen und Zusammenhänge zwischen den Sachverhalten herstellen | Arbeiten Sie aus M 6 und M 7 die zentralen Merkmale der Beschreibung und Erklärung von Migration heraus. | **Tipp:** Erarbeiten Sie sich zunächst die wesentlichen Aussagen des Materials. Achten Sie dabei auf Zusammenhänge, auch auf solche, die nicht explizit im Text benannt werden.<br>– Zu den wichtigsten Ergebnissen gehörte ...<br>– Die Hauptaussage des Autors lässt sich so wiedergeben: ... |
| in Beziehung setzen | Zusammenhänge zwischen Materialien, Sachverhalten aspektgeleitet und kriterienorientiert herstellen und erläutern | Setzen Sie die Kernaussagen von M 13 in Beziehung zu den Ausführungen in M 14. | – Im Vergleich der beiden Texte zeigt sich ...<br>– Während Autor A stärker ... thematisiert, legt Autor B den Schwerpunk auf ...<br>– Beiden gemeinsam ist ...<br>– Sie unterscheiden sich in der Bewertung von ... |
| nachweisen | Materialien auf Bekanntes hin untersuchen und belegen | Weisen Sie nach, inwiefern in der im Gräberfeld abgebildeten Kultur christliche und vorchristliche Elemente eine Rolle spielten. | – Die Aussage von ... lässt sich bei ... wiederfinden/belegen/wird widerlegt.<br>– Ein Beleg für ... ist ...<br>– Dieser Fund stützt die These von ...<br>– Es lässt sich zeigen, dass ... |
| vergleichen | Gemeinsamkeiten, Ähnlichkeiten und Unterschiede von Sachverhalten kriterienorientiert darlegen | Vergleichen Sie die Beurteilung Heathers mit derjenigen von Pohl. | **Tipp:** Achten Sie immer darauf, nicht nur Gemeinsamkeiten, sondern auch Unterschiede der zu vergleichenden Sachverhalte darzulegen.<br>– Im Vergleich mit ...<br>– Die Entwicklung verlief ähnlich wie/anders als in ... |

| Operator | Definition | Beispielaufgabe | Tipps und Formulierungshilfen |
|---|---|---|---|
| Anforderungsbereich (AFB) III | | | |
| beurteilen | den Stellenwert von Sachverhalten oder Prozessen in einem Zusammenhang bestimmen, um kriterienorientiert zu einem begründeten Sachurteil zu gelangen | Beurteilen Sie die von Demandt vorgetragene Deutung vom Untergang des Römischen Reichs im Zusammenhang mit den Prozessen der Zeit der „Völkerwanderung". | **Tipp:** Beachten Sie bei Ihrer Urteilsbildung auch die Ergebnisse der zuvor bearbeiteten Aufgabenstellungen. Vergessen Sie nicht, die Ihrem Sachurteil zugrunde gelegten Kriterien zu verdeutlichen.<br>– Die eigentliche Absicht des Redners war es, …<br>– Diese Sichtweise/Konstellation/Handlung führte dazu, dass …<br>– Diese Entscheidung hatte negative Folgen: … |
| entwickeln | zu einem Sachverhalt oder zu einer Problemstellung eine Einschätzung, ein Lösungsmodell, eine Gegenposition oder ein begründetes Lösungskonzept darlegen | Entwickeln Sie eine begründete Empfehlung für den Besuch eines der beiden vorgestellten Museen. | – Nach Abwägung der Positionen/Analyse der Argumentationen plädiere ich dafür, dass …<br>– Meiner Meinung nach … |
| erörtern | zu einer vorgegebenen Problemstellung eine reflektierte, abwägende Auseinandersetzung führen und zu einem begründeten Sach- und/oder Werturteil kommen | Erörtern Sie kritisch, welche Erkenntnisse über das Steuerwesen zur Zeit der Merowinger anhand von Z. 1–18 dieser Quelle gewonnen werden können. | **Tipp:** Wägen Sie das Für und Wider hinsichtlich der Frage/Aufgabenstellung ab und fällen Sie dann ein begründetes Sachurteil oder zusätzlich, wenn sich das vom Thema her anbietet, ein Werturteil.<br>– Dafür/Dagegen spricht …<br>– Insgesamt gesehen …<br>– Die Behauptung/These/Argumentation passt (nicht) zu den Informationen aus dem Darstellungstext/den Aussagen des Historikers XY … |
| sich auseinandersetzen | zu einem Sachverhalt, einem Konzept, einer Problemstellung oder einer These usw. eine Argumentation entwickeln, die zu einem begründeten Sach- und/oder Werturteil führt | Setzen Sie sich mit der Frage auseinander, ob Chlodwig 486 dem Römischen Reich den „Todesstoß" versetzte oder ob er die Reichsidee zumindest in seinem Reich vor dem endgültigen Verfall rettete. | **Tipp:** Beziehen Sie ggf. (laut Aufgabenstellung) Materialien in Ihre Argumentation ein. An deren Ende kann ein Sach- oder ein Werturteil stehen.<br>– Siehe „erörtern". |
| Stellung nehmen | Beurteilung mit zusätzlicher Reflexion individueller, sachbezogener und/oder politischer Wertmaßstäbe, die Pluralität gewährleisten und zu einem begründeten eigenen Werturteil führt | Nehmen Sie vor dem Hintergrund der Theorien von Kulturkonflikt und Kulturkontakt Stellung zu den von Ammianus geschilderten Vorgängen. | **Tipp:** Siehe „beurteilen". Zusätzlich haben Sie ein Werturteil zur Problemfrage zu fällen, dessen Maßstäbe bzw. Kriterien Sie nachvollziehbar verdeutlichen müssen.<br>– Aus meiner Sicht …/meiner Meinung nach …<br>– Nach den Maßstäben der freiheitlich-demokratischen Grundordnung …<br>– Mich überzeugt (nicht), …<br>– Andere sind möglicherweise der Ansicht, dass … |

| Operator | Definition | Beispielaufgabe | Tipps und Formulierungshilfen |
| --- | --- | --- | --- |
| überprüfen | Inhalte, Sachverhalte, Vermutungen oder Hypothesen auf der Grundlage eigener Kenntnisse oder mithilfe zusätzlicher Materialien auf ihre sachliche Richtigkeit bzw. auf ihre innere Logik hin untersuchen | Überprüfen Sie, inwiefern in der transkribierten Filmszene Elemente der nationalsozialistischen Ideologie mithilfe der „Völkerwanderung" transportiert werden. | – Die Behauptung/These/Argumentation passt (nicht) zu den Informationen aus dem Darstellungstext/den Aussagen des Historikers XY … |
| Operator, der Leistungen in allen drei Anforderungsbereichen verlangt | | | |
| interpretieren | Sinnzusammenhänge aus Quellen erschließen und ein begründetes Sachurteil oder eine Stellungnahme abgeben, die auf einer Analyse beruhen | Interpretieren Sie die Karte, indem Sie die fünf oben dargestellten Arbeitsschritte durchführen und auf dieser Grundlage einen zusammenhängenden Text formulieren. | Nutzen Sie die Methodenseiten S. 36 f. und S. 80 f. |

# Formulierungshilfen für die Bearbeitung von Quellen und Darstellungen

| Arbeitsschritte | Strukturierungsfunktion | Formulierungsmöglichkeiten | Beispiel |
|---|---|---|---|
| Analyse formale Aspekte | Einleitung | – Der Verfasser thematisiert/behandelt/greift (auf) …<br>– Er beschäftigt sich/setzt sich auseinander mit der Frage/mit dem Thema …<br>– Die Autorin legt dar/führt aus/äußert sich zu …<br>– Das zentrale Problem/Die zentrale Frage des Textes/Briefes/der Rede ist … | Der SPD-Politiker Philipp Scheidemann thematisiert in seiner Rede vor der Weimarer Nationalversammlung am 12. Mai 1919 den Versailler Vertrag. |
| inhaltliche Aspekte | Wiedergabe der Position/Kernaussage | – Die Autorin vertritt die These/Position/Meinung/Auffassung …<br>– Er behauptet … | Der Historiker Detlev Peukert vertritt die These, der Untergang der Weimarer Republik sei auf „vier zerstörerische Prozesse" zurückzuführen (Z. xx). |
| | Wiedergabe der Begründung/Argumentation/wesentlichen Aussagen | – Sie belegt ihre These …<br>– Als Begründung/Beleg seiner These/Behauptung führt der Autor an …<br>– Der Reichskanzler legt dar/führt aus …<br>– Die Historikerin argumentiert/kritisiert/bemängelt …<br>– Der Verfasser weist darauf hin/betont/unterstreicht/hebt hervor/berücksichtigt …<br>– Weiterhin/Außerdem/Darüber hinaus/Zudem argumentiert er … | Kennan betont, dass die Amerikaner in Deutschland Konkurrenten der Russen seien und daher in „wirklich wichtigen Dingen" keine Zugeständnisse machen dürften (Z. xx). |
| | Abschließende Ausführungen | – Am Ende unterstreicht/betont der Autor noch einmal …<br>– Der Autor schließt seine Ausführungen mit …<br>– Sie kommt am Ende ihrer Argumentation zu dem Schluss, dass …<br>– Zum Abschluss seiner Rede …<br>– Abschließend/Zusammenfassend führt die Abgeordnete aus … | Am Ende seines Briefes betont Bismarck noch einmal die Notwendigkeit eines Bündnisses mit Österreich (Z. xx). |
| Vergleich von Texten | Übereinstimmung | – Der Historiker ist derselben Meinung/Auffassung/Position …<br>– Sie teilt dieselbe Meinung/Auffassung/Position …<br>– Die Autoren stimmen darin überein … | Brandt und Grass stimmen darin überein, dass die Bildung einer Großen Koalition mit Risiken verbunden sei (vgl. M 1, Z. xx; M 2, Z. xx). |
| | Gegensatz | – Im Gegensatz zu …<br>– Die Positionen widersprechen sich/weichen voneinander ab/sind unvereinbar/konträr … | Die Positionen der beiden anonymen Verfasser sind hinsichtlich ihrer Haltung zum Terror der Jakobiner unvereinbar. |

| Arbeitsschritte | Strukturierungsfunktion | Formulierungsmöglichkeiten | Beispiel |
|---|---|---|---|
| Historischer Kontext | | – Die Quelle(n) lassen sich/sind in ... ein(zu)ordnen.<br>– Die Texte sind im Zusammenhang mit ... zu sehen.<br>– Die Rede stammt aus der Zeit des/der ... | Veröffentlicht wurden beide Zeitungsartikel in der Zeit der Jakobinerherrschaft, die von 1793 bis 1794 andauerte und auch als „Schreckens- und Gewaltherrschaft" bezeichnet wird. |
| Urteil Sachurteil | Intention des Autors | – Der Autor beabsichtigt/intendiert/will/strebt an/fordert/plädiert für ...<br>– Die Politikerin verfolgt die Absicht/das Ziel ...<br>– Der Außenminister appelliert/ruft auf ... | Der Ministerpräsident will mit seiner Rede die Abgeordneten von der Notwendigkeit wirtschaftlicher Reformen überzeugen. |
| | Beurteilung des Textes | – Die Argumentation ist (nicht) nachvollziehbar/überzeugend/stichhaltig/schlüssig ...<br>– Der Verfasser argumentiert einseitig/widersprüchlich ...<br>– In seiner Darstellung beschränkt sich der Historiker nur auf ... | Der britische Historiker Peter Heather begründet seine These in drei stichhaltigen Argumentationssträngen. |
| Werturteil | Bewertung des Textes | – Aus heutiger Sicht/Perspektive kann gesagt werden/lässt sich sagen ...<br>– Der Position/Meinung/Auffassung/Ansicht des Autors stimme ich (nicht) zu ...<br>– Ich stimme der Position/ ... des Autors (nicht) zu ...<br>– Die Position/ ... der Verfasserin teile ich (nicht) ...<br>– Ich teile die Position/ ... des Historikers (nicht) ...<br>– Meiner Meinung/Auffassung/Ansicht zufolge/nach ... | – Ich stimme der Kritik von Francisco de Vitoria am Vorgehen der Spanier in der Neuen Welt zu, weil ...<br>– Die Position des anonymen Verfassers des ersten Zeitungsartikels (M 1) teile ich nicht, da heute in unserer freiheitlichen Grundordnung Terror zur Durchsetzung politischer Ziele abgelehnt wird. |

# Tipps zur Vorbereitung auf die Abiturthemen

**Übung 1: Inhalte der Lehrplanthemen wiederholen**
Das Thema „Völkerwanderung“ wird im vorliegenden Schulbuch in sechs Teilthemen gegliedert. Jedes Teilthema ist in Form eines Kapitels aufbereitet.

1 Ein kurzer Darstellungstext führt zu Beginn jedes Kapitels in das Teilthema ein. Daran schließt sich ein umfangreicher Materialienteil mit entsprechenden Aufgaben an. Lesen Sie die Darstellungstexte wiederholend und fertigen Sie eine Zusammenfassung an. Die Zwischenüberschriften und Fettdrucke können Ihnen hierbei Hilfestellung geben.
2 Suchen Sie sich aus jedem Kapitel drei bis vier Materialien aus und bearbeiten Sie die dazugehörigen Aufgaben.
3 Halten Sie Ihre Ergebnisse auf Karteikarten fest (s. unten).

**Übung 2: Wichtige Daten merken und anwenden**
Auf den Auftaktseiten der Kapitel finden Sie jeweils einen Zeitstrahl. Auf drei Arten können Sie damit für das Abitur üben:

1 Geben Sie jeden Eintrag des Zeitstrahls mit eigenen Worten wieder.
2 Schreiben Sie auf die Vorderseite einer Karteikarte ein Ereignis, auf die Rückseite das Datum (s. unten).
3 Vertiefen Sie Ihre Kenntnisse über zentrale Daten, indem Sie noch einmal die dazugehörigen Darstellungen und Materialien aus dem Kapitel durcharbeiten. Schreiben Sie auf Ihre Karteikarten,
   **a)** welche Ursachen zu einem Ereignis geführt haben,
   **b)** wie es abgelaufen ist,
   **c)** welche Folgen es gehabt hat.

**Übung 3: Zentrale Begriffe verstehen und erklären**
Zentrale Begriffe sind u. a. auf der Seite „Anwenden und wiederholen“ aufgeführt. Erläuterungen dazu finden Sie im entsprechenden Kapitel und im Begriffslexikon auf S. 164 f.

1 Lesen Sie zu jedem Begriff die Erläuterung.
2 Klären Sie Fremdwörter.
3 Erläutern Sie den Inhalt jedes Begriffs anhand von historischen Beispielen. Halten Sie Ihre Ergebnisse auf Karteikarten fest (s. unten).

**Ergebnisse sichern – Arbeitskartei anlegen**

1 Halten Sie die Ergebnisse der Übungen 1 bis 3 auf Karteikarten fest: Notieren Sie auf der Vorderseite eine Frage, einen Begriff oder ein Datum, schreiben Sie auf die Rückseite Ihre Erläuterungen.
2 Wiederholen Sie mithilfe Ihrer Arbeitskartei die Inhalte, Daten und Begriffe der Schwerpunktthemen – alleine, in Partnerarbeit oder in Gruppen.

**Übung 4: Methodentraining – Interpretation schriftlicher Quellen**
Die Interpretation schriftlicher Quellen ist eine der zentralen Anforderungen im Abitur:

1 Prägen Sie sich die systematischen Arbeitsschritte zur Interpretation einer schriftlichen Quelle von S. 36 ein.
2 Merken Sie sich die „Faustregel“ zur Analyse der formalen Merkmale schriftlicher Quellen und üben Sie die Beantwortung der „W-Fragen“ anhand von fünf selbst ausgewählten schriftlichen Quellen des Schülerbuches.

**„Faustregel“**
für die Analyse der formalen Merkmale schriftlicher Quellen:

**WER sagt WO, WANN, WAS, WARUM, zu WEM und WIE?**

# Probeklausur mit Lösungshinweisen

1 Fassen Sie – nach einer quellenkritischen Einleitung – den Inhalt des Ihnen vorliegenden Materials M 1 zusammen.
2 Erläutern Sie die von Prokop geschilderten Ereignisse in den Zeilen 29 ff. vor ihrem historischen Hintergrund unter Bezug auf eine Ihnen bekannte Theorie zu Formen des Kulturkontakts.
3 Überprüfen Sie das bei Prokop dargebotene Bild Theoderichs und seiner Herrschaft.

**M 1 Aus Prokops „Gotenkriege" (um 550/51)**

*Der griechische Geschichtsschreiber Prokopios von Caesarea (um ca. 500 bis 562), meist Prokop genannt, verfasste seine „Gotenkriege"– kurz vor dem Ende des Ostgotenreichs in Italien – zur Zeit Kaiser Justinians (527–565), dessen Gotenpolitik in Italien er vehement ablehnte. Zu Beginn seines fünften Buches berichtet er über die Situation in Italien zwischen 476 bis 526 Folgendes:*

Während Kaiser Zenon in Byzanz regierte, gebot über den Westen Augustus, der bei den Römern auch den Spottnamen Augustulus hatte; denn bereits in früher Jugend war er zum Thron gelangt. Für ihn führte sein Vater Orestes, ein sehr kluger Mann, die Regierungsgeschäfte. Die Römer hatten einige Zeit zuvor Skiren, Alanen und andere gotische Völkerschaften als Bundesgenossen aufgenommen [...] in gleichem Maße, wie die Barbaren bei den Römern zu Macht und Ansehen gelangten, hatten deren Truppen an Ruhm eingebüßt, und unter der wohlklingenden Bezeichnung „Bundesgenossen" herrschten die Fremdlinge schrankenlos über die Einheimischen. Schamlos erpressten sie vieles von ihnen und forderten schließlich, das gesamte italische Ackerland solle unter sie aufgeteilt werden. Zunächst verlangten sie von Orestes die Abtretung eines Drittels, und da er sich entschieden weigerte, wurde er sogleich beseitigt. Nun war bei den Barbaren auch ein kaiserlicher Doryphor[1] mit Namen Odoakar. Dieser erklärte sich bereit, ihre Wünsche zu erfüllen, wenn sie ihn zum Herrscher machten. Obwohl er so auf ungesetzliche Weise zur Macht gelangt war, tat er dem Kaiser sonst kein Leid, ließ ihn vielmehr als Privatmann weiter leben. Den Barbaren übergab er das verlangte Drittel Ackerland und gewann sie auf diese Weise als verlässliche Helfer, sodass er sich etwa zehn Jahre als Usurpator behaupten konnte.

Zur gleichen Zeit erhoben auch die Goten, die der Kaiser in Thrakien angesiedelt hatte, die Waffen gegen die Römer. Theodorich[2], der in Byzanz Patrizierrang[3] erhalten hatte und sogar zur Würde eines Konsuls aufgestiegen war, führte sie. Doch Kaiser Zenon, ein geschickter Politiker, veranlasste ihn, nach Italien zu ziehen; er sollte dort Odoakar bekämpfen und das Westreich für sich und seine Goten gewinnen. Denn ihm als Mitglied des Senates stehe es doch mehr an, einen Gewaltherrscher zu stürzen und dann über sämtliche Römer und Italiker zu regieren, als sich in einen so gefahrvollen Kampf mit dem Kaiser einzulassen. Theodorich fand an dem Vorschlag Gefallen und zog nach Italien, mit ihm das Volk der Goten. Weiber und Kinder setzten sie auf Wagen und luden Hausrat soweit als möglich dazu. Als sie an das Jonische Meer[4] kamen, fehlte es ihnen an Schiffen zur Überfahrt. So mussten die Goten das Meer umgehen und durch das Land der Taulantier[5] und ihrer Nachbarn ziehen. Odoakar trat ihnen mit Heeresmacht entgegen, wurde aber in zahlreichen Schlachten besiegt und musste sich auf Ravenna und die anderen stärksten Festungen zurückziehen. Daraufhin begannen die Goten mit der Belagerung und nahmen schließlich auf verschiedene Art sämtliche Plätze ein; nur das Kastell Caesena, dreihundert Stadien[6] von Ravenna entfernt, und diese Stadt selbst, in der sich auch Odoakar befand, waren weder durch gütliche Verhandlungen noch durch Gewalt zu gewinnen. [...]

Die Belagerung Ravennas durch die Goten und Theodorich zog sich schon ins dritte Jahr, sodass sie des untätigen Sitzens überdrüssig wurden. Da auch Odoakar und seine Leute an allem Lebensnotwendigen Mangel litten, kam durch Vermittlung des Bischofs von Ravenna ein Vertrag zustande, wonach Theodorich und Odoakar gleichberechtigt und gemeinsam in Ravenna die Regierung führen sollten. Einige Zeit hielten sich beide an die Abmachung, dann soll Theodorich einem Anschlag Odoakars gegen sein Leben auf die Spur gekommen sein. Mit erheuchelter Freundlichkeit lud er ihn zu einem Gastmahl und ließ ihn dort niedermachen. Hierauf gewann Theodorich die überlebenden feindlichen Barbaren für sich, sodass er jetzt unangefochten über Goten und Italiker herrschte. Die Insignien und die Bezeichnung eines römischen Kaisers anzunehmen, lehnte er ab. Zeitlebens ließ er sich nur *„Rex"* nennen – so heißen die Barbaren ihre Führer –, regierte aber über seine Untertanen mit kaiserlicher Machtfülle. Nachdrücklich sorgte er für Gerechtigkeit und wahrte die Gesetze, er schützte das Land vor den umwohnenden Barbaren und bewies höchste Klugheit und Tapferkeit. Seinen Untertanen tat er fast nie ein Unrecht an und ließ es auch von keinem anderen zu, lediglich den Teil an Ländereien, den Odoakar seinen Leuten überlassen hatte, durften die Goten unter sich aufteilen. So war Theodorich dem Namen nach ein Gewaltherrscher, in Wirklichkeit jedoch ein echter Kaiser und stand keinem seiner berühmten Vorgänger irgendwie nach. Die Goten und Italiker liebten ihn daher sehr, was sonst menschlicher Art nicht entspricht. Denn in den Kreisen der Bürger verfolgt die eine Partei diese, die andere jene Ziele. So kommt es, dass die Regierung jeweils denen zusagt, die mit ihren Maßnahmen einverstanden sind, bei den Andersgesinnten aber auf Ablehnung stößt. Theodorich starb nach 37-jähriger Regierung, ein Schrecken aller Feinde, doch tief betrauert von seinen Untertanen.

*Prokop, Gotenkriege, zit. nach: Otto Veh, Prokop, Gotenkriege, Griechisch-Deutsch, München 19782, S. 7 ff.*

1 *Doryphor:* Leibwächter
2 *Theodorich:* Der Herausgeber dieser Prokop-Ausgabe, Veh, schreibt so stets den Namen des Theoderich.
3 *Patrizierrang:* hoher Ehrentitel für engste Vertraute des Kaisers
4 *Jonisches Meer:* Das Jonische oder Adriatische Meer ist ein Teil des Mittelmeeres zwischen Italien und der Balkanhalbinsel.
5 *Taulantier:* illyrischer Stamm an der Adriaküste auf dem Gebiet des heutigen Albaniens
6 *Stadien (Pl.):* Stadion, antikes Längenmaß

## Lösungshinweise

### Aufgabe 1

*Vorbemerkung*
Der Operator verlangt von Ihnen, dass Sie die von Prokop geschilderten Ereignisse auf wesentliche Aspekte reduzieren und diese sprachlich distanziert, unkommentiert und strukturiert wiedergeben.

*Formale Aspekte*
*Autor:* Prokopios von Caesarea, ein griechischer Geschichtsschreiber aus der oströmischen Reichshälfte und nahezu Zeitgenosse der Ereignisse
*Textsorte:* Ursprünglich eine Darstellung der Ereignisse zwischen 476 bis 526 in Italien, die uns heute als Quelle dient; wenn Sie im Unterricht über Charakteristika und Probleme antiker Historiografie (z. B. Quellenlage, Rückblicke, geografische und ethnografische Exkurse oder Objektivität) gesprochen haben, können Sie auch darauf eingehen.
*Adressaten:* gelehrtes Publikum in Ostrom
*Historischer Kontext:* zwischen 476 und 526; zunehmender Druck auf das Weströmische Reich durch eindringende „germanische" Personenverbände; Ausweitung „germanischer" Reichsgründungen auf weströmischem Boden infolge der politischen Destabilisierung; Absetzung vom Romulus „Augustulus" im Jahr 476 und Machtübernahme durch Odoaker als König von Italien; de facto Ende der weströmischen Herrschaft; Feldzug der Terwingen unter Theoderich gegen Odoaker, der im Jahr 493 von Theoderich getötet wird; Herrschaft Theoderichs über Italien als *„Rex"*, von Ostrom 497 offiziell anerkannt; Tod Theoderichs im Jahr 526; 552 Ende des Reichs der Terwingen
*Thema:* Ursachen der Absetzung des letzten weströmischen Kaisers Romulus „Augustulus" im Jahr 476 durch Odoaker, einen Offizier gotischer Herkunft, und dessen Machtübernahme in Italien; Aufbruch der Terwingen unter Theoderich im Auftrag des oströmischen Kaisers Zenon und Kampf gegen Odoaker, Sieg über Odoaker und Errichtung des Terwingenreichs auf römischem Boden
*Intention:* Prokop verfolgt mit seiner Darstellung der Gotenkriege das Ziel, die Mitwelt über bedeutsame Ereignisse zu informieren; im vorliegenden Auszug ist auch die Kritik an der Integrationspolitik der weströmischen Kaiser und deren Folgen zu erkennen sowie die Würdigung des taktischen Geschicks Zenons, der die drohende Auseinandersetzung mit den Terwingen umgangen habe, indem er den Aufbruch Theoderichs nach Italien veranlasst habe.

*Inhaltliche Aspekte*
In der Regierungszeit von Kaiser Zenon in Ostrom und Romulus „Augustulus" in Westrom, dessen Regierungsgeschäfte von seinem Vater Orestes geführt worden seien, habe die Aufnahme gotischer Personenverbände ins Weströmische Reich eine Machtverschiebung zugunsten dieser und politische Destabilisierungsprozesse bewirkt. Zur Durchsetzung ihrer Forderungen hätten die Goten sogar den Vater des Kaisers ermordet. Odoaker, ein römischer Offizier „germanischer" Herkunft, habe sich daraufhin auf einen Handel mit den Goten eingelassen, den Kaiser abgesetzt und selber die Herrschaft übernommen.
Zenon dagegen habe die drohende militärische Auseinandersetzung mit den in Thrakien angesiedelten Goten geschickt vermieden, indem er Theoderich, ihren Anführer, zum Aufbruch nach Italien und zum Feldzug gegen Odoaker habe veranlassen können. Nachdem er nach langjährigen Kämpfen zunächst mit Odoaker kooperiert, ihn dann aber wegen eines vermeintlichen Verrats habe ermorden lassen, habe sich Theoderich in Italien schließlich durchsetzen können.

Theoderich habe bis zu seinem Tod gerecht und von seinen Untertanen, sowohl Goten als auch Italikern, geliebt geherrscht. Er habe lediglich den Titel „*Rex*" geführt, in Wirklichkeit aber kaiserliche Machtfülle besessen.

**Aufgabe 2**

*Vorbemerkung*
Der Operator verlangt von Ihnen, dass Sie die von Prokop geschilderten historischen Sachverhalte in den Z. 29 ff. durch Ihr Vorwissen und Ihre Einsichten in den historischen Zusammenhang der Errichtung des Ostgotenreichs in Italien einordnen und begründen sowie durch zusätzliche Informationen und Beispiele verdeutlichen. In Ihren Ausführungen sollen Sie auch auf eine Ihnen bekannte Theorie zu Formen des Kulturkontakts, z. B. von Burke oder Bitterli, Bezug nehmen.

*Inhaltliche Aspekte*
Prokop schildert in den Zeilen 29 ff. den Aufbruch der Terwingen nach Italien, den Sieg über Odoaker nach jahrelangen verlustreichen Kämpfen und die Errichtung des Ostgotenreichs in Italien. Wie Ihnen bekannt ist, hat Theoderich nach seiner Rückkehr aus Konstantinopel nach Pannonien als römischer Heermeister mit seinen Truppen im Dienst des oströmischen Kaisers Zeno gedient (vgl. zur Stellung Theoderichs auch Z. 31 ff.). Theoderich gelang es, weitere ostgotische Verbände unter seine Führung zubringen und seine Streitkräfte zu vergrößern, sodass er zu einer großen Bedrohung für Ostrom wurde. Der Kaiser konnte Theoderich dazu veranlassen, mit seinen „Stammesverbänden" zum Kampf gegen Odoaker aufzubrechen (Z. 33 ff.). Er erhoffte sich dadurch, gleich zwei Rivalen aus dem Weg zu räumen. Zu Prokops Darstellung des Aufbruchs Theoderichs „mit ihm das Volk der Goten. Weiber und Kinder setzten sie auf Wagen und luden Hausrat soweit als möglich dazu" (Z. 42 ff.) können Sie erläutern, dass es sich bei den Wanderungsbewegungen in der Regel um heterogene Gruppen, nicht um geschlossene Stammesverbände handelte. In Italien trat Odoaker Theoderichs Truppen entgegen (Z. 48 ff.), konnte aber keinen entscheidenden Sieg erringen. Daraufhin zog sich Odoaker mit seinen Truppen in seinen Regierungssitz Ravenna zurück, um das eine zweijährige Schlacht entbrannte (Z. 50 ff.). In dieser Schlacht konnte sich keine der beiden Parteien durchsetzen, sodass Theoderich und Odoaker ein Bündnis schlossen (Z. 63 ff.), das von Theoderich schon nach drei Wochen gebrochen wurde, indem er Odoaker wohl mit eigenen Händen ermordete (Z. 67 ff.; dieses Ereignis sollte auch in Ihren Ausführungen zu Aufgabe 3 eine Rolle spielen, vgl. unten). Nachdem sich Theoderich in Italien durchgesetzt hatte, erklärte er, dass er „an Stelle des Kaisers" in Italien herrschte. Der Nachfolger Zenons, Anastasius, war bereit, Theoderich als rechtmäßigen Herrscher Italiens anzuerkennen, und schickte ihm sogar die Reichsinsignien zurück, die von Theoderich aber nie getragen wurden, da er sich nach außen taktisch klug dem oströmischen Kaiser unterstellte (Z. 74 ff.). Auch im Innern stand Theoderich vor einigen Problemen, um seine Herrschaft zu konsolidieren. Bei einem Zahlenverhältnis von ca. 20 000–25 000 Kriegern und einigen Millionen Einheimischen musste Theoderich einerseits für die wirtschaftliche Versorgung seiner Soldaten sorgen, um sich ihre Loyalität zu sichern; auf der anderen Seite war er auf die Unterstützung der einheimischen Eliten, vor allem der Senatoren und der lateinischen Kirche, angewiesen, die erwarteten, dass ihr materieller Besitzstand, ihre rechtlichen Privilegien und ihr sozialer Status gewahrt blieben (vgl. M 14 Hans-Ulrich Wiemer, S. 12, Z. 27 ff.). Nach Prokop hätten die Goten nur das von Odoaker übereignete Drittel unter sich aufgeteilt (Z. 83 ff.); auf alle Fälle scheint Theoderich die Veteranenversorgung geschickt gelöst zu haben.
Für den Bezug auf Formen des Kulturkontakts bietet sich das Modell Peter Burkes an. Burke beschreibt einen kulturellen Austausch als aktiven Prozess nach beiden Richtungen hin, bei dem das Entliehene jeweils an die Bedürfnisse des Entleihenden („Akkomodation") angepasst werde. Alternativ zum Synkretismus könne der kulturelle Austausch auch als „Hybridisierung" betrachtet werden; denn alle Kulturen seien hybrid bzw. heterogen. Als „*Rex*" war Theoderich sowohl das Oberhaupt seiner gotischen Krieger als auch der weströmischen Regierung (vgl. Z. 76). Der Königstitel ersetzte nicht das römische System, sondern ergänzte es nur. Theoderich selbst nannte sich *Flavius Theodericus rex*. Die Ostgoten stellten sich ganz bewusst in die Tradition römischen Rechts und römischer Verwaltungsabläufe, übernahmen römische Strukturen, u. a. auch die Ämterlaufbahn, und passten diese ihren Bedürfnissen an. Auch der Senat behielt weiterhin politischen Einfluss. Theoderich unterstrich stets den römischen Charakter seiner Herrschaft und verwendete z. B. bei der Dreißigjahrfeier seiner Herrschaft in Rom im Jahr 500 das römische Zeremoniell, sodass er die Anerkennung der Senatoren und der lateinischen Kirche gewann. Über die aktive Übernahme auf Seiten der Italiker können Sie nur Vermutungen anstellen, indem Sie z. B. auf Einflüsse in der Sprache, auf die Bauten in Ravenna oder auf Modernisierungsprozesse in der römischen Verwaltung eingehen.
Der Ihnen ebenfalls bekannte Schweizer Historiker Bitterli knüpft die Akkulturation und Kulturverflechtung an bestimmte Voraussetzungen. So müsse sich aus der engen und ständigen Berührung der Kulturen im selben geografischen Raum eine „neue Mischkultur" ergeben, die wirtschaftliche, soziale, religiöse und kulturelle Berei-

che umfasse und letztlich eine biologisch-ethnische Nivellierung zur Folge habe. Jede Kulturverflechtung werde eingeleitet und genährt durch die Übertragung von spezifischen Verhaltensweisen, Vorstellungen, Wertbegriffen und Techniken von einer bisher in sich geschlossenen Kultur auf eine andere und umgekehrt. Dieser Prozess erstrecke sich über mehrere Generationen. Prokop spricht am mehreren Stellen von „Goten" und „Italikern" (vgl. Z. 73, 89) oder Untertanen, nicht von einer Vermischung der beiden Ethnien. Aus den Darstellungstexten in Ihrem Lehrbuch wissen Sie, dass es in der Tat keine Verschmelzung von Goten und Römern gegeben zu haben scheint, sondern eine Art „Doppelstaat" (Wiemer), eine Trennung zwischen den Aufgaben und Rollen der arianischen Eroberer und der lateinischen Einheimischen. In diesem System waren die Goten für die Militärverwaltung zuständig, die Römer für die Zivilverwaltung und für das Entrichten von Steuern. Für beide Bevölkerungsgruppen wurden sogar unterschiedliche Gerichtsstände eingerichtet, sodass ihre Berührungspunkte gering blieben. Zum Schluss Ihrer Erläuterungen können Sie auch auf die Grenzen des Modells von Bitterli für die Zeit der „Völkerwanderung" verweisen, denn auch Kategorien wie „Kulturberührung" und „Kulturbeziehung" passen von ihrer Definition her nicht exakt zum Zusammenleben der Ostgoten und Italiker im Ostgotenreich.

**Aufgabe 3**

*Vorbemerkung*
Der Operator „überprüfen" verlangt von Ihnen, einen Sachverhalt (hier das Bild, das Prokop von Theoderich vermittelt), auf der Grundlage Ihrer Kenntnisse zu untersuchen, wobei es sowohl um die sachliche Richtigkeit als auch um die innere Logik der Aussagen geht.

*Inhaltliche Aspekte*
Sie werden sicherlich erkannt haben, dass Prokop Theoderich und seine Herrschaft weitgehend positiv darstellt, ja teilweise seine Darstellung zu einer Art Apotheose steigert, wenn er z. B. schreibt, dass die Liebe sowohl der Goten als auch der Italiker zu Theoderich gleichermaßen groß gewesen sei, „was sonst menschlicher Art nicht entspricht" (Z. 89 f.). Dem Text ist somit auf jeden Fall zu attestieren, dass hier eine Glorifizierung des Theoderich stattfindet, die der Realität nicht vollständig standhalten kann.
Sie könnten sodann zunächst die sachliche Richtigkeit der Darstellung überprüfen. Dabei sollte deutlich werden, dass der äußere Verlauf der Geschehnisse durchaus zutreffend gezeichnet wird: Theoderich und seine Goten zogen tatsächlich im Auftrag Zenons nach Italien, bekämpften Odoaker und seine Leute und belagerten Ravenna für längere Zeit. Auch der vorübergehende Kompromiss mit Odoaker und seine anschließende Tötung im Auftrag Theoderichs sind historisch belegt. Schließlich entspricht auch die langjährige erfolgreiche Herrschaft Theoderichs über Italien im Grundsatz den Tatsachen.
Wenn es allerdings um die Motive der Handelnden geht, wird die Einseitigkeit des Berichts des Prokop klar, auch wenn er negative Aspekte zumindest andeutet. So ist die Entsendung Theoderichs und seiner Truppen nach Italien auch ein Versuch Zenons gewesen, die von diesen für das Oströmische Reich ausgehende Gefahr zu beseitigen; Prokop geht darauf ein, wenn er schreibt, der Kaiser habe Theoderich gegenüber die Herrschaft in Italien als vorteilhafter dargestellt, „als sich in einen so gefahrvollen Kampf mit dem Kaiser einzulassen" (Z. 39 ff.). Wenn es um die Tötung des Odoaker geht, so deutet Prokop an, Theoderich solle „einem Anschlag Odoakers gegen sein Leben auf die Spur gekommen sein" (Z. 67 ff.), während die historische Faktenlage wohl eher dafürspricht, dass er Odoaker schlicht aus dem Weg geräumt hat, es sich also um einen politischen Mord handelte.
Besonders deutlich wird Prokops Einseitigkeit in der Darstellung der Herrschaft Theoderichs über Italien. Es gab, wozu Sie Einzelheiten ausführen sollten, durchaus Gewalttaten des Theoderich zur Stabilisierung seiner Herrschaft, sodass er sicherlich nicht ausschließlich gerecht und gesetzestreu herrschte. Sie können sich hier sogar der Auffassung des Historikers Peter Heather anschließen, der von einem „totalitären Regime" spricht (vgl. S. 50 f.). Die scheinbare Bescheidenheit Theoderichs, den Kaisertitel nicht anzunehmen, kann man durchaus auch als Klugheit deuten, den oströmischen Kaiser nicht auf diese Weise herauszufordern. Auch die in der geschilderten Zufriedenheit von Italikern wie Goten möglicherweise angedeutete Verschmelzung dieser beiden Völker können Sie unter Hinweis auf Theoderichs politisches und militärisches Handeln (unter Rückverweis auf Ihre Ausführungen zu Aufgabe 2) begründet in Zweifel ziehen.
Zu welchem Fazit Sie abschließend kommen, ist Ihrer Einschätzung anheimgestellt. Man kann durchaus im Hinblick auf die Gesamtleistung Theoderichs zu der Auffassung gelangen, Prokop stelle im Großen und Ganzen diesen angemessen positiv dar. Genauso gibt es jedoch auch Anlass zu der Meinung, hier werde versucht, einen Mythos zu schaffen, der die gewalttätigen Seiten der Herrschaft des Theoderich ausblende.

# A Anhang

## Zusatzaufgaben und Tipps

### Kapitel 1: Einführung

**Zu M 5, Aufgabe 1, S. 15**

**Tipp:** „Zyklische Schwankungen – Geschichte der langen Dauer – Ereignisgeschichte – Rezitativ der Konjunktur – kurze Zeit – Struktur". Klären Sie diese Begrifflichkeiten. Setzen Sie sie in Beziehung zueinander und ordnen Sie sie den drei von Braudel benannten Zeitebenen zu.

**Zu M 10, S. 17 f.**

**Zusatzaufgabe:** Urs Bitterli spricht in seinen Ausführungen von „in sich geschlossenen Kulturen" (Z. 39 f.) oder auch von „biologisch-ethnischer Nivellierung" (Z. 63 f.). Überprüfen Sie die Tragfähigkeit dieser Vorstellungen von Kultur im Hinblick auf die „Völkerwanderung". Greifen Sie dabei auf die Ausführungen von Walter Pohl (M 3, S. 105 f.) und Mischa Meier (M 5, S. 107) zurück.

**Zu M 11, S. 18 f.**

**Zusatzaufgabe:** Erörtern Sie anhand eines oder mehrerer Beispiele, inwiefern Migrationsprozesse notwendigerweise mit Formen von Kulturkontakt und Kulturkonflikt zusammenhängen. Greifen Sie dabei auch auf Erkenntnisse aus den weiteren Kapiteln über die „Völkerwanderung" (z. B. M 6, S. 108) und/oder auf Inhalte aus den Wahlmodulen zurück.

### Kapitel 2

**Zu M 1/Auftaktseite, Aufgabe 2, S. 21**

**Tipp:** Orientieren Sie sich bei der Beschreibung und Deutung des Gemäldes an folgenden Fragen:

- Was ist zu sehen (zunächst ohne Einbeziehen von Vorwissen und Deutung)?
- Welche Gestaltungsmittel wurden verwendet:
  - Figurendarstellung (Gestik, Mimik, Körperhaltung, Kleidung)
  - Gegenstände
  - Symbole
  - Farbgebung
  - Perspektiven
  - Proportionen
  - Verwendung von Licht und Schatten
  - ggf. Schrift
- Welches Bild des historischen Ereignisses versucht das Historienbild mit welchen Mitteln zu erzeugen?

**Zu M 9, S. 30 f.**

**Zusatzaufgabe:** Verfassen Sie eine Gegenrede aus der Sicht des Kaisers Arcadius.

### Kapitel 3

**Zu M 1/Auftaktseite, Aufgabe 1, S. 41**

**Tipp:** Orientieren Sie sich bei der Beschreibung und Deutung des Walhalla-Innenraumes an folgenden Fragen:

- Was ist zu sehen?
- Welche architektonischen Gestaltungsmittel wurden verwendet:
  - Materialien
  - Figuren (Körperhaltung, Kleidung)
  - Gegenstände/Symbole
  - Farbgebung
  - Perspektiven
  - Proportionen
- Welche Wirkung sollen die eingesetzten Mittel erzeugen?

**Zu M 16, Aufgabe 3, S. 55**

**Tipp:** Fertigen Sie eine Tabelle mit folgenden Teilbereichen an: Technologie – Kultur – Religion – Wissenschaft – Architektur – Kleidung – Flora und Fauna.

**Zu M 17, S. 56**

**Zusatzaufgabe:** Erläutern Sie die Chancen und Grenzen, die archäologische Funde für die Geschichtswissenschaft der Spätantike bieten.

## Kapitel 4

**Zu Aufgabe 1/Auftaktseite, S. 63**

**Tipp:** Achten Sie auf die unterschiedlichen Gegenstände, die dem Toten mit ins Grab gelegt wurden, und deren Herkunft bzw. Verbreitung. Recherchieren Sie ggf. im Internet.

**Zu Aufgabe 1/Darstellungstext, S. 69**

**Tipp:** Mit „Spannungspole" von Childerichs Herrschaft ist gemeint, dass er einerseits germanischer Heerkönig und andererseits Amtsträger des römischen Imperiums war. Lesen Sie hierzu noch einmal auf S. 64 f. nach.

**Zu M 9/M 10, Aufgabe 2, S. 72**

**Tipp:** Beachten Sie neben den Unterschieden zwischen beiden Gruppen auch die Gemeinsamkeiten, beispielsweise verdreifacht der Königsdienst gleichermaßen das Wergeld von Römern und Franken.

**Zu M 11, S. 73**

**Zusatzaufgabe:** Erläutern Sie Sinn und Zweck der Artikel 25 und 27 im historischen Kontext.

**Zu M 14, S. 76**

**Zusatzaufgabe:** Informieren Sie sich über die Stellung der Frau im spätantiken Römischen Reich und vergleichen Sie die Stellung der römischen mit der der fränkischen Frau.

## Kapitel 5

**Zu M 1/Auftaktseite, Aufgabe 2, S. 85**

**Tipp:** Orientieren Sie sich bei der Beschreibung und Deutung der Gravur an folgenden Fragen:

- Was ist zu sehen (zunächst ohne Einbeziehen von Vorwissen und Deutung)?
- Welche Gestaltungsmittel wurden verwendet:
  - Figurendarstellung (Gestik, Mimik, Körperhaltung, Kleidung)
  - Gegenstände
  - Symbole
  - Farbgebung
  - Perspektiven
  - Proportionen
  - Verwendung von Licht und Schatten
  - ggf. Schrift
- Welches Bild des historischen Ereignisses versucht die Gravur mit welchen Mitteln zu erzeugen?

## Kapitel 6

**Zu M 5, Aufgabe 1, S. 107**

**Tipp:** Systematisieren Sie Ihre Ergebnisse nach dem Muster der folgenden Tabelle.

| Personengruppe/ Verband | Beschreibung | Beispiele |
|---|---|---|
| kleinere Kriegerverbände | schlossen sich temporär, allmählich auch längerfristig zu größeren Gebilden zusammen | Franken oder Alemannen |
| nomadische Reiterverbände | … | |
| wandernde Großgruppen | | |
| Kleingruppen | | |
| Reitergruppen | | |

## Kapitel 7

**Zu M 10, S. 120**

**Zusatzaufgabe:** Vergleichen Sie ad-Dins Sicht des Dschihad mit den Formen, die das islamische Recht definiert hat.

**Zu M 1, Aufgabe 3, S. 122**

**Tipp:** Sie könnten hier z. B. die Ausführungen von Bitterli (M 9, M 10, S. 17 f.) und Burke (M 11, S. 18 f.) berücksichtigen.

## Kapitel 8

**Zu M 14, S. 133**

**Zusatzaufgabe:** Vergleichen Sie die Darstellung der Afrikaner bei Bosman mit der Skulptur M 5, S. 128.

# Lösungen zu den Methodenseiten

## Zu Kapitel 2, S. 36–37: Schriftliche Quellen interpretieren

**1. Leitfrage**
In der Regel kann die Leitfrage aus der Aufgabenstellung abgeleitet werden. Ist dies nicht der Fall, ist ein eigenständiger Zugriff zu wählen. Hierfür sollte auf das jeweilige Theoriemodul zurückgegriffen werden. In unserem Beispiel bietet sich der Rahmen „Theorien zu Kulturkontakt und Kulturkonflikt" an, da der Text zentral die Beziehungen der Römer zu den Greutungen thematisiert. Aufeinander aufbauende Leitfragen könnten etwa lauten:
Was führte zu dem Konflikt zwischen den Greutungen und den Römern?
Welche Folgen hatte dieser Konflikt im Hinblick auf das Verhältnis zwischen Römern und Greutungen?
Welche exemplarische Bedeutung im Hinblick auf die weitere historische Entwicklung kann diesem Konflikt beigemessen werden?

**2. Analyse**
Bei der *formalen Analyse* ist nicht so sehr ein auf Vollständigkeit angelegtes Abarbeiten der verschiedenen Stichpunkte gefragt als vielmehr eine auf das Wesentliche fokussierende, aspektgeleitete Quellenkritik.
Das *Thema* des Textauszugs ergibt sich bereits aus der Fragestellung. Hier ist von Bedeutung, dass es sich um eine Darstellung eines römischen Geschichtsschreibers in Form einer Textquelle handelt. Es wird ausschließlich die römische Perspektive wiedergegeben – Quellen, die die Sichtweise der Goten wiedergeben, sind nicht überliefert. Wichtig ist zudem, dass der Autor selbst Soldat war, also über Insiderwissen im Hinblick auf militärische Taktiken und Gepflogenheiten innerhalb der Militärs verfügte.
Bei dem *Genre* der Darstellung handelt es sich um eine „Gesta-Schrift" (*res gestae*), also einen Tatenbericht, der die Taten berühmter Persönlichkeiten bzw. ganzer Völker in chronologischer Anordnung, allerdings mit dem Hauptaugenmerk auf eine erklärende, kommentierende und deutende Narrativierung, darstellt.
Die *inhaltliche Analyse* benennt zunächst die Kernaussagen des Quellenauszugs mit Zeilenbeleg:
Z. 1–14: Die Goten tragen einem römischen Gesandten die Gründe vor, warum sie Partei für den Usurpator Prokop ergriffen hatten und damit das Friedensbündnis in Gefahr geraten ließen.
Z. 15–20: Valens akzeptiert die Begründung der Goten nicht und geht gegen diese militärisch außerhalb des Reichsgebietes vor.
Z. 21–32: Die Goten unter der Führung Athanarichs fliehen aus Angst vor einer militärischen Niederlage.
Z. 34–42: Schließlich geben die „Barbaren" auf, da ihnen der Konflikt auch wirtschaftliche Nachteile brachte: Der wichtige Handelsverkehr mit dem Römischen Reich kommt zum Erliegen.
Im zweiten Schritt werden diese Kernaussagen in Beziehung gesetzt mit Aspekten, die die Intention und Position des Autors verdeutlichen: Der Bericht ist in sachlichem Stil verfasst, macht aber die Überlegenheit der Römer in kultureller und militärischer Hinsicht deutlich. Das Machtgefälle lässt sich ebenfalls daran erkennen, dass die Greutungen von der Aufrechterhaltung der Handelsbeziehungen immens profitieren. Eine Kritik an den internen Zuständen des Römischen Reiches wird hier nicht explizit deutlich. Allerdings gelingt es dem Kaiser auch nicht, die Greutungen zu besiegen – eine Demonstration militärischer Überlegenheit gelingt demnach nicht.

**3. Historischer Kontext**
Wie schon bei der Analyse ist auch hier nicht eine auf Vollständigkeit zielende Ausführung, sondern die begründete Auswahl von Teilaspekten des gesamten historischen Kontextes zielführend. Diese Auswahl soll helfen, die in der Quelle geschilderten Ereignisse bzw. Prozesse zu erklären bzw. zu erläutern. Als wichtige Aspekte können etwa genannt werden:
- Die Greutungen siedelten als *foederati* nach außerhalb des Römischen Reiches und pflegten intensive Handelsbeziehungen; sie profitierten offenbar auch von dem damit einhergehenden Kulturtransfer (Kulturkontakt).
- Der Föderatenvertrag sollte den Frieden sichern und dem Kaiser Unterstützung in Form der Heerfolge zusichern; es ist zu vermuten, dass die Goten ebenfalls die wichtige Aufgabe hatten, die Grenzen des Römischen Reiches zu sichern.
- Die „Barbaren" gewannen zunehmende Bedeutung für die militärische Absicherung des Reiches.
- Das militärische Vorgehen in den Jahren 367 bis 369 blieb weitgehend erfolglos, was auf eine Schwächung des römischen Heeres einerseits und auf eine zunehmende Stärke „barbarischer" Heere andererseits hindeutet.
- Die römische Innenpolitik war zu dieser Zeit in einer Phase relativer Stabilität, die von Usurpationen und von der zunehmenden Bedeutung des Militärs geprägt ist.

**4. Urteilsbildung**
Die Art der Urteilsbildung (Sach- oder Werturteil), die Zielrichtung der Argumentation sowie die Argumente selbst hängen jeweils stark von der konkreten Fragestellung ab, sie sollten sich direkt aus der Analyse sowie den Erläuterungen des historischen Kontextes ergeben. Bei den Materialien dieses Heftes ist ein expliziter Bezug auf eines der Theoriemodule wünschenswert, beim Übungsbeispiel passt der Bezug zu den Theorien zu Kulturkonflikt und Kulturkontakt. Im Hinblick auf das vorliegende Quellenmaterial bietet sich ein **Sachurteil** an, das einerseits Argumente für eine produktive Kulturbeziehung (z. B. Rolle der „Goten" als *foederati*, gegenseitige Abhängigkeit in militärischer, kultureller und wirtschaftlicher Hinsicht, Römer als „Kulturspender") anführen kann, andererseits aber auch die Problematik der Beziehungen zwischen Römern und „Goten" im Hinblick auf einen Kulturzusammenstoß (z. B. militärische Lösung des Konfliktes, vor allem aufgrund des Selbstverständnisses der Römer, mangelnde „Satisfaktionsfähigkeit" der „Goten", fehlende nicht-militärische Option der Konfliktlösung) in den Blick rücken sollte. Im Hinblick auf ein **Werturteil** könnte – aufbauend auf bereits genannte Aspekte des Sachurteils – die Angemessenheit des Handelns der Römer infrage gestellt werden. Diese treten als Aggressoren auf, die offenbar über keinerlei Strategien zur gewaltlosen Konfliktlösung verfügen bzw. keine Notwendigkeit dafür sehen, diese anzuwenden.

## Zu Kapitel 4, S. 80–81: Karten interpretieren

**1. Erster Eindruck**
Beim Betrachter erweckt diese Geschichtskarte durch ihre einfache Gestaltung auf den ersten Blick den Eindruck einer modernen politischen Karte. Er erwartet also unterbewusst die vertrauten modernen politischen Grenzen dieses sofort erkennbaren geografischen Raums, mit seinen bekannten Städtenamen und dem Schriftzug „Frankenreich" dort, wo auf einer modernen Karte „Frankreich" stehen würde. Die tatsächlichen Grenzen des gezeigten Reiches entsprechen aber nicht denen Frankreichs: Ein großer Teil fehlt, dafür kommen Teile anderer Länder hinzu. Diese Disparität von Erwartung und Realität erzeugt beim Betrachter womöglich zuerst ein befremdliches Gefühl. Inhaltlich ist die Karte nicht überladen, das Farbschema eher einfach und die Legende sofort verständlich.

**2. Formale Merkmale**
*Titel:* „Das Frankenreich unter Chlodwig 481–511"
*Thema:* Ausbreitung des Frankenreiches, insbesondere unter Chlodwig I.
Die *Legende* kennzeichnet fränkisches Herrschaftsgebiet zu verschiedenen Zeiten vor und während der Regentschaft Chlodwigs I. durch verschiedene Violetttöne und Schraffuren. Die Grenzen des Frankenreichs bei Chlodwigs Tod 511 sind rot eingezeichnet.
Die Karte zeigt neben dem Gebiet des heutigen Frankreich auch große Teile West- und Mitteleuropas. Dementsprechend ist der *Maßstab* zwar eher grob, aber erlaubt es noch, einige Details wie Flussläufe und im historischen Kontext bedeutsame Städte zu zeigen.
Der hauptsächliche *Verwendungskontext* ist der schulische Geschichtsunterricht. *Adressaten* sind dementsprechend Schüler und auch Lehrer.

**3. Analyse der einzelnen Elemente**
Die Karte zeigt die Ausbreitung des fränkischen Herrschaftsgebiets aus dem ursprünglichen Siedlungsgebiet im heutigen Nordwestdeutschland, den Niederlanden und Belgien über die zusammengefassten Gebiete fränkischer Herrscher zur Zeit Childerichs I., dem salfränkischen Gebiet in Toxandrien und dem der ripuarischen Franken im Rhein- und Moselraum, bis zu Chlodwigs I. Eroberungszügen gegen Syagrius und Alarich II., deren Reiche er ganz bzw. zu einem beträchtlichen Teil dem seinen einverleiben konnte, ebenso wie die Gebiete der rheinfränkischen Herrscher. Daneben werden die von Chlodwig unterworfenen und tributpflichtig gemachten alemannischen Gebiete schraffiert dargestellt.

**4. Interpretation/Gesamtaussage**
Die Karte hat durch ihren Verwendungskontext eine hauptsächlich sachlich-informative Intention; die angestrebte Erkenntnis beim Betrachter, also hauptsächlich den Schülerinnen und Schülern, umfasst im Wesentlichen die geografische Ausbreitung des Frankenreiches. Während die Eroberungen Chlodwigs und die Reichsgrenzen unter seiner Herrschaft relativ unstrittig sind, sind die „ursprünglichen Siedlungsgebiete" schraffiert dargestellt, um anzuzeigen, dass hier keine eindeutigen Grenzverläufe bestimmt werden können. Das dunkelviolett gekennzeichnete „Herrschaftsgebiet der Franken um 480" könnte zu der Annahme verleiten, es habe ein geschlossenes und einheitlich beherrschtes Reichsgebiet der Franken in den gezeigten Grenzen gegeben. Hier wird in der Karte nicht deutlich, dass auf diesem Gebiet verschiedene, als fränkisch geltende Gruppierungen und Herrscher, die weder geschlossen noch einander immer freundlich gesinnt waren, zusammengefasst werden, die erst später durch Chlodwig zwangsweise vereint werden.

## Zu Kapitel 5, S. 98–99: Darstellungen analysieren

### 1. Leitfrage

In der Regel kann die Leitfrage aus der Aufgabenstellung abgeleitet werden. Ist dies nicht der Fall, ist ein eigenständiger Zugriff zu wählen. Hierfür sollte auf das jeweilige Theoriemodul zurückgegriffen werden. In diesem Beispiel bietet sich der Rahmen „Historische Erklärungsmodelle zu Transformationsprozessen" oder auch „Geschichts- und Erinnerungskultur" an, da der Text einerseits die Bedeutung der „Völkerwanderungszeit" für das heutige Geschichtsbewusstsein in den Mittelpunkt rückt und dabei auch ein Bild dieser Epoche konstruiert, das nicht unproblematisch ist. Andererseits werden auch langfristige historische Transformationsprozesse thematisiert und in dem zuvor skizzierten Zusammenhang gedeutet. Aufeinander aufbauende Leitfragen könnten etwa lauten:

Gab es ein europäisches Bewusstsein zur Zeit der „Völkerwanderung"?

Kann man bereits zu dieser Zeit von einem kulturellen oder politischen Gebilde „Europa" sprechen?

Welchen Anteil hatte die „Völkerwanderung" an der Entstehung des mittelalterlichen Europa?

Ist die Identität des mittelalterlichen oder auch des heutigen Europa von der Zeit der „Völkerwanderung" mit geprägt?

### 2. Analyse

Bei der formalen Analyse ist nicht so sehr ein auf Vollständigkeit angelegtes Abarbeiten der verschiedenen Stichpunkte gefragt, als vielmehr eine auf das Wesentliche fokussierende, aspektgeleitete Kritik der jeweiligen Rekonstruktion von Geschichte in Form eines Darstellungstextes. Das Thema des Textauszugs ergibt sich hier bereits aus der Fragestellung. Bei dem Text handelt es sich um eine fachwissenschaftliche Darstellung, wobei der hier abgedruckte Auszug aus der Einleitung sicher zuspitzende, vereinfachende und damit populärwissenschaftliche Züge trägt: Dem Kreis der Leser (historisch Interessierte, Studenten, in eher begrenztem Maße Fachpublikum, Hinweise dazu gibt auch die Publikation in einer entsprechenden Reihe) soll das Thema ansprechend und motivierend präsentiert werden. Dies versucht die Autorin durch Gegenwartsbezüge zu erreichen. Da die Autorin Professorin für mittelalterliche Geschichte ist, ist ihre Rekonstruktion (und damit die Deutung) stark von dieser Perspektive geprägt: Der „Völkerwanderungszeit" wird ihre Bedeutung vor dem Hintergrund der Entwicklung der mittelalterlichen Staatenwelt zugewiesen.

Die inhaltliche Analyse benennt die Kernaussagen des Textauszugs mit Zeilenbeleg und setzt diese in Beziehung mit Aspekten, die die Intention und Position der Autorin verdeutlichen:

Z. 1–9: Aktuelle politische Entwicklungen wie Migrationsbewegungen erfordern eine Klärung der „Identität Europas".

Z. 10–34: Postel formuliert hier ihre Kernthese, dass mit dem Beginn der „Völkerwanderungszeit" und der Ausbreitung des Islam ein „Gemeinschaftsgefühl" (Z. 23) der Menschen entstanden sei. Mit der Verlagerung des politischen Schwerpunktes nördlich der Alpen – gemeint sind hier offenbar die Folgen, die das Ende des Weströmischen Reiches mit sich brachte – sei ein eigenständiger politischer Raum in Abgrenzung zu Byzanz und den islamischen Ländern entstanden.

Z. 36–45: Aufgreifen der „germanischen Reichsgründungen"

Z. 46–66: Schilderung der vielfältigen Kulturbeziehungen zwischen den Römern und den „germanischen" *gentes* zwischen Kulturkonflikt und Kulturkontakt

Z. 67–76: Europa wird als Ergebnis von romanischen, christlichen gentilen Traditionen gedeutet; damit wird auch eine Traditionslinie bis in die Gegenwart gezogen.

### 3. Historischer Kontext

Wie schon bei der Analyse ist auch hier nicht eine auf Vollständigkeit zielende Ausführung, sondern die begründete Auswahl von Teilaspekten des gesamten historischen Kontextes zielführend. Diese Auswahl soll helfen, die im Darstellungstext geschilderten Ereignisse, Prozesse und vor allem deren Deutung auf der Grundlage des Standortes der Autorin zu erklären bzw. zu erläutern. Als wichtige Aspekte können etwa genannt werden:

- Theoriebezüge: Kulturkonflikt und Kulturkontakt, Migration, Transformationsprozesse
- Zerfall des Weströmischen Reiches und Entstehung „germanischer" Reiche auf römischem Territorium
- Ethnogeneseprozesse zwischen Römern und „Barbaren" während des Römischen Reiches und in „germanischen" Nachfolgereichen, Fragen der Identitätsbildung, des Kulturtransfers sowie der Konservierung römischer Strukturen in nichtrömischen Reichen
- Entwicklung einzelner Reiche bis ins frühe Mittelalter

### 4. Urteilsbildung

Die Art der Urteilsbildung (Sach- oder Werturteil), die Zielrichtung der Argumentation sowie die Argumente selbst hängen jeweils stark von der konkreten Fragestellung ab. Oft bietet sich ein expliziter Bezug auf eines der Theoriemodule an. Ein Sachurteil beim vorliegenden Material könnte folgende Aspekte berücksichtigen:

- Der Text weist an mehreren Stellen Probleme im Hinblick auf fachliche Richtigkeit auf (z. B. im Hinblick auf das behauptete „Gemeinschaftsgefühl“ in Z. 23, im Hinblick auf die Entstehung Spaniens aus dem Westgotenreich in Z. 75: hier ist die Darstellung sehr stark verkürzt und in dieser Formulierung nicht korrekt).

- Im Vergleich zu den Texten von Pohl oder Meier ergibt sich, dass von den „Völker Europas“ nicht sinnvoll gesprochen werden kann; dies gilt auch für die Aussage, dass „[e]rst das Sesshaftwerden in ehemals römischem Gebiet“ die Ethnogenese katalysierte (Z. 45 f.).
- Treffend ist die Darstellung von Kulturkontakt und Kulturkonflikt in den Zeilen 47–66.
- Insgesamt konstruiert die Darstellung den historischen Gegenstand jedoch so, dass eine deutlich verengte und historisch nicht abgesicherte Kontinuitätslinie von der Zeit der „Völkerwanderung“ bis in die Gegenwart behauptet wird (vgl. auch die Argumentation von Mischa Meier, M 4–M 6, S. 106 ff.).

Im Hinblick auf ein Werturteil könnte – aufbauend auf bereits genannte Aspekte des Sachurteils – die Angemessenheit der Deutung vor dem Hintergrund der Intention der Autorin kritisch diskutiert werden. Zudem scheint eine Verknüpfung der Frage der Integrationsfähigkeit der Europäischen Gemeinschaft mit den Prozessen der „Völkerwanderungszeit“ deutlich politisch oder populistisch motiviert zu sein – eine Übertragung der komplexen Situation der „Völkerwanderungszeit“ auf die komplexen Situationen der Gegenwart unterschlägt mindestens 1 500 Jahre historischer Entwicklung und ist unredlich.

# Unterrichtsmethoden

**Einen Kurzvortrag halten**

- Vorbereitung: Sammeln und ordnen Sie alle Informationen zu Ihrem Thema (z. B. in einer Mindmap).
- Entwickeln Sie eine Ordnung für Ihren Vortrag: Legen Sie zu jedem Hauptpunkt eine Karteikarte mit den wichtigsten Informationen an und nummerieren Sie die Karteikarten in einer sinnvollen Reihenfolge.
- Überlegen Sie sich einen interessanten Einstieg und Schluss für Ihren Vortrag.
- Versuchen Sie möglichst frei vorzutragen. Sprechen Sie laut, deutlich und nicht zu schnell.
- Schauen Sie Ihr Publikum an. So sehen Sie auch, wenn es Zwischenfragen gibt.
- Unterstützen Sie Ihren Vortrag durch Anschauungsmaterial (Bilder, Grafiken, Gegenstände).

**Ein Lernplakat gestalten**

- Verwenden Sie für das Plakat mindestens die Größe DIN A2, besser DIN A1 (= 8 DIN-A4-Blätter).
- Beschränken Sie sich auf die wesentlichen Informationen.
- Die Informationen auf dem Plakat müssen sachlich stimmen (z. B. richtige Jahreszahlen).
- Das Thema des Plakats muss deutlich zu lesen sein.
- Formulieren Sie in Stichpunkten oder in kurzen Sätzen.
- Unterstreichen Sie Schlüsselbegriffe oder rahmen Sie sie ein.
- Verwenden Sie für die Schrift einen schwarzen oder dunkelblauen Stift. Andere Farben eignen sich für Pfeile, Linien oder Hervorhebungen.
- Achten Sie auf die Lesbarkeit der Schrift (Größe und Ordnung).
  Tipp: Sie können Hilfslinien mit Bleistift zeichnen und später wegradieren.
- Gliedern Sie Ihre Informationen durch unterschiedliche Schriftgrößen. Verwenden Sie Ordnungszahlen, wenn Sie eine bestimmte Reihenfolge darstellen möchten.

**Eine Mindmap anfertigen**

- Werten Sie Materialien (Bilder, Texte) zunächst aus, bevor Sie mit der Mindmap anfangen. Sammeln Sie Ihre Ergebnisse in Stichpunkten.
- Schreiben Sie das Thema in die Mitte des Blattes.

- Überlegen Sie sich eine Struktur für die Mindmap: Finden Sie zunächst Schlüsselbegriffe, die Sie auf die großen Äste schreiben.
  Tipp: Mindmaps werden meist im Uhrzeigersinn gelesen. Bedenken Sie das bei Ihrem Aufbau.
- Gruppieren Sie die zugehörigen Stichpunkte, Wörter und Namen. Gehen Sie vom Abstrakten zum Konkreten.
- Beschränken Sie sich auf 4–6 Hauptäste, um die Mindmap übersichtlich zu halten.
- Verdeutlichen Sie Verbindungen innerhalb der Mindmap mit Pfeilen.
- Arbeiten Sie mit Symbolen (z. B. Blitz für Konflikte). Geben Sie den Ästen unterschiedliche Farben.

**Ein Begriffscluster erstellen**

- Nehmen Sie ein DIN-A4- oder DIN-A3-Blatt, schreiben Sie einen Schlüsselbegriff darauf und kreisen Sie ihn ein.
- Schreiben Sie nun spontane Assoziationen um das Kernwort herum auf.
- Verwenden Sie diese Assoziationen als neue Schlüsselbegriffe und notieren Sie wiederum Assoziationen dazu.
- Die so entstehende Assoziationskette ergibt eine netzartige Skizze aus Ideen.

*Der Unterschied zwischen Mindmapping und Clustern:*
Beim Clustering liegt der Schwerpunkt auf der Ideenfindung und dabei insbesondere der assoziativen Verknüpfung von Ideen und Vorstellungen in Bildmustern. Daher eignet sich diese Methode besonders gut zur Stoff*sammlung* z. B. bei Problemerörterungen.
Das Mindmapping geht einen Schritt weiter, indem die notierten Begrifflichkeiten und Assoziationen durch die Baumstruktur bereits eine logische Ordnung erfahren. Dabei ist die Baumstruktur so offen angelegt ist, dass sie ständig mit weiteren Einfällen auf einer bestimmten Ebene ergänzt werden kann. Wegen seiner begrifflichen Hierarchisierung (= Über- und Unterordnung von Begriffen bzw. Gesichtspunkten) eignet sich das Mindmapping für die Stoff*ordnung* z. B. bei Problemerörterungen gut.

**Ein Placemat gestalten (Gruppenarbeit für vier Personen)**
- Finden Sie sich in Vierergruppen zusammen.
- Nehmen Sie ein DIN-A2- oder DIN-A3-Blatt und zeichnen Sie folgendes Schema darauf:

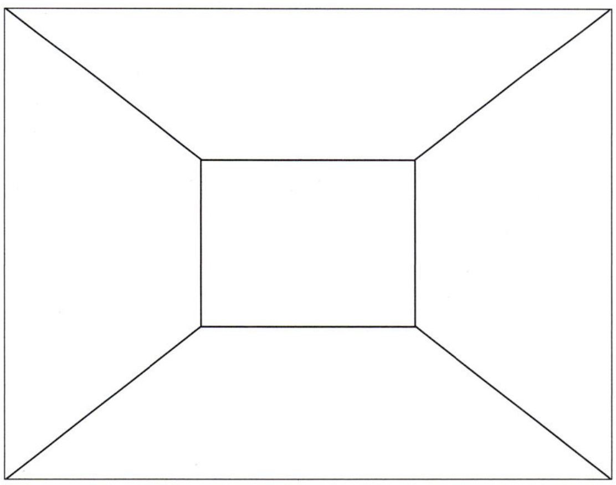

- Legen Sie das Blatt auf den Tisch. Vor jeder weißen Fläche sitzt ein Teilnehmer/eine Teilnehmerin aus Ihrer Gruppe.
- Es wird ein Thema gestellt. Jede/-r notiert in der festgelegten Zeit (ca. 5 min), was er/sie darüber weiß, wissen möchte und welche Ideen er/sie dazu hat.
- Drehen Sie das Blatt, sodass jeder lesen kann, was die anderen aufgeschrieben haben. Stellen Sie Fragen zum Verständnis (ca. 5 min).
- Entscheiden Sie am Ende als Gruppe, welche der Notizen Sie als Ergebnis in die Mitte des Blattes schreiben wollen. Einigen Sie sich auf 4–6 Stichpunkte (ca. 10 min).
- Präsentieren Sie Ihr Ergebnis dem Kurs.

**Eine Concept-Map erstellen**
*Mit einer Concept-Map lassen sich Beziehungen zwischen Ideen visuell darstellen. Konzepte werden häufig als Kreise oder Boxen dargestellt, die mit Linien oder Pfeilen verbunden werden. Verbindungswörter zeigen zudem, wie Ideen zusammenhängen.*
- Nehmen Sie ein DIN-A4- oder DIN-A3-Blatt sowie mehrere Blätter für Vorskizzen.
- Bestimmen Sie einen zentralen Gedanken oder eine Frage, der/die eine Verbindung zu allen anderen Ideen in Ihrer Map aufweist, und schreiben ihn auf das Skizzenblatt.
- Listen Sie im nächsten Schritt damit verbundene Konzepte, Begriffe oder Ideen auf das Blatt auf.
  **Tipp:** Beschreiben Sie jedes Konzept so knapp wie möglich; ein bis zwei Wörter reichen pro Idee aus.
- Schreiben Sie den zentralen Begriff, Gedanken oder die zentrale Frage in einen Kasten oder ein Oval oben auf das eigentliche Konzeptblatt.
- Wählen Sie die nächstwichtigen Begriffen Ihrer Liste aus und setzen Sie sie in Kasten oder Oval unter den Schlüsselbegriff. Zeichnen Sie Pfeile zur Verbindung dieser Begriffe.
- Fahren Sie darunter mit den nächstwichtigen Schlüsselwörtern fort.
- Erklären Sie die Zusammenhänge zwischen den Begriffen, indem Sie sie mit Linien verbinden und durch Beschriftung der Linien ihren Zusammenhang in ein oder zwei Wörtern erklären.
  **Tipp:** Der Zusammenhang kann ganz unterschiedlich sein: Ein Begriff kann Teil eines anderen sein, er kann entscheidend für einen anderen Begriff sein, er kann für die Produktion eines anderen Begriffes verwendet werden oder es kann eine Reihe anderer Verbindungen geben.

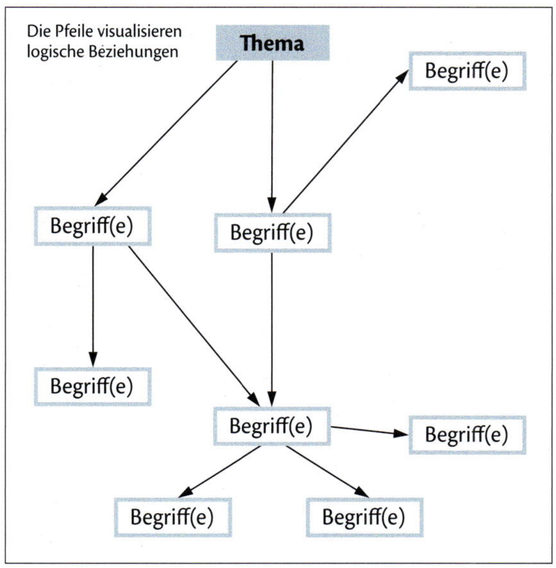

# Fachmethoden

## In diesem Band sind enthalten:

Schriftliche Quellen interpretieren (S. 36)
Geschichtskarten interpretieren (S. 80)
Darstellungen analysieren (S. 98)

## Weitere Fachmethoden

**Das Internet nutzen**

*Suche beginnen*

1. Welche Suchmaschine wähle ich aus?
2. Welche Internethinweise gibt das Schulbuch?

*Suchabsicht festlegen*

3. Welche Suchwörter helfen mir zur Beantwortung meiner Fragen weiter?

*Überblick über das Suchergebnis bekommen*

4. Welche Links sind interessant und brauchbar?
5. Welche Links stammen von glaubwürdigen Anbietern?

*Ergebnisse ordnen*

6. Wie gehe ich mit den Informationen einer Webseite um?

*Informationen sichern und auswerten*

7. Wie halte ich die gefundenen Informationen fest?

**Einen Sachtext lesen und verstehen**

*Ersten Überblick verschaffen*

1. Welche Überschrift hat der Text?
2. Wie ist der erste Eindruck vom Inhalt und Aufbau?

*Fragen stellen*

3. Was weiß ich schon über das Thema?
4. Wer kommt im Text vor?
5. Wo und wann findet das Dargestellte statt?
6. Worum geht es?
7. Welche Fragen bleiben offen?

*Schlüsselwörter klären*

8. Welche schwierigen Wörter oder Unklarheiten muss ich klären?
9. Welche Schlüsselwörter hat der Text?

*Textaufbau erfassen*

10. In welche Abschnitte lässt sich der Text gliedern?
11. Welche Überschriften passen dazu?

*Inhalt wiedergeben*

12. Geben Sie mithilfe der Überschriften und Schlüsselwörter den Inhalt des Textes wieder.

**Schriftliche Quellen vergleichen**

*Ersten Eindruck festhalten*

1. Wie ist Ihr Eindruck nach dem ersten Lesen beider Quellen?

*Informationen zu Verfassern und Texten sammeln*

2. Wann wurden die Texte geschrieben?
3. Wie groß ist der zeitliche Abstand zwischen Ereignis und Bericht?
4. Waren die Autoren Augenzeugen? Wenn nicht: Wen geben sie als Informanten an?

*Inhalt vergleichen*

5. Geben Sie Hauptaussagen und Schlüsselbegriffe der Texte wieder und vergleichen Sie sie im nächsten Schritt.
6. Welche Informationen stimmen überein?
7. Gibt es Einzelheiten, die nicht in den Texten erscheinen, die unterschiedlich genau oder ausführlich wiedergegeben werden?
8. Was wird berichtet, ist es logisch oder enthält es Unstimmigkeiten?
9. Ist ein Urteil oder eine Meinung der beiden Verfasser zu erkennen?

*Weitere Informationen sammeln*

10. Ziehen Sie weitere Informationen hinzu, z. B. aus Sachbüchern, dem Schulbuch oder dem Internet.

*Ergebnisse formulieren*

11. Vergleichen Sie die Notizen aus den einzelnen Arbeitsschritten miteinander. Formulieren Sie eine eigene Meinung.

**Kontroverse Texte untersuchen**

*Thema benennen und Vorwissen aktivieren*

1. Was sind kontroverse Texte?
2. Um welches Thema handelt es sich? Welches Vorwissen habe ich dazu?

*Texte analysieren*

3. Wann wurden die Texte verfasst?
4. Welche Behauptungen werden dort aufgestellt?
5. Wie werden bestimmte Behauptungen und Einschätzungen begründet?

*Wertungen und Interessen in den Texten erkennen und beurteilen*

6. Wie wird der Leser durch die Texte beeinflusst?
7. Aus welchen Gründen wird das Thema so beurteilt?
8. Lässt sich die Beurteilung auf Sachwissen zurückführen oder ist sie unsachlich?

*Zu einem eigenen Urteil gelangen*

9. Welche Fragen bleiben offen?
10. Wie beurteile ich selbst den Gegenstand der Texte?

### Eine Bildquelle auswerten

*Einzelne Elemente beschreiben*

1. Was ist dargestellt (Personen, Gegenstände)?
2. In welchen Haltungen oder Bewegungen sind sie zu sehen?
3. Wie lässt sich die Situation beschreiben?
4. Was erscheint merkwürdig?

*Zusätzliche Informationen hinzuziehen und Bedeutung der Bildelemente entschlüsseln*

5. Welche Hinweise gibt die Bildunterschrift?
6. Welche Bedeutung würden Sie heute der entsprechenden Geste, Gebärde, Handlung oder dem Gegenstand zuordnen?
7. Recherchieren Sie Hintergrundinformationen zu den Symbolen (Bibliothek, Internet ...).
8. Welche Einzelaussagen ergeben sich aus den Symbolen und Gesten?

*Bildaussage formulieren*

9. Welche Gegenstände oder Handlungen scheinen besonders wichtig für die Aussage des Bildes? Woran lässt sich das erkennen?
10. Welche Gesamtaussage lässt sich formulieren? Gibt es mehrere Deutungen?

### Bilder vergleichen

*Einzelheiten der zu vergleichenden Bilder erfassen*

1. Welche Personen sind dargestellt?
2. Welches Verhältnis zwischen den Personen wird angedeutet?
3. Ist es eine naturgetreue, eine stilisierte oder eine vereinfachte Darstellung?
4. Beschreiben Sie Kleidung, Aussehen, Hintergrund, Bildrahmen.

*Zusätzliche Informationen heranziehen*

5. Ist der Titel der Bilder bekannt? Gibt es eine Bildunterschrift?
6. Wann sind die Bilder entstanden?
7. Wer sind die Künstler?
8. Sind Auftraggeber bekannt?

*Bildaussage erkennen*

9. Welchen Zweck verfolgt die Darstellung (z. B. Erinnerung, Erhöhung, Kritik, Veranschaulichung, Verschleierung ...)?

*Bilder vergleichen*

10. Welche Gemeinsamkeiten lassen sich erkennen?
11. Wie unterscheiden sich die Bilder in Aufbau, Farbgebung, Gestaltung?
12. Wie lassen sich besondere Unterschiede, aber auch besondere Gemeinsamkeiten erklären?

### Eine Karikatur analysieren

*Ersten Eindruck festhalten*

1. Wie wirkt die Karikatur auf Sie?

*Einzelne Text- und Bildelemente beschreiben*

2. Welche Personen, Gegenstände und anderen Details lassen sich erkennen? Achten Sie auf den Gesichtsausdruck, die Kleidung und die Körperhaltung. Beziehen Sie Beschriftungen mit ein.

*Zusätzliche Informationen heranziehen und erste Deutung vornehmen*

3. Wer ist der Zeichner?
4. Wann und wo ist die Karikatur entstanden?
5. Gibt es einen Titel?
6. Welches Thema hat die Karikatur?
7. Welche Bedeutung haben die Personen und Gegenstände?
8. Auf welches Ereignis bezieht sich die Karikatur?

*Aussage formulieren*

9. Was ist die Botschaft?
10. Was wird kritisiert?
11. Welche Wirkung könnte die Karikatur haben?

### Eine historische Fotografie analysieren

*Entstehung der Fotografie*

1. Wann ist das Foto entstanden?
2. Was stellt es dar?
3. Wer hat in wessen Auftrag fotografiert?
4. Für welchen Adressaten ist die Fotografie angefertigt worden?
5. Welche Bildtechnik ist zu erkennen (Perspektive, Brennweite, Entfernung, Ausschnitt)?

*Aussage und Deutung*

6. Was ist der erste Eindruck?
7. Welche Gesamtaussage lässt sich formulieren?
8. Welche Fragen bleiben offen?

### Ein Schaubild auswerten

*Einzelne Elemente des Schaubildes erfassen*

1. Welche Fachbegriffe werden verwendet, wie sind sie zu klären?
2. Welche Bedeutung haben Farben und Pfeile?

*Den Aufbau des Schaubildes untersuchen*

3. Wie ist das Schaubild zu lesen?

*Inhalt erschließen und bewerten*

4. Welche Aussagen werden im Schaubild getroffen?
5. Sind die Aussagen historisch korrekt?

*Historischen Zusammenhang einbeziehen*

6. Welche weiteren Informationen zur Einordnung und Bedeutung des Schaubildes sind notwendig?

**Ein Verfassungsschaubild auswerten**

*Einzelne Elemente der Abbildung erfassen*

1. Welche Fachbegriffe werden genannt?
2. Welche Bedeutung haben Farben, Pfeile etc.?

*Formale Aspekte*

3. Wie ist das Schaubild zu lesen (von unten nach oben, von links nach rechts)? Verändert sich die Aussage, wenn man einen anderen Einstieg nutzt?

*Inhalt erschließen*

4. Welche Verfassungsorgane sind dargestellt?
5. Wie ist die Gewaltenteilung umgesetzt?
6. Wer kontrolliert wen?
7. Wer darf wen wie oft wählen?
8. Um welche Staatsform handelt es sich?

*Aussagen überprüfen*

9. Sind die Angaben im Verfassungsschema historisch richtig?

*Urteilen*

10. Erkennt man Stärken und Schwächen dieser Verfassung?
11. Welche Fragen stellen sich nach dem Untersuchen des Schaubildes? Was ist unklar?

**Eine Statistik auswerten**

*Formale Aspekte*

1. Gegenstand: Zeitabschnitt; historisches Ereignis, das dargestellt wird
2. Fundstelle: Ort, Zeit, Urheber der Daten (Institution oder Person, politische/öffentliche Stellung)
3. Adressatenbezug: Wer wird angesprochen?
4. Wie wird das Zahlenmaterial präsentiert (Tabelle oder Diagramm? Säulen-, Balken-, Linien-, Kurven-, Kreis- oder Stapeldiagramm)?

*Inhaltliche Aspekte*

5. Jahreszahlen, Spalten oder Achsenbezeichnungen, Strukturierungshilfen
6. Legende, z. B. die Zuordnung von Farben zu bestimmten Staaten
7. Aussageart des Diagramms: Wird ein Vergleich angestrebt oder eine Entwicklung aufgezeigt? Gibt es Auffälligkeiten?

*Aussagekraft bewerten*

8. Geben Sie der Statistik zunächst eine Überschrift: Worum geht es überhaupt?
9. Fassen Sie die Kernaussagen zusammen und erläutern Sie sie jeweils kurz.
10. Setzen Sie die Aussagen in ihren historischen Zusammenhang.
11. Bewerten Sie die Aussagekraft der statistischen Daten: Ist die grafische Darstellung angemessen? Wird der Sachverhalt zu sehr vereinfacht?

**Werturteile erkennen**

*Klären, worauf sich das Urteil des Verfassers oder der Verfasserin bezieht*

1. Welche Haltungen werden beurteilt?
2. Welche Handlungen werden beurteilt?

*Den Maßstab erkennen*

3. Lässt sich das Werturteil auf Sachwissen zurückführen oder ist es unsachlich?
4. Wird deutlich, welche Kriterien für die Bewertung verwendet werden (z. B. religiöse Sicht, Standpunkt der Menschenrechte, tolerante Grundeinstellung ...)?
5. Lassen sich Informationen dazu finden, warum ein bestimmter Standpunkt vertreten wird?

*Zu einem eigenen Urteil gelangen*

6. Wie bewerten Sie selbst den Sachverhalt?
7. Wie ist Ihre Position gegenüber dem Werturteil, das Sie erkennen?
8. Wie urteilen andere Menschen darüber?

**Informationen präsentieren**

*Referat vorbereiten*

1. Informationen aus Büchern und Internet sammeln
2. Quellenmaterial bei der Vorbereitung auswählen; überlegen, an welcher Stelle des Referats es eingebaut werden soll
3. Zeitvorgabe beachten, Bild-/Textquelle aufbereiten
4. Zuerst nach dem Inhalt, dann erst nach den Einzelheiten fragen; die Zuhörer Vermutungen anstellen lassen, z. B. „Was ist zu erkennen?"
5. Was sagt das Bild über das Thema aus?

*Aussagen visualisieren/Präsentation vorbereiten*

6. Wie stelle ich mein Referat vor? Welches Medium nutze ich dafür?

*Präsentieren*

7. Liegen alle Materialien vor, die ich für den Vortrag brauche?

# Literaturhinweise


**Kapitel 1**

*Bitterli, Urs,* Alte Welt – neue Welt. Formen des europäisch-überseeischen Kulturkontaktes vom 15. bis zum 18. Jahrhundert, C. H. Beck, München 1986.

*Bitterli, Urs,* Die „Wilden" und die „Zivilisierten". Grundzüge einer Geistes- und Kulturgeschichte der europäisch-überseeischen Begegnung, 3. Aufl., C. H. Beck, München 2004.

*Huntington, Samuel P.,* Kampf der Kulturen. Die Neugestaltung der Weltpolitik im 21. Jahrhundert, Europa-Verlag, München 1996.

*Oltmer, Jochen,* Migration. Geschichte und Zukunft der Gegenwart, WBG, Darmstadt 2017.

*Sen, Amartya,* Die Identitätsfalle. Warum es keinen Krieg der Kulturen gibt, C. H. Beck, München 2007.

*Treibel, Annette,* Migration in modernen Gesellschaften. 5. Aufl., Beltz Juventa, Weinheim 2011.

**Kapitel 2**

*Heather, Peter J.,* Der Untergang des Römischen Weltreichs, übers. v. Klaus Kochmann, Klett-Cotta, Stuttgart 2007.

*Pohl, Walter,* Die Völkerwanderung, Kohlhammer, Stuttgart 2002.

*Rosen, Klaus,* Die Völkerwanderung, C. H. Beck, 4. Aufl., München 2009.

*von Rummel, Philipp/Fehr, Hubert,* Die Völkerwanderung, Theiss, Stuttgart 2011.

*Schwarz, Jörg,* Das europäische Mittelalter. Grundstrukturen – Völkerwanderung – Frankenreich, Kohlhammer, Stuttgart 2006.

*Stickler, Timo,* Die Hunnen, C. H. Beck, München 2007.

**Kapitel 3**

*Demandt, Alexander,* Geschichte der Spätantike. Das Römische Reich von Diocletian bis Justinian 284–565 n. Chr., C. H. Beck, München 1998.

Die Erben Roms. Der neue Blick auf die Völkerwanderung. DAMALS. Das Magazin für Geschichte, Heft 7, 2016.

Die Völkerwanderung. Germanen gegen Rom. GEO Epoche, Nr. 76, Heft 12/15.

*Gehrke, Hans-Joachim/Schneider, Helmuth (Hg.),* Geschichte der Antike. Ein Studienbuch, J. B. Metzler, Stuttgart 2000.

*Goscinny, René/Uderzo, Albert,* Asterix und die Goten, Egmont Comic Collection, Berlin, div. Auflagen.

*Hartmann, Martina,* Die Königin im Frühen Mittelalter, Kohlhammer, Stuttgart 2009.

*Rosen, Klaus,* Die Völkerwanderung, C. H. Beck, 4. Aufl., München 2009.

*von Rummel, Philipp/Fehr, Hubert,* Die Völkerwanderung, Theiss, Stuttgart 2011.

*Wiemer, Hans-Ulrich,* Theoderich der Große. König der Goten, Herrscher der Römer, C. H. Beck, München 2018.

*Wolfram, Herwig,* Die Goten. Von den Anfängen bis zur Mitte des sechsten Jahrhunderts, C. H. Beck, München 2009.

*Wolfram, Herwig,* Die Goten und ihre Geschichte, 3. Aufl., C. H. Beck, München 2010.

**Kapitel 4**

*Ewig, Eugen,* Die Merowinger und das Frankenreich, Kohlhammer, Stuttgart 2012.

*Hartmann, Martina,* Die Merowinger, C. H. Beck, München 2012.

*Jussen, Bernhard,* Die Franken. Geschichte, Gesellschaft, Kultur, C. H. Beck, München 2014.

*Kaiser, Reinhold/Sebastian Scholz,* Quellen zur Geschichte der Franken und Merowinger. Vom 3. Jahrhundert bis 751, Kohlhammer, Stuttgart 2012.

*Nonn, Ulrich,* Die Franken, Kohlhammer, Stuttgart 2010.

Scholz, Sebastian, Die Merowinger, Kohlhammer, Stuttgart 2015.

**Kapitel 5**

Die Völkerwanderung. Germanen gegen Rom. GEO Epoche, Nr. 76, Heft 12/15.

*Geary, Patrick J.,* Europäische Völker im frühen Mittelalter. Zur Legende vom Werden der Nationen, Fischer, Frankfurt/Main 2002.

*Meier, Mischa/Patzold, Steffen,* August 410 – Ein Kampf um Rom, Klett-Cotta, Stuttgart 2010.

*Postel, Verena,* Die Ursprünge Europas. Migration und Integration im frühen Mittelalter, Kohlhammer, Stuttgart 2004.

**Kapitel 6**

*Aßkamp, Rudolf/Jansen, Kai (Hg.),* Triumph ohne Sieg. Roms Ende in Germanien, Zabern, Darmstadt 2017.

*Jäger, Wolfgang,* Theoriemodule Geschichte Oberstufe, Cornelsen, Berlin 2011.

*Jordan, Stefan,* Theorien und Methoden der Geschichtswissenschaft, Schöningh, Paderborn 2009.

*Meier, Mischa,* Der Völkerwanderung ins Auge blicken. Individuelle Handlungsspielräume im 5. Jahrhundert n. Chr., Verlag Antike, Heidelberg 2016.

**Kapitel 7**

*Gabrieli, Francesco (Hg.)*, Die Kreuzzüge aus arabischer Sicht, übers. v. Francesco Gabrieli, Lutz Richter-Bernburg und Barbara von Kaltenborn-Stachau, Bechtermünz-Verlag, Augsburg 2000.

*Maalouf, Armin*, Der heilige Krieg der Barbaren. Die Kreuzzüge aus der Sicht der Araber, dtv, München 1997.

*Mayer, Hans Eberhard*, Geschichte der Kreuzzüge, 10., überarb. u .erw. Auflage, Kohlhammer, Stuttgart 2005.

*Milger, Peter*, Die Kreuzzüge. Krieg im Namen Gottes, C. Bertelsmann, München 2000.

*Pernoud, Régine (Hg.)*, Die Kreuzzüge in Augenzeugenberichten, übers. v. Carl Hagen Thürnau, Karl Rauch Verlag, Düsseldorf 1961.

*Riley-Smith, Jonathan (Hg.)*, Illustrierte Geschichte der Kreuzzüge, Campus, Frankfurt/M. 1999.

*Runciman, Steven*, Geschichte der Kreuzzüge, C. H. Beck, München 1995.

**Kapitel 8**

*Bitterli, Urs*, Die Entdeckung Amerikas. Von Kolumbus bis Alexander von Humboldt, C. H. Beck, München 2006.

*Delgado, Mariano (Hg.)*, Gott in Lateinamerika. Texte aus fünf Jahrhunderten. Ein Lesebuch zur Geschichte, Patmos, Düsseldorf 1991.

*Ertl, Thomas/Limberger, Michael (Hg.)*, Die Welt 1250–1500 (Globalgeschichte. Die Welt 1000–2000), Mandelbaum, Wien 2008.

*Fässler, Peter E.*, Globalisierung. Ein historisches Kompendium, Böhlau, Köln 2007.

*Feldbauer, Peter/Lehners, Jean-Paul (Hg.)*, Die Welt im 16. Jahrhundert (Globalgeschichte. Die Welt 1000–2000), Mandelbaum, Wien 2008.

*Gründer, Horst*, Eine Geschichte der europäischen Expansion. Von Entdeckern und Eroberern zum Kolonialismus, Theiss, Stuttgart 2003.

*Hausberger, Bernd (Hg.)*, Die Welt im 17. Jahrhundert (Globalgeschichte. Die Welt 1000–2000), Mandelbaum, Wien 2008.

*León-Portilla, Miguel/Heuer, Renate (Hg.)*, Rückkehr der Götter. Die Aufzeichnungen der Azteken über den Untergang ihres Reiches, Vervuert, Frankfurt/M. 1986.

*Wendt, Reinhard*, Vom Kolonialismus zur Globalisierung. Europa und die Welt seit 1500, Schöningh, Paderborn 2016.

# Zeittafel

**Zur „Völkerwanderung"**

| | |
|---|---|
| Spätes 3. Jhd. n. Chr. | Erste Erwähnung der Franken im Zusammenhang mit Germaneneinfällen ins Römische Reich |
| 330 | Gründung Konstantinopels (später Byzanz) durch Kaiser Konstantin |
| 358 | Aufnahme der Salfranken als Föderaten in Toxandrien unter Kaiser Julian |
| 375 | Die Hunnen unterwerfen die Greutungen (Ostgoten) und drängen die Terwingen (Westgoten) nach Westen; Kaiser Valens erlaubt den Terwingen die Ansiedlung auf römischem Gebiet. |
| 378 | Rebellion der Terwingen |
| 379 | Ansiedelung der Greutungen in Pannonien und Föderatenvertrag |
| 382 | Friedensschluss und Föderatenvertrag mit den Terwingen |
| 395 | Teilung des Römische Reiches in eine West- und eine Osthälfte |
| 402 | Ravenna wird Sitz des weströmischen Kaiserhofes. |
| 406/07 | Zusammenbruch der römischen Rheingrenzen; Vandalen, Sueben und Alanen plündern Gallien; Beginn jahrzehntelanger Bürgerkriege im Weströmischen Reich |
| 410 | Plünderung Roms durch die Westgoten unter Alarich |
| 418 | Ansiedlung der Westgoten in Aquitanien; Errichtung des Tolosanischen Reiches; in den folgenden Jahrzehnten entstehen weitere „germanische" Reiche auf weströmischen Gebiet |
| 447 | Angriff der Hunnen unter Attila auf das Oströmische Reich |
| 451 | Der Hunnenanführer Attila greift Rom an; Belagerung von Städten in Gallien; Schlacht auf den Katalaunischen Feldern zwischen den Hunnen (mit den Ostgoten) und den Römern (mit den Westgoten); Niederlage der Hunnen |
| 453 | Tod Attilas |
| 458/63–482 | Herrschaft des Merowingerkönigs Childerich |
| 474 | Theoderich wird König der Ostgoten. |
| 476 | Der „Germane" Odoaker wird zum König von Italien ausgerufen; faktisches Ende des Weströmischen Kaisertums, das zuletzt von Romulus Augustulus bekleidet wurde |
| Seit 481 | Theoderich steht als Heermeister mit seinen Truppen in oströmischen Diensten. |
| 482–511 | Herrschaft des Merowingerkönigs Chlodwig |
| 486 | Beginn der merowingischen Expansion in Gallien |
| 489 | Kaiser Zeno schickt Theoderich nach Italien, um Odoaker zu vertreiben. |
| 493 | Der Ostgote Theoderich tötet Odoaker. |
| 497 | Theoderichs Herrschaft wird offiziell von Ostrom anerkannt. |
| Um 500 | Taufe des merowingischen Königs Chlodwig |
| 508 | Theoderich erobert die von den Franken besetzten Gebiete zurück; Eroberung der Westgotenhauptstadt Toulouse durch die Merowinger |
| 511 | Theoderich erobert das Westgotische Reich; Tod des merowingischen Königs Chlodwig und Teilung des Frankenreichs zwischen seinen vier Söhnen |
| 526 | Tod Theoderichs |
| 534 | Tod des ostgotischen Thronfolgers Athalarich; Regentschaftsübernahme durch seine Mutter Amalasunthas |
| 535 | Ermordung Amalasunthas |
| 535–540 | Kaiser Justinians Feldherr Belisar zieht gen Italien. |
| 552 | Ende des Ostgotenreichs |
| 751 | Sturz des letzten Merowingerkönigs durch den Karolinger Pippin |
| Um 1200 | Das „Nibelungenlied", in dem Vorgänge der „Völkerwanderungszeit" thematisiert werden, wird von einem unbekannten Autor aufgezeichnet. |
| 13.–15. Jh. | Der französische Königsmythos um den Merowingerkönig Chlodwig entwickelt sich. |

| | |
|---|---|
| 1776–1789 | Edward Gibbon deutet in *„The History of the Decline and Fall of the Roman Empire"* die „Völkerwanderung" bzw. die nachfolgenden „Germanenreiche" als Transformation und Erhaltung der *Romanitas* im nordeuropäischen Raum. |
| 1804 | Bei seiner Kaiserkrönung beruft sich Napoleon Bonaparte auch auf Chlodwig I. |
| Seit Mitte des 19.Jh. | Völkisch-rassentheoretische Rezeption der „Völkerwanderung" |
| 1855 | Wilhelm Giesebrechts „Geschichte der deutschen Kaiserzeit" erscheint. |
| 1937 | Die Pirenne-These besagt, dass die kulturelle und wirtschaftliche Einheit der antiken Mittelmeerwelt nicht durch die Völkerwanderung, sondern erst durch die islamische Expansion im 7. und frühen 8.Jahrhundert zerstört worden sei. |
| 1996 | Feierlichkeiten zum 1500-jährigen Jubiläum der Taufe Chlodwigs in Frankreich |

**Zu den Kreuzzügen**

| | |
|---|---|
| Ab 7.Jh. | Die Herrschaft der muslimischen Araber in Palästina lässt die freie Pilgerfahrt nach Jerusalem zu. |
| 1071 | Das Byzantinische Reich stößt nach Anatolien und Armenien vor, wird aber bei Mantzikert/Armenien von muslimischen Seldschuken zurückgeschlagen. |
| 1076–1078 | Die Seldschuken erobern Syrien und Palästina; die freie christliche Pilgerfahrt nach Jerusalem wird unterbrochen. Die Seldschuken rücken danach bis Anatolien vor. Byzanz bittet den Papst um Hilfe. |
| 1095 | Kreuzzugsaufruf Papst Urbans II. |
| 1096–1099 | Erster Kreuzzug |
| 1098 | Die Grafschaft Edessa/Syrien wird erster Kreuzfahrerstaat; Eroberung Antiochias. |
| 1099 | Das Fürstentum Antiochia wird Kreuzfahrerstaat; Eroberung Jerusalems (Juni/Juli); Jerusalem wird Kreuzfahrerstaat. |
| 1144 | Die Zangiden erklären den Dschihad gegen die Kreuzfahrer und erobern Edessa, was den zweiten Kreuzzug auslöst. |
| 1146–1149 | Zweiter Kreuzzug |
| 1187 | Rückeroberung Jerusalems und großer Teile der Kreuzfahrerstaaten durch den Sultan von Ägypten und Syrien, den Aiyubiden Salah ad-Din |
| 1189–1192 | Dritter Kreuzzug |
| 1191 | Die Christen erobern Akkon zurück. |
| 1192 | Teilweise Rückeroberung des Königreiches Jerusalem durch Richard I., doch ohne die Stadt selbst; dreijähriger Waffenstillstand zwischen Richard und Salah ad-Din |
| 1202–1204 | Vierter Kreuzzug. Die christlich-lateinischen Kreuzfahrer erobern und plündern das christlich-orthodoxe Konstantinopel und weite Teile des Byzantinischen Reiches. Sie begründen in Byzanz ein lateinisches Kaisertum (bis 1261). |
| 1217–1221 | Fünfter Kreuzzug |
| 1228/29 | Kreuzzug Kaiser Friedrichs II. (vom Papst gebannt); durch Vertragsschluss mit Ägypten Rückgewinnung von Jerusalem und Teilen Palästinas |
| 1248–1254 | Sechster Kreuzzug |
| 1270–1272 | Siebter Kreuzzug |
| 1263 | Beginn der Rückeroberung christlicher Gebiete in Palästina und Syrien durch die Mamluken |
| 1291 | Die Mamluken erobern Akkon und damit den letzten Sitz der Kreuzfahrer. |

**Zur Spanischen Kolonisation**

| | |
|---|---|
| Um 1200 | Gründung der Stadt Cuzco durch die Inka (Gründungsmythos) |
| Anfang des 14. Jh. | Gründung der Stadt Tenochtitlán durch die Mexica (Azteken) |
| 1488 | Umsegelung der afrikanischen Südspitze durch Bartolomëu Diaz |
| 1492 | Anfertigung des ersten Globus durch Martin Behaim; Vertrag zwischen Kolumbus und den spanischen Königen; „Entdeckung" Amerikas durch Kolumbus |
| 1494 | Vertrag von Tordesillas: Aufteilung der überseeischen Gebiete zwischen Spanien und Portugal |
| 1498 | Vasco da Gama umsegelt Afrika und erreicht Indien. |
| 1503 | Gründung des Königlichen Handelshauses *(Casa de la Contratación)* in Sevilla; Erlass der spanischen Krone, der erstmals das System der *Encomienda* bzw. des *Repartimiento* regelte |
| 1519–1521 | Eroberung des Azteken-Reiches durch die Spanier unter Cortés |
| 1519–1522 | Erste Weltumsegelung durch Magallan |
| 1524 | Bildung des Indienrates *(Consejo Real y Supremo de las Indias)* als oberste Verwaltungsinstanz für die spanischen Kolonien |
| 1532–1534 | Eroberung des Inka-Reiches durch die Spanier unter Pizarro |
| 1542/43 | Erlass der „Neuen Gesetze" im Rahmen der Indianerschutzpolitik durch die spanische Krone |
| 1545 | Teilweise Rücknahme der „Neuen Gesetze" |
| 1568 | Erste Sklaventransporte von Westafrika nach Amerika |
| Ende 16. Jh. | Spanisches Weltreich: Höhepunkt der territorialen Ausdehnung |
| 1792 | Dänemark verbietet als erstes europäisches Land die Sklaverei. |

# Begriffslexikon

**Antike:** Epochenbezeichnung für den Zeitraum zwischen dem Ende der frühgriechischen mykenischen Zeit (12. Jahrhundert v. Chr.) und der Absetzung des letzten weströmischen Kaisers (476) beziehungsweise der Schließung der (platonischen) Akademie in Athen (529).

**Barbar:** ursprüngliche Bezeichnung der Griechen für all jene, die schlecht oder kein Griechisch sprachen; später eine abwertende Bezeichnung für Menschen, die außerhalb der Bezugskultur lebten und als unzivilisiert und ungebildet galten

**Bürgerkrieg:** bewaffnete Auseinandersetzung zwischen verschiedenen (politischen) Gruppen innerhalb der eigenen Staatsgrenzen. Bürgerkriege werden oft geführt, um politische oder gesellschaftliche Verhältnisse gewaltsam zu verändern.

**Christentum:** Weltreligion, die sich aus dem Judentum entwickelt hat; gegründet auf Jesus Christus (der erstmalig als der jüdische Wanderprediger Jesus von Nazareth um 28–30 n.Chr. auftrat und in Jerusalem hingerichtet wurde), sein Leben und seine Lehre. Der Apostel Paulus trug zu einer raschen Ausbreitung des Christentums im römischen Reich bei, bis es 313 vom ersten römischen Kaiser Konstantin anerkannt wurde. Im Jahr 1054 gab es eine große Glaubensspaltung in die lateinische Westkirche (*römisch-katholische Kirche*) und die griechische Ostkirche (*orthodoxe Kirche*), die das Christentum bis heute prägt.

**Dekolonisation:** die einvernehmlich oder gewaltsam erlangte Aufhebung der Kolonialherrschaft. Die Länder Lateinamerikas erlangten in der Regel Anfang des 19. Jh. ihre Unabhängigkeit. Das Ende des Kolonialismus in Asien und Afrika begann dagegen, nach Ansätzen in der ersten Hälfte des 20. Jh., vor allem nach 1945.

**Dhimmi (Sg.):** Schutzbefohlener; nicht-muslimischer Bewohner unter islamischer Herrschaft; der Begriff bezog sich allerdings nur auf die Angehörigen einer Buchreligion (Jude, Christ, Zoroastrier). Ein Dhimmi musste der Obrigkeit eine Kopfsteuer entrichten (*dschizya*); dafür erhielt er insbesondere das Recht, seine Religion weiter ausüben zu können.

***Dschihad:*** in allgemeiner Bedeutung „Anstrengung auf dem Wege Gottes“, „zielgerichtetes Bemühen“; in spezieller Bedeutung auch der bewaffnete Kampf des Muslims zur Verbreitung und Sicherung islamischen Glaubens und islamischer Herrschaft.

***Encomienda:*** (span. Anvertrauung) Das Encomienda-System wurde 1503 von Königin Isabella I. von Kastilien eingeführt. Dabei wurden den Konquistadoren sehr große Landgüter mitsamt der darin lebenden indigenen Bevölkerung anvertraut. Der Besitzer einer *Encomienda* konnte über die Arbeitskraft „seiner“ Indigenen frei verfügen und war für deren Schutz und Missionierung zum christlichen Glauben zuständig. Die Indigenen wurden oft unter unmenschlichen Arbeitsbedingungen in der Hauswirtschaft, in den Gold- und Silberminen, auf den Plantagen oder beim Perlentauchen eingesetzt.

**Ethnogenese:** Der Begriff beschreibt und erklärt die Entstehung kollektiver Identitäten bei Gruppen: In einem komplexen sozialen Prozess entsteht vor allem durch Selbstzuschreibungen und durch die Konstruktion eigener Abstammungsgeschichten eine spezifische Gruppenidentität.

**Expansion:** Ausdehnung, Ausbreitung. Die Expansion eines Staates hat die Vergrößerung des Staatsgebietes zulasten anderer Staaten zum Ziel; dies geschieht meist in Form der Kolonisation. Die europäische Expansion zu Beginn der Neuzeit stellt ein zentrales Ereignis der Weltgeschichte dar, in dessen Verlauf zuerst Spanien und Portugal und später weitere europäische Mächte Kolonialreiche in außereuropäischen Gebieten gründeten.

**Föderaten:** (von lat. *foedus* = Vertrag) Gruppen von nicht-römischen Kriegern, die befehligt von ihren eigenen Anführern für das Imperium kämpften, meist in den Grenzprovinzen, und dafür mit Land und anderen Gütern ausgestattet wurden.

***Foedum*:** vertragliche Regelung zwischen Römern und Barbaren mit gegenseitigen Rechten und Pflichten, z. B. bei der Heeresfolge

**Frankenreich:** Königreich in Mitteleuropa zwischen dem 5. und 9. Jh., das sich auf dem westeuropäischen Gebiet des Römischen Reichs bildete und durch die Dynastien der Merowinger und Karolinger regiert wurde. Es war der bedeutendste Nachfolgestaat des 476 untergegangenen Weströmischen Reiches und die historisch wichtigste Reichsbildung in Europa seit der Antike. Unter Karl dem Großen erreichte das Frankenreich seine größte Macht und Ausdehnung (768–814).

**Galloromanen:** (*romani*) Die eingesessene galloromanische Bevölkerung stellte fast im ganzen Merowingerreich die Mehrheit und umfasste zu Chlodwigs Zeit etwa 6 bis 7 Millionen Menschen.

**Heermeister:** (lat. *magister militum*) in der spätantiken römischen Armee der Oberbefehlshaber eines Heeres.

**Heiliger Krieg:** Krieg oder Kampf, der aus einer Religion heraus begründet und damit gerechtfertigt wird, er würde im Namen und Einverständnis eines Gottes geschehen. Der Begriff wurde im Christentum sehr üblich für die Kreuzzüge.

**Identität:** (lat. *idem* ‚derselbe', ‚dasselbe', ‚der Gleiche') bezeichnet die Eigentümlichkeit im Wesen eines Menschen, die ihn kennzeichnet und ihn als Individuum von anderen unterscheidet.

***imitatio christi:*** (Nachfolge Christi) Lebensweise, die sich von Jesus Christus leiten lassen will und im Glauben an seiner Lehre und seinem Vorbild ihm ganz zu folgen versucht. Dazu gibt das Matthäus-Evangelium den Beleg: „Wenn einer mir nachfolgen will, der verleugne sich selbst, nehme sein Kreuz auf sich und folge mir nach.

**Indigene Bevölkerung:** (lat. *indiges*: „eingeboren") Urbevölkerung eines Gebietes, das von anderen Völkern erobert und/oder kolonisiert wurde.

**Integration:** enge Kontakte zwischen der Minderheit und der Mehrheitsgesellschaft, die von gegenseitigem Respekt und Toleranz geprägt sind.

**Investitur:** Einweisung in einen Besitz. Das Kirchenrecht verstand darunter die Übertragung eines Kirchenamtes mit symbolischer Überreichung der Insignien, wobei seit dem Hochmittelalter nur noch die tatsächliche Einweisung in ein Kirchenamt gemeint war. Im Lehnswesen ging es um die Übertragung weltlicher und geistlicher Befugnisse an den gewählten Abt oder Bischof durch den König.

**Investiturstreit:** Bis 1075 wurden im Heiligen Römischen Reich, in Frankreich und England die Bischöfe und Äbte durch die Könige eingesetzt. Seit 1075 beanspruchten die Päpste dieses Recht. Mit dem Ruf nach der Freiheit der Kirche (*libertas ecclesiae*) strebten sie eine von weltlichen Einflüssen unabhängige Institution an. Seit 1078 wurde die Investitur durch die Könige, nun als Laieninvestitur bezeichnet, bei Strafe des Kirchenausschlusses (Bann) verboten. Zur Einigung kam es 1104 in Frankreich, 1107 in England und 1122 im Heiligen Römischen Reich. Gemäß dem Wormser Konkordat von 1122 stand die Investitur in das geistliche Amt (Übergabe von Ring und Stab) dem Papst, die Einweisung in die weltlichen Hoheitsrechte (Übergabe des Zepters) dem König zu.

**Karolinger:** fränkisches Adelsgeschlecht aus der Region Maas/Mosel (Metz, Verdun und Namur), das ab 751 im Frankenreich die Königswürde innehatte (bis 911). Sein berühmtester Vertreter war Karl der Große.

**Konquista:** (span. Eroberung) Begriff für die Eroberung und Unterwerfung Mittel- und Südamerikas durch die Spanier. Die eroberten Gebiete der indigenen Hochkulturen wurden dem spanischen Königreich einverleibt und bildeten die Grundlage für die jahrhundertelange Herrschaft der Spanier in Mittel- und Südamerika.

**Konquistador:** Sammelbegriff für die spanischen und portugiesischen Entdecker, Abenteurer und Soldaten, die während des 16. und 17. Jh. große Teile Nord- und Südamerikas und der Philippinen als Kolonien in Besitz nahmen.

**Koran:** die Heilige Schrift des Islams, bestehend aus 114 Suren (Abschnitten). Im Koran stehen die Offenbarungen Gottes (arab. *Allah*) an den Propheten Mohammed.

**Kreuzzug:** von der lateinischen Kirche sanktionierte, strategisch, religiös und wirtschaftlich motivierte Kriege zwischen 1095 und 1272. Besonders im Hochmittelalter unternommener Kriegszug (christlicher Ritter) in den Vorderen Orient zur Befreiung heiliger Stätten von islamischer Herrschaft. Insgesamt gab es 7 Kreuzzüge-

**Krise:** eine über einen längeren Zeitraum anhaltende massive Störung des gesellschaftlichen, politischen oder wirtschaftlichen Systems.

**Kulturberührung:** Nach Bitterli das in seiner Dauer begrenzte, erstmalige oder mit großen Unterbrechungen erfolgende Zusammentreffen einer Gruppe von Europäern mit Vertretern einer überseeischen Kultur.

**Kulturbeziehung:** Nach Bitterli ein dauerndes Verhältnis wechselseitiger Kontakte auf der Basis eines machtpolitischen Gleichgewichts oder einer Patt-Situation.

**Kulturkonflikt:** Konflikt aufgrund von unterschiedlichen kulturellen Werten und Überzeugungen.

**Kulturzusammenstoß:** Nach Bitterli ein offen ausgetragener Konflikt infolge von Kulturbegegnungen und Kulturkontakten; die Kreuzzüge sind hierfür ein Beispiel. Es können auch nicht-militärische Konflikte entstehen, die längerfristige Aushandlungs- und Integrationsprozesse erforderlich machen.

**Merowinger:** das älteste Königsgeschlecht der Franken vom 5. Jh. bis 751, das vom Geschlecht der Karolinger abgelöst wurde. Die Merowingerzeit bezeichnet den Übergang von der Spätantike zum Frühmittelalter im gallisch-germanischen Raum. Der erfolgreichste Merowingerherrscher war Chlodwig I.

**Migration:** (lat. *migrare* bzw. *migratio* = wandern, wegziehen bzw. Wanderung) Die auf einen längerfristigen Aufenthalt angelegte räumliche Verlagerung des Lebensmittelpunktes von Individuen, Familien, Gruppen oder auch ganzen Bevölkerungen. Sie kann freiwillig oder erzwungen erfolgen.

***miles christi:*** (lat. christlicher Soldat) Bezeichnung für die Sichtweise eines Christen als Kämpfer oder Kriegsmann Jesu Christi in der Welt. Im 10. bzw. 11. Jahrhundert wandelte sich die Deutung des christlichen Streiters von der geistlichen Metapher zum wörtlich verstandenen „christlichen Ritter" und „Soldaten Gottes". In seinem Aufruf zum ersten Kreuzzug 1095 verlieh Papst Urban II. den Soldaten die Bezeichnung *Milites Christi*.

**Mobilität:** Bewegung von Personen oder Gruppen innerhalb räumlicher, gesellschaftlicher, kultureller oder sozialer Systeme.
**Mythos:** meist mündlich überlieferte Sagen, Dichtungen oder Erzählungen von bedeutsamen Personen und Ereignissen. Mythen vereinfachen einen historischen Sachverhalt, indem sie ihn auf wenige Aspekte reduzieren. Dabei geht es nicht um eine „objektive" Rekonstruktion historischer Wirklichkeit – Mythen erheben vielmehr den Anspruch, die „richtige", vor allem aber die bedeutsame Geschichte zu erzählen.

**Nationalismus:** meint die auf die moderne Nation und den Nationalstaat bezogene politische Ideologie zur Integration von Großgruppen durch Abgrenzung von anderen Großgruppen. Der demokratische Nationalismus entstand in Europa in der Französischen Revolution und war verbunden mit den Ideen der Menschen- und Bürgerrechte, des Selbstbestimmungsrechts und der Volkssouveränität. Im letzten Drittel des 19. Jh. wurde die Nation zum absoluten, allem anderen übergeordneten Wert. Zur politischen Macht wurde er insbesondere im Zuge des Imperialismus und zwischen dem Ersten und Zweiten Weltkrieg. Daraus hat sich die negative Besetzung des Begriffs in der politischen Öffentlichkeit nach dem Zweiten Weltkrieg ergeben, in der Nationalismus in der Regel als übersteigerte und aggressive Form des Nationalgefühls verstand wird.
**„Neue Gesetze":** (span. *Nuevas Leyes*) Teil des „Indianischen Rechts", 1542 zum Schutz der indigenen Bevölkerung erlassen. Durch sie sollten das *Encomienda*-System und die damit verbundene Zwangsarbeit und Grausamkeit reguliert und letztlich abgeschafft werden, was jedoch nur vereinzelt durchgesetzt wurde.
**„Neue Welt":** Bereits kurz nach der „Entdeckung" Amerikas begannen Europäer die neu entdeckten Länder als „Neue Welt" zu bezeichnen und stellten diese so den bereits bekannten Ländern Europas, Nordafrikas und Asiens gegenüber, die als „Alte Welt" galten.

**Oströmisches Reich:** (bzw. *Byzantinisches Reich* oder *Ostrom*) Kaiserreich im östlichen Mittelmeerraum, das im Verlauf der Spätantike nach der Reichsteilung von 395 aus der östlichen Hälfte des Römischen Reiches entstand. Hauptstadt des Reichs wurde die Stadt Byzanz, die nach dem Kaiser Konstantin Konstantinopel genannt wurde. Das Oströmische Reich existierte bis zur Eroberung durch die Osmanen 1453.

**Personenverbandsstaat:** Bezeichnung der mittelalterlichen Herrschaftsordnung, die auf der rechtlichen Bindung zwischen Personen beruht. Im Gegensatz dazu geht das moderne Staatsverständnis von einem Gebiet aus, das von der durch Beamte ausgeübten Verwaltung einheitlich erfasst wird.
**Pogrom:** (russ. Verwüstung, Zerstörung) gewalttätige Aktionen gegen Menschen, die einer abgrenzbaren gesellschaftlichen Gruppe (vor allem ethnische, politische oder religiöse Minderheiten) angehören oder von den Tätern einer realen bzw. vermeintlichen gesellschaftlichen Gruppe zugeordnet werden.

**Reichsinsignien:** Herrschaftszeichen wie Krone, Zepter, Schwert und anderes. Die römischen Kaiser trugen als Zeichen ihrer Macht einen purpurfarbigen Mantel und ein reich verziertes Diadem.
***Repartimiento*:** (span. Zuteilung) löste als reformiertes System die *Encomienda* ab. Inhaltlich gab es jedoch keine Änderungen und es ging nach wie vor um die freie Verfügung der Konquistadoren über die Arbeitskraft „ihrer" Indigenen.
**Rezeption:** (lat. *recipere* ‚aufnehmen') allgemein die Aufnahme bzw. Übernahme fremden Gedanken- bzw. Kulturgutes; im engeren Sinne die verstehende Aufnahme und Aneignung eines Textes, eines Werks der bildenden Kunst o. ä. durch den Leser, Hörer, Betrachter.
***Romanitas*:** Begriff für die Gesamtheit des politischen und kulturellen Selbstverständnisses der Römer.
**Römisches Reich:** (lat. *Imperium Romanum*) bezeichnet ein über viele Jahrhunderte existierenden Staat, der während seiner Glanzzeit zum Weltreich aufstieg und große Teile Europas beherrschte. Die antike staatsrechtliche Bezeichnung war *„Senatus Populusque Romanus"* (S.P.Q.R.). Es reichte ca. vom 8. Jh. v.Chr. bis zum 5. Jh. n. Chr. Generell kann die Geschichte des Römischen Reiches in vier Phasen unterteilt werden: Römische Königszeit, Römische Republik, Römische Kaiserzeit, Spätantike.

**Seldschuken:** Alttürkisches Herrschergeschlecht, andere Bezeichnung Turkmenen; 1071 Sieg über die Byzantiner bei Manzikert und Einnahme Jerusalems; 1078 Eroberung von Syrien und Palästina; 1098 Verlust von Jerusalem an die Fatimiden.
**Senat:** („Rat der Alten", von lat. *senex* = der Greis): Rat, dem ursprünglich wohl 100, dann 300, unter Sulla 600, unter Caesar 900 und unter Augustus wieder 600 männliche Mitglieder angehörten. Die Senatoren wurden auf Lebenszeit berufen – in der späten Republik rekrutierten sie sich aus gewesenen Magistraten (vom Quästor an); seit dem 1. Jh. v. Chr. gelangten auch Familienoberhäupter aus den Provinzen in den Senat. Einberufen und geleitet wurde er von Konsuln, Prätoren oder Volkstribunen. Formal hatte der Senat nur das Recht, Magistraten auf Anfrage einen Ratschlag (*senatus consultum*) zu erteilen. Zusammensetzung und umfassende Zuständigkeit machten ihn aber zum wichtigsten Herrschaftsorgan.

**Sklaverei:** rechtliche und wirtschaftliche Abhängigkeit eines Menschen als Eigentum eines anderen. In der Antike war Sklaverei bei allen Kulturvölkern verbreitet. Das Christentum verbot Sklaverei, bekämpfte sie aber nicht systematisch. Im 10. Jh. erlosch der gewerbsmäßige Sklavenhandel im Fränkischen Reich. Mit Hörigkeit und Leibeigenschaft bildeten sich im Mittelalter verdeckte Formen von Sklaverei aus. Mit der Entdeckung Amerikas und dem Kolonialismus begannen die Versklavung der indigenen Bevölkerung durch die Europäer und ein ausgedehnter Sklavenhandel mit Menschen aus Afrika. Die Abschaffung der Sklaverei wurzelt in der Aufklärung, die tatsächliche Beendigung begann Ende des 18. Jh. und zog sich bis ins 20. Jh. hin: Saudi-Arabien stellte die Sklaverei erst 1963 ab. In entlegenen Gebieten existiert Sklaverei noch heute (Kinderhandel, Zwangsprostitution).

**Toledanisches Reich:** Seit 526 n. Chr. erlebte das Reich der Visigoten eine Blütezeit, in der es fast ganz Spanien beherrschte. Neue Residenzstadt wurde Toledo. Das *Toledanische Reich* der Visigoten war durch die Übernahme und Bewahrung römischer Aspekte gekennzeichnet (z. B. Übernahme der spätlateinischen Sprache oder auch der römischen Rechtstradition). Es endete im Zuge der muslimischen Expansion im Jahr 711 n. Chr.

**Tolosanisches Reich:** Nach der Schlacht auf den *Katalaunischen Feldern* im Jahr 451 n. Chr., bei der die Visigoten auf der Seite Roms u. a. gegen die Hunnen und die Ostgoten kämpften, konnte sich die Herrschaft der Visigoten unter Theoderich II. stabilisieren: Man spricht vom *Tolosanischen Reich* mit dem heutigen Toulouse als Hauptsitz. Unter dem König Eurich expandierte das Tolosanische Reich deutlich und wurde im Jahr 476 n. Chr. mit dem Ende des Weströmischen Reiches eigenständig.

**Transformationsprozess:** grundlegender Wechsel oder Austausch des politischen Regimes und gegebenenfalls auch der gesellschaftlichen und wirtschaftlichen Ordnung.

**Vertrag von Tordesillas:** 1494 einigten sich die Spanier und Portugiesen darauf, dass die Entdeckungen im Westen den Spaniern und diejenigen im Osten den Portugiesen gehören sollten.

**Vierkaiserherrschaft:** Die von Diokletian eingeführte Vierkaiserherrschaft (*Tetrarchie*) teilte das Reich in vier Herrschaftsbereiche auf (ein Kaiser, ein Mitkaiser sowie jeweils ein Caesar als Unterkaiser), konnte sich aber nicht durchsetzen.

**Weströmisches Reich:** (bzw. *Westrom*) nach dem Tod von Kaiser Theodosius I. im Jahr 395 entstandener Teil des Römischen Reichs mit der Hauptstadt Ravenna (Italien). Auf dem Territorium entstanden während seiner relativ kurzen Existenz von 81 Jahren viele Reiche, die zu einer langsamen Schrumpfung des Reichsgebiets führten. Letztendlich zerfiel das Weströmische Reich 476 mit der Absetzung des letzten weströmischen Kaisers Romulus durch den Germanen Odoaker.

# Personenlexikon und Personenregister

# Sachregister

**Fettdruck:** Erläuterungen im Begriffslexikon S. 161 ff.
*Kursiv gesetzte Begriffe:* Erläuterungen in der Marginalspalte

# Bildquellen

**Cover** akg-images/François Guénet

**S. 8 M 1** akg-images/Fototeca Gilardi;
**S. 10 M 2** akg-images;
**S. 11 M 3** akg-images/MPortfolio/Electa;
**S. 19 M 12** laif/Naftali Hilger;
**S. 20 M 1** akg-images/Erich Lessing;
**S. 22 M 1** akg-images/Erich Lessing;
**S. 24 M 2** akg-images;
**S. 25 M 3** Bridgeman Images/Basilica di San Giovanni Battista, Monza, Italy;
**S. 32 M 12** akg-images;
**S. 36 M 1** akg-images;
**S. 38 M 2** interfoto e.k./Bildarchiv Hansmann;
**S. 39 M 3** akg-images;
**S. 40 M 1** © Bayerische Schlösserverwaltung, Rainer Herrmann, München;
**S. 41 M 2** F1online/Imagebroker RF/Martin Siepmann;
**S. 42 M 1** akg-images/De Agostini Picture Lib./A. Dagli Orti;
**S. 43 M 2** akg-images/Album/Oronoz;
**S. 45 M 4** akg-images/Erich Lessing;
**S. 45 M 5** akg-images;
**S. 48 M 8** Bridgeman Images/Germanisches Nationalmuseum, Nuremberg;
**S. 52 M 13** akg-images;
**S. 56 M 18** dpa Picture-Alliance/dp/Sven Hoppe;
**S. 59 M 22** akg-images/E.DAYNES/P.PLAILLY/SCIENCE PHOTO LIBRARY;
**S. 61 M 2** Bridgeman Images/Granger;
**S. 62 M 1 v. l. n. r.** akg-images/Erich Lessing; ddp images/David Hecker/dapd, **M 2** bpk/Reiss-Engelhorn-Museen Mannheim/Jean Christen;
**S. 63 M 3** akg-images;
**S. 67 M 2** akg-images;
**S. 69 M 3** interfoto e.k./Sammlung Rauch;
**S. 70 M 5** bpk/Reiss-Engelhorn-Museen Mannheim/Jean Christen;
**S. 72 M 8** bpk/Staatsbibliothek zu Berlin;
**S. 75 M13** akg-images;
**S. 76 M15** akg-images/Erich Lessing;
**S. 76 M16** akg-images/CDA/Guillemot;
**S. 77 M 17** aus: M. Martin, Tradition und Wandel der fibelgeschmückten frühmittelalterlichen Frauenkleidung, Jahrbuch der Römisch-Germanischen Zentralmuseums Mainz, 38/2, 1991, S. 629 ff.
**S. 78 M 19** akg-images/Hervé Champollion;
**S. 83 M 2** akg-images/Gilles Mermet;
**S. 84 M 1** Bridgeman Images/Tarker;
**S. 87 M 1** akg-images/Heritage Images/Fine Art Images;
**S. 90 M 5** akg-images/De Agostini Picture Lib./G. Dagli Orti;
**S. 92 M 7** bpk/Staatsbibliothek zu Berlin/Ruth Schacht;
**S. 97 M 13** Deutsche Kinemathek;
**S. 101 M 2** akg-images;
**S. 112 M 1** akg-images/Bible Land Pictures/Jerusalem Z.Radovan;
**S. 114 M 1** akg-images/British Library;
**S. 115 M 3** akg-images/British Library;
**S. 117 M 5** Bridgeman Images/The Israel Museum, Jerusalem, Israel;
**S. 123 M 2** bpk/RMN – Grand Palais/Gérard Blot;
**S. 124 M 1** bpk/Hermann Buresch; © Banco de México Diego Rivera Frida Kahlo Museums Trust/VG Bild- Kunst, Bonn 2018/ Diego Rivera, Die Ankunft der Spanier unter Cortés in Veracruz 1519, 1951;
**S. 126 M 1** akg-images;
**S. 127 M 3** Bridgeman Art Library Ltd. Berlin/Archivo de Indias, Seville, Spain/Mithra-Index;
**S. 128 M 5** bpk/Staatliche Kunstsammlungen Dresden/Jürgen Karpinski;
**S. 129 M 6** bpk/British Library Board/Robana;
**S. 130 M 7** akg-images;
**S. 132 M 13** akg-images/De Agostini Picture Lib.;
**S. 135 M 2** interfoto e.k./Granger, NYC

**Karten und Grafiken**
Dr. Volkhard Binder, Telgte: S. 128 M 4
Carlos Borrell Eiköter, Berlin: S. 13 M 4; S. 27 M 4; S. 44 M 3; S. 65 M 1; S. 81 M 1; S. 114 M 2; S. 116 M 4
Cornelsen/VDL: S. 15 M 7; S. 57 M19; S. 154, S. 155